DESENVOLVIMENTO
COMO LIBERDADE

AMARTYA SEN

DESENVOLVIMENTO COMO LIBERDADE

Tradução
Laura Teixeira Motta

Revisão técnica
Ricardo Doninelli Mendes

12ª reimpressão

Copyright © 1999 by Amartya Sen

Tradução publicada mediante acordo com Alfred A. Knopf, uma divisão da Random House, Inc.

Grafia atualizada segundo o Acordo Ortográfico da Língua Portuguesa de 1990, que entrou em vigor no Brasil em 2009.

Título original
Development as freedom

Capa
Jeff Fisher

Preparação
Eliane de Abreu Maturano Santoro

Revisão
Renato Potenza Rodrigues
Adriana Moretto

Índice onomástico
Juliane Kaori

Índice remissivo
Pedro Carvalho

Dados Internacionais de Catalogação na Publicação (CIP)
(Câmara Brasileira do Livro, SP, Brasil)

Sen, Amartya
  Desenvolvimento como liberdade / Amartya Sen ; tradução Laura Teixeira Motta ; revisão técnica Ricardo Doninelli Mendes. — São Paulo : Companhia das Letras, 2010.

  Título original: Development as Freedom.
  ISBN 978-85-359-1646-1

  1. Desenvolvimento econômico — Aspectos sociais 2. Liberdade 3. Livre iniciativa 4. Países em desenvolvimento — Condições econômicas I. Mendes, Ricardo Doninelli. II. Título. I. Mendes, Ricardo Doninelli. II. Título.

10-02358   CDD: 338.9

Índice para catálogo sistemático:
1. Desenvolvimento econômico : Economia   338.9

Todos os direitos desta edição reservados à
EDITORA SCHWARCZ S.A.
Rua Bandeira Paulista, 702, cj. 32
04532-002 — São Paulo — SP
Telefone: (11) 3707-3500
www.companhiadasletras.com.br
www.blogdacompanhia.com.br

Para Emma

SUMÁRIO

Prefácio *9*
Agradecimentos *13*
Introdução: Desenvolvimento como liberdade *16*

1. A perspectiva da liberdade *27*
2. Os fins e os meios do desenvolvimento *54*
3. Liberdade e os fundamentos da justiça *78*
4. Pobreza como privação de capacidades *120*
5. Mercados, Estado e oportunidade social *150*
6. A importância da democracia *193*
7. Fomes coletivas e outras crises *210*
8. A condição de agente das mulheres e a mudança social *246*
9. População, alimento e liberdade *264*
10. Cultura e direitos humanos *292*
11. Escolha social e comportamento individual *318*
12. Liberdade individual como um comprometimento social *359*

Notas *379*
Lista das ilustrações *443*
Índice onomástico *444*
Índice remissivo *454*
Sobre o autor *461*

PREFÁCIO

VIVEMOS EM UM MUNDO de opulência sem precedentes, de um tipo que teria sido difícil até mesmo imaginar um ou dois séculos atrás. Também tem havido mudanças notáveis para além da esfera econômica. O século XX estabeleceu o regime democrático e participativo como o modelo preeminente de organização política. Os conceitos de direitos humanos e liberdade política hoje são parte da retórica prevalecente. As pessoas vivem em média muito mais tempo do que no passado. Além disso, as diferentes regiões do globo estão agora mais estreitamente ligadas do que jamais estiveram, não só nos campos da troca, do comércio e das comunicações, mas também quanto a ideias e ideais interativos.

Entretanto, vivemos igualmente em um mundo de privação, destituição e opressão extraordinárias. Existem problemas novos convivendo com antigos — a persistência da pobreza e de necessidades essenciais não satisfeitas, fomes coletivas e fome crônica muito disseminadas, violação de liberdades políticas elementares e de liberdades formais básicas, ampla negligência diante dos interesses e da condição de agente das mulheres e ameaças cada vez mais graves ao nosso meio ambiente e à sustentabilidade de nossa vida econômica e social. Muitas dessas privações podem ser encontradas, sob uma ou outra forma, tanto em países ricos como em países pobres.

Superar esses problemas é uma parte central do processo de desenvolvimento. O que procuramos demonstrar neste livro é que precisamos reconhecer o papel das diferentes formas de liberdade no combate a esses males. De fato, a condição de agente dos indivíduos é, em última análise, central para lidar com essas privações. Por outro lado, a condição de agente de cada um é inescapavelmente restrita e limitada pelas oportunidades sociais, políticas e econômicas de que dispomos. Existe uma acentuada complementaridade entre a condição de agente individual e as disposições sociais: é importante o reconhecimento simultâneo da centralidade da liberdade individual *e* da força das influências sociais sobre o grau e o alcance da liberdade individual. Para combater os problemas que enfrentamos, temos de considerar a liberdade individual um comprometimento social. Essa é a abordagem básica que este livro procura explorar e examinar.

A expansão da liberdade é vista, por essa abordagem, como o principal fim e o principal meio do desenvolvimento. O desenvolvimento consiste na eliminação de privações de liberdade que limitam as escolhas e as oportunidades das pessoas de exercer ponderadamente sua condição de agente. A eliminação de privações de liberdades substanciais, argumenta-se aqui, é *constitutiva* do desenvolvimento. Porém, para uma compreensão mais plena da relação entre desenvolvimento e liberdade, precisamos ir além desse reconhecimento básico (ainda que crucial). A importância intrínseca da liberdade humana em geral, como o objetivo supremo do desenvolvimento, é acentuadamente suplementada pela eficácia instrumental de liberdades específicas na promoção de liberdades de outros tipos. Os encadeamentos entre diferentes formas de liberdade são empíricos e causais, e não constitutivos e compositivos. Por exemplo, há fortes indícios de que as liberdades econômicas e políticas se reforçam mutuamente, em vez de serem contrárias umas às outras (como às vezes se pensa). Analogamente, oportunidades sociais de educação e assistência médica, que podem requerer a ação pública, complementam oportunidades individuais de participação econômica e política e também favorecem nossas iniciativas para vencer privações. Se o ponto de partida da abordagem é identificar a liberdade como o principal objetivo do desenvolvimento, o alcance da análise de políticas depende de estabelecer os encadeamentos empíricos que tornam coerente e convincente o ponto de vista da liberdade como a perspectiva norteadora do processo de desenvolvimento.

Esta obra salienta a necessidade de uma análise integrada das atividades econômicas, sociais e políticas, envolvendo uma multiplicidade de instituições e muitas condições de agente relacionadas de forma interativa. Concentra-se particularmente nos papéis e inter-relações entre certas liberdades instrumentais cruciais, incluindo *oportunidades econômicas, liberdades políticas, facilidades sociais, garantias de transparência* e *segurança protetora*. As disposições sociais, envolvendo muitas instituições (o Estado, o mercado, o sistema legal, os partidos políticos, a mídia, os grupos de interesse público e os foros de discussão pública, entre outras), são investigadas segundo sua contribuição para a expansão e a garantia das liberdades substantivas dos indivíduos, vistos como agentes ativos de mudança, e não como recebedores passivos de benefícios.

O livro baseia-se nas cinco conferências que proferi como membro da presidência do Banco Mundial durante o outono de 1996. Houve ainda uma conferência complementar em novembro de 1997, versando sobre a abordagem geral e suas implicações. Apreciei a oportunidade e o desafio representados pela tarefa, e senti-me particularmente satisfeito porque o convite partiu de James Wolfensohn, presidente do Banco Mundial, cuja visão, habilidade e humanidade eu muito admiro. Tive o privilégio de trabalhar em estreita colaboração com ele como membro do conselho diretor do Institute for Advanced Study de Princeton e, mais recentemente, também acompanhei com grande interesse a força construtiva da liderança de Wolfensohn no Banco.

O Banco Mundial nem sempre foi minha organização favorita. O poder de fazer o bem quase sempre anda junto com a possibilidade de fazer o oposto; como economista profissional, houve no passado ocasiões em que me perguntei se o Banco não poderia ter feito muito mais. Essas reservas e críticas foram publicadas, por isso não preciso registrar a "confissão" de que acalento ideias céticas. Tudo isso tornou particularmente oportuno para mim ter a chance de apresentar ao Banco minhas ideias sobre o desenvolvimento e a elaboração de políticas públicas.

Apesar disso, este livro não se destina primordialmente aos que trabalham para o Banco, como funcionários ou colaboradores, ou para outras organizações internacionais. Também não se volta apenas para os responsáveis pelas políticas e planejamento de governos nacionais. Em vez disso, é uma obra geral sobre o desenvolvimento e as razões práticas que o fundamentam, e tem como objetivo especial a discussão pública. Organizei as seis conferências em doze capítulos, para tornar a versão escrita mais clara e mais acessível a leitores não especialistas no assunto. De fato, procurei, dentro do possível, dar à discussão um caráter não técnico, e as referências à literatura mais formal — para os que quiserem consultá-la — encontram-se apenas nas notas. Acrescentei comentários sobre experiências econômicas recentes que são posteriores a minhas conferências (em 1996), como a crise econômica da Ásia (que confirmou alguns dos piores receios que eu havia mencionado nas conferências).

Em conformidade com a importância que atribuo ao papel da discussão pública como veículo de mudança social e progresso econômico (como o texto deixará claro), apresento este livro, em primeiro lugar, com vistas à deliberação aberta e ao exame crítico. A vida inteira evitei dar conselhos às "autoridades". Com efeito, jamais atuei como consultor de nenhum governo, preferindo expor minhas sugestões e críticas — tenham elas o valor que tiverem — na esfera pública. Como tive a boa sorte de viver em três democracias com meios de comunicação em grande medida livres (Índia, Grã-Bretanha e Estados Unidos), não tenho tido razão para queixar-me de falta de oportunidade para a exposição pública de minhas ideias. Se meus argumentos vierem a despertar interesse e conduzirem a mais discussões públicas sobre essas questões vitais, terei motivos para me sentir muito bem recompensado.

AGRADECIMENTOS

As pesquisas que realizei para escrever este livro foram financiadas pela John D. and Catherine T. MacArthur Foundation, em um projeto conjunto com Angus Deaton. Essas investigações foram precedidas por trabalhos que eu havia feito para o World Institute of Development Economics Research, sediado em Helsinque, na época dirigido por Lal Jayawardena. Também se relacionam estreitamente com meu trabalho como consultor para os *Human Development Reports* do Programa das Nações Unidas para o Desenvolvimento, dirigido de modo memorável por Mahbub ul Haq, do Paquistão (um grande amigo de meus tempos de graduação, cuja morte súbita em 1998 foi um golpe do qual ainda não me recobrei totalmente). A Universidade de Harvard, onde lecionei no início de 1998, tem dado um apoio maravilhoso às minhas pesquisas há muitos anos. Contei ainda com apoio logístico do Harvard Institute of International Development, do Harvard Center for Population and Development Studies e do Centre for History and Economics do King's College, Universidade de Cambridge.

Grande foi minha sorte por contar com colaboradores prodigiosos. Tive a esplêndida oportunidade de trabalhar durante muitos anos com Jean Drèze e de publicar vários livros em coautoria com ele, livros que influenciaram a presente obra (a colaboração com Jean Drèze tem a agradável característica de que ele se encarrega do grosso do trabalho mas faz questão de que seu parceiro receba boa parte do crédito). Foi excelente para mim ter tido a chance de trabalhar em coautoria com Sudhir Anand em temas estreitamente relacionados com este livro. Da mesma forma, trabalhei proficuamente em conjunto com Angus Deaton,

Meghnad Desai, James Foster e Siddiq Osmani. Minha colaboração com Martha Nussbaum em 1987-1989 foi importantíssima para a investigação dos conceitos de capacidade e qualidade de vida amplamente usados nesta obra.

Ajudando a elaborar os *Human Development Report*, interagi proveitosamente com — além de Mahbub ul Haq — Sakiko Fukuda-Parr, Selim Jahan, Meghnad Desai e Paul Streeten, e mais tarde com Richard Jolly, o sucessor de Mahbub. Outros colaboradores, consultores e críticos que me auxiliaram incluem Tony Atkinson (em cujas ideias frequentemente me baseei), Kaushik Basu, Alok Bhargava, David Bloom, Anne Case, Lincoln Chen, Martha Chen, Stanley Fischer, Caren Grown, S. Guhan, Stephan Klasen, A. K. Shiva Kumar, Robert Nozick, Christina Paxson, Ben Polak, Jeffrey Sachs, Tim (Thomas) Scanlon, Joe Stiglitz, Kotaro Suzumura e Jong-il You. Sudhir Anand, Amiya Bagchi, Pranab Bardhan, Ashim Dasgupta, Angus Deaton, Peter Dimock, Jean Drèze, James Foster, Siddiq Osmani, Ingrid Robeyns e Adele Simmons fizeram diversos comentários úteis sobre as ideias básicas e sobre várias versões do original.

Fui beneficiado pela eficiente assistência de pesquisa de Arun Abraham durante um longo período e também, mais recentemente, de Ingrid Robeyns e Tanni Mukhopadhyay. Anna Marie Svedrofsky desempenhou o papel muito útil de coordenadora dos aspectos logísticos.

Como mencionei no Prefácio, essas conferências foram proferidas a convite de James Wolfensohn, presidente do Banco Mundial, e me foram extraordinariamente proveitosas as muitas conversas que tive com ele. As conferências no Banco foram presididas respectivamente por James Wolfensohn, Caio Kochweser, Ismail Serageldin, Callisto Madavo e Sven Sandstrom, e cada um deles fez observações importantes sobre os problemas que procurei abordar. Ademais, foram um grande estímulo para mim as questões levantadas e os comentários feitos nas discussões que se seguiram às conferências. Também me foi de grande valia a oportunidade de interagir com a equipe de funcionários do Banco, organizada com impecável eficiência por Tariq Hussain, o encarregado geral dessas conferências.

Finalmente, minha esposa, Emma Rothschild, teve de ler diferentes versões de argumentos díspares em várias ocasiões, e suas recomendações sempre foram imensamente valiosas. Seu próprio trabalho sobre Adam Smith foi uma proveitosa fonte de ideias, pois este livro serve-se intensamente das análises smithianas. Eu já tinha fortes laços com Adam Smith mesmo antes de conhecer Emma (como bem sabem aqueles que leram meus primeiros trabalhos). Sob a influência de Emma, o vínculo fortaleceu-se ainda mais. E isso foi importante para o livro.

Introdução
DESENVOLVIMENTO COMO LIBERDADE

PROCURAMOS DEMONSTRAR neste livro que o desenvolvimento pode ser visto como um processo de expansão das liberdades reais que as pessoas desfrutam. O enfoque nas liberdades humanas contrasta com visões mais restritas de desenvolvimento, como as que identificam desenvolvimento com crescimento do Produto Nacional Bruto (PNB), aumento de rendas pessoais, industrialização, avanço tecnológico ou modernização social. O crescimento do PNB ou das rendas individuais obviamente pode ser muito importante como um *meio* de expandir as liberdades desfrutadas pelos membros da sociedade. Mas as liberdades dependem também de outros determinantes, como as disposições sociais e econômicas (por exemplo, os serviços de educação e saúde) e os direitos civis (por exemplo, a liberdade de participar de discussões e averiguações públicas). De forma análoga, a industrialização, o progresso tecnológico ou a modernização social podem contribuir substancialmente para expandir a liberdade humana, mas ela depende também de outras influências. Se a liberdade é o que o desenvolvimento promove, então existe um argumento fundamental em favor da concentração nesse objetivo abrangente, e não em algum meio específico ou em alguma lista de instrumentos especialmente escolhida. Ver o desenvolvimento como expansão de liberdades substantivas dirige a atenção para os fins que o tornam importante, em vez de restringi-la a alguns dos meios que, *inter alia*, desempenham um papel relevante no processo.

O desenvolvimento requer que se removam as principais fontes de privação de liberdade: pobreza e tirania, carência de oportunidades econômicas e destituição social sistemática, negligência dos serviços públicos e intolerância ou interferência excessiva de Estados repressivos. A despeito de aumentos sem precedentes na opulência global, o mundo atual nega liberdades elementares a um grande número de pessoas — talvez até mesmo à maioria. Às vezes a ausência de liberdades substantivas relaciona-se diretamente com a pobreza econômica, que rouba das pessoas a liberdade de saciar a fome, de obter uma nutrição satisfatória ou remédios para doenças tratáveis, a oportunidade de vestir-se ou morar de modo apropriado, de ter acesso a água tratada ou saneamento básico. Em outros casos, a privação de liberdade vincula-se estreitamente à carência de serviços públicos e assistência social, como por exemplo a ausência de programas epidemiológicos, de um sistema bem planejado de assistência médica e educação ou de instituições eficazes para a manutenção da paz e da ordem locais. Em outros casos, a violação da liberdade resulta diretamente de uma negação de liberdades políticas e civis por regimes autoritários e de restrições impostas à liberdade de participar da vida social, política e econômica da comunidade.

EFICÁCIA E INTERLIGAÇÕES

A liberdade é central para o processo de desenvolvimento por duas razões:

1) *A razão avaliatória*: a avaliação do progresso tem de ser feita verificando-se primordialmente se houve aumento das liberdades das pessoas.
2) *A razão da eficácia*: a realização do desenvolvimento depende inteiramente da livre condição de agente das pessoas.

Já destaquei a primeira motivação: a razão avaliatória para concentrar-se na liberdade. Para entendermos a segunda, a da eficácia, precisamos observar as relações empíricas relevantes, em particular as relações mutuamente reforçadoras entre liberdades de tipos diferentes. É devido a essas inter-relações — que são examinadas com um certo detalhamento neste livro — que a condição de agente livre e sustentável emerge como um motor fundamental do desenvolvimento. A livre condição de agente não só é, em si, uma parte "constitutiva" do desenvolvimento, mas também contribui para fortalecer outros tipos de condições de agente livres. As relações empíricas que são amplamente examinadas neste estudo associam os dois aspectos da ideia de "desenvolvimento como liberdade".

A ligação entre liberdade individual e realização de desenvolvimento social vai muito além da relação constitutiva — por mais importante que ela seja. O que as pessoas conseguem positivamente realizar é influenciado por oportunidades econômicas, liberdades políticas, poderes sociais e por condições habilitadoras como boa saúde, educação básica e incentivo e aperfeiçoamento de iniciativas. As disposições institucionais que proporcionam essas oportunidades são ainda influenciadas pelo exercício das liberdades das pessoas, mediante a liberdade para participar da escolha social e da tomada de decisões públicas que impelem o progresso dessas oportunidades. Essas inter-relações também são investigadas neste livro.

ALGUNS EXEMPLOS: LIBERDADE POLÍTICA E QUALIDADE DE VIDA

A importância de considerar a liberdade o principal fim do desenvolvimento pode ser ilustrada com alguns exemplos simples. Embora o alcance total dessa perspectiva somente possa emergir de uma análise muito mais ampla (empreendida nos capítulos seguintes), a natureza radical da ideia de "desenvolvimento como liberdade" pode ser facilmente ilustrada com alguns exemplos elementares.

Primeiro, no contexto das visões mais restritas de desenvolvimento — como crescimento do PNB ou industrialização —, frequentemente se pergunta se determinadas liberdades políticas ou sociais, como, por exemplo, a liberdade de participação ou dissensão política ou as oportunidades de receber educação básica, são ou não são "conducentes ao desenvolvimento". À luz da visão mais fundamental de desenvolvimento como liberdade, esse modo de apresentar a questão tende a passar ao largo da importante concepção de que essas liberdades substantivas (ou seja, a liberdade de participação política ou a oportunidade de receber educação básica ou assistência médica) estão entre os *componentes constitutivos* do desenvolvimento. Sua relevância para o desenvolvimento não tem de ser estabelecida *a posteriori*, com base em sua contribuição indireta para o crescimento do PNB ou para a promoção da industrialização. O fato é que essas liberdades e direitos *também* contribuem muito eficazmente para o progresso econômico; essa relação será amplamente examinada neste livro. Mas, embora a relação causal seja de fato significativa, a justificação das liberdades e direitos estabelecida por essa ligação causal é adicional ao papel diretamente constitutivo dessas liberdades no desenvolvimento.

Um segundo exemplo relaciona-se à dissonância entre a renda per capita (mesmo depois da correção para variação de preços) e a liberdade dos indivíduos para ter uma vida longa e viver bem. Por exemplo, os cidadãos do Gabão, África do Sul, Namíbia ou Brasil podem ser muito mais ricos em termos de PNB per capita do que os de Sri Lanka, China ou do Estado de Kerala, na Índia, mas neste segundo grupo de países as pessoas têm expectativas de vida substancialmente mais elevadas do que no primeiro.

Com um tipo diferente de exemplo, é comum o argumento de que, nos Estados Unidos, os afro-americanos são relativamente pobres em comparação com os americanos brancos, porém são muito mais ricos do que os habitantes do Terceiro Mundo. No entanto, é importante reconhecer que os afro-americanos têm uma chance *absolutamente* menor de chegar à idade madura do que as pessoas que vivem em muitas sociedades do Terceiro Mundo, como China, Sri Lanka ou partes da Índia (com diferentes sistemas de saúde, educação e relações comunitárias). Se a análise do desenvolvimento for relevante inclusive para os países mais ricos (neste livro procura-se demonstrar que ela efetivamente é), a presença desses contrastes intergrupais no âmbito de países mais ricos pode ser considerada um aspecto importante da concepção de desenvolvimento e subdesenvolvimento.

TRANSAÇÕES, MERCADOS E PRIVAÇÃO DE LIBERDADE ECONÔMICA

Um terceiro exemplo relaciona-se ao papel dos mercados como parte do processo de desenvolvimento. A capacidade do mecanismo de mercado de contribuir para o elevado crescimento econômico e o progresso econômico global tem sido ampla e acertadamente reconhecida na literatura contemporânea sobre desenvolvimento. No entanto, seria um erro ver o mecanismo de mercado apenas como um derivativo. Como observou Adam Smith, a liberdade de troca e transação é ela própria uma parte essencial das liberdades básicas que as pessoas têm razão para valorizar.

Ser *genericamente contra* os mercados seria quase tão estapafúrdio quanto ser genericamente contra a conversa entre as pessoas (ainda que certas conversas sejam claramente infames e causem problemas a terceiros — ou até mesmo aos próprios interlocutores). A liberdade de trocar palavras, bens ou presentes não necessita de justificação defensiva com relação a seus efeitos favoráveis mas distantes; essas trocas fazem parte do modo como os seres humanos vivem e interagem na sociedade (a menos que sejam impedidos por regulamentação ou decreto). A contribuição do mecanismo de mercado para o crescimento econômico é obviamente importante, mas vem depois do reconhecimento da importância direta da liberdade de troca — de palavras, bens, presentes.

Acontece que a rejeição da liberdade de participar do mercado de trabalho é uma das maneiras de manter a sujeição e o cativeiro da mão de obra, e a batalha contra a privação de liberdade existente no trabalho adscritício* é importante em muitos países do Terceiro Mundo hoje em dia por algumas das mesmas razões pelas quais a Guerra Civil americana foi significativa. A liberdade de entrar em mercados pode ser, ela própria, uma contribuição importante para o desenvolvimento, independentemente do que o mecanismo de mercado possa fazer ou não para promover o crescimento econômico ou a industrialização. De fato, o elogio ao capitalismo feito por Karl Marx (que não foi nenhum grande admirador do capitalismo em geral) e sua caracterização (em *O capital*) da Guerra Civil americana como "o grande evento da história contemporânea" relacionam-se diretamente à importância da liberdade do contrato de trabalho em oposição à escravidão e à exclusão forçada do mercado de trabalho. Como veremos, entre os desafios cruciais do desenvolvimento em muitos países atualmente inclui-se a necessidade de libertar os trabalhadores de um cativeiro explícito ou implícito que nega o acesso ao mercado de trabalho aberto. De modo semelhante, a negação do acesso aos mercados de produtos frequentemente está entre as privações enfrentadas por muitos pequenos agricultores e sofridos produtores sujeitos à organização e restrições tradicionais. A liberdade de participar do intercâmbio econômico tem um papel básico na vida social.

A finalidade dessa consideração muitas vezes negligenciada não é negar a importância de julgar o mecanismo de mercado de um modo abrangente, com todos os seus papéis e efeitos, inclusive os de gerar crescimento econômico e, em muitas circunstâncias, até mesmo a equidade econômica. Também temos de examinar, por outro lado, a persistência de privações entre segmentos da comunidade que permanecem excluídos dos benefícios da sociedade orientada para o mercado, e os juízos, inclusive as críticas, que as pessoas podem fazer sobre diferentes

---

* *Bound labor*, traduzido aqui como "trabalho adscritício", indica a existência de algum tipo de coação para que uma pessoa viva e trabalhe em determinada propriedade, impedindo-a de oferecer seu trabalho no mercado. (N. T.)

estilos de vida e valores associados à cultura dos mercados. Na visão do desenvolvimento como liberdade, os argumentos de diferentes lados têm de ser apropriadamente considerados e avaliados. É difícil pensar que qualquer processo de desenvolvimento substancial possa prescindir do uso muito amplo de mercados, mas isso não exclui o papel do custeio social, da regulamentação pública ou da boa condução dos negócios do Estado quando eles podem enriquecer — ao invés de empobrecer — a vida humana. A abordagem aqui adotada propõe um modo mais amplo e mais inclusivo de ver os mercados do que o frequentemente invocado, seja para defender, seja para criticar o mecanismo de mercado.

Termino esta série de exemplos com outro extraído diretamente de uma recordação de infância. Eu tinha uns dez anos. Certa tarde, estava brincando no jardim de minha casa na cidade de Dhaka, hoje capital de Bangladesh, quando um homem entrou pelo portão gritando desesperadamente e sangrando muito. Fora esfaqueado nas costas. Era a época em que hindus e muçulmanos matavam-se nos conflitos grupais que precederam a independência e a divisão de Índia e Paquistão. Kader Mia, o homem esfaqueado, era um trabalhador diarista muçulmano que viera fazer um serviço em uma casa vizinha — por um pagamento ínfimo — e fora esfaqueado na rua por alguns desordeiros da comunidade hindu majoritária naquela região. Enquanto eu lhe dava água e ao mesmo tempo gritava pedindo ajuda aos adultos da casa — e momentos depois, enquanto meu pai o levava às pressas para o hospital —, Kader Mia não parava de nos contar que sua esposa lhe dissera para não entrar em uma área hostil naquela época tão conturbada. Mas Kader Mia precisava sair em busca de trabalho e um pouco de dinheiro porque sua família não tinha o que comer. A penalidade por essa privação de liberdade econômica acabou sendo a morte, que ocorreu mais tarde no hospital.

Essa experiência foi devastadora para mim. Ela me fez refletir, tempos depois, sobre o terrível fardo das identidades estreitamente definidas, incluindo as firmemente baseadas em comunidades e grupos (terei oportunidade de discorrer sobre isso neste livro). Porém, de um modo mais imediato, ela também ressaltou o notável fato de que a privação de liberdade econômica, na forma de pobreza extrema, pode tornar a pessoa uma presa indefesa na violação de outros tipos de liberdade. Kader Mia não precisaria ter entrado em uma área hostil em busca de uns míseros trocados naquela época terrível se sua família tivesse condições de sobreviver de outra forma. A privação de liberdade econômica pode gerar a privação de liberdade social, assim como a privação de liberdade social ou política pode, da mesma forma, gerar a privação de liberdade econômica.

ORGANIZAÇÕES E VALORES

Muitos outros exemplos podem ser dados para ilustrar como faz diferença adotar a visão do desenvolvimento como um processo integrado de expansão de liberdades substantivas interligadas. É essa visão que apresentamos, esmiuçamos e utilizamos neste livro para investigar o processo de desenvolvimento integrando considerações econômicas, sociais e políticas. Uma abordagem ampla desse tipo permite a apreciação simultânea dos papéis vitais, no processo de desenvolvimento, de muitas instituições diferentes, incluindo mercados e organizações relacionadas ao mercado, governos e autoridades locais, partidos políticos e outras instituições cívicas, sistema educacional e oportunidades de diálogo e debate abertos (incluindo o papel da mídia e outros meios de comunicação).

Essa abordagem nos permite ainda reconhecer o papel dos valores sociais e costumes prevalecentes, que podem influenciar as liberdades que as pessoas desfrutam e que elas estão certas ao prezar. Normas comuns podem influenciar características sociais como a igualdade entre os sexos, a natureza dos cuidados dispensados aos filhos, o tamanho da família e os padrões de fecundidade, o tratamento do meio ambiente e muitas outras. Os valores prevalecentes e os costumes sociais também respondem pela presença ou ausência de corrupção e pelo papel da confiança nas relações econômicas, sociais ou políticas. O exercício da liberdade é mediado por valores que, porém, por sua vez, são influenciados por discussões públicas e interações sociais, que são, elas próprias, influenciadas pelas liberdades de participação. Cada uma dessas relações merece um exame minucioso.

O fato de que a liberdade de transações econômicas tende a ser tipicamente um grande motor do crescimento econômico tem sido muitas vezes reconhecido, embora continuem a existir críticos veementes. É importante não só dar o devido valor aos mercados, mas também apreciar o papel de outras liberdades econômicas, sociais e políticas que melhoram e enriquecem a vida que as pessoas podem levar. Isso influencia até mesmo questões controvertidas como o chamado problema populacional. O papel da liberdade na moderação das taxas de fecundidade excessivamente elevadas é um tema sobre o qual há muito tempo existem opiniões contrárias. No século XVIII, enquanto o grande racionalista francês Condorcet esperava que as taxas de fecundidade diminuíssem com "o progresso da razão", de modo que mais segurança, mais educação e mais liberdade de decisões refletidas viessem a refrear o crescimento populacional, seu contemporâneo Thomas Robert Malthus tinha opinião radicalmente diferente. De fato, Malthus afirmou: "Nada faz supor que qualquer coisa além da dificuldade de obter com adequada abundância as necessidades da vida venha a indispor esse maior número de pessoas a casar-se cedo, ou a incapacitá-las de criar com saúde as famílias mais numerosas". Os méritos comparativos dessas duas posições díspares — baseadas, respectivamente, na liberdade assessorada pela razão e na coerção econômica — serão investigados mais adiante neste estudo (as evidências fazem a balança pender mais para Condorcet, como procurarei demonstrar). Mas é particularmente importante reconhecer que essa controvérsia específica é apenas um exemplo do debate entre as abordagens do desenvolvimento favoráveis e contrárias à liberdade, que vem sendo travado há muitos séculos. Esse debate ainda se mostra muito ativo de várias formas.

INSTITUIÇÕES E LIBERDADES INSTRUMENTAIS

Cinco tipos distintos de liberdade vistos de uma perspectiva "instrumental" são investigados particularmente nos estudos empíricos a seguir. São eles: (1) *liberdades políticas*, (2) *facilidades econômicas*, (3) *oportunidades sociais*, (4) *garantias de transparência* e (5) *segurança protetora*. Cada um desses tipos distintos de direitos e oportunidades ajuda a promover a capacidade geral de uma pessoa. Eles podem ainda atuar complementando-se mutuamente. As políticas públicas visando ao aumento das capacidades humanas e das liberdades substantivas em geral podem funcionar por meio da promoção dessas liberdades distintas mas inter-relacionadas. Nos capítulos a seguir, examinaremos cada um desses tipos de liberdade — e as instituições envolvidas — e discutiremos as relações entre eles. Haverá oportunidade também de investigar seus respectivos papéis na promoção de liberdades globais para que as pessoas levem o modo de vida que elas com razão valorizam. Na visão do "desenvolvimento como liberdade", as liberdades instrumentais ligam-se umas às outras e contribuem com o aumento da liberdade humana em geral.

Embora a análise do desenvolvimento precise, por um lado, ocupar-se de objetivos e metas que tornam importantes as consequências dessas liberdades instrumentais, é necessário igualmente levar em conta os encadeamentos empíricos que unem os tipos distintos de liberdade *uns aos outros*, fortalecendo sua importância conjunta. Essas relações são fundamentais para uma compreensão mais plena do papel instrumental da liberdade.

OBSERVAÇÃO FINAL

As liberdades não são apenas os fins primordiais do desenvolvimento, mas também os meios principais. Além de reconhecer, fundamentalmente, a importância avaliatória da liberdade, precisamos entender a notável relação empírica que vincula, umas às outras, liberdades diferentes. Liberdades políticas (na forma de liberdade de expressão e eleições livres) ajudam a promover a segurança econômica. Oportunidades sociais (na forma de serviços de educação e saúde) facilitam a participação econômica. Facilidades econômicas (na forma de oportunidades de participação no comércio e na produção) podem ajudar a gerar a abundância individual, além de recursos públicos para os serviços sociais. Liberdades de diferentes tipos podem fortalecer umas às outras.

Essas relações empíricas reforçam as prioridades valorativas. Pela antiquada distinção entre "paciente" e "agente", essa concepção da economia e do processo de desenvolvimento centrada na liberdade é em grande medida uma visão orientada para o agente. Com oportunidades sociais adequadas, os indivíduos podem efetivamente moldar seu próprio destino e ajudar uns aos outros. Não precisam ser vistos sobretudo como beneficiários passivos de engenhosos programas de desenvolvimento. Existe, de fato, uma sólida base racional para reconhecermos o papel positivo da condição de agente livre e sustentável — e até mesmo o papel positivo da impaciência construtiva.

1. A PERSPECTIVA DA LIBERDADE

NÃO É INCOMUM os casais discutirem a possibilidade de ganhar mais dinheiro, mas uma conversa sobre esse assunto por volta do século VIII a.C. é especialmente interessante. Nessa conversa, narrada no texto em sânscrito *Brihadaranyaka Upanishad*, uma mulher chamada Maitreyee e seu marido, Yajnavalkya, logo passam para uma questão maior do que os caminhos e modos de se tornarem mais ricos: *Em que medida a riqueza os ajudaria a obter o que eles desejavam?*[1] Maitreyee quer saber se, caso "o mundo inteiro, repleto de riquezas", pertencesse só a ela, isso lhe daria a imortalidade. "Não", responde Yajnavalkya, "a sua vida seria como a vida das pessoas ricas. Não há, no entanto, esperança de imortalidade pela riqueza." Maitreyee comenta: "De que me serve isso, se não me torna imortal?".

A pergunta retórica de Maitreyee tem sido citada inúmeras vezes na filosofia religiosa indiana para ilustrar a natureza das tribulações humanas e as limitações do mundo material. Meu ceticismo quanto às questões do outro mundo é grande demais para que as frustrações mundanas de Maitreyee me levem a discuti-las, mas há um outro aspecto nesse diálogo que tem um interesse muito imediato para a economia e para a compreensão da natureza do desenvolvimento. Esse aspecto diz respeito à relação entre rendas e realizações, entre mercadorias e capacidades, entre nossa riqueza econômica e nossa possibilidade de viver do modo como gostaríamos. Embora haja uma relação entre opulência e realizações, ela pode ser ou não muito acentuada, e pode muito bem depender demais de outras circunstâncias. A questão não é a possibilidade de viver para sempre, na qual Maitreyee — que a terra lhe seja leve — por acaso se concentrou, mas a possibilidade de viver realmente bastante tempo (sem morrer na flor da idade) e de levar uma vida boa enquanto ela durar (em vez de uma vida de miséria e privações de liberdade) — coisas que seriam intensamente valorizadas e desejadas por quase todos nós. A lacuna entre as duas perspectivas (ou seja, entre uma concentração exclusiva na riqueza econômica e um enfoque mais amplo sobre a vida que podemos levar) é uma questão fundamental na conceituação do desenvolvimento. Como observou Aristóteles logo no início de *Ética a Nicômaco* (em sintonia com a conversa que Maitreyee e Yajnavalkya tiveram a 5 mil quilômetros dali), "a riqueza evidentemente não é o bem que estamos buscando, sendo ela meramente útil e em proveito de alguma outra coisa".[2]

Se temos razões para querer mais riqueza, precisamos indagar: quais são exatamente essas razões, como elas funcionam ou de que elas dependem, e que coisas podemos "fazer" com mais riqueza? Geralmente temos excelentes razões para desejar mais renda ou riqueza. Isso não acontece porque elas sejam desejáveis por si mesmas, mas porque são meios admiráveis para termos mais liberdade para levar o tipo de vida que temos razão para valorizar.

A utilidade da riqueza está nas coisas que ela nos permite fazer — as liberdades substantivas que ela nos ajuda a obter. Mas essa relação não é exclusiva (porque existem outras influências significativas em nossa vida, além da riqueza) nem uniforme (pois o impacto da riqueza em nossa vida varia conforme outras influências). É tão importante reconhecer o papel crucial da riqueza na determinação de nossas condições e qualidade de vida quanto entender a natureza restrita e dependente dessa relação. Uma concepção adequada de desenvolvimento deve ir muito além da acumulação de riqueza e do crescimento do Produto Nacional Bruto e de outras variáveis relacionadas à renda. Sem desconsiderar a importância do crescimento econômico, precisamos enxergar muito além dele.

Os fins e os meios do desenvolvimento requerem análise e exame minuciosos para uma compreensão mais plena do processo de desenvolvimento; é sem dúvida inadequado adotar como nosso objetivo básico apenas a maximização da renda ou da riqueza, que é, como observou Aristóteles, "meramente útil e em proveito de alguma outra coisa". Pela mesma razão, o crescimento econômico não pode sensatamente ser considerado um fim em si mesmo. O desenvolvimento tem de estar relacionado sobretudo com a melhora da vida que levamos e das liberdades que desfrutamos. Expandir as liberdades que temos razão para valorizar não só torna nossa vida mais rica e mais desimpedida, mas também permite que sejamos seres sociais mais completos, pondo em prática nossas volições, interagindo com o mundo em que vivemos e influenciando esse mundo. No capítulo 3 essa abordagem geral é apresentada, examinada em mais detalhes e comparada de um modo avaliatório com outras abordagens concorrentes.[3]

FORMAS DE PRIVAÇÃO DA LIBERDADE

Um número imenso de pessoas em todo o mundo é vítima de várias formas de privação de liberdade. Fomes coletivas continuam a ocorrer em determinadas regiões, negando a milhões a liberdade básica de sobreviver. Mesmo nos países que já não são esporadicamente devastados por fomes coletivas, a subnutrição pode afetar numerosos seres humanos vulneráveis. Além disso, muitas pessoas têm pouco acesso a serviços de saúde, saneamento básico ou água tratada, e passam a vida lutando contra uma morbidez desnecessária, com frequência sucumbindo à morte prematura. Nos países mais ricos é demasiado comum haver pessoas imensamente desfavorecidas, carentes das oportunidades básicas de acesso a serviços de saúde, educação funcional, emprego remunerado ou segurança econômica e social. Mesmo em países muito ricos, às vezes a longevidade de grupos substanciais não é mais elevada do que em muitas economias mais pobres do chamado Terceiro Mundo. Além disso, a desigualdade entre mulheres e homens afeta — e às vezes encerra prematuramente — a vida de milhões de mulheres e, de modos diferentes, restringe em altíssimo grau as liberdades substantivas para o sexo feminino.

No que se refere a outras privações de liberdade, a um número enorme de pessoas em diversos países do mundo são sistematicamente negados a liberdade política e os direitos civis básicos. Afirma-se com certa frequência que a negação desses direitos ajuda a estimular o crescimento econômico e é "benéfica" para o desenvolvimento econômico rápido. Alguns chegaram a defender sistemas políticos mais autoritários — com negação de direitos civis e políticos básicos — alegando a vantagem desses sistemas na promoção do desenvolvimento econômico. Essa tese (frequentemente denominada "tese de Lee", atribuída em algumas formas ao ex-primeiro-ministro de Cingapura, Lee Yuan Yew) às vezes é defendida por meio de algumas evidências empíricas bem rudimentares. Na verdade, comparações mais abrangentes entre países não forneceram nenhuma confirmação dessa tese, e há poucos indícios de que a política autoritária realmente auxilie o crescimento econômico. As evidências empíricas indicam veementemente que o crescimento econômico está mais ligado a um clima econômico mais propício do que a um sistema político mais rígido. Essa questão será examinada no capítulo 6.

O desenvolvimento econômico apresenta ainda outras dimensões, entre elas a segurança econômica. Com grande frequência, a insegurança econômica pode relacionar-se à ausência de direitos e liberdades democráticas. De fato, o funcionamento da democracia e dos direitos políticos pode até mesmo ajudar a impedir a ocorrência de fomes coletivas e outros desastres econômicos. Os governantes autoritários, que raramente sofrem os efeitos de fomes coletivas (ou de outras calamidades econômicas como essa), tendem a não ter estímulo para tomar providências preventivas oportunas. Os governos democráticos, em contraste, precisam vencer eleições e enfrentar a crítica pública, dois fortes incentivos para que tomem medidas preventivas contra aqueles males. Não surpreende que nenhuma fome coletiva jamais tenha ocorrido, em toda a história do mundo, em uma democracia efetiva — seja ela economicamente rica (como a Europa ocidental contemporânea ou a América do Norte), seja relativamente pobre (como a Índia pós-independência, Botsuana ou Zimbábue). A tendência tem sido as fomes coletivas ocorrerem em territórios coloniais governados por dirigentes de fora (como a Índia britânica ou a Irlanda administrada por governantes ingleses desinteressados), em Estados unipartidaristas (como a Ucrânia na década de 1930 ou a China no período 1958-1961, ou ainda o Camboja na década de 1970), ou em ditaduras militares (como a Etiópia, a Somália ou alguns países subsaarianos no passado recente). No momento em que os originais deste livro estão indo para o prelo, os dois países que parecem liderar a "liga da fome" no mundo são a Coreia do Norte e o Sudão — ambos exemplos notórios de governo ditatorial. Embora a prevenção da fome ilustre as vantagens do incentivo de um modo muito claro e eloquente, as vantagens do pluralismo democrático têm, de fato, um alcance muito maior.

Porém — mais fundamentalmente —, a liberdade política e as liberdades civis são importantes por si mesmas, de um modo direto; não é necessário justificá-las indiretamente com base em seus efeitos sobre a economia. Mesmo quando não falta segurança econômica adequada a pessoas sem liberdades políticas ou direitos civis, elas são privadas de liberdades importantes para conduzir suas vidas, sendo-lhes negada a oportunidade de participar de decisões cruciais concernentes a assuntos públicos. Essas privações restringem a vida social e a vida política, e devem ser consideradas repressivas mesmo sem acarretar outros males (como desastres econômicos). Como as liberdades políticas e civis são elementos constitutivos da liberdade humana, sua negação é, em si, uma deficiência. Ao examinarmos o papel dos direitos humanos no desenvolvimento, precisamos levar em conta tanto a importância constitutiva quanto a importância instrumental dos direitos civis e liberdades políticas. Essas questões serão examinadas no capítulo 6.

PROCESSOS E OPORTUNIDADES

Deve ter ficado claro, com a discussão precedente, que a visão da liberdade aqui adotada envolve tanto os *processos* que permitem a liberdade de ações e decisões como as *oportunidades* reais que as pessoas têm, dadas as suas circunstâncias pessoais e sociais. A privação de liberdade pode surgir em razão de processos inadequados (como a violação do direito ao voto ou de outros direitos políticos ou civis), ou de oportunidades inadequadas que algumas pessoas têm para realizar o mínimo do que gostariam (incluindo a ausência de oportunidades elementares como a capacidade de escapar de morte prematura, morbidez evitável ou fome involuntária).

A distinção entre o *aspecto do processo* e o *aspecto da oportunidade* da liberdade envolve um contraste muito substancial. Pode-se encontrá-la em diferentes níveis. Discuti em outro trabalho os respectivos papéis e requisitos do aspecto do processo e do aspecto da oportunidade da liberdade (além das conexões mútuas entre os dois aspectos).[4] Embora esta possa não ser uma boa ocasião para enveredarmos pelas questões complexas e sutis relacionadas a essa distinção, é importantíssimo ver a liberdade de um modo mais amplo. É necessário que se evite restringir a atenção apenas a procedimentos apropriados (como fazem às vezes os chamados libertários, sem se preocupar se algumas pessoas desfavorecidas sofrem privação sistemática de oportunidades substantivas) ou, alternativamente, apenas a oportunidades adequadas (como fazem às vezes os chamados consequencialistas, sem se preocupar com a natureza dos processos que geram as oportunidades ou com a liberdade de escolha que as pessoas têm). Ambos os processos e oportunidades têm sua própria importância na abordagem do desenvolvimento como liberdade.

DOIS PAPÉIS DA LIBERDADE

A análise do desenvolvimento apresentada neste livro considera as liberdades dos indivíduos os elementos constitutivos básicos. Assim, atenta-se particularmente para a expansão das "capacidades" [*capabilities*] das pessoas de levar o tipo de vida que elas valorizam — e com razão. Essas capacidades podem ser aumentadas pela política pública, mas também, por outro lado, a direção da política pública pode ser influenciada pelo uso efetivo das capacidades participativas do povo. *Essa relação de mão dupla* é central na análise aqui apresentada.

Existem duas razões distintas para a importância crucial da liberdade individual no conceito de desenvolvimento, relacionadas respectivamente a *avaliação* e *eficácia*.[5] Primeiro, na abordagem normativa usada neste livro, as liberdades individuais substantivas são consideradas essenciais. O êxito de uma sociedade deve ser avaliado, nesta visão, primordialmente segundo as liberdades substantivas que os membros dessa sociedade desfrutam. Essa posição avaliatória difere do enfoque informacional de abordagens normativas mais tradicionais, que se concentram em outras variáveis, como utilidade, liberdade processual ou renda real.

Ter mais liberdade para fazer as coisas que são justamente valorizadas é (1) importante por si mesmo para a liberdade global da pessoa e (2) importante porque favorece a oportunidade de a pessoa ter resultados valiosos.[6] Ambas as coisas são relevantes para a avaliação da liberdade dos membros da sociedade e, portanto, cruciais para a avaliação do desenvolvimento da sociedade. As razões para esse enfoque normativo (e em particular para ver a justiça em termos de liberdades individuais e seus correlatos sociais) são examinadas com mais detalhes no capítulo 3.

A segunda razão para considerar tão crucial a liberdade substantiva é que a liberdade é não apenas a base da avaliação de êxito e fracasso, mas também um determinante principal da iniciativa individual e da eficácia social. Ter mais liberdade melhora o potencial das pessoas para cuidar de si mesmas e para influenciar o mundo, questões centrais para o processo de desenvolvimento. A preocupação aqui relaciona-se ao que podemos chamar (correndo o risco de simplificar demais) o "aspecto da condição de agente" [*agency aspect*] do indivíduo.

O emprego da expressão "condição de agente" requer esclarecimento. O *agente* às vezes é empregado na literatura sobre economia e teoria dos jogos em referência a uma pessoa que está agindo em nome de outra (talvez sendo acionada por um "mandante"), e cujas realizações devem ser avaliadas à luz dos objetivos da outra pessoa (o mandante). Estou usando o termo *agente* não nesse sentido, mas em sua acepção mais antiga — e "mais grandiosa" — de alguém que age e ocasiona mudança e cujas realizações podem ser julgadas de acordo com seus próprios valores e objetivos, independentemente de as avaliarmos ou não também segundo algum critério externo. Este estudo ocupa-se particularmente do papel da condição de agente do indivíduo como membro do público e como participante de ações econômicas, sociais e políticas (interagindo no mercado e até mesmo envolvendo-se, direta ou indiretamente, em atividades individuais ou conjuntas na esfera política ou em outras esferas).

Isso influencia numerosas questões de política pública, desde questões estratégicas como a generalizada tentação dos responsáveis pela política de sintonizar suas decisões de modo a atender aos interesses de um "público-alvo" (e assim contentar o "segmento ideal" de uma população supostamente inerte) até temas fundamentais como tentativas de dissociar a atuação dos governos do processo de fiscalização e rejeição democráticas (e do exercício participativo dos direitos políticos e civis).[7]

SISTEMAS AVALIATÓRIOS: RENDAS E CAPACIDADES

No aspecto avaliatório, a abordagem aqui adotada concentra-se em uma base factual que a diferencia da ética prática e da análise de políticas econômicas mais tradicionais, como a concentração "econômica" na primazia de *renda e riqueza* (e não nas características das vidas humanas e nas liberdades substantivas), o enfoque "utilitarista" na *satisfação mental* (e não no descontentamento criativo e na insatisfação construtiva), a preocupação "libertária" com *procedimentos* para a liberdade (com deliberada desconsideração das consequências acarretadas por esses procedimentos) etc. O argumento em favor de uma base factual diferente, enfocando diretamente as liberdades substantivas que as pessoas têm razão para prezar, será examinado no capítulo 3.

Isso não tem por objetivo negar que a privação de capacidades individuais pode estar fortemente relacionada a um baixo nível de renda, relação que se dá em via de mão dupla: (1) o baixo nível de renda pode ser uma razão fundamental de analfabetismo e más condições de saúde, além de fome e subnutrição; e (2) inversamente, melhor educação e saúde ajudam a auferir rendas mais elevadas. Essas relações têm de ser plenamente compreendidas. Mas também há outras influências sobre as capacidades básicas e liberdades efetivas que os indivíduos desfrutam, e existem boas razões para estudar a natureza e o alcance dessas inter-relações. De fato, precisamente porque as privações de renda e as privações de capacidade com frequência apresentam consideráveis encadeamentos correlatos, é importante não cairmos na ilusão de pensar que levar em conta as primeiras de algum modo nos dirá alguma coisa sobre as segundas. As conexões não são assim tão fortes, e os afastamentos muitas vezes são bem mais importantes do ponto de vista das políticas do que a limitada concorrência dos dois conjuntos de variáveis. Se nossa atenção for desviada de uma concentração exclusiva sobre a pobreza de renda para a ideia mais inclusiva da privação de capacidade, poderemos entender melhor a pobreza das vidas e liberdades humanas com uma base informacional diferente (envolvendo certas estatísticas que a perspectiva da renda tende a desconsiderar como ponto de referência para a análise de políticas). O papel da renda e da riqueza — ainda que seja importantíssimo, juntamente com outras influências — tem de ser integrado a um quadro mais amplo e completo de êxito e privação.

POBREZA E DESIGUALDADE

As implicações dessa base informacional para a análise da pobreza e da desigualdade são examinadas no capítulo 4. Existem boas razões para que se veja a pobreza como uma privação de capacidades básicas, e não apenas como baixa renda. A privação de capacidades elementares pode refletir-se em morte prematura, subnutrição significativa (especialmente de crianças), morbidez persistente, analfabetismo muito disseminado e outras deficiências. Por exemplo, o terrível fenômeno das "mulheres faltantes" (resultante de taxas de mortalidade incomumente elevadas para as mulheres de determinadas faixas etárias em algumas sociedades, particularmente no sul da Ásia, na Ásia ocidental, na África setentrional e na China) tem de ser analisado à luz de informações demográficas, médicas e sociais, e não com base nas baixas rendas, pois esse segundo critério às vezes nos revela pouquíssimo sobre o fenômeno da desigualdade entre os sexos.[8]

A mudança de perspectiva é importante porque nos dá uma visão diferente — e mais diretamente relevante — da pobreza, não apenas nos países *em desenvolvimento*, mas também nas sociedades mais *afluentes*. A presença de níveis elevados de desemprego na Europa (cerca de 10% a 12% em muitos dos principais países europeus) implica privações que não são bem refletidas pelas estatísticas de distribuição de renda. Com frequência se tenta fazer com que essas privações pareçam menos graves, argumentando que o sistema europeu de seguridade social (incluindo o seguro-desemprego) tende a compensar a perda de renda dos desempregados. Mas o desemprego não é meramente uma deficiência de renda que pode ser compensada por transferências do Estado (a um pesado custo fiscal que pode ser, ele próprio, um ônus gravíssimo); é também uma fonte de efeitos debilitadores muito abrangentes sobre a liberdade, a iniciativa e as habilidades dos indivíduos. Entre seus múltiplos efeitos, o desemprego contribui para a "exclusão social" de alguns grupos e acarreta a perda de autonomia, de autoconfiança e de saúde física e psicológica. Não é difícil perceber a evidente incongruência que há nas tentativas europeias atuais de voltar-se para um clima social mais centrado no esforço pessoal sem conceber políticas adequadas para reduzir os elevados e intoleráveis níveis de desemprego que dificultam ao extremo a sobrevivência graças ao esforço pessoal.

Gráfico 1.1
VARIAÇÃO POR REGIÃO NAS TAXAS DE SOBREVIVÊNCIA PARA O SEXO MASCULINO

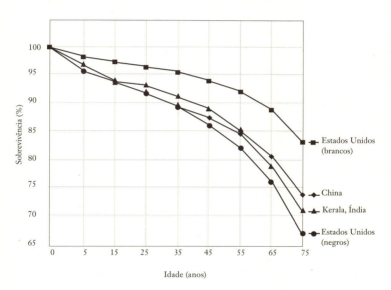

Fontes: Estados Unidos, 1991-1993: U. S. Department of Health and Human Services, *Health United States 1995*, Hyattsville, MD, National Center for Health Statistics, 1996; Kerala, 1991: Government of India, *Sample registration system: Fertility and mortality indicators 1991*, Nova Delhi, Office of the Registrar General, 1991; China, 1992: World Health Organization, *World health statistics annual 1994*, Genebra, World Health Organization, 1994.

RENDA E MORTALIDADE

Mesmo no que se refere à relação entre mortalidade e renda (um assunto no qual Maitreyee demostrou uma ambição desmedida), é notável que o grau de privação de grupos específicos em países muito ricos pode ser comparável ao encontrado em países do chamado Terceiro Mundo. Por exemplo, nos Estados Unidos, os afro-americanos como um grupo não têm uma chance maior — na verdade, ela é menor — de chegar a idades avançadas do que as pessoas nascidas nas economias imensamentes mais pobres da China ou do Estado indiano de Kerala (ou de Sri Lanka, Jamaica, Costa Rica).[9]

Isso é mostrado nas gráficos 1.1 e 1.2. Embora a renda per capita dos afro-americanos nos Estados Unidos seja consideravelmente mais baixa do que a da população branca, os afro-americanos são muitíssimo mais ricos do que os habitantes da China ou de Kerala (mesmo depois das correções para compensar as diferenças no custo de vida). Nesse contexto, é particularmente interessante comparar as perspectivas de sobrevivência dos afro-americanos com as dos chineses ou dos indianos de Kerala, muito mais pobres. Os afro-americanos tendem a sair-se melhor em termos de sobrevivência nas faixas etárias mais baixas (especialmente no aspecto da mortalidade infantil) em comparação com os chineses ou os indianos, mas o quadro muda ao longo dos anos.

Na China e em Kerala os homens decididamente superam em sobrevivência os afro-americanos do sexo masculino até as faixas etárias mais elevadas. Mesmo as mulheres afro-americanas acabam apresentando um padrão de sobrevivência nas faixas etárias mais elevadas semelhante ao das chinesas, que são muito mais pobres, e taxas de sobrevivência bem mais baixas do que as indianas ainda mais pobres de Kerala. Portanto, o fato não é apenas que os negros americanos sofrem uma privação *relativa* em termos de renda per capita em contraste com os americanos brancos, mas também que eles apresentam uma privação *absoluta* maior do que a dos indianos de Kerala, que têm baixa

38

Gráfico 1.2
VARIAÇÃO POR REGIÃO NAS TAXAS DE SOBREVIVÊNCIA PARA O SEXO FEMININO

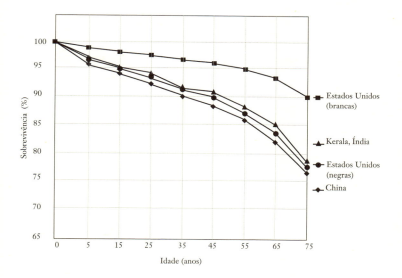

Fontes: Estados Unidos, 1991-1993: U. S. Department of Health and Human Services, *Health United States 1995*, Hyattsville, MD, National Center for Health Statistics, 1996; Kerala, 1991: Government of India, *Sample registration system: Fertility and mortality indicators 1991*, Nova Delhi, Office of the Registrar General, 1991; China, 1992: World Health Organization, *World health statistics annual 1994*, Genebra, World Health Organization, 1994.

renda (tanto homens como mulheres), e que os chineses (no caso dos homens), no aspecto de viver até idades mais avançadas. As influências causais desses contrastes (entre os padrões de vida julgados segundo a renda per capita e os julgados segundo o potencial para sobreviver até idades mais avançadas) incluem disposições sociais e comunitárias como cobertura médica, serviços de saúde públicos, educação escolar, lei e ordem, prevalência da violência etc.[10]

Vale a pena observar que na população afro-americana dos Estados Unidos existe uma enorme diversidade interna. Examinando as populações negras do sexo masculino em determinadas cidades americanas (como Nova York, San Francisco, St. Louis ou Washington, D. C.), constata-se que elas são superadas no aspecto da sobrevivência pelos habitantes da China ou de Kerala em faixas etárias muito mais baixas.[11] Também são superadas por muitas outras populações do Terceiro Mundo; por exemplo, os homens de Bangladesh têm mais chance de viver até depois dos quarenta anos do que os homens afro-americanos do distrito do Harlem na próspera cidade de Nova York.[12] Tudo isso ocorre apesar do fato de os afro-americanos dos Estados Unidos serem muitas vezes mais ricos do que as pessoas do Terceiro Mundo com as quais estão sendo comparadas.

LIBERDADE, CAPACIDADE E A QUALIDADE DE VIDA

Na discussão precedente, concentrei-me em uma liberdade muito elementar: a capacidade de sobreviver em vez de sucumbir à morte prematura. Essa, obviamente, é uma liberdade significativa; existem, contudo, muitas outras que também são importantes. De fato, o conjunto das liberdades relevantes pode ser muito amplo. Essa grande abrangência das liberdades às vezes é vista como um problema para uma abordagem "operacional" do desenvolvimento centralizada na liberdade. A meu ver, esse pessimismo é infundado, mas deixarei para tratar dessa questão no capítulo 3, quando as abordagens básicas para a valoração serão consideradas conjuntamente.

Cabe notar aqui, porém, que a perspectiva baseada na liberdade apresenta uma semelhança genérica com a preocupação comum com a "qualidade de vida", a qual também se concentra no modo como as pessoas vivem (talvez até mesmo nas escolhas que têm), e não apenas nos recursos ou na renda de que elas dispõem.[13] O enfoque na qualidade de vida e nas liberdades substantivas, e não apenas na renda e na riqueza, pode parecer um afastamento das tradições estabelecidas na economia, e em certo sentido é mesmo (especialmente se forem feitas comparações com algumas das análises mais rigorosas centralizadas na renda que podemos encontrar na economia contemporânea). Mas, na verdade, essas abordagens mais amplas estão em sintonia com as linhas de análise que têm sido parte da economia profissional desde o princípio. As conexões aristotélicas são suficientemente óbvias (o enfoque de Aristóteles sobre "florescimento" e "capacidade" relaciona-se claramente à qualidade de vida e às liberdades substantivas, como foi discutido por Martha Nussbaum).[14] Há fortes conexões também com a análise de Adam Smith sobre as "necessidades" e as condições de vida.[15]

Com efeito, a origem da economia foi significativamente motivada pela necessidade de estudar a avaliação das oportunidades que as pessoas têm para levar uma vida boa e as influências causais sobre essas oportunidades. Além do emprego clássico dessa ideia por Aristóteles, noções semelhantes foram muito usadas nos primeiros textos sobre contas nacionais e prosperidade econômica, cujo pioneiro foi William Petty no século XVII, seguido por Gregory King, François Quesnay, Antoine-Laurent Lavoisier, Joseph-Louis Lagrange e outros. Conquanto a contabilidade nacional concebida por esses próceres da análise econômica tenha estabelecido os fundamentos do conceito moderno de renda, sua atenção nunca se restringiu a esse único conceito. Eles também perceberam que a importância da renda é instrumental e dependente das circunstâncias.[16]

Embora William Petty, por exemplo, tenha introduzido o "método da renda" e o "método do dispêndio" para calcular a renda nacional (os métodos modernos de cálculo originaram-se diretamente dessas primeiras tentativas), ele se preocupou explicitamente com a "segurança comum" e a "felicidade particular de cada homem". O objetivo declarado de Petty para empreender esse estudo relacionou-se diretamente à avaliação das condições de vida das pessoas. Ele conseguiu combinar investigação científica com uma dose significativa de política seiscentista ("para mostrar" que "os súditos do rei não estão em tão más condições como querem fazer crer alguns descontentes"). Outros autores também examinaram o impacto do consumo de mercadorias sobre os vários funcionamentos [*functionings*] das pessoas. Por exemplo, Joseph-Louis Lagrange, o grande matemático, foi particularmente inovador ao converter mercadorias em características relacionadas às suas funções: quantidades de trigo e outros grãos em equivalentes nutricionais, quantidades de todos os tipos de carne em unidades equivalentes de carne bovina (segundo suas qualidades nutricionais) e quantidades de todos os tipos de bebidas alcoólicas em unidades de vinho (lembre-se: Lagrange era francês).[17] Ao concentrar a atenção em funcionamentos resultantes em vez de apenas em mercadorias, recuperamos parte da herança da economia profissional.

MERCADOS E LIBERDADES

O papel do mecanismo de mercado é outro tema que requer a recuperação de uma parte da antiga herança. A relação do mecanismo de mercado com a liberdade e, portanto, com o desenvolvimento econômico suscita questões de pelo menos dois tipos muito diferentes, que precisam ser claramente distinguidos. Primeiro, a negação de oportunidades de transação, por meio de controles arbitrários, pode ser, em si, uma fonte de privação de liberdade. As pessoas, nesse caso, são impedidas de fazer o que se pode considerar — na ausência de razões imperiosas em contrário — ser do seu direito fazer. Esse argumento não depende da eficiência do mecanismo de mercado ou de qualquer análise ampla das consequências de ter ou não um mecanismo de mercado; ele se baseia simplesmente na importância da liberdade de troca e transação sem impedimentos.

Esse argumento em favor do mercado precisa ser distinguido de um outro, atualmente muito popular: o de que os mercados expandem a renda, a riqueza e as oportunidades econômicas das pessoas. Restrições arbitrárias ao mecanismo de mercado podem levar a uma redução de liberdades devido aos efeitos consequenciais da ausência de mercados. Negar às pessoas as oportunidades econômicas e as consequências favoráveis que os mercados oferecem e sustentam pode resultar em privações.

É necessário distinguir esses dois argumentos em favor do mecanismo de mercado, ambos relevantes para a perspectiva das liberdades substantivas. Na literatura contemporânea, é o segundo argumento — baseado no funcionamento eficaz e nos resultados favoráveis do mecanismo de mercado — que recebe praticamente toda a atenção.[18] De um modo geral, esse argumento sem dúvida é influente, e existem muitas evidências empíricas de que o sistema de mercado pode impulsionar o crescimento econômico rápido e a expansão dos padrões de vida. Políticas que restringem oportunidades de mercado podem ter o efeito de restringir a expansão de liberdades substantivas que teriam sido geradas pelo sistema de mercado, principalmente por meio da prosperidade econômica geral. Não se está negando aqui que os mercados às vezes podem ser contraproducentes (como salientou o próprio Adam Smith ao defender a necessidade de controle do mercado financeiro),[19] e há fortes argumentos em favor da regulamentação em alguns casos. Em geral, porém, os efeitos positivos do sistema de mercado são hoje muito mais amplamente reconhecidos do que foram até mesmo poucas décadas atrás.

No entanto, esse argumento é totalmente diferente do argumento de que as pessoas têm o direito de fazer transações e trocas. Mesmo se esses direitos não fossem aceitos como invioláveis — e inteiramente dependentes de suas consequências —, pode-se ainda argumentar que há uma perda social quando se nega às pessoas o direito de interagir economicamente umas com as outras. Caso aconteça de os efeitos dessas transações serem tão danosos para terceiros que essa presunção *prima facie* de permitir às pessoas transacionar como bem entenderem possa sensatamente ser restringida, ainda assim existe alguma perda direta quando se impõe essa restrição (mesmo se ela for mais do que compensada pela perda alternativa dos efeitos indiretos dessas transações sobre *terceiros*).

A disciplina da economia tendeu a afastar-se do enfoque sobre o valor das liberdades em favor do valor das utilidades, rendas e riqueza. Esse estreitamento acarreta a subestimação do papel integral do mecanismo de mercado, ainda que seja impossível acusar a classe dos economistas de não louvar suficientemente os mercados. A questão, porém, não é a quantidade de elogios, mas as razões deles.

Vejamos, por exemplo, o célebre argumento econômico de que um mecanismo competitivo de mercado pode levar a um tipo de eficiência que um sistema centralizado jamais poderia atingir devido tanto à economia da informação (cada pessoa atuante no mercado não precisa saber muita coisa) como à compatibilidade de incentivos (as ações engenhosas de cada pessoa podem incorporar-se perfeitamente às das outras). Considere agora, contrariamente ao que em geral se pressupõe, um exemplo no qual o mesmo resultado econômico é gerado por um sistema inteiramente centralizado, com todas as decisões relativas à produção e alocação sendo tomadas por um ditador. Essa teria sido uma realização tão boa quanto a do exemplo anterior?

Não é difícil demonstrar que estaria faltando alguma coisa em um cenário como este: a liberdade das pessoas de agir como desejassem ao decidir onde trabalhar, o que produzir, o que consumir etc. Mesmo se nos dois cenários (caracterizados, respectivamente, pela livre escolha e pela obediência a uma ordem ditatorial) uma pessoa produzisse as mesmas mercadorias da mesma maneira e acabasse recebendo a mesma renda e adquirindo os mesmos bens, essa pessoa ainda poderia ter ótimas razões para preferir o cenário da livre escolha ao da submissão à ordem. Há uma distinção entre "resultados de culminância" (ou seja, apenas resultados finais sem considerar o processo de obtenção desses resultados, incluindo o exercício da liberdade) e "resultados abrangentes" (considerando os processos pelos quais os resultados de culminância ocorreram) — uma distinção de importância fundamental, que procurei analisar mais plenamente em outros trabalhos.[20] O mérito do sistema de mercado não reside apenas em sua capacidade de gerar resultados de culminância mais eficientes.

A mudança do centro da atenção da economia pró-mercado, passando da liberdade para a utilidade, teve seu preço: a desconsideração do valor central da própria liberdade. John Hicks, um dos principais economistas deste século, ele próprio com ideias muito mais orientadas para a utilidade do que para a liberdade, apresentou a questão com admirável clareza em uma passagem sobre o assunto:

> Os princípios liberais, ou de não interferência, dos economistas clássicos (smithianos ou ricardianos) não eram, em primeiro lugar, princípios econômicos; eram uma aplicação à economia de princípios considerados aplicáveis a um campo bem mais amplo. A afirmação de que a liberdade econômica conduz à eficiência econômica não passava de um esteio secundário. [...] O que realmente questiono é se temos justificativa para esquecer, tão completamente como a maioria de nós esqueceu, o outro lado do argumento.[21]

Essa concepção pode parecer um tanto esotérica no contexto do desenvolvimento econômico, tendo em vista a prioridade que a literatura sobre desenvolvimento tende a dar à geração de rendas elevadas, de uma maior cesta de bens de consumo e de outros resultados de culminância. Mas ela está longe de ser esotérica. Uma das maiores mudanças no processo de desenvolvimento de muitas economias envolve a substituição do trabalho adscritício e do trabalho forçado, que caracterizam partes de muitas agriculturas tradicionais, por um sistema de contratação de mão de obra livre e movimentação física irrestrita dos trabalhadores. Uma perspectiva do desenvolvimento baseada na liberdade capta imediatamente essa questão, de um modo que um sistema avaliatório concentrado apenas em resultados de culminância não consegue captar.

Esse argumento pode ser ilustrado com os debates em torno da natureza do trabalho escravo no Sul dos Estados Unidos antes da abolição. O estudo clássico sobre esse tema, empreendido por Robert Fogel e Stanley Engerman (*Time on the cross: the economics of American Negro slavery*), inclui uma notável descoberta sobre as "rendas pecuniárias" relativamente elevadas dos escravos (as controvérsias quanto a algumas questões abordadas no livro não solapam essa descoberta). As cestas de mercadorias consumidas pelos escravos eram comparativamente superiores — e não inferiores, com toda certeza — às rendas de trabalhadores agrícolas livres. E a expectativa de vida dos escravos, relativamente falando, em verdade não era baixa — "quase idêntica à expectativa de vida em países tão avançados quanto França e Holanda", e "muito maior [do que] as expectativas de vida [dos] trabalhadores industriais urbanos livres dos Estados Unidos e Europa".[22] Ainda assim, escravos fugiam, e havia excelentes razões para presumir-se que o interesse dos escravos não era bem atendido no sistema escravista. Na verdade, até mesmo as tentativas, após a abolição da escravidão, de trazer os escravos de volta, de fazê-los trabalhar como no tempo em que haviam sido escravos (particularmente na forma de *gang work* [turmas de trabalhadores contratados para executar tarefas nas grandes *plantations*]), mas por salários mais altos, não tiveram êxito.

> Depois da libertação dos escravos, muitos donos de *plantations* tentaram reconstituir suas turmas de trabalhadores com base no pagamento de salários. Mas essas tentativas em geral fracassaram, apesar de os salários oferecidos aos libertos excederem as rendas que eles recebiam como escravos em mais de cem por cento. Mesmo com esse pagamento mais alto, os fazendeiros descobriram ser impossível manter o sistema de turmas uma vez que haviam sido privados do direito de usar a força.[23]

A importância da liberdade de emprego e prática de trabalho é crucial para a compreensão das valorações envolvidas.[24]

Os comentários favoráveis de Karl Marx sobre o capitalismo como um modo de produção contrário à privação de liberdade existente na organização pré-capitalista do trabalho relacionam-se exatamente com essa questão, que também gerou a caracterização feita por Marx da Guerra Civil americana como "o grande evento da história contemporânea".[25] De fato, a questão da liberdade baseada no mercado é fundamental para a análise do uso de mão de obra adscritícia — prática comum em muitos países em desenvolvimento — e da transição para um sistema de livre contratação de trabalhadores. Com efeito, esse é um dos casos em que a análise de Marx demonstrou ter alguma afinidade com a concentração libertária na liberdade, e não na utilidade.

Por exemplo, em seu importante estudo sobre a transição do uso da mão de obra adscritícia para o uso da mão de obra assalariada na Índia, V. K. Ramachandran apresenta um quadro esclarecedor da importância empírica dessa questão na situação agrária contemporânea no Sul da Índia:

> Marx distingue (usando o termo empregado por Jon Elster) a *liberdade formal* do trabalhador no capitalismo e a *privação de liberdade real* dos trabalhadores em sistemas pré-capitalistas: "A liberdade dos trabalhadores para trocar de empregador torna-os livres sob um aspecto não encontrado em modos de produção anteriores". O estudo do desenvolvimento do trabalho assalariado na agricultura é importante também de outra perspectiva. O aumento da liberdade dos trabalhadores em uma sociedade para vender sua força de trabalho é um aumento de sua liberdade positiva, a qual, por sua vez, é uma importante medida do quanto essa sociedade está tendo êxito.[26]

A presença simultânea de mão de obra adscritícia e endividamento acarreta uma forma particularmente tenaz de privação de liberdade em muitas agriculturas pré-capitalistas.[27] Ver o desenvolvimento como liberdade permite uma abordagem direta dessa questão, sem depender de demonstrar que os mercados de trabalho também aumentam a produtividade da agricultura — uma questão importante em si mesma, porém muito diferente da questão da liberdade de contratação e emprego.

Alguns dos debates relacionados ao terrível problema do trabalho infantil estão ainda associados a essa questão da liberdade de escolha. As piores violações da norma contra o trabalho infantil provêm da escravidão em que na prática vivem as crianças de famílias desfavorecidas e do fato de elas serem forçadas a um emprego que as explora (em vez de serem livres e poderem frequentar a escola).[28] A liberdade é parte essencial dessa questão controvertida.

VALORES E O PROCESSO DE VALORAÇÃO

Retorno agora à *avaliação*. Como nossas liberdades são diversas, há margem para a valoração explícita na determinação dos pesos relativos de diferentes formas de liberdades ao se avaliarem as vantagens individuais e o progresso social. É claro que em todas essas abordagens (incluindo o utilitarismo, o libertarismo e outras, que serão discutidas no capítulo 3) estão envolvidas valorações, embora com frequência elas sejam feitas implicitamente. Os que preferem um índice mecânico, dispensando explicitar que valores estão sendo usados e por quê, tendem a queixar-se de que a abordagem baseada na liberdade requer que as valorações sejam feitas explicitamente. Queixas assim têm sido frequentes. Mas esse caráter explícito, conforme procurarei demonstrar, é uma vantagem importante para um exercício valorativo, especialmente para que ele seja aberto à averiguação e crítica públicas. Com efeito, um dos argumentos mais poderosos em favor da liberdade política reside precisamente na oportunidade que ela dá aos cidadãos de debater sobre valores na escolha das prioridades e de participar da seleção desses valores (aspecto que será examinado nos capítulos 6 a 11).

A liberdade individual é essencialmente um produto social,

e existe uma relação de mão dupla entre (1) as disposições sociais que visam expandir as liberdades individuais e (2) o uso de liberdades individuais não só para melhorar a vida de cada um, mas também para tornar as disposições sociais mais apropriadas e eficazes. Além disso, as concepções individuais de justiça e correção, que influenciam os usos específicos que os indivíduos fazem de suas liberdades, dependem de associações sociais — particularmente da formação interativa de percepções do público e da compreensão cooperativa de problemas e soluções. A análise e a avaliação das políticas públicas têm de ser sensíveis a essas diversas relações.

TRADIÇÃO, CULTURA E DEMOCRACIA

A questão da participação também é central para alguns dos problemas básicos que têm minado a força e o alcance da teoria do desenvolvimento. Por exemplo, argumentou-se que o desenvolvimento econômico do modo como o conhecemos pode, na realidade, ser danoso a um país, já que pode conduzir à eliminação de suas tradições e herança cultural.[29] Objeções desse tipo são com frequência sumariamente descartadas com o argumento de que é melhor ser rico e feliz do que pobre e tradicional. Esse pode ser um lema persuasivo, mas não uma resposta adequada à crítica em discussão. Tampouco reflete um empenho sério na crucial questão valorativa que está sendo levantada pelos céticos do desenvolvimento.

A questão mais séria, na verdade, diz respeito à fonte de autoridade e legitimidade. Existe um inescapável problema valorativo na decisão do que se deva escolher se e quando acontecer de algumas partes da tradição não puderem ser mantidas juntamente com mudanças econômicas e sociais que possam ser necessárias por outras razões. Essa é uma escolha que as pessoas envolvidas têm de enfrentar e avaliar. A escolha não é fechada (como muitos apologistas do desenvolvimento parecem sugerir) nem é da alçada da elite dos "guardiães" da tradição (como muitos céticos do desenvolvimento parecem presumir). Se um modo de vida tradicional tem de ser sacrificado para escapar-se da pobreza devastadora ou da longevidade minúscula (que é como vivem muitas sociedades tradicionais há milhares de anos), então são as pessoas diretamente envolvidas que têm de ter a oportunidade de participar da decisão do que deve ser escolhido. O conflito real ocorre entre:

1) o valor básico de que se deve permitir às pessoas decidir livremente que tradições elas desejam ou não seguir; e
2) a insistência em que tradições estabelecidas sejam seguidas (haja o que houver) ou, alternativamente, em que as pessoas têm de obedecer às decisões de autoridades religiosas ou seculares que impõem a observância das tradições — reais ou imaginárias.

A força do primeiro preceito reside na importância básica da liberdade humana e, uma vez isso sendo aceito, há fortes implicações sobre o que se pode ou não fazer em nome da tradição. A abordagem do "desenvolvimento como liberdade" privilegia esse preceito.

De fato, na perspectiva orientada para a liberdade, a liberdade de todos participarem das decisões sobre quais tradições observar não pode ser oficialmente escamoteada pelos "guardiães" nacionais ou locais — sejam eles aiatolás (ou outras autoridades religiosas), dirigentes políticos (ou ditadores governamentais) ou "especialistas" culturais (nacionais ou estrangeiros). Havendo indícios de conflito real entre a preservação da tradição e as vantagens da modernidade, é necessário uma resolução participativa, e não uma rejeição unilateral da modernidade em favor da tradição imposta por dirigentes políticos, autoridades religiosas ou admiradores antropológicos do legado do passado. Não só a questão não é fechada, como também tem de ser amplamente aberta às pessoas da sociedade, para que elas a abordem e decidam em conjunto. As tentativas de tolher a liberdade participativa com o pretexto de defender valores tradicionais (como o fundamentalismo religioso, o costume político ou os chamados valores asiáticos) simplesmente passam ao largo da questão da legitimidade e da necessidade de as pessoas afetadas participarem da decisão do que elas desejam e do que elas estão certas ao aceitar.

Esse reconhecimento básico tem um alcance notável e implicações poderosas. Indícios de apreço à tradição não justificam uma supressão geral da liberdade dos meios de comunicação ou dos direitos de comunicação entre um cidadão e outro. Mesmo se fosse aceita como historicamente correta a visão distorcida de que Confúcio realmente foi muito autoritário (uma crítica a essa interpretação será apresentada no capítulo 10), ainda assim isso não seria uma justificativa adequada para praticar o autoritarismo por meio da censura ou restrição política, uma vez que a legitimidade de acatar hoje as ideias enunciadas no século VI a.C. tem de ser decidida por quem vive hoje.

Além disso, como a participação requer conhecimentos e um grau de instrução básico, negar a oportunidade da educação escolar a qualquer grupo — por exemplo, às meninas — é imediatamente contrário às condições fundamentais da liberdade participativa. Embora esses direitos tenham sido muitas vezes contestados (um dos ataques mais violentos vem sendo desferido pelos líderes do Taliban no Afeganistão), não se pode escapar desse requisito elementar em uma perspectiva orientada para a liberdade. A abordagem do "desenvolvimento como liberdade" tem implicações muito abrangentes não só para os objetivos supremos do desenvolvimento, mas também para os processos e procedimentos que têm de ser respeitados.

OBSERVAÇÕES FINAIS

Ver o desenvolvimento a partir das liberdades substantivas das pessoas tem implicações muito abrangentes para nossa compreensão do processo de desenvolvimento e também para os modos e meios de promovê-lo. Na perspectiva avaliatória, isso envolve a necessidade de aquilatar os requisitos de desenvolvimento com base na remoção das privações de liberdade que podem afligir os membros da sociedade. O processo de desenvolvimento, nessa visão, não difere em essência da história do triunfo sobre essas privações de liberdade. Embora essa história não seja de modo algum desvinculada do processo de crescimento econômico e de acumulação de capital físico e humano, seu alcance e abrangência vão muito além dessas variáveis.

Quando nos concentramos nas liberdades ao avaliar o desenvolvimento, não estamos sugerindo que existe algum "critério" de desenvolvimento único e preciso segundo o qual as diferentes experiências de desenvolvimento sempre podem ser comparadas e classificadas. Dada a heterogeneidade dos componentes distintos da liberdade, bem como a necessidade de levar em conta as diversas liberdades de diferentes pessoas, frequentemente haverá argumentos em direções contrárias. A motivação que fundamenta a abordagem do "desenvolvimento como liberdade" não consiste em ordenar todos os estados — ou todos os cenários alternativos — em uma "ordenação completa", e sim em chamar a atenção para aspectos importantes do processo de desenvolvimento, cada qual merecedor de nossa atenção. Mesmo depois de se atentar para isso, sem dúvida restarão diferenças em possíveis *rankings* globais, mas sua presença não prejudica o objetivo em questão.

Prejudicial seria negligenciar — o que com frequência ocorre na literatura sobre o desenvolvimento — preocupações crucialmente relevantes devido a uma falta de interesse pelas liberdades das pessoas envolvidas. Busca-se uma visão adequadamente ampla do desenvolvimento com o intuito de enfocar o exame avaliatório de coisas que de fato importam e, em particular, de evitar que sejam negligenciados assuntos decisivamente importantes. Embora possa ser conveniente pensar que considerar as variáveis relevantes automaticamente levará pessoas diferentes a chegar às mesmas conclusões sobre como fazer um *ranking* de cenários alternativos, a abordagem não requer essa unanimidade. De fato, os debates sobre essas questões, que podem conduzir a importantes discussões políticas, podem ser parte do processo de participação democrática que caracteriza o desenvolvimento. Haverá ocasião, mais adiante neste livro, de examinar a questão substancial da participação como parte do processo de desenvolvimento.

2. OS FINS E OS MEIOS
DO DESENVOLVIMENTO

COMEÇAREI ESTE CAPÍTULO fazendo uma distinção entre duas atitudes gerais a respeito do processo de desenvolvimento que podem ser encontradas tanto na análise econômica profissional como em discussões e debates públicos.[1] Uma visão considera o desenvolvimento um processo "feroz", com muito "sangue, suor e lágrimas" — um mundo no qual sabedoria requer dureza. Requer, em particular, que calculadamente se negligenciem várias preocupações que são vistas como "frouxas" (mesmo que, em geral, os críticos sejam demasiado polidos para qualificá-las com esse adjetivo). Dependendo de qual seja o veneno favorito do autor, as tentações a que se deve *resistir* podem incluir a existência de redes de segurança social para proteger os muito pobres, o fornecimento de serviços sociais para a população, o afastamento de diretrizes institucionais inflexíveis em resposta a dificuldades identificadas e o favorecimento — "cedo demais" — de direitos políticos e civis e o "luxo" da democracia. Essas coisas, adverte-se com pose austera, podem vir a ser favorecidas posteriormente, quando o processo de desenvolvimento houver produzido frutos suficientes: o necessário aqui e agora é "dureza e disciplina". As diferentes teorias que compartilham essa perspectiva geral divergem entre si na indicação das áreas distintas de frouxidão que devem ser particularmente evitadas, variando da frouxidão financeira à distensão política, de abundantes gastos sociais à complacente ajuda aos pobres.

Essa atitude empedernida contrasta com uma perspectiva alternativa que vê o desenvolvimento essencialmente como um processo "amigável". Dependendo da versão específica dessa atitude, considera-se que a aprazibilidade do processo é exemplificada por coisas como trocas mutuamente benéficas (sobre as quais Adam Smith discorreu com eloquência), pela atuação de redes de segurança social, de liberdades políticas ou de desenvolvimento social — ou por alguma combinação dessas atividades sustentadoras.

OS PAPÉIS CONSTITUTIVO E INSTRUMENTAL DA LIBERDADE

A abordagem deste livro é muito mais compatível com a segunda dessas perspectivas do que com a primeira.[2] É principalmente uma tentativa de ver o desenvolvimento como um processo de expansão das liberdades reais que as pessoas desfrutam. Nesta abordagem, a expansão da liberdade é considerada (1) *o fim primordial* e (2) *o principal meio* do desenvolvimento. Podemos chamá-los, respectivamente, o "papel constitutivo" e o "papel instrumental" da liberdade no desenvolvimento. O papel constitutivo relaciona-se à importância da liberdade substantiva no enriquecimento da vida humana. As liberdades substantivas incluem capacidades elementares como por exemplo ter condições de evitar privações como a fome, a subnutrição, a morbidez evitável e a morte prematura, bem como as liberdades associadas a saber ler e fazer cálculos aritméticos, ter participação política e liberdade de expressão etc. Nessa perspectiva constitutiva, o desenvolvimento envolve a expansão dessas e de outras liberdades básicas: é o processo de expansão das liberdades humanas, e sua avaliação tem de basear-se nessa consideração.

Retomo agora um exemplo que foi brevemente mencionado na introdução (e que envolve uma questão frequentemente levantada na literatura sobre o desenvolvimento), para ilustrar como o reconhecimento do papel "constitutivo" da liberdade pode alterar a análise do desenvolvimento. Nas visões mais estreitas de desenvolvimento (baseadas, por exemplo, no crescimento do PNB ou da industrialização), é comum indagar se a liberdade de participação e dissensão política é ou não "conducente ao desenvolvimento". À luz da visão fundamental do desenvolvimento como liberdade, essa questão pareceria mal formulada, pois não considera a compreensão crucial de que a participação e a dissensão política são partes *constitutivas* do próprio desenvolvimento. Mesmo uma pessoa muito rica que seja impedida de se expressar livremente ou de participar de debates e decisões públicas está sendo *privada* de algo que ela tem motivos para valorizar. O processo de desenvolvimento, quando julgado pela ampliação da liberdade humana, precisa incluir a eliminação da privação dessa pessoa. Mesmo se ela não tivesse interesse imediato em exercer a liberdade de expressão ou de participação, ainda assim seria uma privação de suas liberdades se ela não pudesse ter escolha nessas questões. O desenvolvimento como liberdade não pode deixar de levar em conta essas privações. A relevância da privação de liberdades políticas ou direitos civis básicos para uma compreensão adequada do desenvolvimento não tem de ser estabelecida por meio de sua contribuição indireta a *outras* características do desenvolvimento (como o crescimento do PNB ou a promoção da industrialização). Essas liberdades são parte integrante do enriquecimento do processo de desenvolvimento.

Essa consideração fundamental é distinta do argumento "instrumental" de que essas liberdades e direitos *também* podem contribuir muito eficazmente para o progresso econômico. Essa relação instrumental é igualmente importante (e será discutida em especial nos capítulos 5 e 6), mas a relevância do papel instrumental da liberdade política como um *meio* para o desenvolvimento de modo nenhum reduz a importância avaliatória da liberdade como um *fim* do desenvolvimento.

A importância *intrínseca* da liberdade humana como o objetivo preeminente do desenvolvimento precisa ser distinguida da eficácia *instrumental* da liberdade de diferentes tipos na promoção da liberdade humana. Como o enfoque do capítulo anterior deu-se principalmente sobre a importância intrínseca da liberdade, agora concentraremos mais a análise na eficácia da liberdade como *meio* — e não apenas como fim. O papel instrumental da liberdade concerne ao modo como diferentes tipos de direitos, oportunidades e intitulamentos* [*entitlements*] contribuem para a expansão da liberdade humana em geral e, assim, para a promoção do desenvolvimento. Não se trata aqui meramente da óbvia inferência de que a expansão de cada tipo de liberdade tem de contribuir para o desenvolvimento, uma vez que ele próprio pode ser visto como um processo de crescimento da liberdade humana em geral. Há muito mais na relação instrumental do que esse encadeamento constitutivo. A eficácia da liberdade como instrumento reside no fato de que diferentes tipos de liberdade apresentam inter-relação entre si, e um tipo de liberdade pode contribuir imensamente para promover liberdades de outros tipos. Portanto, os dois papéis estão ligados por relações empíricas, que associam um tipo de liberdade a outros.

* A palavra *entitlement*, conforme usada por Sen neste contexto, requer o batismo de um novo termo em português; será traduzida como "intitulamento", originado do mesmo verbo latino (*intitulare*) que o termo em inglês. *Entitlement* está sendo empregado por Amartya Sen com um significado muito específico, explicitado claramente em seu livro escrito em coautoria com Jean Drèze, *Hunger and public action* (1989):

> O *entitlement* de uma pessoa é representado pelo conjunto de pacotes alternativos de bens que podem ser adquiridos mediante o uso dos vários canais legais de aquisição facultados a essa pessoa. Em uma economia de mercado com propriedade privada, o conjunto do *entitlement* de uma pessoa é determinado pelo pacote original de bens que ela possui (denominado "dotação") e pelos vários pacotes alternativos que ela pode adquirir, começando com cada dotação inicial, por meio de comércio e produção (denominado seu "*entitlement* de troca"). Uma pessoa passa fome quando seu *entitlement* não inclui, no conjunto [que é formado pelos pacotes alternativos de bens que ela pode adquirir], nenhum pacote de bens que contenha uma quantidade adequada de alimento.

No contexto da análise da fome, o termo *entitlement* é usado distintivamente: "A noção de *entitlement* neste contexto não deve ser confundida com ideias normativas sobre quem poderia 'moralmente ter o direito' [*be 'morally entitled'*] a quê. A referência diz respeito, isto sim, àquilo que a lei garante e apoia". (N. T.)

LIBERDADES INSTRUMENTAIS

Ao apresentar estudos empíricos neste livro, terei a oportunidade de discorrer sobre várias liberdades instrumentais que contribuem, direta ou indiretamente, para a liberdade global que as pessoas têm para viver como desejariam. Grande é a diversidade dos instrumentos envolvidos. Mas talvez seja conveniente identificar cinco tipos distintos de liberdade que particularmente merecem ênfase nessa perspectiva instrumental. Não é, de modo algum, uma lista completa, mas pode ajudar a salientar algumas questões de políticas específicas que requerem uma atenção especial nesta ocasião.

Considerarei em particular os seguintes tipos de liberdades instrumentais: (1) *liberdades políticas*, (2) *facilidades econômicas*, (3) *oportunidades sociais*, (4) *garantias de transparência* e (5) *segurança protetora*. Essas liberdades instrumentais tendem a contribuir para a capacidade geral de a pessoa viver mais livremente, mas também têm o efeito de complementar umas às outras. Embora a análise do desenvolvimento deva, por um lado, ocupar-se dos objetivos e anseios que tornam essas liberdades instrumentais consequencialmente importantes, deve ainda levar em conta os encadeamentos empíricos que *vinculam* os tipos distintos de liberdade um ao outro, reforçando sua importância conjunta. De fato, essas relações são essenciais para uma compreensão mais plena do papel instrumental da liberdade. O argumento de que a liberdade não é apenas o objetivo primordial do desenvolvimento, mas também seu principal meio, relaciona-se particularmente a esses encadeamentos.

Comentemos brevemente cada uma dessas liberdades instrumentais. As *liberdades políticas*, amplamente concebidas (incluindo o que se denominam direitos civis), referem-se às oportunidades que as pessoas têm para determinar quem deve governar e com base em que princípios, além de incluir a possibilidade de fiscalizar e criticar as autoridades, de ter liberdade de expressão política e uma imprensa sem censura, de ter a liberdade de escolher entre diferentes partidos políticos etc. Incluem os direitos políticos associados às democracias no sentido mais abrangente (abarcando oportunidades de diálogo político, dissensão e crítica, bem como direito de voto e seleção participativa de legisladores e executivos).

As *facilidades econômicas* são as oportunidades que os indivíduos têm para utilizar recursos econômicos com propósitos de consumo, produção ou troca. Os intitulamentos econômicos que uma pessoa tem dependerão dos seus recursos disponíveis, bem como das condições de troca, como os preços relativos e o funcionamento dos mercados. À medida que o processo de desenvolvimento econômico aumenta a renda e a riqueza de um país, estas se refletem no correspondente aumento de intitulamentos econômicos da população. Deve ser óbvio que, na relação entre a renda e a riqueza nacional, de um lado, e, de outro, os intitulamentos econômicos dos indivíduos (ou famílias), as considerações distributivas são importantes em adição às agregativas. O modo como as rendas adicionais geradas são distribuídas claramente fará diferença.

A disponibilidade de financiamento e o acesso a ele podem ser uma influência crucial sobre os intitulamentos que os agentes econômicos são efetivamente capazes de assegurar. Isso se aplica em todos os níveis, de grandes empresas (onde podem trabalhar centenas de milhares de pessoas) a estabelecimentos minúsculos que operam com base em microcréditos. Um arrocho no crédito, por exemplo, pode afetar gravemente os intitulamentos econômicos que dependem desse crédito.

Oportunidades sociais são as disposições que a sociedade estabelece nas áreas de educação, saúde etc., as quais influenciam a liberdade substantiva de o indivíduo viver melhor. Essas facilidades são importantes não só para a condução da vida privada (como por exemplo levar uma vida saudável, livrando-se de morbidez evitável e da morte prematura), mas também para uma participação mais efetiva em atividades econômicas e políticas. Por exemplo, o analfabetismo pode ser uma barreira formidável à participação em atividades econômicas que requeiram produção segundo especificações ou que exijam rigoroso controle de qualidade (uma exigência sempre crescente no comércio globalizado). De modo semelhante, a participação política pode ser tolhida pela incapacidade de ler jornais ou de comunicar-se por escrito com outros indivíduos envolvidos em atividades políticas.

Passemos agora à quarta categoria. Em interações sociais, os indivíduos lidam uns com os outros com base em alguma suposição sobre o que lhes está sendo oferecido e o que podem esperar obter. Nesse sentido, a sociedade opera com alguma presunção básica de confiança. As *garantias de transparência* referem-se às necessidades de sinceridade que as pessoas podem esperar: a liberdade de lidar uns com os outros sob garantias de dessegredo e clareza. Quando essa confiança é gravemente violada, a vida de muitas pessoas — tanto as envolvidas diretamente como terceiros — pode ser afetada negativamente. As garantias de transparência (incluindo o direito à revelação) podem, portanto, ser uma categoria importante de liberdade instrumental. Essas garantias têm um claro papel instrumental como inibidores da corrupção, da irresponsabilidade financeira e de transações ilícitas.

Por fim, não importando o modo como opera um sistema econômico, algumas pessoas podem encontrar-se no limiar da vulnerabilidade e sucumbir a uma grande privação em consequência de mudanças materiais que afetem adversamente suas vidas. A *segurança protetora* é necessária para proporcionar uma rede de segurança social, impedindo que a população afetada seja reduzida à miséria abjeta e, em alguns casos, até mesmo à fome e à morte. A esfera da segurança protetora inclui disposições institucionais *fixas*, como benefícios aos desempregados e suplementos de renda regulamentares para os indigentes, bem como medidas *ad hoc*, como distribuição de alimentos em crises de fome coletiva ou empregos públicos de emergência para gerar renda para os necessitados.

INTER-RELAÇÕES E COMPLEMENTARIDADE

Essas liberdades instrumentais aumentam diretamente as capacidades das pessoas, mas também suplementam-se mutuamente e podem, além disso, reforçar umas às outras. É importante apreender essas interligações ao deliberar sobre políticas de desenvolvimento.

O fato de que o direito às transações econômicas tende a ser um grande motor do crescimento econômico tem sido amplamente aceito. Mas muitas outras relações permanecem pouco reconhecidas, e precisam ser mais plenamente compreendidas na análise das políticas. O crescimento econômico pode ajudar não só elevando rendas privadas, mas também possibilitando ao Estado financiar a seguridade social e a intervenção governamental ativa. Portanto, a contribuição do crescimento econômico tem de ser julgada não apenas pelo aumento de rendas privadas, mas também pela expansão de serviços sociais (incluindo, em muitos casos, redes de segurança social) que o crescimento econômico pode possibilitar.[3]

Analogamente, a criação de oportunidades sociais por meio de serviços como educação pública, serviços de saúde e desenvolvimento de uma imprensa livre e ativa pode contribuir para o desenvolvimento econômico e para uma redução significativa das taxas de mortalidade. A redução das taxas de mortalidade, por sua vez, pode ajudar a reduzir as taxas de natalidade, reforçando a influência da educação básica — em especial da alfabetização e escolaridade das mulheres — sobre o comportamento das taxas de fecundidade.

O exemplo pioneiro de intensificação do crescimento econômico por meio da oportunidade social, especialmente na área da educação básica, é obviamente o Japão. Às vezes se esquece que o Japão apresentava taxas de alfabetização mais elevadas do que as da Europa mesmo na época da restauração Meiji em meados do século XIX, quando a industrialização ainda não ocorrera no país, mas já se instalara na Europa décadas antes. O desenvolvimento econômico do Japão foi claramente muito favorecido pelo desenvolvimento dos recursos humanos relacionado com as oportunidades sociais que foram geradas. O chamado milagre do Leste Asiático, envolvendo outros países dessa região, baseou-se, em grande medida, em relações causais semelhantes.[4]

Esta abordagem contraria — e na verdade abala — a crença tão dominante em muitos círculos políticos de que o "desenvolvimento humano" (como frequentemente é chamado o processo de expansão da educação, dos serviços de saúde e de outras condições da vida humana) é realmente um tipo de luxo que apenas os países mais ricos podem se dar. Talvez o impacto mais importante do tipo de êxito alcançado pelas economias do Leste Asiático, a começar do Japão, seja ter solapado totalmente esse preconceito tácito. Essas economias buscaram comparativamente mais cedo a expansão em massa da educação e, mais tarde, também dos serviços de saúde, e o fizeram, em muitos casos, *antes* de romper os grilhões da pobreza generalizada. E colheram o que semearam. De fato, como salientou Hiromitsu Ishi, a prioridade dada ao desenvolvimento dos recursos humanos aplica-se particularmente à história inicial do desenvolvimento econômico japonês, principiando com a era Meiji (1868-1911), e esse enfoque não se intensificou com a afluência econômica à medida que o Japão alcançou mais riqueza e muito mais fartura.[5]

DIFERENTES ASPECTOS DO CONTRASTE ENTRE ÍNDIA E CHINA

O papel central das liberdades individuais no processo de desenvolvimento faz com que seja particularmente importante examinar seus determinantes. É necessário prestar muita atenção nas influências sociais, incluindo ações do Estado, que ajudam a determinar a natureza e o alcance das liberdades individuais. As disposições sociais podem ter importância decisiva para assegurar e expandir a liberdade do indivíduo. As liberdades individuais são influenciadas, de um lado, pela garantia social de liberdades, tolerância e possibilidade de troca e transações. Também sofrem influência, por outro lado, do apoio público substancial no fornecimento das facilidades (como serviços básicos de saúde ou educação fundamental) que são cruciais para a formação e o aproveitamento das capacidades humanas. É necessário atentar a ambos os tipos de determinantes das liberdades individuais.

O contraste entre Índia e China tem alguma importância ilustrativa nesse contexto. Os governos desses dois países empenham-se já há algum tempo (a China desde 1979 e a Índia desde 1991) na mudança para uma economia mais aberta, internacionalmente ativa e orientada para o mercado. Embora os esforços na Índia tenham aos poucos logrado algum êxito, não se vê ali o tipo de resultados notáveis alcançados na China. Um fator importante desse contraste reside no fato de que, do ponto de vista do preparo social, a China está muito adiante da Índia na capacidade de fazer uso da economia de mercado.[6] Embora a China pré-reforma se mostrasse profundamente cética com respeito aos mercados, não houve ceticismo em relação à educação básica e ao fornecimento amplo de serviços de saúde. Quando adotou a orientação para o mercado em 1979, a China já contava com um povo altamente alfabetizado — em particular os jovens — e boas instalações escolares em grande parte do país. Nesse aspecto, as condições da China não diferiam muito da situação educacional básica na Coreia do Sul ou em Taiwan, onde também uma população instruída desempenhara um papel fundamental no aproveitamento das oportunidades econômicas oferecidas por um sistema de mercado propício. Em contraste, a Índia possuía uma população adulta semianalfabeta quando adotou a orientação para o mercado em 1991, e a situação atual não é muito melhor.

As condições de saúde na China também eram muito melhores do que as encontradas na Índia devido ao compromisso social do regime pré-reforma tanto com os serviços de saúde quanto com os de educação. Singularmente, esse compromisso, embora sem nenhuma relação com seu papel propício no crescimento econômico orientado para o mercado, criou oportunidades sociais às quais foi possível dar um aproveitamento dinâmico depois de o país adotar a orientação para o mercado. O atraso social da Índia, com sua concentração elitista na educação superior, sua vasta negligência com relação à educação elementar e o descaso substancial para com os serviços básicos de saúde, deixou o país despreparado para uma expansão econômica amplamente compartilhada. É claro que o contraste entre Índia e China tem muitos outros aspectos (incluindo as diferenças em seus respectivos sistemas políticos e a variação muito maior, *dentro* da Índia, das oportunidades sociais como a alfabetização e os serviços de saúde); essas questões serão abordadas adiante. Mas vale a pena mencionar a relevância — mesmo neste estágio preliminar da análise — dos níveis radicalmente diferentes de preparo social na China e na Índia para o amplo desenvolvimento orientado para o mercado.

Também cabe observar, porém, que a China tem desvantagens reais em relação à Índia em razão da ausência de liberdades democráticas. Isso se faz sentir particularmente no que concerne à flexibilidade da política econômica e à sensibilidade da ação pública às crises sociais e desastres imprevistos. O contraste mais notável talvez seja o fato de a China ter sofrido a fome coletiva que quase certamente foi a maior de toda a história (quando 30 milhões de pessoas morreram na fome coletiva que se seguiu ao malogro do Grande Salto Para a Frente, em 1958-1961), ao passo que a Índia não tem sofrido fomes coletivas desde a independência, em 1947. Quando as coisas vão bem, pode ser menos sentida a ausência do poder protetor da democracia, mas os perigos espreitam a cada esquina (como demonstraram as experiências recentes de algumas economias do Leste e Sudeste Asiático). Também essa questão ainda será examinada mais a fundo neste livro.

Existem muitas inter-relações diferentes entre liberdades instrumentais distintas. Seus papéis respectivos e influências específicas umas sobre as outras constituem aspectos importantes do processo de desenvolvimento. Nos capítulos a seguir, haverá oportunidade de examinar várias dessas inter-relações e seu amplo alcance. Contudo, para ilustrar agora o modo como elas funcionam, discorrerei brevemente a respeito das diversas influências sobre a longevidade e a expectativa de vida ao nascer — capacidades às quais as pessoas dão muito valor quase universalmente.

DISPOSIÇÕES SOCIAIS MEDIADAS PELO CRESCIMENTO

O impacto das disposições sociais sobre a liberdade para sobreviver pode ser muito forte e influenciado por relações instrumentais bem diversas. Às vezes, argumenta-se que essa não é uma consideração separada do crescimento econômico (na forma de elevação do nível da renda per capita), já que existe uma relação estreita entre renda per capita e longevidade. Já se afirmou ser um erro preocupar-se com a disparidade entre realizações de renda e chances de sobrevivência, pois em geral a relação estatística entre elas é manifestamente muito pronunciada. Sendo um argumento sobre relações estatísticas entre países, vistas isoladamente, isso de fato é correto, porém essa relação estatística requer um exame mais atento antes de poder ser considerada uma justificativa convincente para descartar a relevância das disposições sociais (indo além da opulência baseada na renda).

É interessante, nesse contexto, recorrer a algumas análises estatísticas apresentadas recentemente por Sudhir Anand e Martin Ravallion.[7] Com base em comparações entre países, esses autores constataram que a expectativa de vida realmente tem uma correlação significativamente positiva com o PNB per capita, mas essa relação funciona sobretudo por meio do impacto do PNB sobre (1) as rendas, especificamente dos pobres, e (2) os gastos públicos com serviços de saúde em especial. Assim que essas duas variáveis são incluídas por si mesmas no exercício estatístico, pouca explicação *adicional* pode ser obtida incluindo-se o PNB per capita como influência causal adicional. Com a pobreza e os gastos públicos com saúde como variáveis explicativas por si mesmas, a relação entre o PNB per capita e a expectativa de vida parece (na análise de Anand-Ravallion) desaparecer por completo.

É importante salientar que esse resultado, se corroborado também por outros estudos empíricos, não demonstraria que a expectativa de vida não se eleva com o crescimento do PNB per capita, mas indicaria que a relação tende a funcionar particularmente *por meio* do dispêndio público com serviços de saúde e *por meio* do êxito na eliminação da pobreza. O principal é que o impacto do crescimento econômico depende muito do modo como seus *frutos* são aproveitados. Isso também ajuda a explicar por que certas economias, como Coreia do Sul e Taiwan, foram capazes de elevar a expectativa de vida tão rapidamente por meio do crescimento econômico.

As realizações das economias do Leste Asiático passaram a ser estudadas com grande atenção — e um tanto criticadas — em anos recentes, em parte devido à natureza e severidade do que se denomina a "crise econômica asiática". Essa crise de fato é séria, e indica falhas específicas de economias antes consideradas — por engano — abrangentemente bem-sucedidas. Terei oportunidade de examinar os problemas especiais e as falhas específicas encontrados na crise econômica asiática (em especial nos capítulos 6 e 7). Mas seria um erro deixar de registrar as grandes realizações das economias do Leste e Sudeste Asiático ao longo de várias décadas, que transformaram a vida e a longevidade das pessoas nos países envolvidos. Os problemas que esses países agora enfrentam (e nutriram potencialmente por muito tempo), que são merecedores de atenção (incluindo a necessidade global de liberdades políticas e participação aberta, além de segurança protetora), não nos devem induzir a desconsiderar suas realizações nos campos em que se saíram notavelmente bem.

Por diversas razões históricas, como a ênfase na educação elementar e na assistência básica à saúde, além da conclusão de reformas agrárias eficazes no início do processo, a ampla participação econômica foi mais fácil de obter em muitas das economias do Leste e Sudeste Asiático de um modo que não foi possível, digamos, no Brasil, Índia ou Paquistão, onde a criação de oportunidades sociais tem sido muito mais lenta, tornando-se assim uma barreira para o desenvolvimento econômico.[8] A expansão de oportunidades sociais serviu para facilitar o desenvolvimento econômico com alto nível de emprego, criando também circunstâncias favoráveis para a redução das taxas de mortalidade e para o aumento da expectativa de vida. O contraste é nítido com outros países de crescimento elevado — como o Brasil — que apresentaram um crescimento do PNB per capita quase comparável, mas também têm uma longa história de grave desigualdade social, desemprego e descaso com o serviço público de saúde. As realizações dessas outras economias de crescimento elevado no que diz respeito à longevidade têm aparecido com lentidão bem maior.

Existem aqui dois contrastes interessantes — e inter-relacionados:

1) para *economias de crescimento econômico elevado*, o contraste entre:
1.1) as *com* grande êxito no aumento da duração e qualidade de vida (como Coreia do Sul e Taiwan), e
1.2) as *sem* um êxito comparável nesses outros campos (como o Brasil).
2) para *economias com grande êxito no aumento da duração e qualidade de vida*, o contraste entre:
2.1) as *com* grande êxito em termos de elevado crescimento econômico (como Coreia do Sul e Taiwan), e
2.2) as *sem* muito êxito na obtenção de elevado crescimento econômico (como Sri Lanka, China *pré-reforma*, o Estado indiano de Kerala).

Já comentei o primeiro contraste (entre, digamos, Coreia do Sul e Brasil), mas o segundo contraste também merece ser levado em conta na elaboração das políticas. Em nosso livro *Hunger and public action*, Jean Drèze e eu fizemos distinção entre dois tipos de êxito na redução rápida da mortalidade, os quais denominamos respectivamente processos "mediados pelo crescimento" e "conduzidos pelo custeio público".[9] O primeiro processo funciona *por meio* do crescimento econômico rápido, e seu êxito depende de o processo de crescimento ter uma base ampla e ser economicamente abrangente (uma forte orientação para o emprego tem papel importantíssimo nesse caso), e também da utilização da maior prosperidade econômica na expansão de serviços sociais relevantes, como os serviços de saúde, educação e segurança social. Em contraste com o mecanismo mediado pelo crescimento, o processo conduzido pelo custeio público não opera por meio do crescimento econômico rápido, e sim por meio de um programa de hábil manutenção social dos serviços de saúde, educação e outras disposições sociais relevantes. Esse processo é bem exemplificado por experiências de economias como as de Sri Lanka, China pré-reforma, Costa Rica ou Kerala, que apresentaram reduções muito rápidas nas taxas de mortalidade e melhora das condições de vida sem grande crescimento econômico.

PROVISÃO PÚBLICA, RENDAS BAIXAS E CUSTOS RELATIVOS

O processo conduzido pelo custeio público não espera até que ocorram elevações monumentais nos níveis per capita da renda real; funciona dando-se prioridade à provisão de serviços sociais (particularmente serviços de saúde e educação básica) que reduzem a mortalidade e melhoram a qualidade de vida. Alguns exemplos dessa relação são mostrados no gráfico 2.1, que apresenta o PNB per capita e a expectativa de vida ao nascer para seis países (China, Sri Lanka, Namíbia, Brasil, África do Sul e Gabão) e um Estado grande (Kerala), com 30 milhões de habitantes, na Índia.[10] Apesar de seus níveis de renda baixíssimos, os habitantes de Kerala, China ou Sri Lanka apresentam níveis de expectativa de vida imensamente mais elevados do

Gráfico 2.1
PNB PER CAPITA (EM DÓLARES) E EXPECTATIVA DE VIDA AO NASCER, 1994

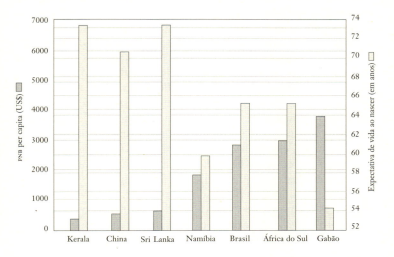

Fontes: Dados dos países, 1994: World Bank, *World Development Report 1996*; dados de Kerala: expectativa de vida, 1989-93, Sample Registration System citado em Government of India (1997), Department of Education, *Women in India: A statistical profile*; produto interno per capita, 1993-93, Government of India (1997), Ministry of Finance, *Economic Survey 1996--1997*.

que as populações muito mais ricas do Brasil, África do Sul e Namíbia, sem mencionar o Gabão. Até mesmo a *direção* da desigualdade aponta para o sentido oposto quando comparamos, de um lado, Kerala, China e Sri Lanka e, do outro, Brasil, África do Sul, Namíbia e Gabão. Como as variações na expectativa de vida relacionam-se a diversas oportunidades sociais que são centrais para o desenvolvimento (como políticas epidemiológicas, serviços de saúde, facilidades educacionais etc.), uma visão centralizada na renda necessita de uma grande suplementação para que se tenha uma compreensão mais plena do processo de desenvolvimento.[11] Esses contrastes têm uma relevância considerável para as políticas e revelam a importância do processo conduzido pelo custeio público.[12]

A possibilidade de financiar processos conduzidos pelo custeio público em países pobres pode muito bem causar surpresa, pois seguramente são necessários recursos para expandir os serviços públicos, como os das áreas de saúde e educação. Com efeito, a necessidade de recursos com frequência é apresentada como argumento para *postergar* investimentos socialmente importantes até que um país já esteja mais rico. Onde é (diz a célebre questão retórica) que os países pobres encontrarão os meios para "custear" esses serviços? Essa é uma boa pergunta, e ela tem uma boa resposta, baseada em grande medida na economia dos custos relativos. A viabilidade desse processo conduzido pelo custeio público depende do fato de que os serviços sociais relevantes (como os serviços de saúde e a educação básica) são altamente *trabalho-intensivos* e, portanto, relativamente baratos nas economias pobres — onde os salários são baixos. Uma economia pobre pode *ter* menos dinheiro para despender em serviços de saúde e educação, mas também *precisa* gastar menos dinheiro para fornecer os mesmos serviços, que nos países mais ricos custariam muito mais. Preços e custos relativos são parâmetros importantes na determinação do quanto um país pode gastar. Dado um comprometimento apropriado com o social, a necessidade de levar em conta a variabilidade dos custos relativos é particularmente importante para os serviços sociais nas áreas de saúde e educação.[13]

É óbvio que o processo mediado pelo crescimento tem uma vantagem em relação à sua alternativa de condução pelo custeio público; ele pode, em última análise, oferecer mais, uma vez que há mais privações — *outras* que não a morte prematura, a morbidez acentuada ou o analfabetismo — que são muito diretamente vinculadas aos baixos níveis de renda (como vestir-se e morar de modo inadequado). Decerto é melhor ter renda alta *e* grande longevidade (e outros indicadores clássicos da qualidade de vida) do que apenas esta última. Esse é um aspecto que vale a pena ressaltar, pois existe o perigo de ficarmos mais convencidos do que deveríamos com as estatísticas sobre expectativa de vida e outros indicadores básicos da qualidade de vida.

Por exemplo, o fato de o Estado indiano de Kerala, apesar de seu baixo nível de renda per capita, ter alcançado índices impressionantemente elevados de expectativa de vida, baixa fecundidade, alto nível de alfabetização etc. sem dúvida é uma realização que merece ser celebrada e estudada. No entanto, permanece a questão: por que Kerala não conseguiu aproveitar seus êxitos no campo do desenvolvimento humano e elevar também seus níveis de renda, o que teria tornado o êxito mais completo? Kerala não serve de "modelo", como alguns tentaram demonstrar. Do ponto de vista das políticas, isso requer um exame crítico minucioso das políticas econômicas de Kerala ligadas aos incentivos e investimentos ("facilidades econômicas" em geral), apesar do sucesso incomum na elevação da expectativa e qualidade de vida.[14] O êxito conduzido pelo custeio público, nesse sentido, permanece menor em termos de realização do que o êxito mediado pelo crescimento, no qual o aumento da opulência econômica e a melhora da qualidade de vida tendem a andar juntos.

Por outro lado, o sucesso do processo conduzido pelo custeio público realmente indica que um país não precisa esperar até vir a ser muito rico (durante o que pode ser um longo período de crescimento econômico) antes de lançar-se na rápida expansão da educação básica e dos serviços de saúde. A qualidade de vida pode ser em muito melhorada, a despeito dos baixos níveis de renda, mediante um programa adequado de serviços sociais. O fato de a educação e os serviços de saúde também serem produtivos para o aumento do crescimento econômico corrobora o argumento em favor de dar-se mais ênfase a essas disposições sociais nas economias pobres, *sem* ter de esperar "ficar rico" primeiro.[15] O processo conduzido pelo custeio público é uma receita para a rápida realização de uma qualidade de vida melhor, e isso tem grande importância para as políticas, mas permanece um excelente argumento para passar-se daí a realizações mais amplas que incluem o crescimento econômico e a elevação das características clássicas da qualidade de vida.

REDUÇÃO DA MORTALIDADE NA GRÃ-BRETANHA NO SÉCULO XX

Neste contexto, também é instrutivo examinar o padrão temporal da redução da mortalidade e do aumento da expectativa de vida nas economias industriais avançadas. O papel da provisão pública de serviços de saúde e nutrição, e das disposições sociais em geral, na redução da mortalidade na Europa e nos Estados Unidos ao longo dos últimos séculos foi bem analisado por Robert Fogel, Samuel Preston e outros.[16] O padrão temporal do aumento da expectativa de vida no próprio século XX é de particular interesse, tendo em vista que, na virada do século XIX, até mesmo a Grã-Bretanha — então a principal economia capitalista de mercado — ainda apresentava uma expectativa de vida ao nascer mais baixa do que a atual expectativa de vida média dos países de baixa renda. Contudo, a longevidade na Grã-Bretanha de fato aumentou rapidamente ao longo do século, influenciada em parte por estratégias de programas sociais, e o padrão temporal dessa elevação é interessante.

A expansão dos programas de custeio público na Grã-Bretanha nas áreas de nutrição, serviços de saúde etc. não ocorreu a um ritmo uniforme ao longo das décadas. Houve dois períodos de expansão notavelmente rápida das políticas orientadas para o custeio público no século XX; eles aconteceram durante as duas guerras mundiais. Cada situação de guerra produziu um maior compartilhamento dos meios de sobrevivência, como os serviços de saúde e o suprimento limitado de alimentos (por meio de racionamento e alimentação subsidiada). Durante a Primeira Guerra Mundial, houve desenvolvimentos notáveis nas atitudes sociais relacionadas a "compartilhar" e nas políticas públicas destinadas a obter esse compartilhamento, como foi bem analisado por Jay Winter.[17] Também durante a Segunda Guerra Mundial desenvolveram-se disposições sociais incomumente conducentes ao custeio público e ao compartilhamento, relacionadas à psicologia do compartilhamento na Grã-Bretanha sitiada, que tornaram aceitáveis e eficazes essas medidas públicas radicais para a distribuição de alimentos e serviços de saúde.[18] Até mesmo o National Health Service [Serviço Nacional de Saúde] foi instituído durante aqueles anos de guerra.

Isso teria realmente feito diferença para a saúde e a sobrevivência? Teria havido, de fato, uma redução correspondentemente mais rápida da mortalidade nesses períodos de políticas conduzidas pelo custeio público na Grã-Bretanha? Estudos nutricionais pormenorizados confirmam que, durante a Segunda Guerra Mundial — muito embora a disponibilidade per capita de alimentos tenha diminuído significativamente na Grã-Bretanha —, os casos de subnutrição também *declinaram* abruptamente, e a subnutrição extrema desapareceu quase por completo.[19] As taxas de mortalidade também apresentaram uma queda acentuada (exceto, obviamente, pela mortalidade causada pela própria guerra). Coisa semelhante aconteceu durante a Primeira Guerra Mundial.[20]

Comparações baseadas em censos decenais evidenciam que, por uma grande margem, a mais rápida expansão da expectativa de vida ocorreu precisamente durante essas duas "décadas de guerra" (como mostrado no gráfico 2.2, que apresenta o aumento na expectativa de vida em anos durante cada uma das seis primeiras décadas do século XX).[21] Enquanto nas outras décadas a expectativa de vida elevou-se moderadamente (entre um e quatro anos), em cada uma das décadas de guerra ela aumentou em quase sete anos.

Devemos indagar também se o aumento da expectativa de vida muito mais pronunciado durante as décadas de guerra pode ter uma explicação alternativa, baseada em um crescimento econômico mais rápido ao longo daquelas décadas. A resposta parece ser negativa. Ocorre, na verdade, que as décadas de rápida expansão da expectativa de vida foram períodos de crescimento

Gráfico 2.2
CRESCIMENTO DA EXPECTATIVA DE VIDA NA INGLATERRA E PAÍS DE GALES, 1901-1960

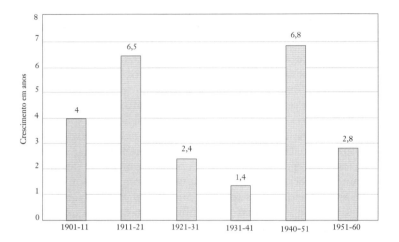

Fontes: S. Preston, N. Keyfitz e R. Schoen, *Causes of death: life tables for national population*, Nova York, Seminar Press, 1992.

lento do Produto Interno Bruto (PIB) per capita, como mostrado no gráfico 2.3. Obviamente, é possível supor que o crescimento do PIB tenha seus efeitos sobre a expectativa de vida com defasagem de uma década e, embora o próprio gráfico 2.3 não contradiga essa hipótese, ela não se sustenta depois de outros exames atentos, como a análise de possíveis processos causais. Uma explicação bem mais plausível da rápida elevação da expectativa de vida na Grã-Bretanha reside nas mudanças no grau de compartilhamento social durante as décadas de guerra e nos pronunciados aumentos no custeio público de serviços sociais (como o custeio público nas áreas de nutrição e manutenção de serviços de saúde) que acompanharam essas mudanças. Estudos sobre a saúde e outras condições de vida da população durante os períodos de guerra e sua relação com atitudes sociais e medidas públicas elucidam notavelmente esses contrastes.[22]

Gráfico 2.3
CRESCIMENTO DO PIB (REINO UNIDO) E PROGRESSOS DECENAIS NA EXPECTATIVA
DE VIDA AO NASCER (INGLATERRA E PAÍS DE GALES), 1901-1960

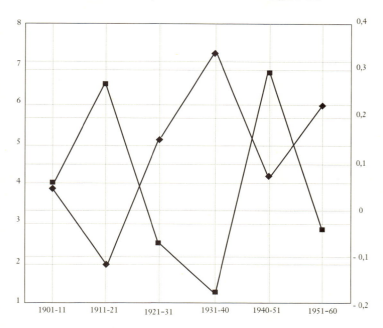

— ■ — Progresso decenal na expectativa de vida, Inglaterra e País de Gales (escala da esquerda)
— ◆ — Crescimento decenal percentual do PIB per capita no Reino Unido, 1901--1960 (escala da direita)

Fontes: A. Madison, *Phases of capitalist development*, Nova York, Oxford University Press, 1982; S. Preston *et al.*, *Causes of death*, Nova York, Seminar Press, 1972.

DEMOCRACIA E INCENTIVOS POLÍTICOS

Muitas outras relações podem servir para ilustrar os encadeamentos. Comentarei brevemente mais uma: a relação entre, de um lado, liberdade política e direitos civis e, de outro, a liberdade para evitar desastres econômicos. A comprovação mais elementar dessa relação pode ser encontrada no fato, sobre o qual já comentei (no capítulo 1 e, indiretamente, neste capítulo, ao discorrer sobre o contraste entre Índia e China), de que nas democracias não ocorrem fomes coletivas. Realmente, nenhuma fome coletiva significativa jamais assolou um país democrático — por mais pobre que fosse.[23] Isso porque as fomes coletivas são extremamente fáceis de evitar se o governo tentar evitá-las, e um governo em uma democracia multipartidária com eleições e liberdade para os meios de comunicação tem fortes incentivos políticos para empenhar-se na prevenção dessas catástrofes. Isso indicaria que a liberdade política na forma de disposições democráticas ajuda a salvaguardar a liberdade econômica (especialmente a liberdade de não passar fome extrema) e a liberdade de sobreviver (à morte pela fome).

É possível não sentir grande falta da segurança proporcionada pela democracia quando um país é afortunado o bastante para não estar enfrentando nenhuma calamidade séria, quando tudo está funcionando a contento. Mas o perigo da insegurança, nascido de mudanças na situação econômica ou em outras circunstâncias, ou de erros não corrigidos nas políticas, pode estar à espreita, por trás do que parece ser um Estado sadio. Quando essa relação for estudada com mais detalhes (nos capítulos 6 e 7), os aspectos políticos da recente "crise econômica asiática" terão de ser abordados.

OBSERVAÇÃO FINAL

A análise apresentada neste capítulo desenvolve a ideia básica de que a expansão da liberdade humana é tanto o principal fim como o principal meio do desenvolvimento. O objetivo do desenvolvimento relaciona-se à avaliação das liberdades reais desfrutadas pelas pessoas. As capacidades individuais dependem crucialmente, entre outras coisas, de disposições econômicas, sociais e políticas. Ao se instituírem disposições institucionais apropriadas, os papéis instrumentais de tipos distintos de liberdade precisam ser levados em conta, indo-se muito além da importância fundamental da liberdade global dos indivíduos.

Os papéis instrumentais da liberdade incluem vários componentes distintos, porém inter-relacionados, como facilidades econômicas, liberdades políticas, oportunidades sociais, garantias de transparência e segurança protetora. Esses direitos, oportunidades e intitulamentos instrumentais possuem fortes encadeamentos entre si, que podem se dar em diferentes direções. O processo de desenvolvimento é crucialmente influenciado por essas inter-relações. Correspondendo a múltiplas liberdades inter-relacionadas, existe a necessidade de desenvolver e sustentar uma pluralidade de instituições, como sistemas democráticos, mecanismos legais, estruturas de mercado, provisão de serviços de educação e saúde, facilidades para a mídia e outros tipos de comunicação etc. Essas instituições podem incorporar iniciativas privadas além de disposições públicas, bem como estruturas mais mescladas, como organizações não governamentais e entidades cooperativas.

Os fins e os meios do desenvolvimento exigem que a perspectiva da liberdade seja colocada no centro do palco. Nessa perspectiva, as pessoas têm de ser vistas como ativamente envolvidas — dada a oportunidade — na conformação de seu próprio destino, e não apenas como beneficiárias passivas dos frutos de engenhosos programas de desenvolvimento. O Estado e a sociedade têm papéis amplos no fortalecimento e na proteção das capacidades humanas. São papéis de sustentação, e não de entrega sob encomenda. A perspectiva de que a liberdade é central em relação aos fins e aos meios do desenvolvimento merece toda a nossa atenção.

3. LIBERDADE E OS FUNDAMENTOS DA JUSTIÇA

COMECEMOS COM UMA PARÁBOLA. Annapurna quer que alguém arrume o jardim de sua casa, que há algum tempo está sem cuidados, e três trabalhadores desempregados — Dinu, Bishanno e Rogini — desejam muito esse trabalho. Ela pode empregar qualquer um deles, mas a tarefa é indivisível, portanto Annapurna não pode distribuí-la entre os três. De qualquer um desses indivíduos ela obteria praticamente o mesmo trabalho feito por praticamente o mesmo pagamento, mas, sendo uma pessoa ponderada, ela gostaria de saber para qual dos três seria mais acertado dar o serviço.

Ela deduz que, embora todos eles sejam pobres, Dinu é o mais pobre dos três; todos concordam com esse fato. Isso faz com que Annapurna se sinta fortemente inclinada a dar o trabalho a Dinu ("O que pode ser mais importante do que ajudar os mais pobres?", ela se pergunta).

Contudo, ela também deduz que Bishanno empobreceu há pouco tempo e se encontra psicologicamente mais deprimido em razão de seus reveses. Dinu e Rogini, em contraste, têm uma longa experiência da pobreza e estão habituados a ela. Todos concordam que Bishanno é o mais infeliz dos três e certamente ganharia mais em felicidade do que os outros dois. Isso faz com que a Annapurna agrade muito a ideia de dar o trabalho a Bishanno ("Sem dúvida, eliminar a infelicidade deve ser a prioridade máxima", diz a si mesma).

Mas Annapurna também fica sabendo que Rogini está debilitada em razão de uma doença crônica — suportada estoicamente — e poderia usar o dinheiro para livrar-se dessa terrível moléstia. Ninguém nega que Rogini é menos pobre do que os outros dois (ainda que certamente seja pobre) nem que não é a mais infeliz, pois suporta sua privação com grande ânimo, acostumada — como foi — a sofrer privação a vida inteira (pois provém de uma família pobre e foi ensinada a acatar a crença geral de que, sendo uma moça, não deve se queixar nem ter ambição). Annapurna fica pensando que, não obstante, talvez fosse correto dar o trabalho a Rogini ("Faria a maior diferença para a qualidade de vida e para a liberdade de não estar doente", ela infere).

Annapurna reflete sobre o que realmente deveria fazer. Reconhece que, se soubesse apenas do fato de que Dinu é o mais pobre (e não soubesse de mais nada), decididamente optaria por dar o trabalho a Dinu. Também pondera que, se conhecesse apenas o fato de que Bishanno é o mais infeliz e obteria o maior prazer com a oportunidade (e não soubesse de mais nada), teria excelentes razões para dar o trabalho a Bishanno. E percebe ainda que, se estivesse a par somente do fato de que a doença debilitante de Rogini poderia ser curada com o dinheiro que ela ganharia (e não soubesse de mais nada), teria uma razão simples e decisiva para dar o trabalho a Rogini. Entretanto, Annapurna está a par de todos os três fatos relevantes e precisa escolher entre os três argumentos, tendo cada um deles sua pertinência.

Há várias questões interessantes de raciocínio prático nesse exemplo simples, mas o que desejo salientar aqui é o fato de que as diferenças nos princípios envolvidos se relacionam às informações específicas que são consideradas decisivas. Se todos os três fatos forem conhecidos, a decisão dependerá de a qual das informações se dará maior peso. Assim, podem-se considerar os princípios em termos de suas respectivas "bases informacionais". O argumento da renda igualitária em favor de Dinu concentra-se na ideia de renda e pobreza; o argumento utilitarista clássico privilegiando Bishanno concentra-se na medida do prazer e da felicidade; o argumento da qualidade de vida favorecendo Rogini centraliza-se nos tipos de vida que os três podem levar. Os dois primeiros argumentos estão entre os mais discutidos e mais usados nas literaturas econômica e ética. Apresentarei alguns argumentos em defesa do terceiro.

Por ora, porém, minha intenção é bem modesta: apenas ilustrar a importância crucial das bases informacionais de princípios concorrentes.

Na discussão a seguir, comentarei sobre (1) a importância da base informacional para juízos avaliatórios e (2) as questões específicas referentes à adequação das bases informacionais de algumas teorias tradicionais de ética e justiça social, em particular o utilitarismo, o libertarismo e a teoria da justiça de Rawls. Embora claramente haja muito a aprender com o modo como a questão informacional é tratada nessas importantes abordagens da filosofia política, também se argumenta que cada uma das bases informacionais usadas — de modo explícito ou implícito — pelo utilitarismo, libertarismo e justiça rawlsiana apresenta falhas graves se as liberdades substantivas individuais forem consideradas importantes. Esse diagnóstico motiva a discussão de uma abordagem alternativa da avaliação que enfoca diretamente a liberdade, vista sob a forma de capacidades individuais para fazer coisas que uma pessoa com razão valoriza.

É esta última parte construtiva da análise que será utilizada intensivamente no restante deste livro. Se o leitor não tiver muito interesse pelas críticas a outras abordagens (e pelas respectivas vantagens e dificuldades do utilitarismo, libertarismo e justiça rawlsiana), não haverá nenhum problema em deixar de ler estas discussões críticas e passar diretamente à última parte do capítulo.

INFORMAÇÕES INCLUÍDAS E EXCLUÍDAS

Em grande medida, cada abordagem avaliatória pode ser caracterizada segundo sua base informacional: as informações que são necessárias para formar juízos usando essa abordagem e — não menos importante — as informações que são "excluídas" de um papel avaliatório direto nessa abordagem.[1] As *exclusões* informacionais são componentes importantes de uma abordagem avaliatória. Não se permite que as informações excluídas tenham influência direta sobre os juízos avaliatórios e, embora isso muitas vezes seja feito de um modo implícito, o caráter da abordagem pode ser fortemente influenciado pela insensibilidade às informações excluídas.

Por exemplo, os princípios utilitaristas têm por base, em última análise, apenas as utilidades e, embora os incentivos possam de fato ser levados em conta em seu aspecto instrumental, no final a única base considerada apropriada para a avaliação de estados de coisas ou para a avaliação de ações ou regras são as informações sobre utilidade. Na forma clássica do utilitarismo, como desenvolvido particularmente por Jeremy Bentham, define-se a utilidade como prazer, felicidade ou satisfação, e portanto tudo gira em torno dessas realizações mentais.[2] Questões potencialmente importantíssimas como a liberdade substantiva individual, a fruição ou a violação de direitos reconhecidos e aspectos da qualidade de vida não refletidos de forma adequada nas estatísticas sobre prazer não podem influenciar diretamente uma avaliação normativa nessa estrutura utilitarista. Podem ter um papel indireto apenas *por meio* de seus efeitos sobre os números relativos à utilidade (ou seja, apenas na medida em que podem ter uma influência sobre a satisfação mental, o prazer ou a felicidade). Ademais, a estrutura agregativa do utilitarismo não tem interesse na efetiva *distribuição* das utilidades — nem sensibilidade para essa distribuição — pois a concentração se dá inteiramente sobre a utilidade *total* de todos considerados em conjunto. Tudo isso proporciona uma base informacional muito restrita, e essa insensibilidade generalizada constitui uma limitação significativa da ética utilitarista.[3]

Nas formas modernas do utilitarismo, a essência da "utilidade" frequentemente é vista de outro modo: não como prazer, satisfação ou felicidade, mas como a satisfação de um desejo ou algum tipo de representação do comportamento de escolha de uma pessoa.[4] Tratarei em breve dessas distinções, contudo não é difícil perceber que essa redefinição de utilidade não elimina, por si mesma, a indiferença às liberdades substantivas, direitos e liberdades formais* que caracteriza o utilitarismo em geral.

O libertarismo, por sua vez, em contraste com a teoria utilitarista, não tem interesse direto na felicidade ou na satisfação de desejos, e sua base informacional consiste inteiramente em liberdades formais e direitos de vários tipos. Mesmo sem enveredar pelas fórmulas exatas que são empregadas respectivamente pelo utilitarismo ou pelo libertarismo para caracterizar a justiça, está claro, com o mero contraste entre suas bases informacionais, que elas têm de ter visões da justiça muito diferentes — e até mesmo incompatíveis.

De fato, a verdadeira "essência" de uma teoria de justiça pode, em grande medida, ser compreendida a partir de sua base informacional: que informações são — ou não são — consideradas diretamente relevantes.[5] O utilitarismo clássico, por exemplo, tenta usar as informações sobre as felicidades ou prazeres (vistos em uma estrutura comparativa) de diferentes pessoas, enquanto o libertarismo requer obediência a certas regras de liberdade formal e conduta correta, avaliando a situação por meio de informações sobre essa obediência. As duas

---

* Nas discussões sobre o libertarismo, para evitar ambiguidades, a expressão "liberdades formais" está sendo usada como tradução para *liberties* (em contraposição a *freedoms*, que nesta discussão foi traduzido como "liberdades substantivas"). Sen emprega *liberties*, neste contexto, para indicar os chamados direitos individuais, ou seja, a liberdade que cada um tem de não ser tolhido no exercício de suas faculdades ou de seus direitos, exceto nos casos em que a lei o determina; são as liberdades sociais básicas cujo gozo o cidadão tem o "direito" de ver assegurado por tribunais ou órgãos administrativos; Sen às vezes as denomina "liberdades processuais" (*procedural liberties*), para lembrar o quanto essa abordagem enfatiza os procedimentos que possibilitam a liberdade. Esse é o tipo de liberdade que o libertarismo preconiza como um fim em si, independentemente das consequências que ela possa acarretar. O libertarismo é acusado com frequência de defender apenas uma igualdade *formal* de oportunidades (sem fazer caso das "oportunidades reais"). Os direitos de que trata o libertarismo são direitos formais. Também tradicionalmente o termo filosófico *formal* é oposto a *substancial/substantivo*. Daí a escolha da expressão "liberdade formal" para traduzir *liberty*.

visões seguem direções diferentes, em grande parte governadas pelas informações que consideram fundamentais para julgar a justiça ou a aceitabilidade de diferentes cenários sociais. A base informacional das teorias normativas em geral, e das teorias de justiça em particular, tem importância decisiva, e pode ser o ponto de enfoque crucial em muitos debates sobre políticas práticas (como veremos em argumentos que serão apresentados posteriormente).

Nas páginas a seguir serão examinadas as bases informacionais de algumas célebres abordagens da justiça, a começar pela do utilitarismo. Os méritos e limitações de cada abordagem podem em muito ser compreendidos examinando-se o alcance e os limites de sua base informacional. A partir dos problemas encontrados nas diferentes abordagens comumente empregadas no contexto da avaliação e elaboração de políticas, delinearemos brevemente uma abordagem alternativa da justiça. Ela se concentra na base informacional das liberdades substantivas individuais (e não das utilidades), mas incorpora a sensibilidade para consequências, que é, como procurarei demonstrar, uma vantagem apreciável da perspectiva utilitarista. Examinarei mais a fundo essa "abordagem da capacidade" para a justiça ainda neste capítulo e também no seguinte.

O termo *liberties*, ou "liberdades formais", contrasta nesta discussão com *freedoms*, que Sen usa principalmente para referir-se ao que ele denomina "substantive freedoms" (liberdades substantivas). As "liberdades substantivas" incluem, entre outras, capacidades elementares como estar livre da fome crônica, da subnutrição, da morbidez evitável e da morte prematura, bem como as liberdades associadas a saber ler, escrever e contar, ter participação política, liberdade de expressão etc.

Nas passagens em que Sen se refere a John Rawls, embora esse autor não use em sua obra a expressão "formal liberty", mas apenas *liberty* ou *freedom*, decidiu-se manter a tradução "liberdade formal" para *liberty*, levando-se em consideração que, para Rawls, as privações ou incapacidades de pessoas em situações de pobreza, fome, ignorância etc. *não são restrições que definem a liberdade*, apenas limitações ao proveito que as pessoas podem tirar de seus *direitos* (isto é, *liberdades*), tais como definidos constitucional e legalmente. Ver, por exemplo, *A theory of justice*, pp. 202 e 204. (N. T.)

A UTILIDADE COMO BASE INFORMACIONAL

A base informacional do utilitarismo tradicional é o somatório das utilidades dos estados de coisas. Na forma clássica do utilitarismo, a forma benthamista, a "utilidade" de uma pessoa é representada por alguma medida de seu prazer ou felicidade. A ideia é prestar atenção no bem-estar de cada pessoa e em particular considerar o bem-estar uma característica essencialmente mental, ou seja, considerar o prazer ou felicidade gerada. Comparações interpessoais de felicidade obviamente não podem ser feitas com muita precisão; elas também não se prestam ao uso de métodos científicos tradicionais.[6] Não obstante, a maioria de nós não acha absurdo (ou "sem sentido") identificar algumas pessoas como decididamente menos felizes e mais miseráveis do que outras.

O utilitarismo tem sido a teoria ética dominante — e, *inter alia*, a teoria da justiça mais influente — há bem mais de um século. A tradicional economia do bem-estar e das políticas públicas foi durante muito tempo dominada por essa abordagem, iniciada em sua forma moderna por Jeremy Bentham e adotada por economistas como John Stuart Mill, William Stanley Jevons, Henry Sidgwick, Francis Edgeworth, Alfred Marshall e A. C. Pigou.[7]

Os requisitos da avaliação utilitarista podem ser divididos em três componentes distintos. O primeiro deles é o "consequencialismo" [*consequentialism*] — um termo nada simpático —, segundo o qual todas as escolhas (de ações, regras, instituições etc.) devem ser julgadas por suas consequências, ou seja, pelos resultados que geram. Esse enfoque sobre o estado de coisas consequente rejeita particularmente a tendência de algumas teorias normativas a considerar acertados determinados princípios *independentemente* de seus resultados. Na verdade, o enfoque vai além de exigir apenas a sensibilidade para as consequências, pois determina que, em última análise, nada a não ser as consequências pode ter importância. O grau de restrição imposto pelo consequencialismo terá de ser julgado mais adiante, mas vale a pena mencionar agora que isso deve em parte depender do que é ou não incluído na lista de consequências (por exemplo, se uma ação executada pode ou não ser vista como uma das "consequências" dessa ação, o que — em um sentido óbvio — ela claramente é).

Outro componente do utilitarismo é o "welfarismo" [*welfarism*], que restringe os juízos sobre os estados de coisas às utilidades nos respectivos Estados (sem atentar diretamente para coisas como a fruição ou a violação de direitos, deveres etc.). Quando o welfarismo é combinado ao consequencialismo, temos o requisito de que toda escolha deve ser julgada em conformidade com as respectivas utilidades que ela gera. Por exemplo, qualquer ação é julgada segundo o estado de coisas consequente (devido ao consequencialismo), e o estado de coisas consequente é julgado de acordo com as utilidades desse estado (devido ao welfarismo).

O terceiro componente é o *"ranking* pela soma" [*sum-ranking*], pelo qual se requer que as utilidades de diferentes pessoas sejam simplesmente somadas conjuntamente para se obter seu mérito agregado, sem atentar para a distribuição desse total pelos indivíduos (ou seja, a soma das utilidades deve ser maximizada sem levar em consideração o grau de desigualdade na distribuição das utilidades). Os três componentes juntos fornecem a fórmula utilitarista clássica de julgar cada escolha a partir da soma total de utilidades geradas por meio dessa escolha.[8]

Nessa visão utilitarista, define-se *injustiça* como uma perda agregada de utilidade em comparação com o que poderia ter sido obtido. Uma sociedade injusta, nessa perspectiva, é aquela na qual as pessoas são significativamente menos felizes, consideradas conjuntamente, do que precisariam ser. A concentração sobre a felicidade ou o prazer foi removida em algumas formas modernas do utilitarismo. Em uma dessas variações, define-se utilidade como realização de desejo. Nessa visão, o que é relevante é a intensidade do desejo que está sendo realizado, e não a intensidade da felicidade que é gerada.

Como felicidade ou desejo não são fáceis de medir, frequentemente se define utilidade na análise econômica moderna como alguma representação numérica das *escolhas* observáveis de uma pessoa. Existem algumas questões técnicas de representatividade, que não precisamos abordar aqui. A fórmula básica é: se uma pessoa escolhe uma alternativa x de preferência a uma outra, y, então, e só então, essa pessoa obtém mais utilidade de x do que de y. A "graduação em escala" das utilidades tem de obedecer a essa regra, entre outras, e, nessa estrutura, afirmar que uma pessoa obtém mais utilidade de x do que de y não é substantivamente diferente de dizer que ela escolheria x dada a escolha entre os dois.[9]

MÉRITOS DA ABORDAGEM UTILITARISTA

O procedimento do cômputo baseado na escolha apresenta alguns méritos e deméritos gerais. No contexto do cálculo utilitarista, o maior demérito é não conduzir imediatamente a nenhum modo de fazer comparações interpessoais, uma vez que se concentra na escolha de cada indivíduo considerada separadamente. É claro que isso é inadequado para o utilitarismo, pois não possibilita o *ranking* pela soma, o qual requer a comparabilidade interpessoal. Com efeito, a visão de utilidade baseada na escolha tem sido usada principalmente no contexto de abordagens que invocam apenas o welfarismo e o consequencialismo. É uma abordagem baseada na utilidade sem ser o próprio utilitarismo.

Embora os méritos do utilitarismo possam estar sujeitos a alguns questionamentos, essa visão tem *insights* consideráveis, em particular:

1) a importância de levar em consideração os *resultados* das disposições sociais ao julgá-las (o argumento a favor da sensibilidade para as consequências pode ser muito plausível mesmo quando o consequencialismo pleno parece demasiado extremo);
2) a necessidade de atentar para o *bem-estar* das pessoas envolvidas ao julgar as disposições sociais e seus resultados

(o interesse no bem-estar das pessoas tem atrativos óbvios, mesmo se discordarmos do modo de julgá-lo por uma medida mental centrada na utilidade).

Para ilustrar a relevância dos resultados, consideremos o fato de que muitas disposições sociais são pleiteadas em razão dos atrativos de suas características constitutivas, sem jamais levar em consideração seus resultados consequentes. Tomemos como exemplo os direitos de propriedade. Alguns os consideraram constitutivos da independência individual e passaram a reivindicar que nenhuma restrição seja imposta à herança e ao uso da propriedade, rejeitando até mesmo a ideia de tributar a propriedade ou a renda. Outros, no polo político oposto, sentiram repulsa pela ideia das desigualdades de propriedade — alguns com tanto e outros com tão pouco — e se puseram a exigir a abolição da propriedade privada.

É possível acalentar visões diferentes sobre os atrativos intrínsecos ou características repulsivas da propriedade privada. A abordagem consequencialista sugere que não devemos ser influenciados apenas por essas características, sendo preciso examinar as consequências de ter ou não direitos de propriedade. Com efeito, as defesas mais influentes da propriedade privada tendem a provir de indicadores de suas consequências positivas. Salienta-se que a propriedade privada se revelou, em termos de resultados, um propulsor poderosíssimo da expansão econômica e da prosperidade geral. Na perspectiva consequencialista, esse fato tem de ocupar uma posição central na avaliação dos méritos da propriedade privada. Por outro lado, novamente em termos de resultados, também há muitas evidências que sugerem que o uso irrefreado da propriedade privada — sem restrições e tributos — pode contribuir para a pobreza arraigada e dificultar a existência de sustento social para os que ficam para trás por razões fora de seu controle (incluindo incapacitação, idade, doença e reveses econômicos e sociais). Também pode ser ineficaz para assegurar a preservação ambiental e o desenvolvimento de infraestrutura social.[10]

Assim, nenhuma das abordagens puristas emerge ilesa de uma análise por resultados, o que sugere que as disposições concernentes à propriedade talvez tenham de ser julgadas, ao menos parcialmente, por suas consequências prováveis. Essa conclusão condiz com o espírito utilitarista, embora o utilitarismo pleno viesse a insistir em um modo muito específico de julgar as consequências e sua relevância. O argumento geral para considerar integralmente os resultados no julgamento de políticas e instituições é um requisito importante e plausível, que foi muito beneficiado com a defesa da ética utilitarista.

Argumentos semelhantes podem ser apresentados em favor de levar em consideração o bem-estar humano ao julgar resultados, em vez de atentar apenas para algumas características abstratas e distantes do estado de coisas. O enfoque sobre as consequências e o bem-estar, portanto, tem pontos a seu favor, e este endosso — um endosso apenas parcial — da abordagem utilitarista da justiça relaciona-se diretamente à sua base informacional.

LIMITAÇÕES DA PERSPECTIVA UTILITARISTA

Também as desvantagens da abordagem utilitarista podem ser associadas à sua base informacional. De fato, não é difícil tecer críticas à concepção utilitarista de justiça.[11] Para mencionar apenas algumas, apontamos a seguir o que parecem ser deficiências de uma abordagem utilitarista plena.

1) *Indiferença distributiva*: o cálculo utilitarista tende a não levar em consideração desigualdades na distribuição da felicidade (importa apenas a soma total, independentemente do quanto sua distribuição seja desigual). Podemos estar interessados na felicidade geral e contudo desejar prestar atenção não apenas nas magnitudes "agregadas", mas também nos graus de desigualdade na felicidade.
2) *Descaso com os direitos, liberdades e outras considerações desvinculadas da utilidade*: a abordagem utilitarista não atribui

importância intrínseca a reivindicações de direitos e liberdades (eles são valorizados apenas indiretamente e somente no grau em que influenciam as utilidades). É sensato levar em consideração a felicidade, mas não necessariamente desejamos escravos felizes ou vassalos delirantes.

3) *Adaptação e condicionamento mental*: nem mesmo a visão que a abordagem utilitarista tem do bem-estar individual é muito sólida, pois ele pode facilmente ser influenciado por condicionamento mental e atitudes adaptativas.

As duas primeiras críticas são muito mais intuitivas do que a terceira, e talvez eu deva fazer algum comentário apenas sobre esta última — a questão do condicionamento mental e seu efeito sobre o cálculo utilitarista. Concentrar-se apenas em características mentais (como prazer, felicidade ou desejos) pode ser particularmente restritivo quando são feitas comparações *interpessoais* de bem-estar e privação. Nossos desejos e habilidades para sentir prazer ajustam-se às circunstâncias, sobretudo para tornar a vida suportável em situações adversas. O cálculo de utilidades pode ser demasiado injusto com aqueles que são persistentemente destituídos: por exemplo, os pobres-diabos usuais em sociedades estratificadas, as minorias perpetuamente oprimidas em comunidades intolerantes, os meeiros em propriedades agrícolas — tradicionalmente em situação de trabalho precária, vivendo em um mundo de incerteza —, os empregados exauridos por seu trabalho diário em *sweatshops* [estabelecimentos que remuneram pessimamente e exigem demasiadas horas de trabalho], as donas de casa submissas ao extremo em culturas dominadas pelo machismo. Os destituídos tendem a conformar-se com sua privação pela pura necessidade de sobrevivência e podem, em consequência, não ter coragem de exigir alguma mudança radical, chegando mesmo a ajustar seus desejos e expectativas àquilo que sem nenhuma ambição consideram exequível.[12] A medida mental do prazer ou do desejo é maleável demais para constituir-se em um guia confiável para a privação e a desvantagem.

Assim, é importante não só levar em conta o fato de que, na escala de utilidades, a privação dos persistentemente destituídos pode parecer abafada e silenciada, mas também favorecer a criação de condições nas quais as pessoas tenham oportunidades reais de julgar o tipo de vida que gostariam de levar. Fatores econômicos e sociais como educação básica, serviços elementares de saúde e emprego seguro são importantes não apenas por si mesmos, como pelo papel que podem desempenhar ao dar às pessoas a oportunidade de enfrentar o mundo com coragem e liberdade. Essas considerações requerem uma base informacional mais ampla, concentrada particularmente na capacidade de as pessoas escolherem a vida que elas com justiça valorizam.

JOHN RAWLS E A PRIORIDADE DA LIBERDADE FORMAL

Tratarei agora da mais influente — e, em muitos aspectos, a mais importante — das teorias contemporâneas de justiça, a de John Rawls.[13] Sua teoria possui muitos componentes, e começarei com um requisito específico que John Rawls denominou "a prioridade da liberdade formal". A formulação dessa prioridade pelo próprio Rawls é comparativamente moderada, mas essa prioridade assume uma forma particularmente importante na teoria libertarista moderna que, em algumas formulações (por exemplo, na construção elegantemente inflexível apresentada por Robert Nozick), considera que amplas classes de direitos — variando de liberdades formais a direitos de propriedade — têm precedência política quase total sobre a promoção de objetivos sociais (incluindo a eliminação da privação e da miséria).[14] Esses direitos assumem a forma de "restrições colaterais", que não podem absolutamente ser violadas. Os procedimentos que são arquitetados para garantir os direitos, que têm de ser aceitos independentemente das consequências que deles possam advir, não estão no mesmo plano (reza o argumento) que as coisas que podemos julgar desejáveis (utilidades, bem-estar, igualdade de resultados ou oportunidades etc.). Portanto, nessa formulação, a questão não é a *importância comparativa* dos direitos, mas sua *prioridade absoluta*.

Em formulações menos exigentes da "prioridade da liberdade formal", apresentadas em teorias liberais (de modo mais notável nos trabalhos de John Rawls), os direitos que recebem precedência são muito menos amplos, e consistem essencialmente em várias liberdades formais pessoais, como alguns direitos políticos e civis básicos.[15] Mas a precedência que esses direitos mais limitados recebe deve ser total e, embora eles tenham uma abrangência bem mais restrita do que os da teoria libertária, também não podem ser de modo algum comprometidos pela força das necessidades econômicas.

O argumento em favor dessa total prioridade pode ser questionado demonstrando-se a força de outras considerações, como a das necessidades econômicas. Por que o peso das necessidades econômicas intensas, que podem ser questões de vida ou morte, deveria ser inferior ao das liberdades formais pessoais? Essa questão foi levantada veementemente por Herbert Hart há muito tempo (em um artigo célebre de 1973). John Rawls mais tarde reconheceu a força desse argumento em seu livro *Liberalismo político* e sugeriu modos de inseri-lo na estrutura de sua teoria da justiça.[16]

Se a "prioridade da liberdade formal" tem de ser tornada plausível mesmo no contexto de países que são intensamente pobres, o conteúdo dessa prioridade teria de ser, a meu ver, consideravelmente restrito. Isso, porém, não equivale a dizer que a liberdade formal não deva ter prioridade, e sim que a forma dessa exigência não deve ter o efeito de fazer com que as necessidades econômicas sejam facilmente desconsideradas. De fato, é possível fazer distinção entre (1) a proposta rigorosa de Rawls de que a liberdade formal deve receber *precedência* suprema em caso de um conflito e (2) o procedimento desse autor de distinguir a liberdade formal pessoal de outros tipos de vantagens *para fins de um tratamento especial*. A segunda proposta, mais geral, concerne à necessidade de apreciar e avaliar as liberdades formais diferentemente das vantagens individuais de outros tipos.

A questão crucial, eu diria, não é a total precedência, mas, sim, se a liberdade formal de uma pessoa deve ser considerada possuidora do mesmo tipo de importância (*e não de uma importância maior*) que a de outros tipos de vantagens pessoais — rendas, utilidades etc. Em particular, a questão é se a importância da liberdade formal para a sociedade é adequadamente refletida pelo peso que a própria pessoa tenderia a atribuir a essa liberdade ao julgar sua própria vantagem *global*. A afirmação da preeminência da liberdade formal (como liberdades políticas e direitos civis básicos) contesta que seja adequado julgar a liberdade formal simplesmente como uma vantagem — tal como uma unidade extra de renda — que a própria pessoa recebe por essa liberdade.

Para evitar um mal-entendido, devo explicar que o contraste *não* é com o valor que os cidadãos atribuem — e com razão — à liberdade formal e aos direitos em seus juízos *políticos*. Muito pelo contrário: a salvaguarda da liberdade formal tem de ser essencialmente relacionada à aceitabilidade política geral de sua importância. O contraste ocorre, antes, com o grau no qual ter mais liberdade formal ou direitos aumenta a vantagem *pessoal* do indivíduo, vantagem que é apenas uma *parte* do que está envolvido. Está-se afirmando aqui que a importância política dos direitos pode exceder imensamente o grau em que a vantagem pessoal dos detentores desses direitos é aumentada pelo fato de tê-los. Os interesses de outros também estão envolvidos (uma vez que as liberdades formais de diferentes pessoas são interligadas), e a violação da liberdade formal é uma transgressão processual à qual podemos com razão resistir como uma coisa ruim em si. Assim, há uma assimetria em relação a outras fontes de vantagem individual, como por exemplo as rendas, que seriam valorizadas em grande medida com base no quanto elas contribuem para as vantagens pessoais. A salvaguarda da liberdade formal e dos direitos políticos básicos teria a prioridade processual que decorre de sua proeminência assimétrica.

Essa questão é particularmente importante no contexto do papel constitutivo da liberdade formal e direitos políticos e civis para possibilitar que haja o discurso público e a emergência comunicativa de normas e valores sociais consensuais. Examinarei essa difícil questão mais pormenorizadamente nos capítulos 6 e 10.

ROBERT NOZICK E O LIBERTARISMO

Retorno agora à questão da total prioridade dos direitos, incluindo os direitos de propriedade, nas versões mais exigentes da teoria libertária. Na teoria de Nozick (conforme apresentada em *Anarchy, state and utopia*), por exemplo, os "intitulamentos" que as pessoas têm mediante o exercício desses direitos não podem, em geral, ser suplantados em importância devido a seus resultados — não importa o quanto eles possam ser perniciosos. Uma isenção muito excepcional é concedida por Nozick ao que ele denomina "horrores morais catastróficos", mas essa isenção não se integra muito bem ao resto da abordagem nozickiana, e também não recebe uma justificação apropriada (permanece acentuadamente *ad hoc*). A prioridade inflexível dos direitos libertários pode ser particularmente problemática, pois as consequências reais da operação desses intitulamentos podem incluir resultados terríveis. Em particular, pode conduzir à violação da liberdade substantiva dos indivíduos para realizar as coisas às quais eles têm razão para atribuir enorme importância, como escapar à mortalidade evitável, ser bem nutrido e sadio e saber ler, escrever e contar etc. A importância dessas liberdades substantivas não pode ser descartada com a justificativa da "prioridade da liberdade formal".

Como é mostrado em meu livro *Poverty and famines*, por exemplo, até mesmo gigantescas fomes coletivas podem ocorrer sem que os direitos libertários de pessoa alguma (incluindo os direitos de propriedade) sejam violados.[17] Os desvalidos, como os desempregados ou as pessoas que empobreceram, podem sucumbir à fome precisamente porque seus "intitulamentos" — ainda que legítimos — não lhes permitem obter alimento suficiente. Esse pode parecer um caso de "horror moral catastrófico", porém é possível demonstrar que horrores com *qualquer* grau de gravidade — de fomes gigantescas à subnutrição regular e fome endêmica mas não extrema — são consistentes com um sistema no qual não se violam os direitos libertários de pessoa alguma. Analogamente, privações de outros tipos (por exemplo, a ausência de tratamento médico para doenças curáveis) podem coexistir com todos os direitos libertários (incluindo direitos de propriedade) sendo inteiramente respeitados.

A proposta de uma teoria da prioridade política independente de consequências é prejudicada por implicar uma considerável indiferença às liberdades substantivas que as pessoas acabam tendo ou não. Não podemos concordar em aceitar regras processuais simples *independentemente* das consequências, não importando o quanto elas possam ser aflitivas e totalmente inaceitáveis para a vida das pessoas envolvidas. O raciocínio consequencial, em contraste, atribui grande importância à fruição ou à violação de liberdades formais (e pode até mesmo dar-lhes tratamento especialmente favorecido) sem deixar de lado outras considerações, como a influência real dos procedimentos sobre as liberdades substantivas que as pessoas realmente têm.[18] Desconsiderar as consequências em geral, inclusive as liberdades substantivas que as pessoas conseguem ou não exercer, não pode constituir uma base adequada para um sistema avaliatório aceitável.

No que concerne à sua base informacional, o libertarismo como abordagem é demasiado limitado. Não só desconsidera as variáveis às quais as teorias utilitarista e welfarista atribuem grande importância, como também negligencia as liberdades substantivas mais básicas que temos razão para prezar e exigir. Mesmo se for atribuído um peso especial à liberdade formal, é muito implausível afirmar que ela teria uma prioridade tão absoluta e inflexível como a que teorias libertárias insistem em lhe dar. Precisamos de uma base informacional mais ampla para a justiça.

UTILIDADE, RENDA REAL E COMPARAÇÕES INTERPESSOAIS

Na ética utilitarista tradicional, define-se "utilidade" simplesmente como felicidade ou prazer e, às vezes, como satisfação de desejos. Esses modos de ver a utilidade a partir de uma medida mental (de felicidade ou desejo) têm sido adotados não só por filósofos pioneiros como Jeremy Bentham, como também por economistas utilitaristas como Francis Edgeworth, Alfred Marshall, A. C. Pigou e Dennis Robertson. Como já discutido neste capítulo, essa medida mental está sujeita a distorções acarretadas pelo ajustamento psicológico à privação persistente. Essa é, de fato, uma limitação importante que há em depender do subjetivismo da medida mental dos prazeres ou desejos. É possível livrar o utilitarismo dessa limitação?

No emprego moderno de "utilidade" na teoria da escolha contemporânea, sua identificação com prazer ou satisfação de desejo tem sido em grande medida abandonada em favor de considerar a utilidade simplesmente a representação numérica da escolha de uma pessoa. Devo explicar que essa mudança ocorreu não em resposta ao problema do ajuste mental, mas principalmente em reação às críticas feitas por Lionel Robbins e outros positivistas metodológicos, segundo os quais as comparações interpessoais das mentes de diferentes pessoas eram "sem sentido" do ponto de vista científico. Robbins argumentou que inexistem "meios pelos quais essas comparações possam ser feitas". Ele até mesmo citou — e acatou — as dúvidas expressas pela primeira vez pelo próprio W. S. Jevons, o guru utilitarista: "Toda mente é inescrutável para todas as outras mentes, sendo impossível um denominador comum de sentimentos".[19] Quando os economistas se convenceram de que havia, de fato, algum erro metodológico no uso das comparações interpessoais de utilidades, a versão mais completa da tradição utilitarista logo abriu espaço para várias concessões. A concessão que hoje é amplamente adotada é a de considerar a utilidade nada mais do que a representação da preferência de uma pessoa. Como já mencionado, dizer, nesta versão da teoria utilitarista, que uma pessoa tem mais utilidade em um estado x do que em um estado y não difere essencialmente de dizer que ela preferiria estar no estado x a estar no estado y.

Essa abordagem tem a vantagem de não exigir que façamos o difícil exercício de comparar as condições mentais (como prazeres ou desejos) de pessoas diferentes; porém, correspondentemente, fecha *totalmente* a porta para a possibilidade de comparações interpessoais diretas de utilidades (definindo-se utilidade como a representação separadamente ordenada das preferências de cada indivíduo). Como uma pessoa não tem realmente a opção de tornar-se outra, as comparações interpessoais de utilidade baseadas na escolha não podem ser "lidas" nas escolhas reais.[20]

Se pessoas diferentes têm preferências diferentes (refletidas, digamos, em funções de demanda diferentes), obviamente não existe um modo de obter comparações interpessoais com base nessas preferências diversas. Mas e se elas *compartilhassem* a mesma preferência e fizessem as mesmas escolhas em circunstâncias semelhantes? Deve-se admitir que esse seria um caso muito especial (com efeito, como observou Horácio, "existem tantas preferências quanto as pessoas existentes"), contudo ainda assim é interessante indagar se é possível fazer comparações interpessoais sob essa suposição. Na verdade, a suposição da preferência e comportamento de escolha comuns é feita com grande frequência na economia do bem-estar aplicada, e isso é muitas vezes usado para justificar a hipótese de que todos têm a mesma função de utilidade. Trata-se de uma comparação interpessoal de utilidade estilizada em altíssimo grau. Essa suposição é legítima para a interpretação da utilidade como uma representação numérica da preferência?

A resposta, infelizmente, é negativa. Decerto é verdade que a hipótese de que todos têm a mesma função de utilidade produziria as mesmas preferências e comportamento de escolha para todos, mas isso também ocorreria no caso de muitas outras suposições. Por exemplo, se uma pessoa obtém exatamente *a metade* (ou um terço, um centésimo, um milionésimo) da utilidade que outra pessoa obtém de cada pacote de mercadorias, ambas terão o mesmo comportamento de escolha e uma função de demanda idêntica, mas claramente — por construção — não o mesmo nível de utilidade de qualquer pacote de mercadorias. Matematicamente, a representação numérica do comportamento de escolha não é única; cada comportamento de escolha pode ser representado por um enorme conjunto de funções de utilidade possíveis.[21] A coincidência do comportamento de escolha não precisa acarretar nenhuma congruência de utilidades.[22]

Essa não é apenas uma dificuldade "caprichosa" da teoria pura; também pode fazer muita diferença na prática. Por exemplo, *mesmo se* uma pessoa que está deprimida, incapacitada ou doente por acaso tiver uma função de demanda para pacotes de mercadorias igual à de outra pessoa não portadora dessas desvantagens, seria um grande absurdo insistir em que ela está obtendo a mesma utilidade (ou bem-estar ou qualidade de vida) de um dado pacote de mercadorias que a outra pessoa poderia obter dele. Por exemplo, um indivíduo pobre com uma doença parasítica do estômago pode preferir dois quilos de arroz a um quilo, exatamente como outro indivíduo — igualmente pobre, mas não doente — poderia preferir, mas seria difícil demonstrar que ambos obteriam o mesmo benefício de, digamos, um quilo de arroz. Portanto, a suposição do mesmo comportamento de escolha e da mesma função de demanda (que de qualquer modo não é uma suposição particularmente realista) não daria razão para esperarmos a mesma função de utilidade. Fazer comparações interpessoais é muito diferente de explicar o comportamento de escolha, e os dois só podem ser identificados mediante uma confusão conceitual.

Essas dificuldades frequentemente são deixadas de lado naquelas que são consideradas *comparações de utilidade* baseadas no comportamento de escolha, mas que, no máximo, equivalem a comparações de "rendas reais" — ou da *base de mercadorias* da utilidade. Mesmo comparações de rendas reais não são fáceis de fazer quando pessoas diferentes têm funções de demanda diversas, e isso limita o fundamento lógico dessas comparações (até mesmo da base de mercadorias da utilidade, para não mencionar as próprias utilidades). As limitações que há em tratar as comparações de rendas reais como supostas comparações de utilidade são gravíssimas, em parte devido à total arbitrariedade (mesmo quando as funções de demanda de pessoas diferentes são congruentes) da suposição de que o mesmo pacote de mercadorias tem de gerar o mesmo nível de utilidade para pessoas diferentes, e também em razão das dificuldades de indexar até mesmo a base de mercadorias da utilidade (quando as funções de demanda são divergentes).[23]

No nível prático, talvez a maior dificuldade na abordagem do bem-estar medido pela renda real resida na diversidade dos seres humanos. Diferenças de idade, sexo, talentos especiais, incapacidade, propensão a doenças etc. podem fazer com que duas pessoas tenham oportunidades de qualidade de vida muito divergentes *mesmo quando* ambas compartilham exatamente o mesmo pacote de mercadorias. A diversidade humana figura entre as dificuldades que limitam a serventia das comparações de renda real para julgar as vantagens respectivas de pessoas diferentes. As dificuldades diversas serão examinadas brevemente na seção seguinte, antes da apresentação de uma abordagem alternativa para as comparações interpessoais de vantagens.

BEM-ESTAR: DIVERSIDADES E HETEROGENEIDADES

Usamos rendas e mercadorias como a base material de nosso bem-estar. Mas o uso que podemos dar a um dado pacote de mercadorias ou, de um modo mais geral, a um dado nível de renda, depende crucialmente de várias circunstâncias contingentes, tanto pessoais como sociais.[24] É fácil identificar pelo menos cinco fontes distintas de variação entre nossas rendas reais e as vantagens — o bem-estar e a liberdade — que delas obtemos.

1) *Heterogeneidades pessoais*: as pessoas apresentam características físicas díspares relacionadas a incapacidade, doença, idade ou sexo, e isso faz com que suas necessidades difiram. Por exemplo, uma pessoa doente pode precisar de uma renda maior para tratar da doença — uma renda de que uma pessoa sem essa doença não necessitaria; e, mesmo com tratamento médico, a pessoa doente pode não desfrutar a mesma qualidade de vida que determinado nível de renda permitiria àquela outra pessoa. Uma pessoa incapacitada pode precisar de alguma prótese; uma pessoa mais velha, de mais apoio e auxílio; uma mulher grávida, de maior ingestão de nutrientes, e assim por diante. A "compensação" necessária para as desvantagens variará e, ademais, algumas desvantagens podem não ser totalmente "corrigíveis", mesmo com transferência de renda.

2) *Diversidades ambientais*: variações nas condições ambientais, como por exemplo as circunstâncias climáticas (variações de temperatura, níveis pluviométricos, inundações etc.), podem influenciar o que uma pessoa obtém de determinado nível de renda. As necessidades de aquecimento e vestuário dos pobres em climas mais frios geram problemas que podem não ser igualmente sentidos pelos pobres de regiões mais quentes. A presença de doenças infecciosas em uma região (da malária à cólera e a AIDS) altera a qualidade de vida que seus habitantes podem desfrutar. O mesmo se pode dizer da poluição e outras desvantagens ambientais.

3) *Variações no clima social*: a conversão de rendas e recursos pessoais em qualidade de vida é influenciada também pelas condições sociais, incluindo os serviços públicos de educação, e pela prevalência ou ausência de crime e violência na localidade específica. Os problemas de epidemiologia e poluição sofrem influência ambiental e social. Em adição às facilidades públicas, a natureza das relações comunitárias pode ser importantíssima, como procurou salientar a literatura recente sobre "capital social".[25]

4) *Diferenças de perspectivas relativas*: as necessidades de mercadorias associadas a padrões de comportamento estabelecidos podem variar entre comunidades, dependendo de convenções e costumes. Por exemplo, ser *relativamente* pobre em uma comunidade rica pode impedir um indivíduo de realizar alguns "funcionamentos" [*functionings*] elementares (como por exemplo participar da vida da comunidade), muito embora sua renda, em termos absolutos, possa ser muito maior do que o nível de renda no qual os membros de comunidades mais pobres podem realizar funcionamentos com grande facilidade e êxito. Por exemplo, poder "aparecer em público sem se envergonhar" em uma sociedade mais rica pode requerer padrões mais elevados de vestuário e outros aspectos visíveis de consumo do que em uma sociedade mais pobre (como observou Adam Smith há mais de dois séculos).[26] A mesma variabilidade paramétrica pode aplicar-se aos recursos pessoais necessários para a satisfação do respeito próprio. Essa é principalmente uma variação intersocial, e não uma variação entre os indivíduos de uma determinada sociedade, mas as duas questões são frequentemente interligadas.

5) *Distribuição na família*: as rendas auferidas por um ou mais membros de uma família são compartilhadas por todos — tanto por quem as ganha como por quem não as ganha. A família, portanto, é a unidade básica em relação às rendas do ponto de vista do uso. O bem-estar ou a liberdade dos indivíduos de uma família dependerá do modo como a renda familiar é usada na promoção dos interesses e objetivos de diferentes membros da família. Portanto, a distribuição intrafamiliar das rendas é uma variável paramétrica crucial na associação de realizações e oportunidades individuais com o nível global de renda familiar. As regras distributivas seguidas na família (por exemplo, relacionadas aos sexos, idades ou necessidades percebidas) podem fazer grande diferença para o que cada membro obtém e para as dificuldades que ele enfrenta.[27]

Essas diferentes fontes de variação na relação entre renda e bem-estar fazem da opulência — no sentido de renda real elevada — um guia limitado para o bem-estar e a qualidade de vida. Em capítulos posteriores (particularmente o capítulo 4) deste livro, retomarei o tema dessas variações e sua importância, mas antes disso é preciso tentar examinar a seguinte questão: qual é a alternativa? É disso que tratarei a seguir.

RENDAS, RECURSOS, LIBERDADES

A ideia de que pobreza é simplesmente escassez de renda está razoavelmente estabelecida na literatura sobre o tema. Não é uma ideia tola, pois a renda — apropriadamente definida — tem enorme influência sobre o que podemos ou não podemos fazer. A inadequação da renda frequentemente é a principal causa de privações que normalmente associamos à pobreza, como a fome individual e a fome coletiva. No estudo da pobreza tem-se um argumento excelente em favor de *começar* com qualquer informação que esteja disponível sobre distribuição de rendas, particularmente baixas rendas reais.[28]

Entretanto, existe um argumento igualmente bom para não *terminar* apenas com a análise da renda. A clássica análise de John Rawls sobre os "bens primários" fornece um quadro mais amplo dos recursos de que as pessoas necessitam independentemente de quais sejam seus respectivos objetivos; neles inclui-se a renda, mas também outros "meios" de uso geral. Os bens primários são meios de uso geral que ajudam qualquer pessoa a promover seus próprios fins, como "direitos, liberdades e oportunidades, renda e riqueza e as bases sociais do respeito próprio".[29] A concentração em bens primários na estrutura rawlsiana relaciona-se a essa visão da vantagem individual segundo as oportunidades que os indivíduos têm para buscar seus objetivos. Rawls via esses objetivos como a busca pelo indivíduo de suas "concepções do bem", as quais seriam variáveis de pessoa para pessoa. Se uma pessoa tem uma cesta de bens primários igual à de outra (ou até mesmo maior) e ainda assim acaba sendo menos feliz do que essa outra (por exemplo, porque tem gostos caros), então não necessariamente haveria injustiças no espaço das utilidades. Como argumentou Rawls, a pessoa tem de assumir as responsabilidades por suas preferências.[30]

A ampliação do enfoque informacional de rendas para bens primários, porém, não é adequada para lidar com todas as variações relevantes na relação entre renda e recursos, de um lado, e bem-estar e liberdade, de outro. De fato, os próprios bens primários são principalmente vários tipos de recursos gerais, e o uso desses recursos para gerar o potencial para fazer coisas valiosas está sujeito à mesma lista de variações que consideramos na seção anterior, no contexto do exame da relação entre renda e bem-estar: heterogeneidades pessoais, diversidades ambientais, variações no clima social, diferenças de perspectivas relativas e distribuição na família.[31] A saúde pessoal e a capacidade para ser saudável podem, por exemplo, depender de uma grande variedade de influências.[32]

Uma alternativa ao enfoque sobre os meios para o bem viver é a concentração sobre *como as pessoas conseguem viver de fato* (ou, avançando além disso, sobre a *liberdade* para realmente viver de um modo que se tem razão para valorizar). Na economia contemporânea tem havido muitas tentativas de estudar os "níveis de vida" e seus elementos constituintes e a satisfação de necessidades básicas, pelo menos a partir de A. C. Pigou.[33] Desde 1990, sob a liderança pioneira de Mahbub ul Haq (o grande economista paquistanês, que morreu subitamente em 1998), o Programa das Nações Unidas para o Desenvolvimento (United Nations Development Programme — UNDP) publica relatórios anuais sobre "desenvolvimento humano" que sistematicamente vêm lançando luz sobre a vida que realmente as pessoas levam, especialmente as relativamente destituídas.[34]

Interessar-se pelo tipo de vida que as pessoas realmente levam não é novidade em economia (conforme salientado no capítulo 1). Com efeito (como explica Martha Nussbaum), a interpretação aristotélica do bem para o homem vinculou-se explicitamente à necessidade de "primeiro averiguar a função do homem" e em seguida explorar a "vida no sentido de atividade" como o alicerce da análise normativa.[35] O interesse nas condições de vida também se reflete intensamente (como já mencionado) nos textos sobre contas nacionais e prosperidade econômica de analistas econômicos pioneiros, como William Petty, Gregory King, François Quesnay, Antoine-Laurent Lavoisier e Joseph-Louis Lagrange.

Essa também é uma abordagem que muito interessou a Adam Smith. Como já mencionado, ele tratou da capacidade de realizar funcionamentos como "poder aparecer em público sem se envergonhar" (e não apenas da renda real ou do pacote de bens possuídos).[36] O que se considera "necessidade" em uma sociedade deve ser determinado, na análise smithiana, pelo requisito de que sua satisfação gere algumas liberdades minimamente requeridas, como por exemplo a capacidade de aparecer em público sem se envergonhar ou de participar da vida da comunidade. Adam Smith expressou a questão da seguinte maneira:

> Artigos de necessidade são, no meu entender, não só os bens indispensavelmente necessários para o sustento da vida, mas tudo o que os costumes do país considerem indecente uma pessoa respeitável, mesmo a mais humilde, não possuir. Uma camisa de linho, por exemplo, não é, rigorosamente falando, uma necessidade da vida. Os gregos e os romanos, suponho, viviam confortavelmente mesmo sem ter linho. Porém, nos tempos presentes, na maior parte da Europa um trabalhador diarista respeitável sentiria vergonha de aparecer em público sem uma camisa de linho, supondo-se que não a ter denota o desonroso grau de pobreza ao qual, presume-se, ninguém pode sucumbir sem má conduta extrema. O costume, da mesma maneira, tornou os sapatos de couro uma necessidade da vida na Inglaterra. A mais pobre das pessoas respeitáveis de qualquer dos sexos se envergonharia de aparecer em público sem eles.[37]

103

Analogamente, nos Estados Unidos e na Europa ocidental hoje em dia, uma família pode ter dificuldade para participar da vida da comunidade se não possuir alguns bens específicos (como telefone, televisão ou automóvel), que na vida comunitária em países pobres são desnecessários. Nessa análise, o enfoque tem de incidir sobre as liberdades geradas pelos bens, e não sobre os bens em si mesmos.

BEM-ESTAR, LIBERDADE E CAPACIDADE

Venho procurando demonstrar já há algum tempo que, para muitas finalidades avaliatórias, o "espaço" apropriado não é o das utilidades (como querem os "welfaristas") nem o dos bens primários (como exigido por Rawls), mas o das liberdades substantivas — as capacidades — de escolher uma vida que se tem razão para valorizar.[38] Se o objetivo é concentrar-se na oportunidade real de o indivíduo promover seus objetivos (como Rawls recomenda explicitamente), então será preciso levar em conta não apenas os bens primários que as pessoas possuem, mas também as características pessoais relevantes que governam a *conversão* de bens primários na capacidade de a pessoa promover seus objetivos. Por exemplo, uma pessoa fisicamente incapacitada pode possuir uma cesta de bens primários maior e ainda assim ter menos chance de levar uma vida normal (ou de promover seus objetivos) do que um indivíduo fisicamente capaz possuidor de uma cesta menor de bens primários. Analogamente, uma pessoa mais idosa ou mais propensa a doenças pode ser mais desfavorecida em um sentido geralmente aceito, mesmo possuindo um pacote de bens primários maior.[39]

O conceito de "funcionamentos", que tem raízes distintamente aristotélicas, reflete as várias coisas que uma pessoa pode considerar valioso fazer ou ter.[40] Os funcionamentos valorizados podem variar dos elementares, como ser adequadamente nutrido e livre de doenças evitáveis,[41] a atividades ou estados pessoais muito complexos, como poder participar da vida da comunidade e ter respeito próprio.

A "capacidade" [*capability*] de uma pessoa consiste nas combinações alternativas de funcionamentos cuja realização é factível para ela. Portanto, a capacidade é um tipo de liberdade: a liberdade substantiva de realizar combinações alternativas de funcionamentos (ou, menos formalmente expresso, a liberdade para ter estilos de vida diversos). Por exemplo, uma pessoa abastada que faz jejum pode ter a mesma realização de funcionamento quanto a comer ou nutrir-se que uma pessoa destituída, forçada a passar fome extrema, mas a primeira pessoa possui um "conjunto capacitário" diferente do da segunda (a primeira *pode* escolher comer bem e ser bem nutrida de um modo impossível para a segunda).

Pode haver debates substanciais sobre que funcionamentos específicos devem ser incluídos na lista de realizações importantes e as capacidades correspondentes.[42] Essa questão valorativa é inescapável em um exercício avaliatório desse tipo, e um dos principais méritos da abordagem é a necessidade de tratar essas questões de julgamento de um modo explícito, em vez de escondê-las em alguma estrutura implícita.

Não é oportuno agora enveredar pelas tecnicalidades da representação e da análise de funcionamentos e capacidades. A quantidade ou grau de cada funcionamento usufruído por uma pessoa pode ser representada por um número real e, quando isso é feito, a realização efetiva da pessoa pode ser vista como um *vetor de funcionamento*. O "conjunto capacitário" consistiria nos vetores de funcionamento alternativos dentre os quais a pessoa pode escolher.[43] Enquanto a combinação dos funcionamentos de uma pessoa reflete suas *realizações* efetivas, o conjunto capacitário representa a *liberdade* para realizar as combinações alternativas de funcionamentos dentre as quais a pessoa pode escolher.[44]

O enfoque avaliatório dessa "abordagem da capacidade" pode ser sobre os funcionamentos *realizados* (o que uma pessoa realmente faz) ou sobre o *conjunto capacitário* de alternativas que ela tem (suas oportunidades reais). Em cada caso há tipos diferentes de informações — no primeiro, sobre as coisas que uma pessoa faz, e, no segundo, sobre as coisas que a pessoa é substantivamente livre para fazer. Ambas as versões da abordagem da capacidade têm sido usadas na literatura, e às vezes têm sido combinadas.[45]

Segundo uma tradição bem estabelecida em economia, o valor real de um conjunto de opções reside no melhor uso que se pode fazer delas, e — dado o comportamento maximizador e a ausência de incerteza — no uso que é *realmente* feito. Assim, o valor de uso da oportunidade encontra-se, derivativamente, no valor de um elemento da mesma (ou seja, a melhor opção ou a opção realmente escolhida).[46] Nesse caso, o enfoque sobre um *vetor de funcionamento escolhido* coincide com a concentração sobre o *conjunto capacitário*, uma vez que, em última análise, este último é julgado pelo primeiro.

A liberdade refletida no conjunto capacitário pode ser usada também de outros modos, já que o valor de um conjunto não tem necessariamente de ser identificado com o valor do melhor elemento — ou do elemento escolhido — desse conjunto. É possível atribuir importância a ter oportunidades que *não* são aproveitadas. Essa é uma direção natural a seguir se o *processo* pelo qual os resultados são gerados tem uma importância própria.[47] De fato, "escolher" por si só pode ser considerado um funcionamento valioso, e obter um *x* quando não há alternativa pode, sensatamente, ser distinguido de escolher *x* quando existem alternativas substanciais.[48] Jejuar não é a mesma coisa que ser forçado a passar fome. Ter a opção de comer faz com que jejuar seja o que é: escolher não comer quando se poderia ter comido.

PESOS, VALORAÇÃO E ESCOLHA SOCIAL

Funcionamentos individuais podem prestar-se a comparações interpessoais mais fáceis do que as comparações de utilidades (ou de felicidade, prazeres ou desejos). Além disso, muitos dos funcionamentos relevantes — como as características não mentais — podem ser vistos distintamente de sua avaliação mental (não incluídos em "ajustamento mental"). A variabilidade na conversão de meios em fins (ou em liberdade para empenhar-se pelos fins) já está refletida nas amplitudes das realizações e liberdades que podem figurar na lista de fins. Essas são vantagens do uso da perspectiva da capacidade para a avaliação e apreciação.

Contudo, as comparações interpessoais de vantagens *globais* também requerem uma "agregação" de componentes heterogêneos. A perspectiva da capacidade é inescapavelmente pluralista. Primeiro, existem funcionamentos diferentes, alguns mais importantes do que outros. Segundo, há a questão de qual peso atribuir à liberdade substantiva (o conjunto capacitário) em confronto com a realização real (o vetor de funcionamento escolhido). Finalmente, como não se afirma que a perspectiva da capacidade esgota todas as considerações relevantes para propósitos avaliatórios (poderíamos, por exemplo, atribuir importância a regras e procedimentos, e não apenas a liberdades e resultados), existe a questão subjacente de qual peso deve ser atribuído às capacidades, comparadas a qualquer outra consideração relevante.[49]

Essa pluralidade prejudica a defesa da perspectiva da capacidade para fins avaliatórios? Muito pelo contrário. Insistir em que deve haver apenas uma magnitude homogênea que valorizamos é reduzir drasticamente a abrangência de nosso raciocínio avaliatório. Por exemplo, não é um mérito do utilitarismo clássico sua valorização apenas do prazer, sem demonstrar nenhum interesse direto por liberdade, direitos, criatividade ou condições de vida reais. Insistir no conforto mecânico de ter apenas uma "coisa boa" homogênea seria negar nossa humanidade como criaturas racionais. É como procurar facilitar a vida do cozinheiro determinando algo de que nós todos gostamos — e de que gostamos *exclusivamente* (como salmão defumado, ou talvez até mesmo batatas fritas) — ou alguma qualidade única que todos nós devamos tentar maximizar (como o teor de sal da comida).

A heterogeneidade de fatores que influenciam a vantagem

individual é uma característica muito comum da avaliação real. Embora possamos decidir fechar os olhos a essa questão simplesmente *supondo* que existe uma coisa homogênea única (como "renda" ou "utilidade") segundo a qual a vantagem global de cada indivíduo possa ser julgada e comparada de modo interpessoal (e supondo a inexistência de variações nas necessidades, circunstâncias pessoais etc.), isso não resolve o problema, apenas o evita. A satisfação de preferências pode ter alguma atração óbvia ao lidar-se com as necessidades individuais de uma pessoa, mas (como já discutido) por si só ela pouco se presta a comparações interpessoais, fundamentais para qualquer avaliação social. Mesmo quando a preferência de cada pessoa é considerada o supremo árbitro do bem-estar para ela própria, mesmo quando tudo o que não seja o bem-estar (como a liberdade, por exemplo) é desconsiderado, e mesmo quando — para citar um caso especialíssimo — todos têm a *mesma* função de demanda ou mapa de preferências, a comparação das valorações de mercado de pacotes de mercadorias (ou sua disposição relativa em um mapa comum de sistema de indiferença no espaço das mercadorias) nos diz muito pouco sobre comparações interpessoais.

Em tradições avaliatórias que envolvem especificação mais completa, admite-se explicitamente uma considerável heterogeneidade. Na análise rawlsiana, por exemplo, considera-se que os bens primários são constitutivamente diversos ("direitos, liberdades e oportunidades, renda e riqueza e a base social do respeito próprio"), e Rawls lida com eles por meio de um "índice" global de posse de bens primários.[50] Embora um exercício semelhante de julgar sobre um universo com heterogeneidade ocorra tanto na abordagem rawlsiana como na de funcionamentos, a primeira é informacionalmente mais pobre, por motivos já apresentados, devido à variação paramétrica dos recursos e bens primários em relação à oportunidade de obter qualidade de vida elevada.

O problema da valoração, porém, não é do tipo "tudo ou nada". Alguns juízos, de alcance incompleto, decorrem imediatamente da especificação de um espaço focal. Quando alguns funcionamentos são selecionados como significativos, esse espaço focal é especificado, e a própria relação de dominância conduz a uma "ordenação parcial" dos estados de coisas alternativos. Se uma pessoa i tem mais de um determinado funcionamento significativo do que uma pessoa j, e pelo menos a mesma quantidade de todos esses funcionamentos, então i claramente tem um vetor de funcionamento com maior valor do que j. Essa ordenação parcial pode ser "ampliada" especificando-se mais os pesos possíveis. Um único conjunto de pesos obviamente será *suficiente* para gerar uma ordem *completa*, mas ele em geral é desnecessário. Dado um "leque" de pesos sobre os quais existe consenso (o que ocorre quando se concorda que os pesos devem ser escolhidos de um leque específico, mesmo sem consenso quanto ao ponto exato desse leque), haverá uma ordenação parcial baseada na intersecção de *rankings*. Essa ordenação parcial será sistematicamente ampliada à medida que o leque for se tornando cada vez mais estreito. Em alguma parte no processo de estreitamento do leque — possivelmente bem antes de os pesos serem únicos — a ordenação parcial se tornará completa.[51]

Evidentemente, é crucial indagar, em qualquer exercício avaliatório desse tipo, como os pesos devem ser selecionados. Esse exercício de julgamento pode ser resolvido somente por meio de avaliação arrazoada. Para uma pessoa específica que está fazendo seus próprios juízos, a seleção de pesos exigirá reflexão em vez de alguma concordância (ou consenso) interpessoal. Contudo, para chegar-se a um leque "consensual" para a *avaliação social* (por exemplo, em estudos sociais sobre a pobreza), é preciso que haja algum tipo de "consenso" arrazoado sobre os pesos, ou ao menos sobre um leque de pesos. Esse é um exercício de "escolha social", e requer discussão pública e entendimento e aceitação democráticos.[52] Não se trata de um problema especial associado apenas ao uso do espaço dos funcionamentos.

Temos aqui uma escolha interessante entre "tecnocracia" e "democracia" na seleção dos pesos, e pode valer a pena discorrer brevemente sobre ela. Um procedimento de escolha que tenha por base uma busca democrática de concordância ou consenso pode ser extremamente desordenado, e muitos tecnocratas abominam a tal ponto a confusão que anseiam por alguma fórmula maravilhosa que simplesmente nos dê pesos prontos "exatamente certos". Porém, obviamente inexiste tal fórmula mágica, uma vez que a questão de atribuir pesos é uma questão de valoração e julgamento, e não de alguma tecnologia impessoal.

Não somos impedidos, de maneira nenhuma, de propor que alguma fórmula específica seja usada para a agregação em vez de qualquer outra, mas nesse inescapável exercício de escolha social sua força tem de depender de sua aceitabilidade para outros. Ainda assim existe um anseio por alguma fórmula "obviamente correta" à qual pessoas razoáveis não possam objetar. Um bom exemplo está na veemente crítica feita por T. N. Srinivasan à abordagem da capacidade (e seu uso parcial nos *Relatórios sobre o Desenvolvimento Humano — Human Development Reports* — do UNDP, o Programa das Nações Unidas para o Desenvolvimento), na qual ele se preocupa com a "importância variável de diferentes capacidades" e propõe a rejeição dessa abordagem em favor da vantagem da "estrutura da renda real" que "inclui uma medida operacional para atribuir peso aos bens — a medida do valor de troca".[53] O quanto é convincente sua crítica? Certamente existe alguma medida na avaliação de mercado, mas o que ela nos diz?

Como já discutido, a "medida operacional" do valor de troca não nos fornece comparações interpessoais de níveis de utilidade, pois tais comparações não podem ser deduzidas do comportamento de escolha. Tem havido uma certa confusão acerca desse tema porque se interpreta equivocadamente a tradição da teoria do consumo — sensata dentro de seu contexto — de considerar a utilidade simplesmente a representação numérica da escolha de uma determinada pessoa. Esse é um modo proveitoso de definir utilidade para a análise do comportamento de consumo de cada pessoa separadamente, mas, em si, ele não oferece nenhum procedimento para fazer comparações interpessoais substantivas. A observação elementar feita por Paul

Samuelson de que é "desnecessário fazer comparações interpessoais de utilidade ao descrever a troca"[54] é o outro lado da mesma moeda: nada se pode saber sobre comparação interpessoal observando-se "a medida do valor de troca".

Como já mencionamos, essa dificuldade está presente mesmo quando todas as pessoas têm a mesma função de demanda. Intensifica-se quando as funções individuais de demanda diferem, caso em que mesmo comparações da base de bens da utilidade são problemáticas. Não existe nada na metodologia da análise da demanda, incluindo a teoria da preferência revelada, que permita uma leitura de comparações interpessoais de utilidade ou bem-estar com base em escolhas observadas de posses de bens e, portanto, com base em comparações de rendas reais.

Com efeito, dada a diversidade interpessoal, relacionada a fatores como idade, sexo, talentos inatos, incapacidades e doenças, o conjunto de bens possuídos pode efetivamente nos dizer pouquíssimo sobre a natureza da vida que cada pessoa pode levar. Portanto, as rendas reais podem ser indicadores muito insatisfatórios dos componentes importantes do bem-estar e da qualidade de vida que as pessoas têm razão para valorizar. De um modo mais geral, a necessidade de juízos *avaliatórios* é inescapável ao comparar-se bem-estar individual ou qualidade de vida. Ademais, qualquer pessoa que valorize a averiguação pública tem o dever de deixar claro que *está* sendo feito um juízo de valor ao usar-se a renda real para esse propósito e que os pesos implicitamente usados têm de estar sujeitos a uma averiguação avaliatória. Neste contexto, em vez de ser vantagem, é uma limitação o fato de a avaliação baseada nos preços de mercado da utilidade de pacotes de bens dar uma impressão errônea — pelo menos para alguns — de que uma "medida operacional" já disponível foi *pré-selecionada para uso avaliatório*. Se a averiguação bem informada pelo público é fundamental para qualquer avaliação social desse tipo (como creio ser o caso), os valores implícitos têm de ser tornados mais explícitos, em vez de serem protegidos da averiguação com o argumento espúrio de que eles são parte de uma medida "já disponível" que a sociedade pode imediatamente usar sem mais trabalho.

Como a preferência pela avaliação baseada nos preços de mercado é bastante acentuada entre muitos economistas, também é importante salientar que a todas as variáveis — com exceção do conjunto de bens possuídos (aspectos importantes como mortalidade, morbidez, educação, liberdades formais e direitos reconhecidos) — atribui-se implicitamente peso direto zero nas avaliações baseadas exclusivamente na abordagem da renda real. Elas podem receber algum peso *indireto* apenas se — e na medida em que — aumentarem as rendas reais e o conjunto de bens possuídos. Paga-se um preço altíssimo ao confundir comparação de bem-estar com comparação de renda real.

Existe, portanto, um poderoso argumento metodológico em favor de enfatizar a necessidade de atribuir explicitamente pesos avaliatórios a diferentes componentes da qualidade de vida (ou do bem-estar) e então submeter os pesos escolhidos ao debate público e averiguação crítica. Em qualquer escolha de critérios para finalidades avaliatórias, haveria não apenas juízos de valor, mas também, com grande frequência, alguns juízos sobre os quais não existiria total concordância. Isso é inescapável em um exercício de escolha social desse tipo.[55] A verdadeira questão é se podemos usar alguns critérios que viessem a ter maior apoio público, para finalidades avaliatórias, do que os toscos indicadores frequentemente recomendados com argumentos alegadamente tecnológicos, como as medidas de renda real. Isso é essencial para a base avaliatória das políticas públicas.

INFORMAÇÃO SOBRE CAPACIDADES:
USOS ALTERNATIVOS

A perspectiva da capacidade pode ser usada de maneiras bem distintas. A questão de qual *estratégia* prática devemos usar para avaliar as políticas públicas tem de ser distinguida da questão *fundamental* de como as vantagens individuais são mais bem julgadas e como as comparações interpessoais são feitas mais sensatamente. No nível fundamental, a perspectiva da capacidade tem alguns méritos evidentes (por motivos já apresentados) em comparação com a concentração em variáveis instrumentais como a renda. Contudo, isso não implica que o enfoque mais proveitoso da atenção *prática* invariavelmente seja o das medidas de capacidades.

Algumas capacidades são mais difíceis de medir do que outras, e as tentativas de submetê-las a uma "medida" podem às vezes ocultar mais do que revelar. Com grande frequência, os níveis de renda — com possíveis correções para diferenças de preços e variações de circunstâncias para o indivíduo ou o grupo — podem ser um modo muito útil de iniciar uma avaliação prática. O pragmatismo é muito necessário quando se usa a motivação subjacente à perspectiva da capacidade no emprego dos dados disponíveis para a avaliação prática e a análise de políticas.

Três abordagens práticas alternativas podem ser levadas em conta ao dar-se uma forma prática à consideração fundamental.[56]

1) *A abordagem direta*: consiste em examinar diretamente o que se pode dizer sobre as vantagens mediante o estudo e a comparação de vetores de funcionamentos ou capacidades. De muitas maneiras, esse é o modo mais imediato e radical de fazer a incorporação das considerações sobre capacidade na avaliação. Pode-se usá-lo, porém, de maneiras diferentes. Entre as variações incluem-se as seguintes:

> 1.1) "comparação total", envolvendo o *ranking* de todos esses vetores comparados entre si no que se refere à pobreza ou à desigualdade (ou qualquer que seja o objeto de estudo);
> 1.2) "*ranking* parcial", envolvendo o *ranking* de alguns vetores em relação a outros, porém não exigindo completitude do *ranking* avaliatório;
> 1.3) "comparação de capacidade distinta", envolvendo a comparação de alguma capacidade específica escolhida como foco, sem pretender a completitude da cobertura.

Obviamente, a "comparação total" é, das três variações, a mais ambiciosa — com frequência, ambiciosa demais. Podemos seguir nessa direção — talvez avançando bastante — não insistindo em um *ranking* completo de todas as alternativas. Exemplos de "comparação de capacidade distinta" podem ser vistos quando se concentra a atenção em alguma variável de capacidade específica, como emprego, longevidade, grau de instrução ou nutrição.

É possível, obviamente, passar de um conjunto de comparações separadas de capacidades distintas para um *ranking* agregado dos conjuntos de capacidades. É aqui que entraria o papel crucial dos pesos, preenchendo a lacuna entre "comparações de capacidades distintas" e *"rankings* parciais" (ou até "comparações totais").[57] Mas é importante ressaltar que, apesar da cobertura incompleta permitida pelas comparações de capacidades distintas, essas comparações podem ser muito esclarecedoras, mesmo sozinhas, em exercícios avaliatórios. Haverá oportunidade de ilustrar essa questão no próximo capítulo.

2) *A abordagem suplementar*: relativamente não radical, envolve o uso contínuo de procedimentos tradicionais de comparações interpessoais no espaço das rendas, porém suplementando-os com considerações sobre capacidades (frequentemente de maneiras muito informais). Para fins práticos, pode-se obter alguma ampliação da base informacional por essa via. A suplementação pode enfocar comparações diretas dos próprios funcionamentos ou variáveis instrumentais, exceto a renda, que supostamente influenciam a determinação das capacidades. Fatores como disponibilidade e abrangência de serviços de saúde, indícios de parcialidade por um dos sexos na alocação familiar e prevalência e magnitude do desemprego podem melhorar o esclarecimento parcial permitido pelas medidas tradicionais no espaço da renda. Essas extensões podem enriquecer a compreensão global de problemas de desigualdade e pobreza *aumentando* o que se consegue conhecer por meio das medidas de desigualdade de renda e pobreza de renda. Essencialmente, isso envolve usar a "comparação de capacidade distinta" como um expediente suplementar.[58]

3) *A abordagem indireta*: mais ambiciosa do que a abordagem suplementar, mas permanece concentrada sobre o familiar espaço das rendas, apropriadamente *ajustado*. Informações sobre determinantes de capacidades, *exceto a renda*, podem ser usadas para calcular "rendas ajustadas". Por exemplo, os níveis de renda familiar podem ser ajustados para baixo pelo analfabetismo e para cima por altos níveis de instrução, e assim por diante, para torná-los equivalentes em termos de realização de capacidade. Esse procedimento relaciona-se à literatura sobre "escalas de equivalência". Também está associado às pesquisas sobre a análise de padrões de dispêndios familiares para avaliar indiretamente as influências causais que não podem ser observadas diretamente (como por exemplo a presença ou a ausência de certos tipos de parcialidade por um dos sexos na família).[59]

A vantagem dessa abordagem reside no fato de que a renda é um conceito familiar e frequentemente permite uma mensuração mais rigorosa (mais do que, digamos, "índices" globais de capacidades). Isso pode permitir mais articulação e talvez uma interpretação mais fácil. A motivação para escolher-se a "medida" da renda neste caso é semelhante à escolha, por A. B. Atkinson, do espaço da renda para medir os efeitos da desigualdade de renda (em seus cálculos da "renda equivalente igualmente distribuída"), em vez do espaço da utilidade, como originalmente proposto por Hugh Dalton.[60] Na abordagem de Dalton, a desigualdade pode ser vista em função da perda de utilidade devido a disparidades, e a mudança que Atkinson introduziu envolveu avaliar a perda por desigualdade em função da "renda equivalente".

A questão da "medida" não é insignificante, e a abordagem indireta realmente tem algumas vantagens. Contudo, é necessário reconhecer que ela não é nem um pouco mais "simples" do que a avaliação direta. Primeiro, ao avaliarmos os valores de renda equivalente, precisamos levar em consideração o modo como a renda influencia as capacidades relevantes, já que as taxas de conversão têm de depender da motivação subjacente da avaliação de capacidades. Ademais, todos os problemas de *trade-*

-*offs* entre diferentes capacidades (e os de pesos relativos) têm de ser enfrentados tanto na abordagem indireta quanto na direta, pois o que é essencialmente alterado é a unidade de expressão. Nesse sentido, a abordagem indireta não difere fundamentalmente da direta no que se refere aos juízos que precisam ser feitos para obtermos medidas apropriadas no espaço de rendas equivalentes.

Segundo, é importante distinguir renda como uma *unidade* na qual se *mede* a desigualdade e renda como o *veículo* de redução da desigualdade. Mesmo se a desigualdade de capacidades for bem medida no que diz respeito a rendas equivalentes, não decorre que transferir renda seria o melhor modo de combater a desigualdade observada. A questão das políticas de compensação ou reparação suscita outras questões (eficácia na alteração das disparidades de capacidades, a força de efeitos de incentivo etc.), e a "leitura" fácil de disparidades de renda não deve ser interpretada como uma sugestão de que correspondentes transferências de renda remediariam as disparidades com maior eficácia. Evidentemente, não é necessário incorrer nessa leitura errônea das rendas equivalentes, mas a clareza e o caráter imediato do espaço da renda podem favorecer essa tentação, à qual se deve resistir.

Terceiro, embora o espaço da renda apresente maior mensurabilidade e articulação, as magnitudes reais podem ser muito enganosas quanto aos valores envolvidos. Consideremos, por exemplo, a possibilidade de, à medida que se reduz o nível de renda e a pessoa começa a passar fome, ocorrer em algum momento uma drástica queda das chances de uma sobrevivência. Muito embora no espaço das rendas a "distância" entre dois valores alternativos possa ser bem pequena (medida inteiramente em termos de renda), se a consequência dessa mudança for uma alteração dramática nas chances de sobrevivência, a influência dessa pequena mudança de renda pode ser enorme no espaço daquilo que realmente importa (neste caso, a capacidade de sobreviver). Portanto, pode ser enganoso pensar na diferença como sendo realmente "pequena" porque a diferença de renda é pequena. Na verdade, como a renda permanece apenas instrumentalmente importante, não podemos saber o quanto as disparidades de renda são significativas sem considerar suas *consequências* no espaço que é essencialmente importante. Se uma batalha é perdida devido à falta de um prego (mediante uma cadeia de conexões causais delineada no antigo poema*), então esse prego faz uma *grande* diferença, independentemente do quanto ele possa ser trivial no espaço das rendas ou gastos.

Cada uma dessas abordagens possui um mérito contingente que pode variar dependendo da natureza do exercício, da disponibilidade de informações e da urgência com que as decisões precisam ser tomadas. Como a perspectiva da capacidade às vezes é interpretada em termos terrivelmente exigentes (comparações totais sob a abordagem direta), é importante ressaltar sua flexibilidade. A afirmação básica da importância das capacidades pode admitir várias estratégias de avaliação real envolvendo concessões práticas. A natureza pragmática do raciocínio prático assim o exige.

OBSERVAÇÕES FINAIS

Euclides supostamente teria dito a Ptolomeu: "Não existe 'estrada régia' para a geometria". Também não está claro se existe alguma estrada régia para a avaliação de políticas econômicas ou sociais. Diversas considerações que requerem atenção estão envolvidas, e as avaliações têm de ser feitas com sensibilidade para com essas preocupações. Boa parte do debate sobre as abordagens alternativas da avaliação relaciona-se às prioridades

* O "antigo poema" é "Jacula Prudentum", do poeta inglês George Herbert (1593-1632): "For want of a nail, the shoe is lost; for want of a shoe, the horse is lost; and for want of a horse, the rider is lost" [Por falta de um prego, perde-se a ferradura; por falta de uma ferradura, perde-se o cavalo; e por falta de um cavalo, perde-se o cavaleiro]. (N. T.)

na hora de decidir o que deve estar no centro de nossa consideração normativa.

Procuramos demonstrar aqui que as prioridades que são aceitas, muitas vezes implicitamente, nas diferentes abordagens da ética, economia do bem-estar e filosofia política, podem ser evidenciadas e analisadas identificando-se as informações que servem de base para os juízos avaliatórios nas respectivas abordagens. Este capítulo procurou particularmente mostrar como funcionam essas "bases informacionais" e como diferentes sistemas éticos e avaliatórios empregam bases informacionais muito diversas.

Dessa questão geral, a análise apresentada neste capítulo passou a abordagens avaliatórias específicas, em particular o utilitarismo, o libertarismo e a justiça rawlsiana. Em conformidade com a ideia de que não existem estradas régias para a avaliação, revelou-se que há méritos distintos em cada uma dessas estratégias bem estabelecidas, mas que cada uma também sofre limitações significativas.

A parte construtiva deste capítulo examinou as implicações do enfoque direto nas liberdades substantivas dos indivíduos envolvidos e identificou uma abordagem geral que se concentra nas capacidades de as pessoas fazerem coisas que elas têm razão para prezar e na sua liberdade para levar um tipo de vida que elas com razão valorizam. Discuti essa abordagem também em outros trabalhos,[61] como fizeram outros autores, e suas vantagens e limitações também são razoavelmente claras. Parece, de fato, que não só essa abordagem é capaz de considerar diretamente a importância da liberdade, como também pode atentar substancialmente para as motivações subjacentes que contribuem para a relevância das outras abordagens. Em particular, a perspectiva baseada na liberdade pode levar em conta, *inter alia*, o interesse do utilitarismo no bem-estar humano, o envolvimento do libertarismo com os processos de escolha e a liberdade de agir e o enfoque da teoria rawlsiana sobre a liberdade formal e sobre os recursos necessários para as liberdades substantivas. Nesse sentido, a abordagem da capacidade possui uma amplitude e sensibilidade que lhe conferem grande abrangência, permitindo atentar com finalidades avaliatórias para diversas considerações importantes, algumas das quais omitidas, de um modo ou de outro, nas abordagens alternativas. Essa grande abrangência é possível porque as liberdades das pessoas podem ser julgadas por meio da referência explícita a resultados e processos que elas com razão valorizam e buscam.[62]

Também foram examinados modos diferentes de usar essa perspectiva baseada na liberdade, resistindo-se em particular à ideia de que esse uso deve assumir a forma de "tudo ou nada". Em muitos problemas práticos, a possibilidade de empregar uma abordagem explicitamente baseada na liberdade pode ser relativamente limitada. Contudo, mesmo nesse caso é possível usar os *insights* e os interesses informacionais envolvidos em uma abordagem baseada na liberdade — sem insistir em deixar de lado outros procedimentos quando eles podem ser, dentro de contextos específicos, sensatamente utilizados. A análise a seguir fundamenta-se nessas considerações, na tentativa de lançar uma luz sobre o subdesenvolvimento (visto amplamente na forma de privação de liberdade) e o desenvolvimento (visto como um processo de eliminação de privações de liberdades e de ampliação das liberdades substantivas de diferentes tipos que as pessoas têm razão para valorizar). Uma abordagem geral pode ser usada de muitos modos diferentes, dependendo do contexto e das informações disponíveis. É essa combinação de análise fundamental e uso pragmático que confere à abordagem da capacidade sua grande abrangência.

4. POBREZA COMO PRIVAÇÃO DE CAPACIDADES

NO CAPÍTULO ANTERIOR procurei demonstrar que, ao analisar a justiça social, há bons motivos para julgar a vantagem individual em função das capacidades que uma pessoa possui, ou seja, das liberdades substantivas para levar o tipo de vida que ela tem razão para valorizar. Nessa perspectiva, a pobreza deve ser vista como privação de capacidades básicas em vez de meramente como baixo nível de renda, que é o critério tradicional de identificação da pobreza.[1] A perspectiva da pobreza como privação de capacidades não envolve nenhuma negação da ideia sensata de que a renda baixa é claramente uma das causas principais da pobreza, pois a falta de renda pode ser uma razão primordial da privação de capacidades de uma pessoa.

Uma renda inadequada é, com efeito, uma forte condição predisponente de uma vida pobre. Já que isso é aceito, então por que tanta preocupação com ver a pobreza da perspectiva da capacidade (em vez de pela clássica avaliação da pobreza com base na renda)? Os argumentos em favor da abordagem da pobreza como privação de capacidades são, a meu ver, os seguintes:

1) A pobreza pode sensatamente ser identificada em termos de privação de capacidades; a abordagem concentra-se em privações que são *intrinsecamente* importantes (em contraste com a renda baixa, que é importante apenas *instrumentalmente*).
2) Existem *outras* influências sobre a privação de capacidades — e, portanto, sobre a pobreza real — além do baixo nível de renda (a renda não é o único instrumento de geração de capacidades).

3) A relação instrumental entre baixa renda e baixa capacidade é *variável* entre comunidades e até mesmo entre famílias e indivíduos (o impacto da renda sobre as capacidades é contingente e condicional).[2]

O terceiro argumento é particularmente importante quando se examina e avalia a ação pública destinada a reduzir a desigualdade ou a pobreza. Diversas razões para as variações condicionais foram discutidas na literatura (e no capítulo 3 deste livro), sendo útil enfatizarmos algumas delas especificamente no contexto da elaboração prática de políticas.

Primeiro, a relação entre renda e capacidade seria acentuadamente afetada pela idade da pessoa (por exemplo, pelas necessidades específicas dos idosos e dos muito jovens), pelos papéis sexuais e sociais (por exemplo, as responsabilidades especiais da maternidade e também as obrigações familiares determinadas pelo costume), pela localização (por exemplo, propensão a inundações ou secas, ou insegurança e violência em alguns bairros pobres e muito populosos), pelas condições epidemiológicas (por exemplo, doenças endêmicas em uma região) e por outras variações sobre as quais uma pessoa pode não ter controle ou ter um controle apenas limitado.[3] Ao contrastar grupos populacionais classificados segundo idade, sexo, localização etc., essas variações paramétricas são particularmente importantes.

Segundo, pode haver um certo "acoplamento" de desvantagens entre (1) privação de renda e (2) adversidade na conversão de renda em funcionamentos.[4] Desvantagens como a idade, incapacidade ou doença reduzem o potencial do indivíduo para auferir renda.[5] Mas também tornam mais difícil converter renda em capacidade, já que uma pessoa mais velha, mais incapacitada ou mais gravemente enferma pode necessitar de mais renda (para assistência, prótese, tratamento) para obter os mesmos funcionamentos (mesmo quando essa realização é de algum modo possível).[6] Isso implica que a "pobreza real" (no que se refere à privação de capacidades) pode ser, em um sentido significativo, mais intensa do que pode parecer no espaço da renda.

121

Essa pode ser uma preocupação crucial na avaliação da ação pública de assistência aos idosos e outros grupos com dificuldades de "conversão" adicionais à baixa renda.

Terceiro, a distribuição dentro da família acarreta complicações adicionais na abordagem da pobreza baseada na renda. Se a renda familiar é usada desproporcionalmente no interesse de alguns membros da família em detrimento de outros (por exemplo, se existe uma sistemática "preferência pelos meninos" na alocação dos recursos da família), o grau de privação dos membros negligenciados (no exemplo em questão, as meninas) pode não se refletir adequadamente pela renda familiar. Essa é uma questão substancial em muitos contextos; a parcialidade por um dos sexos parece realmente ser um dos fatores fundamentais na alocação familiar em muitos países da Ásia e da África setentrional. A privação das meninas é mais prontamente constatada quando se verifica a privação de capacidades (mortalidade, morbidez, subnutrição, negligência médica etc. mais elevadas) do que empregando a análise baseada na renda.[7]

Esse problema não é claramente tão fundamental no contexto da desigualdade e pobreza na Europa e na América do Norte, mas a pressuposição — com frequência feita implicitamente — de que o aspecto da desigualdade entre os sexos não se aplica no nível básico aos países "ocidentais" pode ser, em certo grau, enganosa. Por exemplo, a Itália apresenta uma das maiores discrepâncias entre trabalho "não reconhecido" feito por mulheres e trabalho reconhecido incluído na contabilidade nacional tradicional.[8] A contabilização do esforço e tempo gastos e a redução de liberdade associada têm certa importância na análise da pobreza, mesmo na Europa e na América do Norte. Há também outros modos pelos quais é importante incluir as divisões intrafamiliares entre as considerações relevantes para as políticas públicas na maioria das regiões do mundo.

Quarto, a privação *relativa* de *rendas* pode resultar em privação *absoluta* de *capacidades*. Ser relativamente pobre em um país rico pode ser uma grande desvantagem em capacidade, mesmo quando a renda absoluta da pessoa é elevada pelos padrões mundiais. Em um país generalizadamente opulento, é preciso mais renda para comprar mercadorias suficientes para realizar o *mesmo funcionamento social*. Essa consideração — ressaltada pioneiramente por Adam Smith em *A riqueza das nações* (1776) — é fundamental para as interpretações sociológicas da pobreza, e foi analisada por W. G. Runciman, Peter Towsend e outros.[9]

Por exemplo, as dificuldades que alguns grupos de pessoas enfrentam para "participar da vida da comunidade" podem ser cruciais para qualquer estudo de "exclusão social". A necessidade de participar da vida de uma comunidade pode induzir demandas por equipamentos modernos (televisores, videocassetes, automóveis etc.) em um país onde essas comodidades são quase universais (diferentemente do que seria necessário em países menos ricos), e isso impõe exigências severas a uma pessoa relativamente pobre em um país rico mesmo quando ela possui um nível de renda muito mais elevado em comparação com o dos habitantes de países menos opulentos.[10] Por certo, o fenômeno paradoxal da fome em países ricos — mesmo nos Estados Unidos — tem certa relação com as exigências concorrentes desses dispêndios.[11]

O que a perspectiva da capacidade faz na análise da pobreza é melhorar o entendimento da natureza e das causas da pobreza e privação desviando a atenção principal dos *meios* (e de um meio específico que geralmente recebe atenção exclusiva, ou seja, a renda) para os *fins* que as pessoas têm razão para buscar e, correspondentemente, para as *liberdades* de poder alcançar esses fins. Os exemplos apresentados brevemente aqui ilustram o discernimento adicional resultante dessa extensão básica. As privações são vistas em um nível mais fundamental — mais próximo das demandas informacionais da justiça social. Daí a relevância da perspectiva da pobreza baseada na capacidade.

POBREZA DE RENDA E POBREZA DE CAPACIDADE

Embora seja importante distinguir conceitualmente a noção de pobreza como inadequação de capacidade da noção de pobreza como baixo nível de renda, essas duas perspectivas não podem deixar de estar vinculadas, uma vez que a renda é um meio importantíssimo de obter capacidades. E, como maiores capacidades para viver sua vida tenderiam, em geral, a aumentar o potencial de uma pessoa para ser mais produtiva e auferir renda mais elevada, também esperaríamos uma relação na qual um aumento de capacidade conduzisse a um maior poder de auferir renda, e não o inverso.

Esta última relação pode ser particularmente importante para a eliminação da pobreza de renda. Não ocorre apenas que, digamos, melhor educação básica e serviços de saúde elevem diretamente a qualidade de vida; esses dois fatores também aumentam o potencial de a pessoa auferir renda e assim livrar-se da pobreza medida pela renda. Quanto mais inclusivo for o alcance da educação básica e dos serviços de saúde, maior será a probabilidade de que mesmo os potencialmente pobres tenham uma chance maior de superar a penúria.

A importância dessa relação foi um ponto de enfoque crucial de meu trabalho recente sobre a Índia, escrito em coautoria com Jean Drèze, examinando reformas econômicas.[12] De muitos modos, essas reformas abriram oportunidades econômicas ao povo indiano que antes eram tolhidas pelo uso excessivo de controles e pelas limitações do que se denominava *license Raj* (o "governo da licença").[13] Entretanto, a oportunidade de fazer uso das novas possibilidades não independe do preparo social encontrado nos diferentes segmentos da comunidade indiana. Embora as reformas já tardassem demais, elas poderiam ser muito mais produtivas se as facilidades sociais estivessem disponíveis para sustentar as oportunidades econômicas para todos os segmentos da comunidade. De fato, muitas economias asiáticas — primeiro o Japão, depois a Coreia do Sul, Taiwan, Hong Kong e Cingapura, e mais tarde a China pós-reforma e a Tailândia, bem como outros países do Leste e Sudeste Asiático — lograram um êxito notável na difusão das oportunidades econômicas graças a uma base social que proporcionava sustentação adequada, como altos níveis de alfabetização e educação básica, bons serviços gerais de saúde, reformas agrárias concluídas etc. A lição da abertura da economia e importância do comércio foi aprendida mais facilmente na Índia do que o resto da mensagem vinda da mesma direção do sol nascente.[14]

O desenvolvimento humano na Índia obviamente é muito diversificado, com algumas regiões (mais notavelmente Kerala) apresentando níveis bem mais elevados de educação, serviços de saúde e reforma agrária do que outras (principalmente Bihar, Uttar Pradesh, Rajastão e Madhya Pradesh). As limitações assumiram formas diferentes nos diversos Estados. Pode-se dizer que Kerala foi prejudicada pela existência, até pouco tempo atrás, de políticas razoavelmente antimercado, com uma profunda desconfiança da expansão econômica desenfreada baseada no mercado. Assim, os recursos humanos desse Estado não foram tão bem usados na difusão do crescimento econômico quanto poderiam ter sido com uma estratégia econômica mais complementar, que agora está sendo ensaiada. Por outro lado, alguns dos Estados setentrionais foram prejudicados por baixos níveis de desenvolvimento social, com graus variados de controle e oportunidades baseadas no mercado. É enorme a necessidade de entender a importância da complementaridade para remediar as diversas desvantagens.

Contudo, é interessante o fato de que, apesar dos índices sofríveis de crescimento econômico, Kerala parece ter tido um ritmo de redução da pobreza de renda mais rápido do que qualquer outro Estado da Índia.[15] Enquanto alguns Estados reduziram a pobreza de renda por meio de elevado crescimento econômico (Punjab é o exemplo mais notável), Kerala baseou-se em grande medida na expansão da educação básica, serviços de saúde e distribuição equitativa de terras para seu êxito na redução da miséria.

Embora valha a pena ressaltar essas relações entre pobreza de renda e pobreza de capacidades, também é importante não perder de vista o fato fundamental de que a redução da pobreza de renda não pode, em si, ser a motivação suprema de políticas de combate à pobreza. É perigoso ver a pobreza segundo a perspectiva limitada da privação de renda e a partir daí justificar investimentos em educação, serviços de saúde etc. com o argumento de que são bons meios para atingir o fim da redução da pobreza de renda. Isso seria confundir os fins com os meios. As questões básicas de fundamentação obrigam-nos, por razões já expostas, a entender a pobreza e a privação da vida que as pessoas realmente podem levar e das liberdades que elas realmente têm. A expansão das capacidades humanas enquadra-se diretamente nessas considerações básicas. Acontece que o aumento das capacidades humanas também tende a andar junto com a expansão das produtividades e do poder de auferir renda. Essa conexão estabelece um importante encadeamento indireto mediante o qual um aumento de capacidades ajuda direta e indiretamente a enriquecer a vida humana e a tornar as privações humanas mais raras e menos pungentes. As relações instrumentais, por mais importantes que sejam, não podem substituir a necessidade de uma compreensão básica da natureza e das características da pobreza.

DESIGUALDADE DE QUÊ?

O tratamento da desigualdade na avaliação econômica e social encerra muitos dilemas. Com frequência é difícil defender desigualdades substanciais por meio de modelos de "equidade". A preocupação de Adam Smith com os interesses dos pobres (e sua indignação com a tendência a negligenciar esses interesses) relacionou-se naturalmente ao seu imaginoso expediente de como um "observador imparcial" veria a situação — uma investigação que proporciona *insights* abrangentes sobre os requisitos de equidade no juízo social.[16] Analogamente, a ideia de John Rawls sobre "justiça como equidade" em função do que se pode esperar que seja escolhido em uma hipotética "posição original" na qual as pessoas ainda não sabem quem serão permite uma rica compreensão das exigências de equidade e revelam os aspectos antidesigualdade que caracterizam os "princípios de justiça" de Rawls.[17] Desigualdades patentes nas disposições sociais também podem ser difíceis de justificar por meio da razoabilidade para os membros efetivos da sociedade (por exemplo, o argumento de que "não se podem razoavelmente rejeitar" essas desigualdades: um critério que Thomas Scanlon propôs — e usou eloquentemente — na avaliação ética).[18] Por certo as desigualdades graves não são socialmente atrativas, e as desigualdades importantes podem ser, diriam alguns, flagrantemente bárbaras. Ademais, o senso de desigualdade também pode minar a coesão social, e alguns tipos de desigualdade podem dificultar a obtenção de eficiência.

Entretanto, tentativas de erradicar a desigualdade podem, em muitas circunstâncias, acarretar perda para a maioria — às vezes, até mesmo para todos. Esse tipo de conflito pode emergir em forma branda ou severa dependendo das circunstâncias exatas. Modelos de justiça — envolvendo o "observador imparcial", a "posição original" ou a rejeição não razoável — precisam levar em conta essas diversas considerações.

Não é de surpreender que o conflito entre as considerações agregativas e distributivas tenha recebido notável atenção dos economistas. Nada mais adequado, já que se trata de uma questão importante.[19] Sugeriram-se muitas fórmulas conciliatórias para a avaliação das realizações sociais, levando em conta simultaneamente considerações agregativas e distributivas. Um bom exemplo é o da "renda equivalente igualmente distribuída", de A. B. Atkinson,* um conceito que ajusta a renda agregada redu-

---

* Em *Inequality reexamined*, Sen explica o modo de operação do "índice de Atkinson da desigualdade":

O índice de Atkinson [...] opera [...] sobre as rendas, e mede a perda social envolvida na distribuição desigual de renda por meio das insuficiências de rendas equivalentes. Atkinson mede a desigualdade de uma distribuição de rendas pela redução percentual da renda total que pode ocorrer sem que se reduza o bem-estar social, distribuindo-se o novo total reduzido de modo exatamente igual. O índice requer juízos do seguinte tipo: "Uma renda total reduzida em 22%, se distribuída *igualmente*, seria tão boa para

zindo seu valor contabilizado segundo o grau de desigualdade na distribuição da renda, sendo o *trade-off* entre considerações agregativas e distributivas determinado pela escolha de um parâmetro que reflete nosso juízo ético.[20]

Existe, porém, uma classe diferente de conflitos, relacionados à escolha do "espaço" — ou da variável focal* em termos da qual a desigualdade deve ser avaliada e examinada —, que está ligada ao tema do capítulo anterior. Desigualdade de rendas pode diferir substancialmente de desigualdade em diversos outros "espaços" (ou seja, em função de outras variáveis relevantes), como bem-estar, liberdade e diferentes aspectos da qualidade de vida (incluindo saúde e longevidade). E até mesmo realizações agregativas assumiriam formas diferentes dependendo do espaço no qual a composição — ou a "totalização" — é feita (por exemplo, um *ranking* das sociedades com base na renda média pode diferir de um *ranking* baseado nas condições médias de saúde).

O contraste entre as perspectivas diferentes da renda e da capacidade influencia diretamente o espaço no qual igualdade e eficiência serão examinadas. Por exemplo, uma pessoa com renda elevada mas sem oportunidade de participação política não é

---

a sociedade quanto a renda [maior] presente distribuída [tão desigualmente] como de fato está'. Quanto mais desigual a distribuição presente de rendas, mais a redução da renda total é sustentável, sem perda de bem-estar social, distribuindo-se igualmente o novo total. O nível da 'renda equivalente distribuída igualmente" (neste caso, 22% mais baixa que a renda efetiva) é o conceito crucial na abordagem de Atkinson, e a diferença com a renda efetiva (neste caso, 22%) nos dá a medida de Atkinson da desigualdade.

Amartya Sen, *Inequality reexamined*, Russel Sage Foundation & Harvard University Press, 1995, p. 96. (N. R. T.)

* Nos juízos sobre a desigualdade comparam-se aspectos específicos de uma pessoa com aspectos semelhantes de outra pessoa; a variável que "focaliza" os aspectos que embasam as comparações é a "variável focal"; a escolha da variável focal especifica um domínio de valores (um "espaço de avaliação") que servirão como parâmetros para pesar as vantagens e desvantagens relativas de diferentes pessoas. (N. R. T.)

"pobre" no sentido usual, porém claramente é pobre no que diz respeito a uma liberdade importante. Alguém que é mais rico do que a maioria mas tem uma doença cujo tratamento é muito caro obviamente sofre privação em um sentido importante, muito embora nas estatísticas usuais sobre distribuição de renda essa pessoa não venha a ser classificada como pobre. Um indivíduo a quem é negada a oportunidade de emprego mas recebe uma ajuda do Estado a título de "auxílio-desemprego" pode aparentar sofrer muito menos privação no espaço das rendas do que em função da valiosa — e valorizada — oportunidade de ter uma ocupação gratificante. Como a questão do desemprego é particularmente importante em algumas partes do mundo (incluindo a Europa contemporânea), existe outra área na qual é grande a necessidade de entender o contraste entre as perspectivas da renda e da capacidade no contexto da avaliação da desigualdade.

DESEMPREGO E PRIVAÇÃO DE CAPACIDADES

O fato de os juízos sobre desigualdade no espaço das rendas poderem ser muito diferentes dos juízos relacionados a capacidades importantes pode ser facilmente ilustrado com exemplos de certa importância prática. No contexto europeu, esse contraste é particularmente significativo devido à acentuada prevalência do desemprego na Europa contemporânea.[21] A perda de renda acarretada pelo desemprego pode, em grau considerável, ser compensada por um auxílio-renda (incluindo benefícios aos desempregados), como normalmente ocorre na Europa ocidental. Se a perda de renda fosse tudo o que o desemprego acarreta, ela poderia ser, em grande medida, suprimida — para os indivíduos envolvidos — mediante o auxílio-renda (obviamente, existe a questão adicional dos custos sociais do ônus fiscal e dos efeitos de incentivo envolvidos nessa compensação). Se, porém, o desemprego tem outros efeitos graves sobre a vida dos indivíduos, causando privações de outros tipos, a melhora graças ao auxílio-renda seria, nessa medida, limitada. Há provas abundantes de que o desemprego tem efeitos abrangentes além da perda de renda, como dano psicológico, perda de motivação para o trabalho, perda de habilidade e autoconfiança, aumento de doenças e morbidez (e até mesmo das taxas de mortalidade), perturbação das relações familiares e da vida social, intensificação da exclusão social e acentuação de tensões raciais e das assimetrias entre os sexos.[22]

Dada a escala gigantesca do desemprego nas economias da Europa contemporânea, a concentração na desigualdade de renda só pode ser particularmente enganosa. De fato, pode-se dizer que, nesta época, o altíssimo nível de desemprego na Europa é, por si mesmo, um aspecto da desigualdade no mínimo tão importante quanto a própria distribuição de renda. Um enfoque exclusivo sobre a desigualdade de renda tende a dar a impressão de que a Europa ocidental tem se saído muito melhor do que os Estados Unidos na tarefa de manter a desigualdade em níveis baixos e de evitar o aumento da desigualdade de renda como o encontrado nos Estados Unidos. No espaço das rendas, a Europa apresenta claramente melhores números em relação aos níveis e tendências da desigualdade, como revelado na cuidadosa investigação descrita nos estudos da OCDE (Organização para a Cooperação e o Desenvolvimento Econômico) preparado por A. B. Atkinson, Lee Rainwater e Timothty Smeeding.[23] Não só as medidas usuais de desigualdade de renda são mais elevadas nos Estados Unidos do que, de modo geral, no lado europeu do Atlântico, como também a desigualdade de renda nos Estados Unidos aumentou de um modo não verificado na maioria dos países da Europa ocidental.

Contudo, se desviarmos nossa atenção da renda para o desemprego, o quadro torna-se muito diferente. O desemprego aumentou dramaticamente em boa parte da Europa ocidental, enquanto nos Estados Unidos não tem havido essa tendência. Por exemplo, no período 1965-1973, a taxa de desemprego foi de 4,5% nos Estados Unidos, enquanto a Itália apresentou 5,8%, a França, 2,3% e a Alemanha Ocidental, menos de 1%. Hoje em dia, esses três países europeus têm taxas de desemprego por volta de 10% a 12%, enquanto nos Estados Unidos a taxa permanece entre 4% e 5%. Se o desemprego arruína vidas, isso deve, de algum modo, ser levado em consideração na análise da desigualdade econômica. As tendências comparativas da desigualdade de *renda* dão margem à presunção na Europa, mas ela pode se mostrar profundamente enganosa se confrontada com uma visão mais abrangente da desigualdade.[24]

O contraste entre Europa ocidental e Estados Unidos suscita outra questão interessante — e, sob alguns aspectos, mais geral. A ética social americana parece julgar possível não ajudar os indigentes e os pobres, de um modo que um europeu ocidental típico, criado em um Estado do bem-estar, acha difícil aceitar. Mas a mesma ética social americana julgaria intoleráveis os níveis de desemprego de dois dígitos comuns na Europa. Ali se continua a aceitar o desemprego — e seu aumento — com uma serenidade notável. Fundamenta esse contraste uma diferença de atitudes quanto às responsabilidades sociais e individuais, assunto que retomarei posteriormente.

SISTEMA DE SAÚDE E MORTALIDADE:
ATITUDES SOCIAIS AMERICANAS E EUROPEIAS

A desigualdade entre grupos raciais nos Estados Unidos tem sido alvo de grande atenção recentemente. Por exemplo, no espaço das rendas, os afro-americanos são decididamente mais pobres do que os americanos brancos. Isso muito frequentemente é considerado um exemplo de privação *relativa* dos afro-americanos no âmbito do país em que vivem, porém não em comparação com as pessoas mais pobres do resto do mundo. De fato, comparados à população de países do Terceiro Mundo, os afro-americanos podem ser várias vezes mais ricos em termos de rendas, mesmo depois de computadas as diferenças de preços. Vista desse ângulo, a privação dos negros americanos parece perder toda a importância na perspectiva internacional.

Mas a renda é o espaço certo para fazer tais comparações? E quanto à capacidade básica de viver até uma idade madura, sem sucumbir à morte prematura? Como foi discutido no capítulo 1, por critério os homens afro-americanos estão muito atrás dos homens chineses, imensamente mais pobres, ou dos homens do Estado indiano de Kerala (ver gráfico 1.1, página 37) — e também dos de Sri Lanka, Costa Rica, Jamaica e muitas outras economias pobres. Às vezes se presume que as taxas de mortalidade notavelmente elevadas dos negros americanos se aplicam apenas ao sexo masculino, e aos homens mais jovens, devido à violência. A morte causada por violência realmente é muito comum entre os homens negros jovens, mas essa não é, de modo algum, a história toda. Na verdade, como mostra o gráfico 1.2 (página 39), as mulheres negras ficam atrás não só das mulheres brancas dos Estados Unidos como também das indianas de Kerala, e por bem pouco não ficam atrás das chinesas. Ainda se pode observar no gráfico 1.1 que os *homens* negros americanos continuam a perder terreno para os chineses e os indianos de Kerala ao longo dos anos — depois de passarem muito das faixas etárias mais baixas, onde a morte por violência é comum. É preciso mais explicação do que a dada pelas mortes violentas.

Na verdade, mesmo se considerarmos grupos com idade mais elevada (digamos, entre 35 e 64 anos), evidencia-se a mortalidade imensamente mais alta para os homens negros em comparação com os homens brancos e para as mulheres negras em comparação com as brancas. E esses diferenciais não são eliminados fazendo-se o ajustamento para as diferenças de renda. Um dos estudos médicos mais cuidadosos sobre a década de 1980 revela que o diferencial de mortalidade entre negros e brancos permanece notavelmente grande para as mulheres mesmo depois do ajustamento para os diferenciais de renda. O gráfico 4.1 apresenta as razões entre as taxas de mortalidade de negros e brancos para o país todo (baseadas em um estudo por amostragem).[25] Enquanto os homens negros americanos têm uma taxa de mortalidade 1,8 vezes maior que a dos homens brancos, as mulheres negras apresentam mortalidade quase três vezes maior do que as mulheres brancas desse levantamento. Fazendo-se os ajustes para as diferenças de renda familiar,

Gráfico 4.1
PROPORÇÃO ENTRE TAXAS DE MORTALIDADE DE NEGROS E BRANCOS
(DE 35 A 54 ANOS), REAL E AJUSTADA PARA O NÍVEL DE RENDA

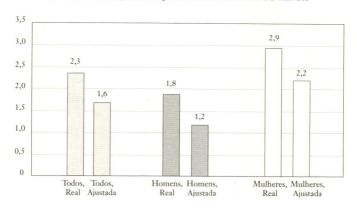

Fonte: M. W. Owen, S. M. Teutsch, D. F. Williamson e J. S. Marks, "The effects of known risk factors on the excess mortality of black adults in the United States", *Journal of the American Medical Association*, 263, n. 6, 9 de fevereiro, 1990.

enquanto a taxa de mortalidade é 1,2 vez mais alta para os homens negros, chega a 2,2 vezes mais elevada para as mulheres negras. Portanto, parece que, mesmo depois de plenamente considerados os níveis de renda, as mulheres negras morrem mais jovens em proporções muito maiores do que as brancas nos Estados Unidos de hoje.

A ampliação da base informacional — da renda para capacidades básicas — enriquece nossa compreensão sobre desigualdade e pobreza de maneiras muito radicais. Quando enfocávamos o potencial para ter emprego e desfrutar as vantagens a ele associadas, o quadro europeu era desalentador; quando voltamos nossa atenção para o potencial para sobreviver, o quadro da desigualdade americana destaca-se notavelmente. Subjacente a essas diferenças e às prioridades das políticas a elas associadas, pode existir, nos dois lados do Atlântico, um importante contraste nas atitudes concernentes às responsabilidades sociais e individuais. Nas prioridades oficiais americanas, é pequeno o comprometimento com o fornecimento de serviços básicos de saúde a todos, e parece que muitos milhões de pessoas (de fato, mais de 40 milhões) não dispõem de nenhum tipo de cobertura médica ou seguro-saúde nos Estados Unidos. Embora uma proporção considerável dessas pessoas não seguradas possa ter razões volitivas para não fazer esse tipo de seguro, a maioria realmente não tem potencial para ter o seguro-saúde devido a circunstâncias econômicas e, em alguns casos, em razão de problemas de saúde preexistentes, que os tornam indesejáveis como clientes para as seguradoras privadas. Na Europa, onde a assistência médica é considerada um direito básico do cidadão independentemente de seus recursos ou de doenças preexistentes, uma situação comparável seria, com grande probabilidade, politicamente intolerável. Nos Estados Unidos, os limites do auxílio governamental aos doentes e pobres são demasiado rígidos para chegarem a ser aceitos na Europa, e o mesmo vale para os comprometimentos sociais com o fornecimento de facilidades públicas que vão do serviço de saúde à educação, que no Estado do bem-estar europeu são inquestionáveis.

Por outro lado, as taxas de desemprego de dois dígitos que na Europa vêm sendo toleradas muito provavelmente seriam (como já afirmamos) dinamite política nos Estados Unidos, pois índices de desemprego dessa magnitude lançariam em descrédito o potencial das pessoas para cuidar de si mesmas. A meu ver, nos Estados Unidos nenhum governo sairia ileso de uma duplicação do atual nível de desemprego — duplicação que, a propósito, ainda manteria a taxa americana abaixo das atualmente registradas na Itália, França ou Alemanha. A natureza dos comprometimentos políticos — e a falta deles — parece diferir fundamentalmente entre Europa e Estados Unidos, e as diferenças relacionam-se estreitamente à visão da desigualdade como deficiências específicas de capacidades básicas.

POBREZA E PRIVAÇÃO NA ÍNDIA E NA ÁFRICA SUBSAARIANA

A pobreza extrema hoje se concentra acentuadamente em duas regiões específicas do mundo: sul da Ásia e África subsaariana. Dentre todas as regiões, essas duas apresentam os níveis mais baixos de renda per capita, mas essa perspectiva não nos dá uma ideia adequada da natureza e do teor de suas respectivas privações, e tampouco de sua pobreza comparativa. Se, em vez disso, a pobreza for vista como privação de capacidades básicas, pode-se obter um quadro mais esclarecedor com base em informações sobre aspectos da vida dessas partes do mundo.[26] A seguir apresento uma breve tentativa de análise, fundamentada em um estudo empreendido em coautoria com Jean Drèze e em dois trabalhos complementares deste autor.[27]

Por volta de 1991 havia 52 países onde a expectativa de vida ao nascer era inferior a sessenta anos, e esses países tinham, em conjunto, uma população de 1,69 bilhão de pessoas.[28] Quarenta e seis desses países encontram-se no sul da Ásia e na África subsaariana — apenas seis situam-se fora dessas duas regiões (Afeganistão, Camboja, Haiti, Laos, Papua-Nova Guiné e Iêmen), e a população combinada desses seis perfaz apenas 3,5% da população total (1,69 bilhão) dos 52 países com baixa expectativa de vida. *Todo* o sul da Ásia, com exceção de Sri Lanka (ou seja, Índia, Paquistão, Bangladesh, Nepal e Butão), e *toda* a África subsaariana, com exceção de África do Sul, Zimbábue, Lesoto, Botsuana e um grupo de ilhas minúsculas (por exemplo, as ilhas Maurício e as Seychelles), pertencem ao grupo dos outros 46 países com baixa expectativa de vida. Obviamente, existem variações *dentro* de cada país. Segmentos privilegiados da população do sul da Ásia e da África subsaariana apresentam alta longevidade e, como já mencionado, partes da população de países até mesmo com expectativa de vida média muito alta (como os Estados Unidos) podem enfrentar problemas de sobrevivência comparáveis aos do Terceiro Mundo. (Por exemplo, os homens negros americanos em cidades como Nova York, San Francisco,

St. Louis ou Washington, D. C., têm expectativa de vida muito inferior ao nosso limite de inclusão de sessenta anos.[29]) Mas pelas médias dos países, o sul da Ásia e a África subsaariana realmente se destacam no mundo atual como as regiões de concentração de vidas breves e precárias.

Com efeito, só a Índia possui mais da metade da população combinada desses 52 países destituídos. A Índia não é, de modo algum, o país com as piores médias (na verdade, a expectativa de vida média na Índia está bem próxima dos sessenta anos e, segundo as estatísticas mais recentes, acaba de ultrapassar esse limite), mas existem grandes variações regionais nas condições de vida *dentro* do território indiano. Algumas regiões do país (com populações tão grandes quanto a da maioria dos países do mundo, ou mesmo maiores) apresentam números tão ruins quanto os de qualquer país do mundo. A Índia pode ter resultados significativamente melhores na média do que, digamos, os países com pior desempenho (como Etiópia ou Zaire, atualmente rebatizado como República Democrática do Congo), no que se refere à expectativa de vida e outros indicadores, mas existem vastas áreas na Índia onde a expectativa de vida e outras condições básicas não diferem muito das prevalecentes nesses países mais destituídos.[30]

A tabela 4.1 compara os níveis de *mortalidade infantil* e *alfabetização dos adultos* nas regiões menos desenvolvidas da África subsaariana e da Índia.[31] A tabela apresenta as estimativas para 1991 dessas duas variáveis não só para a Índia e a África subsaariana (primeira e última linha), como também para os três países com pior desempenho da África subsaariana, os três Estados indianos com pior desempenho e os distritos com pior desempenho de cada um desses três Estados. Notavelmente, não existe país na África subsaariana — nem mesmo no mundo — onde as taxas de mortalidade infantil estimadas sejam tão elevadas quanto a do distrito de Ganjam, em Orissa, ou onde a taxa de alfabetização das mulheres adultas seja tão baixa quanto no distrito de Barmer, no Rajastão. Cada um desses dois distritos, a propósito, tem população mais numerosa do que Botsuana ou Namíbia, e a população combinada dos dois é maior que a de

Serra Leoa, Nicarágua ou Irlanda. Até mesmo Estados inteiros como Uttar Pradesh (cuja população se equipara em número à do Brasil ou da Rússia) não têm resultados melhores do que os dos países de piores desempenhos entre os subsaarianos por esses indicadores básicos de qualidade de vida.[32]

É interessante notar que a Índia e a África subsaariana não diferem muito em alfabetização dos adultos ou mortalidade infantil. Entretanto, diferem quanto à expectativa de vida, que na Índia, por volta de 1991, era de aproximadamente sessenta anos, ao passo que na África subsaariana era muito inferior (em média 52 anos).[33] Por outro lado, existem evidências consideráveis de que o grau de subnutrição é bem maior na Índia do que na África subsaariana.[34]

Portanto, verificamos um padrão de contraste interessante entre a Índia e a África subsaariana por diferentes critérios: mortalidade e nutrição. A vantagem favorável à Índia no quesito sobrevivência evidencia-se não apenas nas comparações de expectativa de vida, mas também nos contrastes de outras estatísticas de mortalidade. Por exemplo, a idade mediana ao morrer era, na Índia, de aproximadamente 37 anos por volta de 1991; esse dado contrasta com uma média ponderada (de idade mediana ao morrer) para a África subsaariana de apenas cinco anos.[35] De fato, em até cinco países africanos, observou-se que a idade média ao morrer era de três anos ou menos. Visto por essa perspectiva, o problema da morte prematura é imensamente mais agudo na África do que na Índia.

No entanto, obtemos um saldo de desvantagens muito diferente quando observamos a prevalência da *subnutrição* na Índia em comparação com a África. Os cômputos da subnutrição geral são em média muito mais elevados na Índia do que na África subsaariana.[36] Isso ocorre apesar do fato de a Índia ser autossuficiente em alimentos, e a África subsaariana, não. A "autossuficiência" da Índia tem por base o suprimento da demanda de mercado, que, em anos normais, pode facilmente ser suprida por gêneros produzidos no país. Mas a demanda de mercado (baseada no poder de compra) subestima as necessidades de alimentos.

Tabela 4.1
ÍNDIA E ÁFRICA SUBSAARIANA: COMPARAÇÕES SELECIONADAS (1991)
Comparações de taxas de mortalidade infantil

	Região	População (milhões)	Taxa de mortalidade infantil (por 1000 nascidos vivos)
ÍNDIA	Índia	846,3	80
Os três "piores" Estados indianos	Orissa	31,7	124
	Madhya Pradesh	66,2	117
	Uttar Pradesh	139,1	97
"O pior" distrito de cada um dos "piores" Estados indianos	Ganjam (Orissa)	3,2	164
	Tikamgarh (Madhya Pradesh)	0,9	152
	Hardoi (Uttar Pradesh)	2,7	129
Os três "piores" países da África subsaariana	Mali	8,7	161
	Moçambique	16,1	149
	Guiné-Bissau	1,0	148
ÁFRICA SUBSAARIANA	África subsaariana	488,9	104

Nota: A idade de corte é quinze anos para os africanos e sete anos para os indianos. Cabe observar que na Índia a taxa de alfabetização da população de sete anos ou mais geralmente é mais elevada do que a taxa de alfabetização da população de quinze anos ou mais (por exemplo, a taxa de alfabetização da população de sete anos ou mais de toda a Índia em 1981 foi 43,6% em comparação com 40,8% para a taxa de alfabetização da população de quinze anos ou mais.

A subnutrição real parece ser muito maior na Índia do que na África subsaariana. Julgando-se pelos padrões usuais de retardo no peso por idade, a proporção de crianças subnutridas na África é de 20% a 40%, ao passo que na Índia essa proporção é gigantesca, de 40% a 60%.[37] Ao que parece, cerca de metade de todas as crianças indianas são cronicamente subnutridas. Embora os

Tabela 4.1
ÍNDIA E ÁFRICA SUBSAARIANA: COMPARAÇÕES SELECIONADAS (1991)
Comparações de taxas de alfabetização dos adultos

Região	População (milhões)	Taxa de alfabetização dos adultos (mulheres/homens)
Índia	846,3	39/64
Rajastão	44,0	20/55
Bihar	86,4	23/52
Uttar Pradesh	139,1	125/56
Barmer (Rajastão)	1,4	8/37
Kishanganj (Bihar)	1,0	10/33
Bahraich (Uttar Pradesh)	2,8	11/36
Burkina Faso	9,2	10/31
Serra Leoa	4,3	12/35
Behin	4,8	17/35
África subsaariana	488,9	40/63

Fonte: J. Drèze e A. Sen, *India: economic development and social opportunity.* Delhi, Oxford University Press, 1995, tabela 3.1.

indianos vivam mais tempo do que os africanos subsaarianos e apresentem uma idade média ao morrer muito mais elevada, existem bem mais crianças subnutridas na Índia do que na África subsaariana — não só em termos absolutos, mas também na proporção do total de crianças.[38] Se a isso acrescentarmos o fato de que o viés contra o sexo feminino revelado nas estatísticas de mortalidade constitui um problema substancial na Índia mas não tanto na África subsaariana, vemos um quadro que é bem menos favorável para a Índia do que para a África.[39]

Importantes questões das políticas estão relacionadas à natureza e complexidade dos padrões de privação nas duas regiões de maior pobreza do mundo. A vantagem da Índia sobre a África subsaariana nos dados sobre a sobrevivência vincula-se a uma variedade de fatores que tornaram os africanos especialmente sujeitos à morte prematura. Desde a independência, a Índia tem estado relativamente livre dos problemas da fome coletiva e também da guerra prolongada e em grande escala, problemas que periodicamente assolam numerosos países africanos. Os serviços de saúde indianos — por mais inadequados que sejam — têm sido menos prejudicados pelo tumulto político e militar. Ademais, muitos países da África subsaariana têm tido experiências de *declínio* econômico — em parte relacionadas a guerras, agitação e desordem política — que dificultam particularmente a melhoria dos padrões de vida. Uma avaliação comparativa das realizações e fracassos das duas regiões teria de levar em conta esses e outros aspectos de suas respectivas experiências de desenvolvimento.[40]

Cabe notar também que um problema comum à Índia e à África subsaariana é a persistência do analfabetismo endêmico — uma característica que, assim como a baixa expectativa de vida, contrasta o sul da Ásia e a África subsaariana com quase todo o resto do mundo. Como indica a tabela 4.1, as taxas de alfabetização são bem semelhantes nas duas regiões. Tanto na Índia como na África subsaariana, de cada dois adultos um é analfabeto.

As três características usadas para o enfoque da privação de capacidades básicas nas quais me concentrei ao comparar e contrastar a natureza da privação na Índia e na África subsaariana (*morte prematura*, *subnutrição* e *analfabetismo*) obviamente não fornecem um quadro abrangente da pobreza em função das capacidades nessas regiões. Contudo, elas evidenciam algumas deficiências marcantes e algumas questões cruciais para as políticas que requerem atenção imediata. Também não procurei encontrar uma medida "agregada" da privação, baseada na "ponderação" dos diferentes aspectos da privação de capacidades.[41] Um agregado construído pode frequentemente ser muito menos interessante para a análise de políticas do que o padrão substantivo de diversos desempenhos.

DESIGUALDADE ENTRE OS SEXOS E MULHERES FALTANTES

Tratarei agora de um aspecto da desigualdade que ultimamente tem sido alvo de grande atenção; esta seção fundamenta-se em meu artigo "Missing women", publicado no *British Medical Journal* em 1992.[42] Refiro-me ao terrível fenômeno da excessiva mortalidade e das taxas de sobrevivência artificialmente mais baixas para as mulheres em muitas partes do mundo. Esse é um aspecto cruel e bastante visível da desigualdade entre os sexos, que com frequência se manifesta sob formas mais sutis e menos horrendas. Porém, apesar da crueldade, as taxas de mortalidade artificialmente mais elevadas para as mulheres refletem uma importantíssima privação de capacidades das mulheres.

Na Europa e na América do Norte, as mulheres, de um modo geral, tendem a superar em termos numéricos os homens em grandes proporções. Por exemplo, no Reino Unido, na França e nos Estados Unidos, a razão entre mulheres e homens excede 1,05. A situação é bem diferente em muitos países do Terceiro Mundo, especialmente na Ásia e na África setentrional, onde a razão entre mulheres e homens pode ser de até 0,95 (Egito), 0,94 (Bangladesh, China, Ásia ocidental), 0,93 (Índia) ou até mesmo 0,90 (Paquistão). As magnitudes significativas dessas diferenças são interessantes para a análise das desigualdades entre mulheres e homens no mundo todo.[43] O gráfico 4.2 apresenta essas informações comparativas.

Na verdade, em toda parte nascem mais meninos do que meninas (em geral cerca de 5% a mais). Mas existem muitas provas de que as mulheres são "mais resistentes" do que os homens e que, dado um tratamento simétrico, elas sobrevivem melhor. (Com efeito, parece que até mesmo os fetos femininos

Gráfico 4.2
PROPORÇÃO ENTRE MULHERES E HOMENS NA POPULAÇÃO TOTAL EM COMUNIDADES SELECIONADAS

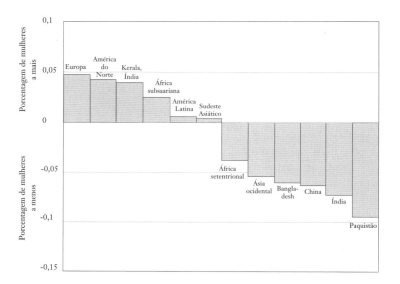

Fonte: Calculado com base nas Estatísticas Populacionais das Nações Unidas.

têm uma taxa de sobrevivência mais elevada do que os masculinos; a proporção de fetos masculinos na concepção é ainda maior que no nascimento.[44]) São as taxas de mortalidade mais baixas para as mulheres que explicam a elevada razão entre mulheres e homens no "Ocidente". Existem também outras causas dessa preponderância feminina. Resta ainda alguma influência da morte de homens na última guerra mundial. De um modo geral, tem-se verificado maior incidência do hábito de fumar entre os homens, além de maior propensão a morte violenta. Mas parece claro que, mesmo excluindo esses outros efeitos, as mulheres tenderiam a superar numericamente os homens dado um tratamento simétrico.

As baixas razões entre mulheres e homens em países da Ásia e da África setentrional indicam a influência de fatores sociais. Calcula-se facilmente que, se esses países apresentassem a mesma razão entre mulheres e homens encontrada na Europa e nos Estados Unidos, haveria milhões de mulheres a mais naquelas regiões (dado o número de homens).[45] Só na China o número de "mulheres faltantes", calculado com base na razão europeia ou americana, seria superior a 50 milhões e, nessa base, para esses países considerados em conjunto, muito mais do que 100 milhões de mulheres podem ser consideradas "faltantes".

Entretanto, pode não ser apropriado usar a razão europeia ou americana, e não só em virtude de características especiais como as mortes durante a guerra. Devido à mortalidade menor das mulheres na Europa e nos Estados Unidos, a razão entre mulheres e homens eleva-se gradualmente com a idade. Na Ásia ou na África setentrional seria esperada uma razão menor em parte devido à expectativa de vida geral mais baixa e à maior taxa de fecundidade. Um modo de lidar com essa questão é tomar como base para comparação não a razão entre mulheres e homens na Europa ou nos Estados Unidos, mas na África subsaariana, onde existe uma pequena desvantagem para as mulheres em taxas de mortalidade relativas, mas a expectativa de vida não é maior e as taxas de fecundidade não são mais baixas (pelo contrário). Considerando a razão entre homens e mulheres de 1,022 na África subsaariana como referência (usada em meus estudos anteriores e nos trabalhos em coautoria com Jean Drèze), obtemos uma estimativa de 44 milhões de mulheres faltantes na China, 37 milhões na Índia e um total para esses países ainda superior a 100 milhões.[46]

Outra maneira de lidar com esse problema é calcular qual seria o número esperado de mulheres se não existisse desvantagem feminina no aspecto da sobrevivência, dada a expectativa de vida real e as taxas de fecundidade reais nesses países. Não é fácil efetuar esse cálculo diretamente, mas estimativas esclarecedoras foram apresentadas por Ansley Coale, para as quais ele empregou tabelas de população modelo baseadas na experiência histórica de países "ocidentais". Esse procedimento gera a estimativa de 29 milhões de "mulheres faltantes" na China, 23 milhões na Índia e um total para esses países de cerca de 60 milhões.[47] Embora sejam menores, esses números ainda são tremendamente elevados. Estimativas mais recentes, baseadas no uso de dados históricos examinados com mais atenção, tenderam a produzir números muito mais elevados de mulheres faltantes (cerca de 90 milhões, segundo estimativas de Stephan Klasen).[48]

Por que as taxas globais de mortalidade para as mulheres são mais elevadas do que para os homens nesses países? Consideremos a Índia, onde a taxa de mortalidade específica por idade das mulheres excede de forma consistente a dos homens até a segunda metade da casa dos trinta anos. Embora a mortalidade excessiva na idade reprodutiva possa resultar em parte da mortalidade materna (morte durante ou logo após o parto), obviamente essa explicação não é possível no caso da desvantagem feminina verificada entre as recém-nascidas e as meninas. Apesar de ocasionais relatos perturbadores sobre o infanticídio feminino na Índia, esse fenômeno, mesmo se presente, nada contribui para explicar a mortalidade extra, nem sua distribuição por idade. A principal culpada parece ser a relativa negligência com a saúde e a nutrição femininas, especialmente — mas não exclusivamente — durante a infância. Existem, com efeito, evidências diretas consideráveis de que as meninas são vítimas de negligência em termos de cuidados com a saúde, hospitalização e até mesmo alimentação.[49]

Embora o caso indiano tenha sido estudado mais a fundo do que outros (há mais pesquisadores trabalhando com esse tema na Índia do que em qualquer outro país), evidências semelhantes de negligência relativa da saúde e nutrição das meninas podem ser encontradas também em outros países. Na China existem inclusive algumas provas de que o grau de negligência aumentou muito em anos recentes, particularmente desde que foram introduzidas restrições familiares compulsórias (como a política do filho único em algumas partes do país), juntamente com outras reformas por volta de 1979. Há também novos e ominosos sinais na China, como o aumento radical da razão informada entre nascimentos de meninos e meninas — em total discrepância com o resto do mundo. É bem possível que isso indique que se está "escondendo" o nascimento de meninas (para evitar os rigores da restrição familiar compulsória), mas, de modo não menos plausível, também pode refletir uma mortalidade infantil maior para as meninas — induzida ou não (com novos nascimentos e novas mortes deixando de ser notificados). Contudo, recentemente a grande causa da desvantagem feminina na composição familiar parece ser o aborto seletivo por sexo, que com o progresso tecnológico se difundiu por toda a China.

OBSERVAÇÕES FINAIS

Os economistas às vezes são criticados por concentrar-se muito na eficiência e pouco na equidade. Talvez haja razões para essa censura, mas também é preciso observar que a desigualdade tem recebido a atenção dos economistas ao longo de toda a história da disciplina. Adam Smith, com frequência visto como "o pai da economia moderna", demonstrou profunda preocupação com o abismo entre ricos e pobres (discorrerei mais a esse respeito nos capítulos 5 e 11). Alguns dos cientistas sociais e filósofos responsáveis por fazer da desigualdade um tema tão central da atenção pública (como Karl Marx, John Stuart Mill, B. S. Rowntree e Hugh Dalton, para citar autores pertencentes a tradições gerais muito diferentes) foram, por seu envolvimento, economistas devotados, independentemente do que mais eles tenham sido. Em anos recentes, a economia da desigualdade como tema tem prosperado, sob a liderança principal de autores como A. B. Atkinson.[50] Não se está negando, com isso, que o enfoque da eficiência excluindo outras considerações seja bastante evidente em alguns trabalhos da área da economia, mas os economistas como um grupo não podem ser acusados de negligenciar a desigualdade como objeto de estudo.

Se há motivo de queixa, ele reside sobretudo na importância relativa que se atribui, em boa parte dos trabalhos de economistas, à desigualdade em uma esfera muito restrita, a esfera da *desigualdade de renda*. Essa limitação tem o efeito de contribuir para que se negligenciem outros modos de ver a desigualdade e a equidade, modos que influenciam de maneira muito mais abrangente a elaboração das políticas econômicas. Os debates sobre políticas realmente têm sido distorcidos pela ênfase excessiva dada à pobreza e à desigualdade medidas pela renda, em detrimento das privações relacionadas a outras variáveis como desemprego, doença, baixo nível de instrução e exclusão social. Lamentavelmente, a identificação de desigualdade econômica com desigualdade de renda é muito comum em economia, e as duas muitas vezes são efetivamente consideradas a mesma coisa.

Em certa medida, essa identificação implícita pode ser encontrada também na literatura filosófica. Por exemplo, em seu interessante e importante ensaio "Equality as a moral ideal", o eminente filósofo Harry Frankfurt apresenta uma crítica estritamente racional e veemente do que ele denomina "igualitarismo econômico", definindo-o como "a doutrina de que não deve haver desigualdades na distribuição do dinheiro".[51]

No entanto, a distinção entre desigualdade de renda e desigualdade econômica é importante.[52] Muitas das críticas ao igualitarismo econômico como um valor ou objetivo aplicam-se bem mais facilmente ao limitado conceito de desigualdade de renda do que às concepções mais amplas de desigualdade econômica. Por exemplo, dar uma fatia maior de renda a uma pessoa que tem mais necessidades — digamos, devido a uma incapacidade — pode ser visto como contrário ao princípio de igualar as *rendas*, mas isso não contesta os preceitos mais amplos da igualdade econômica, uma vez que a maior necessidade de recursos econômicos devido à incapacidade deve ser levada em conta ao julgarem-se os requisitos da igualdade econômica.

Empiricamente, a relação entre desigualdade de renda e desigualdade em outros espaços relevantes pode ser muito distante e contingente devido às várias influências econômicas — além da renda — que afetam as desigualdades de vantagens individuais e liberdades substantivas. Por exemplo, nas taxas de mortalidade mais elevadas dos afro-americanos em comparação com as dos chineses ou dos indianos de Kerala, muito mais pobres, vemos a influência de fatores que atuam em direção oposta à desigualdade econômica e que envolvem questões de políticas públicas com fortes componentes econômicos: financiamento dos serviços de saúde e de seguro-saúde, fornecimento de educação pública, medidas visando à segurança local etc.

As diferenças na mortalidade podem, de fato, servir como indicador de desigualdades muito profundas que dividem raças, classes e os sexos, como evidenciado pelas várias ilustrações deste capítulo. Por exemplo, as estimativas sobre "mulheres faltantes" mostram o grau notável da desvantagem feminina em muitas partes do mundo contemporâneo, de um modo que outras estatísticas podem não refletir adequadamente. Além disso, como as rendas auferidas pelos membros de uma família são compartilhadas por outros membros, não podemos analisar a desigualdade entre os sexos primordialmente com base em diferenças de renda. Precisamos de muito mais informações do que as normalmente disponíveis sobre a divisão de recursos na família para termos uma ideia mais clara das desigualdades em afluência econômica. Contudo, estatísticas sobre taxas de mortalidade e outras privações (como subnutrição ou analfabetismo) podem mostrar diretamente um quadro da desigualdade e pobreza em algumas dimensões cruciais. Essas informações também podem ser usadas para relacionar o grau da privação relativa das mulheres às desigualdades de oportunidades existentes (no ganho de uma renda fora de casa, na frequência à escola etc.). Assim, tanto questões descritivas como questões de políticas podem ser tratadas por meio dessa perspectiva mais ampla sobre desigualdade e pobreza segundo a privação de capacidades.

Apesar do papel crucial das rendas nas vantagens desfrutadas por diferentes pessoas, a relação entre, de um lado, a renda (e outros recursos) e, de outro, as realizações e liberdades substantivas individuais não é constante nem, em nenhum sentido, automática e irresistível. Diferentes tipos de contingências acarretam variações sistemáticas na "conversão" das rendas nos "funcionamentos" distintos que podemos realizar, e isso afeta os estilos de vida que podemos ter. Procuramos ilustrar neste capítulo os diferentes modos como podem ocorrer variações sistemáticas na relação entre rendas auferidas e liberdades substantivas (na forma de capacidade para levar uma vida que a pessoa tem razão para valorizar). Os papéis de heterogeneidades pessoais, diversidades ambientais, variações no clima social, diferenças de perspectivas relativas e distribuições na família têm de receber a séria atenção que merecem na elaboração das políticas públicas.

Às vezes argumenta-se que a renda é uma magnitude homogênea, ao passo que as capacidades são diversas. Esse contraste gritante não é inteiramente correto, pois qualquer avaliação de renda oculta diversidades internas, com algumas suposições especiais — e muitas vezes heroicas.[53] Além disso (como visto no capítulo 3), comparações interpessoais de renda real não nos fornecem uma base para comparações interpessoais nem ao menos de utilidade (embora esse hiato muitas vezes seja desconsiderado na economia do bem-estar aplicada recorrendo-se à imposição de suposições totalmente arbitrárias). Para ir da comparação dos meios na forma de diferenças de renda a algo que possa ser considerado valioso em si mesmo (como bem-estar ou liberdade), precisamos levar em conta variações circunstanciais que afetam as taxas de conversão. A suposição de que a abordagem da comparação de renda é um modo mais "prático" de chegar às diferenças interpessoais de vantagens é difícil de sustentar.

Ademais, a necessidade de discutir a valoração de capacidades diversas no que concerne às prioridades públicas é, como tentamos demonstrar, uma vantagem, pois nos força a deixar claro quais são os juízos de valor em uma esfera na qual os juízos de valor não podem — e não devem — ser evitados. A participação pública nesses debates valorativos — de maneiras explícitas ou implícitas — é, na verdade, uma parte crucial do exercício da democracia e escolha social responsável. Em questões de juízo público, não há como realmente escapar da necessidade avaliatória da discussão pública. O trabalho da valoração pública não pode ser substituído por alguma suposição engenhosamente brilhante. Algumas suposições que dão a impressão de funcionar perfeitamente e sem dificuldade operam ocultando a escolha de valores e pesos em uma opacidade cultivada. Por exemplo, a suposição — com frequência feita implicitamente — de que duas pessoas com a mesma função de demanda têm de ter a mesma relação entre pacotes de mercadorias e bem-estar (independentemente de uma ser doente e a outra não, de uma ser incapacitada e a outra não etc.) é basicamente um modo de fugir da necessidade de levar em conta muitas influências significativas sobre o bem-estar (como discutido no capítulo 3). Essa fuga torna-se transparente, como procuramos ilustrar, quando suplementamos os dados sobre renda e mercadorias com informações de outros tipos (incluindo questões de vida ou morte).

A questão da discussão pública e participação social é, portanto, central para a elaboração de políticas em uma estrutura democrática. O uso de prerrogativas democráticas — tanto as liberdades políticas como os direitos civis — é parte crucial do exercício da própria elaboração de políticas econômicas, em acréscimo a outros papéis que essas prerrogativas possam ter. Em uma abordagem orientada para a liberdade, as liberdades participativas não podem deixar de ser centrais para a análise de políticas públicas.

5. MERCADOS, ESTADO E OPORTUNIDADE SOCIAL

"É O DESTINO HABITUAL DAS NOVAS VERDADES começarem como heresias e terminarem como superstições", observa T. H. Huxley em *Science and culture*. Algo bem parecido com isso parece ter acontecido com a verdade sobre a importância dos mercados na vida econômica. Houve um tempo — não muito remoto — em que todo jovem economista "sabia" em que sentido os sistemas de mercado tinham sérias limitações: todos os livros didáticos repetiam a mesma lista de "defeitos". A rejeição intelectual do mecanismo de mercado muitas vezes levava a propostas radicais de métodos totalmente diferentes para organizar o mundo (às vezes envolvendo uma burocracia formidável e ônus fiscais inimagináveis), sem um exame atento da possibilidade de as alternativas propostas gerarem falhas ainda maiores do que aquelas que os mercados supostamente produziam. Era muito comum haver pouquíssimo interesse pelos problemas novos que o sistema alternativo poderia criar.

O clima intelectual mudou muito ao longo destas últimas décadas, e as posições inverteram-se. Hoje em geral se supõe que as virtudes do mecanismo de mercado são tão difusas que dispensam toda e qualquer ressalva. Quem quer que aponte os defeitos do mecanismo de mercado parece ser, no espírito atual, estranhamente antiquado e contrário à cultura contemporânea (como tocar um disco de 78 rotações com música dos anos 1920). Um conjunto de preconceitos deu lugar a outro, oposto. A fé não examinada de ontem tornou-se hoje uma heresia, e a heresia de ontem é agora a nova superstição.

A necessidade de um exame crítico dos preconceitos e atitudes político-econômicas tradicionais nunca foi tão grande.[1] Os preconceitos de hoje (em favor do mecanismo de mercado puro) decerto precisam ser cuidadosamente investigados e, a meu ver, parcialmente rejeitados. Devemos, porém, evitar ressuscitar os desatinos de ontem, a recusa em ver os méritos dos mercados — até mesmo a inescapável necessidade deles. Temos de estudar a fundo e decidir quais partes têm sentido em cada perspectiva. Meu ilustre conterrâneo Gautama Buda pode ter demonstrado uma predisposição exagerada a ver a necessidade universal do "caminho do meio" (ainda que não tenha chegado a discutir o mecanismo de mercado em particular), mas há algo a ser aprendido nas preleções sobre o não extremismo que ele fez há 2500 anos.

MERCADOS, LIBERDADE E TRABALHO

Embora os méritos do mecanismo de mercado sejam hoje amplamente reconhecidos, as *razões* para desejar os mercados muitas vezes não são plenamente compreendidas. Essa questão foi discutida na introdução e no primeiro capítulo deste livro, mas preciso retomá-la ao examinar os aspectos institucionais do desenvolvimento. Nas discussões recentes, ao se avaliar o mecanismo de mercado o enfoque tende a ser sobre os *resultados* que ele produz, como por exemplo as rendas ou as utilidades geradas pelos mercados. Essa questão não é pouco importante, e tratarei dela em breve. Mas o argumento mais imediato em favor da liberdade de transações de mercado baseia-se na importância fundamental da própria liberdade. Temos boas razões para comprar e vender, para trocar e para buscar um tipo de vida que possa prosperar com base nas transações. Negar essa liberdade seria, em si, uma grande falha da sociedade. Esse reconhecimento fundamental é *anterior* a qualquer teorema que possamos ou não ser capazes de provar (tratarei em breve desse assunto) para demonstrar que os resultados de culminância dos mercados são dados por rendas, utilidades etc.[2]

O papel ubíquo das transações na vida moderna com frequência passa despercebido precisamente porque as vemos como algo natural, inquestionável. Há uma analogia aqui com o papel pouquíssimo reconhecido — e muitas vezes ignorado — de certas regras de comportamento (por exemplo, a ética empresarial básica) em economias capitalistas desenvolvidas (atentando-se apenas para as aberrações, quando elas ocorrem). Mas, quando esses valores ainda não estão desenvolvidos, sua presença ou ausência geral pode fazer uma diferença decisiva. Assim, na análise do desenvolvimento, o papel da ética empresarial elementar tem de ser tirado da obscuridade e receber um reconhecimento patente. Analogamente, a ausência da liberdade para efetuar transações pode ser uma questão importante em si em muitos contextos.[3]

É óbvio que isso se aplica particularmente quando a liberdade dos mercados de trabalho é negada por leis, regulamentações ou convenções. Embora os escravos afro-americanos no Sul dos Estados Unidos antes da Guerra Civil possam ter recebido rendas pecuniárias equivalentes às de trabalhadores assalariados em outras partes (ou até mesmo maiores do que as destes), e ainda que eles possam até mesmo ter tido vida mais longa do que a dos trabalhadores urbanos do Norte do país,[4] mesmo assim havia uma privação fundamental no próprio fato da escravidão (independentemente da renda ou utilidades que ela possa ter ou não ter gerado). A perda de liberdade pela ausência de escolha de emprego e pela forma de trabalho tirânica pode ser, em si, uma privação fundamental.

O desenvolvimento de mercados livres em geral e da livre procura de emprego em particular é um fato muito valorizado em estudos históricos. Até mesmo o grande crítico do capitalismo, Karl Marx, viu a emergência da liberdade de emprego como um progresso importantíssimo (como mencionado no capítulo 1). No entanto, essa questão não diz respeito apenas à história, mas também ao presente, pois essa liberdade tem uma importância crítica neste exato momento em muitas partes do mundo. Ilustrarei essa afirmação com quatro exemplos muito distintos.

Primeiro, várias formas de sujeição de trabalhadores podem ser encontradas em muitos países da Ásia e da África, negando-se persistentemente a liberdade básica de procurar trabalho assalariado longe dos patrões tradicionais. Quando os jornais indianos noticiam que os proprietários de terras da casta superior em uma das regiões mais atrasadas da Índia (Bihar) estão aterrorizando — com assassinatos e estupros seletivos — as famílias de trabalhadores "adscritos" às suas terras, existe, evidentemente, uma questão de criminalidade envolvida, o que explica a atenção da mídia para tais incidentes (e que pode ser, em última análise, a razão por que as coisas talvez tenham de mudar até mesmo nessas comunidades terríveis). Contudo, subjacente às atividades criminosas, a situação econômica básica encerra uma batalha pela liberdade de emprego bem como pela propriedade da terra na qual os trabalhadores "adscritos" são forçados a trabalhar; esse sistema persiste apesar de sua ilegalidade (resultado de legislação pós-independência que tem sido implementada apenas parcialmente). A situação tem sido estudada mais na Índia do que em outras partes (como discutido no capítulo 1), mas há provas suficientes de que problemas semelhantes ocorrem também em vários outros países.

Segundo (para dar agora um exemplo bem diverso), o malogro do socialismo burocrático na Europa oriental e na União Soviética não pode ser compreendido plenamente apenas em função dos problemas econômicos ligados à geração de renda ou de outros resultados, como expectativa de vida. Na verdade, em expectativa de vida os países comunistas com frequência tiveram ótimos resultados, relativamente falando (como é fácil verificar nas estatísticas demográficas da União Soviética, China pré-reforma, Vietnã e Cuba, entre outros). Com efeito, vários dos ex-países comunistas hoje em dia se encontram em uma posição significativamente *pior* do que a vigente na época do regime comunista — talvez nenhum deles mais do que a própria Rússia (onde a expectativa de vida ao nascer para os homens declinou agora para cerca de 58 anos — consideravelmente inferior às da Índia e Paquistão).[5] Ainda assim, a população não se mostra disposta a votar pelo retorno do sistema anterior, como indicam os resultados de eleições, e nem mesmo os novos partidos sucessores que se pautam pela antiga corrente política propõem esse retorno (e reivindicam apenas restituições bem menos radicais).

Na avaliação do que aconteceu, a ineficiência econômica do sistema comunista obviamente tem de ser reconhecida. Mas há também a questão mais imediata da negação da liberdade em um sistema onde os mercados foram excluídos em muitos setores. Ademais, as pessoas podiam ser proibidas de utilizar os mercados mesmo quando eles existiam. Por exemplo, podiam ser proibidas de procurar emprego em um processo de recrutamento contínuo (inclusive algumas que não caíam nas boas graças dos chefes e eram mandadas para trabalhar onde eles quisessem). Nesse sentido, a exprobatória designação das economias comunistas como "o caminho da servidão", por Friedrich Hayek, foi realmente uma retórica apropriada, ainda que severa.[6] Em um contexto diferente, porém não desvinculado, Michal Kalecki (o grande economista polonês que retornou cheio de entusiasmo à Polônia quando o regime comunista foi ali estabelecido) observou, respondendo a um jornalista sobre o progresso da Polônia do capitalismo para o socialismo: "Sim, abolimos com êxito o capitalismo; agora só falta abolir o feudalismo".

Terceiro, como observado no capítulo 1, no consternador tema do trabalho infantil (prevalecente, por exemplo, no Paquistão, na Índia ou em Bangladesh), existe um problema arraigado de escravidão e adscrição de trabalhadores, pois muitas das crianças que executam tarefas pesadas são forçadas a isso. As raízes dessa servidão podem estar na privação econômica das famílias de onde essas crianças provêm — em alguns casos, os próprios pais encontram-se em alguma situação de sujeição aos empregadores — e, além do perverso problema do trabalho infantil, há a barbaridade de haver crianças sendo *forçadas* a fazer as coisas. A liberdade para frequentar uma escola, particularmente, é tolhida não só pela deficiência dos programas de educação elementar nessas regiões, mas, em alguns casos, também pela inexistência de escolha para as crianças (e muitas vezes para os pais) na decisão sobre o que desejam fazer.

A questão do trabalho infantil tende a dividir os economistas sul-asiáticos. Alguns argumentaram que meramente abolir o trabalho infantil sem fazer coisa alguma para melhorar a situação econômica das famílias envolvidas pode não ser do interesse das próprias crianças. Esse é por certo um problema polêmico, mas o fato de o trabalho infantil muitas vezes se aproximar da escravidão faz do problema, nesses casos, uma escolha simples. A escravidão flagrante fornece um argumento muito eloquente em favor de que se faça cumprir com mais empenho a legislação antiescravidão e a legislação contra o trabalho infantil. O sistema do trabalho infantil — suficientemente perverso por si mesmo — torna-se muito mais bestial dada a sua aproximação com a adscrição de trabalhadores e a escravidão efetiva.

Quarto, a liberdade das mulheres para procurar emprego fora de casa é uma questão fundamental em muitos países do Terceiro Mundo. Em muitas culturas essa liberdade é sistematicamente negada, e isso, em si, é uma grave violação da liberdade das mulheres e da igualdade entre os sexos. A ausência dessa liberdade prejudica o ganho de poder econômico das mulheres e tem ainda muitas outras consequências. Além dos efeitos diretos do emprego no mercado, favorecendo a independência econômica feminina, trabalhar fora tem importância causal na atribuição de uma "fatia" melhor às mulheres nas distribuições dentro da própria família.[7] É desnecessário dizer que o trabalho executado pelas mulheres em casa pode ser imensamente árduo, porém raramente ele é tido em alta conta ou mesmo reconhecido (e com certeza nunca é remunerado), e a negação do direito de trabalhar fora de casa é uma violação monumental da liberdade feminina.[8]

Às vezes as mulheres podem ser forçadas a acatar a proibição de trabalhar fora de casa de um modo explícito e brutal (como, por exemplo, no Afeganistão atual). Em outros casos, essa proibição pode funcionar de maneira mais implícita, graças ao poder das convenções e da conformidade. Em alguns casos pode nem sequer haver, em um sentido claro, uma proibição à procura de emprego pelas mulheres, mas as que foram criadas no seio de valores tradicionais podem ter muito medo de desrespeitar a tradição e chocar as pessoas. Aquilo que em geral é visto como "normal" ou "apropriado" é essencial nesse problema.

Essa questão relaciona-se a outras considerações importantes deste livro, em especial a necessidade da discussão aberta dos problemas sociais e as vantagens das atividades em grupo para ocasionar mudanças sociais significativas. As organizações femininas começaram a desempenhar um papel importantíssimo nessa transformação em muitos países do mundo. Por exemplo, a Associação das Mulheres Trabalhadoras Autônomas [Self-Employed Women's Association — SEWA] tem tido grande êxito não só em aumentar o emprego feminino em uma parte da Índia, como também em gerar uma mudança no modo de pensar. O mesmo se pode dizer do crédito participativo e das organizações cooperativas, como o Banco Grameen e o Comitê para o Progresso Rural de Bangladesh (Bangladesh Rural Advancement Commitee — BRAC). Embora ressaltemos a importância das transações, o direito de participação econômica (como o direito de procurar emprego livremente) e a importância direta das liberdades relacionadas ao mercado, não podemos perder de vista a complementaridade dessas liberdades com as liberdades provenientes da operação de outras instituições (não ligadas ao mercado).[9] Essa complementaridade entre diferentes instituições — em especial entre organizações desvinculadas do mercado e o mercado — também é um tema central deste livro.

MERCADOS E EFICIÊNCIA

O mercado de trabalho pode ser libertador em muitos contextos diferentes, e a liberdade básica de transação pode ter uma importância crucial, independentemente do que o mecanismo de mercado vier ou não a realizar no que se refere a rendas, utilidades ou outros resultados. Mas também é importante examinar esses resultados consequenciais, e tratarei agora dessa questão, que é bem diferente.

Na avaliação do mecanismo de mercado, é importante considerar as formas dos mercados: se são competitivos ou monopolistas (ou não competitivos de algum outro modo), se pode estar faltando algum mercado (de maneiras não facilmente remediáveis) etc. Além disso, a natureza de circunstâncias factuais (como a disponibilidade ou não de tipos específicos de informação, a presença ou não de economias de grande escala) pode influenciar as possibilidades efetivas e impor limitações reais ao que pode ser realizado mediante várias formas institucionais do mecanismo de mercado.[10]

Na ausência dessas imperfeições (como a não negociabilidade em mercados de alguns bens e serviços), têm sido usados modelos clássicos de equilíbrio geral para demonstrar os méritos do mecanismo de mercado na obtenção da eficiência econômica. Esta é tradicionalmente definida por meio do que os economistas denominam "otimalidade de Pareto": uma situação na qual a utilidade (ou bem-estar) de qualquer pessoa não pode ser aumentada sem reduzir a utilidade (ou bem-estar) de alguma outra. Essa realização de eficiência — o chamado teorema de Arrow-Debreu (nomes dos autores originais dos resultados, Kenneth Arrow e Gerard Debreu[11]) — tem importância real apesar das suposições simplificadoras.[12]

Os resultados de Arrow-Debreu mostram, *inter alia*, que, dadas algumas precondições, não é possível melhorar os resultados do mecanismo de mercado de modo que viesse a aumentar a utilidade de todas as pessoas (ou a aumentar a utilidade de algumas sem reduzir a utilidade de outras).[13]

É possível, porém, indagar se a eficiência desejada não poderia ser computada em função de *liberdades individuais*, e não de *utilidades*. Essa é uma questão especialmente pertinente neste contexto, pois o enfoque informacional deste livro tem sido sobre as liberdades individuais (e não sobre utilidades). De fato, demonstrei em outro trabalho que, no que se refere a algumas caracterizações plausíveis de liberdades individuais substantivas, uma parte importante do resultado de eficiência de Arrow-Debreu traduz-se facilmente do "espaço" das utilidades para o das liberdades individuais, seja pela liberdade para escolher *cestas de mercadorias*, seja pelas *capacidades para realizar* funcionamentos.[14] Na demonstração da viabilidade dessa extensão, empregam-se suposições semelhantes às necessárias para os resultados originais de Arrow-Debreu (como a ausência de não negociabilidade em mercado). Acontece que, com essas suposições, para uma caracterização convincente de liberdades individuais, um equilíbrio de mercado competitivo garante que ninguém pode ter um aumento de liberdade enquanto é mantida a liberdade de todos os demais.

Para que essa relação seja estabelecida, a importância da liberdade substantiva tem de ser julgada não apenas pelo *número* de opções que se tem, mas também com adequada sensibilidade para a *atratividade* das opções disponíveis. A liberdade tem diferentes aspectos; já se discorreu neste livro sobre as liberdades pessoais formais e as liberdades de transação formais. No entanto, para a *liberdade substantiva de realizar* de acordo com o que se quer realizar, precisamos atentar para os méritos das opções disponíveis.[15] Na explicação desse resultado de eficiência da liberdade (sem enveredar por tecnicalidades), pode-se ressaltar que, dada a escolha sagaz por parte dos indivíduos, a eficiência em utilidades individuais tem de ser, em grande medida, dependente da oferta aos indivíduos de oportunidades adequadas dentre as quais eles podem escolher. Essas oportunidades são relevantes não só para o que as pessoas escolhem (e a utilidade que elas obtêm), mas também para quais opções úteis elas têm (e as liberdades substantivas que elas desfrutam).

Talvez valha a pena esclarecer uma questão específica neste contexto, relacionada ao papel da maximização do autointeresse na realização dos resultados de eficiência do mecanismo de mercado. Na estrutura clássica (Arrow-Debreu), supõe-se que todos devem estar buscando atender seu autointeresse como motivação exclusiva. Essa suposição de comportamento é necessária devido à tentativa de estabelecer o resultado de que a situação de mercado decorrente será um "ótimo de Pareto" (que é definido em função de interesses individuais), de modo que o interesse de alguma pessoa possa ser ainda mais bem atendido sem prejudicar os interesses de outros.[16]

É difícil defender empiricamente a suposição do egoísmo ubíquo. Além disso, existem circunstâncias mais complexas do que as supostas no modelo de Arrow-Debreu (envolvendo interdependências mais diretas entre os interesses de diferentes pessoas), nas quais o comportamento autointeressado pode não ser nem um pouco eficaz na geração de resultados eficientes. Assim, se fosse realmente necessário supor o egoísmo universal para estabelecer os resultados de eficiência no modelo de Arrow-Debreu, isso seria visto como uma séria limitação a essa abordagem. Contudo, essa limitação pode ser substancialmente evitada examinando-se os requisitos de eficiência em função de liberdades individuais, e não apenas de utilidades.

A restrição de ter de supor o comportamento autointeressado pode ser removida se nossa preocupação principal for as liberdades substantivas que as pessoas desfrutam (independentemente do propósito com que elas usam essas liberdades), e não o grau em que seu autointeresse é satisfeito (por meio de seu próprio comportamento autointeressado). Nesse caso, nenhuma suposição sobre o que motiva a escolha dos indivíduos precisa ser feita, já que a questão não é mais a satisfação do interesse, mas a disponibilidade de liberdade (independentemente de a liberdade ser ou não usada em função do autointeresse ou de algum outro objetivo). Assim, os resultados analíticos básicos do teorema de Arrow-Debreu independem das motivações que estão por trás das preferências individuais, e podem ficar fora da abordagem se o objetivo é mostrar eficiência na satisfação de preferências ou eficiência nas liberdades individuais substantivas (independentemente da motivação).[17]

ACOPLAMENTO DE DESVANTAGENS E DESIGUALDADE DE LIBERDADES

O resultado básico sobre a eficiência de mercado pode, nesse sentido, ser estendido à perspectiva das liberdades substantivas.

Mas esses resultados de eficiência nada dizem sobre a equidade das situações decorrentes, ou sobre a equidade na distribuição de liberdades. Uma situação pode ser eficiente no sentido de que a utilidade ou liberdade substantiva de qualquer pessoa não pode ser aumentada sem diminuir a utilidade ou liberdade de alguma outra, e ainda assim podem existir desigualdades imensas na distribuição das utilidades e liberdades.

O problema da desigualdade realmente se magnifica quando a atenção é desviada da desigualdade de renda para a desigualdade na *distribuição de liberdades substantivas e capacidades*. Isso ocorre principalmente devido à possibilidade de algum "acoplamento" de desigualdade de renda, de um lado, e vantagens desiguais na conversão de rendas em capacidades, de outro. Este último aspecto tende a intensificar o problema da desigualdade já refletido na desigualdade de renda. Por exemplo, uma pessoa incapacitada, doente, idosa ou que apresenta alguma outra desvantagem pode, por um lado, ter dificuldade para *auferir* uma renda apropriada e, por outro, também enfrentar dificuldades ainda maiores para *converter* renda em capacidades e em uma vida satisfatória. Os próprios fatores que podem impossibilitar uma pessoa de encontrar um bom emprego e ter uma boa renda (como a incapacidade) podem deixá-la em desvantagem na obtenção de uma boa qualidade de vida até mesmo com um bom emprego ou boa renda.[18] Essa relação entre potencial para *auferir* renda e potencial para *usar* a renda é um conhecido fenômeno empírico nos estudos sobre a pobreza.[19] A desigualdade interpessoal de renda nos resultados de mercado pode tender a ser magnificada por esse "acoplamento" de baixas rendas com desvantagens na conversão de rendas em capacidades.

Vale a pena considerar *simultaneamente* a eficiência por meio da liberdade do mecanismo de mercado, de um lado, e a gravidade dos problemas de desigualdade de liberdade, de outro. É preciso lidar com os problemas de equidade, especialmente ao se tratar de graves privações e pobreza; nesse contexto, a intervenção social, incluindo o custeio governamental, pode ter um papel importante. Em grande medida, isso é exatamente o que os sistemas de seguridade social nos Estados do bem-estar procuram realizar, mediante diversos programas que incluem a provisão social de serviços de saúde, auxílio governamental aos desempregados e indigentes etc. Mas a necessidade de prestar atenção *simultaneamente* aos aspectos da eficiência e equidade do problema permanece, pois a interferência motivada pela equidade no funcionamento do mecanismo de mercado pode enfraquecer as realizações de eficiência mesmo se promover a equidade. É importante esclarecer a necessidade da simultaneidade ao considerarmos os diferentes aspectos da avaliação e justiça social.

Já examinamos neste livro, em vários outros contextos, a necessidade de considerar simultaneamente objetivos distintos. Por exemplo, no capítulo 4, discorremos sobre essa necessidade ao contrastar o maior comprometimento social na Europa (comparado ao dos Estados Unidos) e sua garantia de rendas mínimas e serviços de saúde, com um maior comprometimento nos Estados Unidos (relativamente à Europa) com a manutenção de níveis de emprego elevados. Em grande medida, os dois tipos de comprometimento podem ser combináveis, mas também podem ser, pelo menos em parte, conflitantes. Na medida em que existe um conflito, a necessidade da simultaneidade ao considerar os dois aspectos *conjuntamente* seria importante para chegar às prioridades socias *globais*, atentando tanto para a eficiência como para a equidade.

MERCADOS E GRUPOS DE INTERESSE

O papel desempenhado pelos mercados tem de depender não só do que eles podem fazer, mas também do que lhes é permitido fazer. Existem muitas pessoas cujos interesses são bem atendidos por um funcionamento desimpedido do mercado, porém também há grupos cujos interesses estabelecidos podem ser prejudicados por esse funcionamento. Se estes últimos forem politicamente mais poderosos e influentes, podem então tentar fazer com que os mercados não recebam um espaço adequado na economia. Esse pode ser um problema particularmente sério quando prosperam — apesar de ineficiência e vários tipos de inépcia — unidades de produção monopolistas, graças a estarem isoladas da concorrência interna ou externa. Os preços elevados ou a baixa qualidade dos produtos envolvidos nessa produção artificialmente sustentada podem impor um sacrifício significativo à população, mas um grupo de "industriais" organizado e politicamente influente pode assegurar-se de que seus lucros estejam bem protegidos.

O lamento de Adam Smith pelo uso limitado dos mercados na Grã-Bretanha do século XVIII tinha por intuito não só indicar as vantagens sociais dos mercados que funcionavam bem, mas também identificar a influência dos interesses adquiridos na garantia do isolamento de seus lucros artificialmente elevados dos efeitos ameaçadores da concorrência. Com efeito, Adam Smith percebeu a necessidade de entender o funcionamento dos mercados, em grande medida, como um antídoto contra os argumentos tradicionalmente usados pelos detentores dos interesses adquiridos contra dar à concorrência um papel adequado. Os argumentos intelectuais de Smith tinham por objetivo, em parte, contrapor-se ao poder e à eficácia da defesa de interesses arraigados.

As restrições ao mercado contra as quais Smith se pronunciou com particular veemência podem ser vistas, em um sentido amplo, como restrições "pré-capitalistas". Diferem da intervenção pública voltada, digamos, para programas de bem-estar social ou redes de segurança social, das quais apenas expressões rudimentares podiam ser encontradas, na época de Smith, em medidas como as Leis dos Pobres.[20] Também diferem da atuação do Estado na provisão de serviços como educação pública, que Smith defendia com vigor (discorrerei mais sobre esse tema posteriormente).

Acontece que muitas das restrições que hoje prejudicam o funcionamento de economias de países em desenvolvimento — ou até mesmo dos países alegadamente socialistas de ontem — são também, em um sentido amplo, do tipo "pré-capitalista". Se considerarmos quer a proibição de alguns tipos de comércio interno ou troca internacional, quer a preservação de técnicas e métodos de produção antiquados em empresas possuídas e operadas pela "burguesia protegida", existe uma similaridade genérica entre a arrebatada defesa da restrição à concorrência e o florescimento de valores e hábitos de pensamento pré-capitalistas. Os "radicais" de ontem, como Adam Smith (cujas ideias inspiraram muitos dos ativistas da Revolução Francesa), David Ricardo (que combateu a defesa malthusiana da contribuição produtiva de proprietários de terras letárgicos) ou Karl Marx (que viu o capitalismo como uma força fundamental para a mudança progressiva no mundo), tinham pouca simpatia pelos argumentos generalizadamente antimercado dos principais pensadores pré-capitalistas.

Uma das ironias da história das ideias é que alguns dos que hoje advogam políticas radicais com frequência se deixam seduzir por velhas posições econômicas que foram inequivocamente rejeitadas por Smith, Ricardo e Marx. O amargo lamento de Michal Kalecki pela Polônia enredada em restrições ("abolimos com êxito o capitalismo; agora só falta abolir o feudalismo"), que já mencionei, pode ser entendido por essa perspectiva. Não surpreende que a burguesia protegida frequentemente se empenhe ao máximo para encorajar e apoiar a ilusão de radicalismo e modernidade obtida quando se tiram do baú posições genericamente antimercado, guardadas desde um passado distante.

É importante participar dessas discussões com críticas imparciais às defesas da restrição geral da concorrência. Isso não significa negar que também é necessário atentar para o poder político dos grupos que obtêm benefícios materiais substanciais com a restrição do comércio e da troca. Muitos autores salientaram, com toda razão, que tais defesas devem ser julgadas identificando-se os interesses adquiridos envolvidos e observando a influência de "atividades visando à renda" implícitas no afastamento da concorrência. Como salientou Vilfredo Pareto em uma passagem célebre, se "uma certa medida A representa a perda de um franco por pessoa para um grupo de mil pessoas e um ganho de mil francos para um único indivíduo, este último envidará esforços imensos enquanto os primeiros resistirão debilmente; e é provável que, no final, a pessoa que está tentando assegurar os mil francos por meio de A venha a ter êxito".[21] A influência política visando ao ganho econômico é um fenômeno muito real neste mundo em que vivemos.[22]

A contraposição a essas influências precisa ocorrer não meramente resistindo aos que buscam lucros em mercados cativos — e talvez até mesmo "desmascarando-os" (para usar um termo fora de moda) —, mas também lidando com seus argumentos intelectuais como objetos de investigação apropriados. A economia realmente tem uma longa tradição nessa orientação crítica, remontando no mínimo ao próprio Adam Smith, que simultaneamente apontou um dedo acusador aos perpetradores e se pôs a desmascarar suas defesas da tese dos benefícios sociais advindos da proibição à concorrência. Smith procurou demonstrar que os interesses adquiridos tendem a vencer porque "conhecem melhor seus próprios interesses" (e *não* porque "conhecem o interesse público"). Ele escreveu:

> O interesse dos negociantes, contudo, em qualquer ramo específico do comércio ou manufatura, é sempre, em alguns aspectos, diferente do interesse do público, e até mesmo oposto. Ampliar o mercado e reduzir a competição é sempre o interesse dos negociantes. A ampliação do mercado pode com frequência ser suficientemente condizente com o interesse do público; mas a redução da competição há de ser sempre contrária a esse interesse, e somente pode servir para permitir aos negociantes, elevando seus lucros acima do que seria o natural, extorquir em benefício próprio um ônus absurdo do resto de seus concidadãos. A proposta para qualquer nova lei ou regulamentação de comércio proveniente dessa categoria deve sempre ser ouvida com grande cautela, e jamais se deve adotá-la antes de um longo e minucioso exame, com uma atenção não só extremamente escrupulosa, mas imensamente desconfiada.[23]

Não há razão por que os interesses adquiridos devam vencer se forem permitidas e promovidas as discussões abertas. Exatamente como ilustra o célebre argumento de Pareto, pode haver mil pessoas cujos interesses são em parte prejudicados pela política que atende generosamente aos interesses de um empresário, mas, uma vez que a situação seja entendida com clareza, pode não faltar maioria que se oponha a essa reivindicação específica. Esse é um campo ideal para mais discussão pública sobre as alegações e contra-alegações das diferentes partes, e no teste da democracia aberta o interesse público pode muito bem ter excelentes chances de vencer a ardorosa defesa da roda seleta dos interesses adquiridos. Aqui também, como em muitas outras áreas examinadas neste livro, o remédio tem de basear-se em mais liberdade — incluindo a liberdade de discussão pública e de decisões participativas sobre as políticas. Mais uma vez, uma liberdade de determinado tipo (nesse caso, a liberdade política) pode ser vista como auxiliar da realização de outras liberdades (particularmente a da abertura da economia).

NECESSIDADE DE EXAME CRÍTICO DO PAPEL DOS MERCADOS

De fato, a discussão pública crítica é um requisito inescapavelmente importante da boa política pública, pois o papel e o alcance apropriados dos mercados não podem ser predeterminados com base em alguma fórmula grandiosa geral — ou em alguma atitude de abrangência total — em favor de submeter tudo ou de negar tudo ao mercado. Até Adam Smith, embora defendesse decididamente o uso dos mercados nos quais isso poderia funcionar bem (e negasse os méritos de uma rejeição *geral* do comércio e da troca), não hesitou em investigar circunstâncias econômicas nas quais restrições específicas pudessem ser propostas com sensatez, ou áreas econômicas nas quais instituições desvinculadas do mercado seriam muito necessárias para suplementar o que os mercados podem fazer.[24]

Não se deve presumir que a crítica de Smith ao mecanismo de mercado sempre foi branda ou, a propósito, que suas críticas invariavelmente estiveram corretas. Consideremos, por exemplo, sua defesa das restrições legais à usura.[25] Smith evidentemente se opunha a qualquer tipo de proibição geral à cobrança de juros sobre empréstimos (como haviam proposto alguns pensadores contrários ao mercado).[26] Contudo, ele reivindicava a imposição pelo Estado de restrições legais sobre as taxas de juros máximas que poderiam ser cobradas:

> Em países onde os juros são permitidos, a lei, visando impedir a extorsão da usura, geralmente fixa a taxa mais elevada que pode ser recebida sem incorrer em penalidade. [...]
> Cumpre observar que a taxa legal, embora deva estar um pouco acima da taxa de mercado mais baixa, não deve estar muito acima desta. Se a taxa de juros legal na Grã-Bretanha, por exemplo, fosse fixada no alto patamar de 8 ou 10%, a maior parte do dinheiro a ser emprestado seria emprestada a perdulários e empresários imprudentes, os únicos dispostos a pagar juros tão altos. Pessoas comedidas, que pelo uso do dinheiro não dariam mais do que uma parte daquilo que provavelmente ganharão com o uso dele, não se arriscariam nessa competição. Assim, grande parte do capital do país seria mantida fora das mãos de quem mais provavelmente faria dele um uso lucrativo e vantajoso, e lançada àqueles que mais possivelmente o desperdiçariam e destruiriam.[27]

Na lógica intervencionista de Smith, o argumento básico é que os sinais de mercado podem ser enganosos, e as consequências do livre mercado podem ser um grande desperdício de capital, efeito do empenho privado em empreendimentos mal orientados ou míopes, ou do desperdício privado de recursos sociais. Jeremy Bentham criticou Smith em uma longa carta que lhe escreveu em março de 1787, defendendo a não intervenção no mercado.[28] Esse é um episódio notável na história do pensamento econômico, com o principal intervencionista utilitarista fazendo preleção para o guru pioneiro da economia de mercado sobre as virtudes da alocação de mercado.[29]

A questão de uma taxa de juros máxima imposta legalmente não tem grande interesse nos debates contemporâneos (nesse aspecto, Bentham claramente ganhou de Smith), porém é importante saber por que Smith tinha uma visão tão negativa do impacto dos "perdulários e empresários imprudentes" sobre a economia. Smith preocupava-se muito com o problema do desperdício social e da perda de capital produtivo. E discorreu com certo detalhamento sobre o modo como isso poderia ocorrer (*Riqueza das nações*, livro 2, cap. 3). No tocante aos "perdulários", Smith via neles um grande potencial para o desperdício social, já que eram motivados "pela paixão do desfrute presente". Dessa maneira, "todo perdulário parece ser um inimigo público". Quanto aos "empresários imprudentes", as preocupações de Smith novamente relacionavam-se ao desperdício social:

> Os efeitos da conduta imprópria com frequência são iguais aos da prodigalidade. Todo empreendimento imprudente e malogrado na agricultura, mineração, pesca, comércio ou manufatura tende da mesma maneira a diminuir os fundos destinados à manutenção do trabalho produtivo. Em cada um desses projetos [...] sempre há de ocorrer alguma diminuição do que, de outro modo, teriam sido os fundos produtivos da sociedade.[30]

Não é particularmente importante avaliar esses argumentos específicos de Smith, mas perceber quais são suas preocupações gerais. O que ele está considerando é a possibilidade de perda social na busca do ganho privado, cuja motivação é restrita. É o caso oposto ao do célebre comentário de Smith: "Não é da benevolência do açougueiro, do cervejeiro ou do padeiro que esperamos obter nosso jantar, e sim da atenção que dá cada qual ao seu próprio interesse. Apelamos não à sua humanidade, mas ao seu amor-próprio".[31] Se o exemplo do açougueiro, cervejeiro e padeiro nos leva a atentar para o papel mutuamente benéfico do autointeresse, o argumento dos perdulários e empresários imprudentes mostra a possibilidade de que, em certas circunstâncias, as motivações do lucro privado podem realmente ser contrárias aos interesses sociais. É essa preocupação geral que permanece relevante hoje (e não apenas o exemplo específico dos perdulários e empresários imprudentes).[32] Esse é, em grande medida, o principal receio quando se considera a perda social envolvida, por exemplo, nas produções privadas que acarretam desperdício ou poluição do meio ambiente e que se ajustam bem à descrição feita por Smith da possibilidade de "alguma diminuição no que, de outro modo, teriam sido os fundos produtivos da sociedade".

A lição a ser aprendida com a análise de Smith sobre o mecanismo de mercado não é uma estratégia grandiosa de tirar conclusões sobre elaboração de políticas diretamente de alguma atitude geral "pró" ou "contra" os mercados. Depois de reconhecer o papel do comércio e da troca na vida humana, ainda temos de examinar quais são realmente as outras consequências das transações de mercado. Precisamos avaliar criticamente as possibilidades reais, dando atenção apropriada às circunstâncias contingentes que podem ser relevantes na avaliação de todos os resultados do incentivo aos mercados ou da restrição de seu funcionamento. Se o exemplo do açougueiro-cervejeiro-padeiro indica uma circunstância muito comum na qual nossos interesses complementares são mutuamente promovidos pela troca, o exemplo do empresário perdulário e imprudente ilustra a possibilidade de que isso pode não funcionar exatamente assim em todos os casos. Não há como escapar da necessidade do exame crítico.

NECESSIDADE DE UMA ABORDAGEM MÚLTIPLA

As razões para adotar uma abordagem múltipla do desenvolvimento tornaram-se mais claras em anos recentes, em parte como resultado das dificuldades enfrentadas e dos êxitos obtidos por diferentes países ao longo das últimas décadas.[33] Essas questões relacionam-se estreitamente à necessidade de equilibrar o papel do governo — e de outras instituições políticas e sociais — com o funcionamento dos mercados.

Essas questões também indicam a relevância de uma "estrutura de desenvolvimento ampla", como a exposta pelo presidente do Banco Mundial, James Wolfensohn.[34] Esse tipo de estrutura envolve rejeitar uma visão compartimentada do processo de desenvolvimento (por exemplo, optar pela "liberalização" ou por algum outro processo único que leve diretamente a uma meta traçada). A busca de uma solução única e multiuso (como por exemplo "abrir os mercados" ou "ajustar os preços") influenciou acentuadamente o pensamento dos economistas no passado, destacando-se os do próprio Banco Mundial. Em vez dessa espécie de solução, é preciso haver uma abordagem integrada e multifacetada, visando a um progresso simultâneo em diferentes frentes, incluindo diferentes instituições que se reforçam mutuamente.[35]

Com frequência é mais difícil "vender a ideia" de abordagens mais amplas do que a de reformas estreitamente concentradas que procuram obter "uma coisa por vez". Isso pode ajudar a explicar por que a poderosa liderança intelectual de Manmohan Singh na concretização das reformas econômicas necessárias na Índia em 1991 concentrou-se demasiadamente apenas na "liberalização", sem um enfoque correspondente sobre a muito necessária ampliação das oportunidades sociais. Entretanto, há uma profunda complementaridade entre, de um lado, reduzir a atividade excessiva do Estado na administração de um "governo da licença" e, de outro, remover a atividade insuficiente do Estado na contínua negligência da educação elementar e outras oportunidades sociais (com quase a metade dos indianos adultos ainda analfabetos e totalmente incapazes de participar de uma economia cada vez mais globalizada).[36] Na verdade, Manmohan Singh iniciou algumas reformas importantes, e esse é, com razão, um êxito admirado.[37] Mas esse êxito poderia ter sido ainda maior se as reformas fossem combinadas com o comprometimento de

169

expandir o desenvolvimento de oportunidades sociais que têm sido negadas tão persistentemente na Índia.

Combinar o uso extensivo dos mercados com o desenvolvimento de oportunidades sociais deve ser visto como parte de uma abordagem ainda mais ampla que também enfatiza liberdades de outros tipos (direitos democráticos, garantias de segurança, oportunidades de cooperação etc.). Neste livro, a identificação de diferentes liberdades instrumentais (como intitulamentos econômicos, liberdades democráticas, oportunidades sociais, garantias de transparência e segurança protetora) tem por base o reconhecimento do papel de cada uma, bem como de suas complementaridades. Dependendo do país considerado, o enfoque de uma crítica pode variar. Na Índia, por exemplo, a negligência das oportunidades sociais pode ser enfocada pela crítica de um modo que não se aplica à China, ao passo que a ausência de liberdades democráticas pode ser enfocada pela crítica sobre a China mais apropriadamente do que poderia ser sobre a Índia.

INTERDEPENDÊNCIA E BENS PÚBLICOS

Os que tenderam a considerar o mecanismo de mercado a melhor solução para todo problema econômico podem desejar saber quais seriam os limites desse mecanismo. Já comentei sobre questões de equidade e a necessidade de ir além das considerações sobre eficiência e, nesse contexto, procurei discutir por que isso pode requerer uma suplementação do mecanismo de mercado com outras atividades institucionais. Contudo, mesmo na obtenção de eficiência, o mecanismo de mercado pode às vezes não ser totalmente eficaz, em especial na presença dos chamados "bens públicos".

Uma das suposições tradicionalmente feitas para demonstrar a eficiência do mecanismo de mercado é a de que todo bem — e, de um modo mais geral, tudo aquilo de que o nosso bem-estar depende — pode ser comprado e vendido no mercado.

Tudo se pode comercializar (se quisermos colocar no mercado), e não existe nenhuma influência que seja "não negociável" e significativa sobre nosso bem-estar. Na verdade, porém, alguns dos mais importantes elementos que contribuem para a capacidade humana podem ser difíceis de vender exclusivamente para uma pessoa de cada vez. Isso se aplica em especial quando consideramos os chamados bens públicos, que as pessoas consomem *juntas*, e não separadamente.[38]

Isso se aplica em particular a áreas como preservação ambiental, além das de epidemiologia e de serviços públicos de saúde. Posso estar disposto a pagar por minha parte em um programa social de erradicação da malária, mas não posso comprar minha parte da proteção na forma de um "bem privado" (como uma maçã ou uma camisa). Esse é um "bem público" — um meio livre da malária — que temos de consumir juntos. Por certo, se eu realmente conseguir organizar um meio livre da malária no local em que vivo, meu vizinho também terá um meio livre dessa doença, sem ter de "comprá-lo" de ninguém.[39]

A base racional do mecanismo de mercado está voltada para os bens privados (como maçãs e camisas), e não para os bens públicos (como o meio livre de malária), sendo possível mostrar que pode haver boas razões para o fornecimento de bens públicos, indo além do que os mercados privados promoveriam.[40] Argumentos exatamente análogos sobre o alcance limitado do mecanismo de mercado aplicam-se da mesma maneira a várias outras áreas importantes, nas quais a provisão também pode dar-se na forma de um bem público. Defesa, policiamento e proteção ambiental são algumas das áreas às quais se aplica esse tipo de raciocínio.

Há também casos claramente mistos. Por exemplo, dados os benefícios da educação básica compartilhados pela comunidade, que podem transcender os ganhos da pessoa que está recebendo a educação, a educação básica pode conter também um componente de bem público (e pode ser vista como um bem semipúblico). As pessoas que recebem educação obviamente se beneficiam

171

com isso, mas, além disso, uma expansão geral da educação e alfabetização em uma região pode favorecer a mudança social (até mesmo a redução da fecundidade e da mortalidade, como será discutido de modo mais pormenorizado nos capítulos 8 e 9), além de ajudar a aumentar o progresso econômico que beneficia também outras pessoas. O alcance efetivo desses serviços pode requerer atividades cooperativas e a provisão pelo Estado ou autoridades locais. O Estado tem, com efeito, desempenhado um papel fundamental na expansão da educação básica em todo o mundo. A rápida disseminação da alfabetização na história dos países hoje ricos (no Ocidente, no Japão e no restante da Ásia) baseou-se no baixo custo da educação pública combinado a seus benefícios públicos compartilhados.

É nesse contexto notável que alguns entusiastas do mercado recomendam hoje em dia aos países em desenvolvimento que se baseiem totalmente no livre mercado até mesmo para a educação básica — com isso negando-lhes o próprio processo de expansão educacional que no passado foi crucial para difundir rapidamente a alfabetização na Europa, na América do Norte, no Japão e no Leste Asiático. Os pretensos seguidores de Adam Smith podem aprender alguma coisa com o que seu guru escreveu sobre esse tema, demonstrando sua frustração com o parco dispêndio público no campo da educação:

> Com um gasto irrisório o governo pode facilitar, pode incentivar e pode até mesmo impor a quase todo o povo a necessidade de adquirir as partes mais essenciais da educação.[41]

O argumento dos "bens públicos" para que se vá além do mecanismo de mercado suplementa as razões para a provisão social originadas da necessidade de capacidades básicas, como no caso dos serviços básicos de saúde e das oportunidades educacionais elementares. Assim, considerações sobre a eficiência suplementam o argumento em favor da equidade quando se defende a assistência pública na provisão de educação básica, serviços de saúde e outros bens públicos (ou semipúblicos).

PROVISÃO PÚBLICA E INCENTIVOS

Embora essas considerações forneçam boas justificativas para os gastos públicos nas áreas cruciais para o desenvolvimento econômico e a mudança social, existem contra-argumentos que também precisam ser examinados no mesmo contexto. Um problema consiste no ônus fiscal do dispêndio público, que pode ser vultoso, dependendo do quanto se planeja fazer. O medo dos déficits orçamentários e da inflação (e, de um modo geral, da "instabilidade macroeconômica") tende a permear as discussões contemporâneas sobre política econômica, e de fato essa é uma questão de grande importância. Outro problema é o dos incentivos e efeitos que um sistema de custeio público pode produzir, desincentivando a iniciativa e distorcendo os esforços individuais. Essas duas questões — a necessidade de prudência fiscal e a importância dos incentivos — merecem toda atenção. Começarei pela segunda, e posteriormente retornarei ao tema do ônus fiscal e suas consequências.[42]

Qualquer transferência pura — a redistribuição de renda ou a provisão gratuita de um serviço público — pode potencialmente ter um efeito sobre o sistema de incentivos da economia. Argumentou-se com particular veemência, por exemplo, que um generoso seguro-desemprego pode enfraquecer nos desempregados a determinação de conseguir um emprego e que isso realmente ocorreu na Europa. Dado o óbvio argumento da equidade em favor desse seguro, pode-se ter aqui um problema espinhoso se o potencial conflito revelar-se real e quantitativamente substancial. No entanto, como as pessoas procuram emprego por várias razões — e não apenas para receber uma renda —, a substituição parcial do salário perdido pelo custeio público pode não ser, de fato, um desincentivo tão grande para que as pessoas procurem emprego, como às vezes se supõe. Na verdade, o alcance e a magnitude dos efeitos desincentivadores do seguro-desemprego não estão nada claros. Não obstante, só um exame empírico seria capaz de verificar o quanto podem ser acentuados os efeitos de desincentivo, para facilitar uma discus-

173

são pública bem fundamentada sobre esses temas importantes de política pública, incluindo a escolha de um equilíbrio apropriado entre equidade e eficiência.

Na maioria dos países em desenvolvimento existem poucas disposições relacionadas ao seguro-desemprego em geral. Mas o problema do incentivo não está ausente por essa razão. Até mesmo para a assistência médica e serviços de saúde gratuitos, ou para a educação gratuita, podem ser levantadas questões com respeito a (1) o grau em que os beneficiários necessitam desses serviços e (2) o quanto a própria pessoa poderia ter pago por esses serviços (e talvez pagasse na ausência da provisão pública gratuita). Os que consideram essas provisões sociais básicas (serviços médicos, educação etc.) um direito inalienável dos cidadãos tenderiam a ver esse tipo de questionamento como equivocado e talvez até mesmo como uma negação perturbadora dos princípios normativos de uma "sociedade" contemporânea. Tal posição certamente é defensável até certo ponto, mas, dada a limitação dos recursos econômicos, existem envolvidas na questão escolhas fundamentais que não podem ser totalmente negligenciadas com base em algum princípio "social" pré-econômico. De qualquer modo, é preciso lidar com o problema do incentivo, no mínimo porque o *grau* de custeio social que uma sociedade poderia fornecer deve depender em parte dos custos e incentivos.

INCENTIVOS, CAPACIDADES E FUNCIONAMENTOS

É difícil solucionar totalmente o problema básico dos incentivos. De um modo geral, de nada adianta procurar indicadores que sejam ao mesmo tempo relevantes para identificar a privação e — quando usados como base do custeio público — não acarretem nenhum efeito de incentivo. Porém, o grau dos efeitos de incentivo pode variar conforme a natureza e a forma dos critérios utilizados.

O enfoque informacional da análise da pobreza neste livro

transferiu a atenção do baixo nível de renda para a privação de capacidades básicas. O argumento central em favor dessa transferência é baseado em princípios, e não estratégico. Tentamos demonstrar que a privação de capacidades é mais importante como critério de desvantagem do que o baixo nível de renda, pois a renda é apenas instrumentalmente importante e seu valor derivado depende de muitas circunstâncias sociais e econômicas. Esse argumento agora pode ser suplementado pela sugestão de que o enfoque sobre a privação de capacidades apresenta alguma vantagem para prevenir distorções de incentivo em comparação com o uso do baixo nível de renda como um critério para as transferências e subsídios. Esse argumento instrumental só contribui para justificar o enfoque nas capacidades.

A avaliação de capacidades tem de ser feita primordialmente com base na observação dos funcionamentos reais da pessoa, suplementando-se essa observação com outras informações. Há um salto aqui (de funcionamentos para capacidades), mas não é preciso que seja um salto grande, porque a valoração dos funcionamentos reais é um modo de avaliar como a pessoa valoriza as opções que tem. Se uma pessoa morre prematuramente ou sofre de alguma doença penosa e ameaçadora, na maioria dos casos seria correto concluir que ela tem um problema de capacidade.

Evidentemente, em alguns casos isso não seria verdade. Uma pessoa pode suicidar-se, por exemplo. Ou pode passar fome não por necessidade, e sim porque decidiu jejuar. Mas essas ocorrências são relativamente raras, e podem ser analisadas com base em informações suplementares, que estariam relacionadas, no caso do jejum, a práticas religiosas, estratégias políticas ou a outras razões. Em princípio é certo ir além dos funcionamentos escolhidos para avaliar a capacidade de uma pessoa, mas o quanto se poderia ir dependeria das circunstâncias. A elaboração e a execução de políticas públicas são, tal como a política, a arte do possível, sendo importante ter isso em mente ao combinarem-se *insights* teóricos com interpretações realistas sobre a exequibilidade prática. Porém, o importante a ressaltar é que, mesmo com o enfoque informacional limitado aos funcionamentos (longevidade, condições de saúde, alfabetização etc.), obtemos uma medida mais instrutiva da privação do que podemos conseguir com base apenas em estatísticas de renda.

Obviamente há problemas até na observação de alguns tipos de realizações de funcionamento. Mas alguns dos problemas mais básicos e elementares permitem em maior grau a observação direta, e com suficiente frequência fornecem bases informacionais úteis para as políticas de combate às privações. As bases informacionais para que se veja a necessidade de campanhas de alfabetização, serviços hospitalares e suplementação nutricional não precisam ser particularmente obscuras.[43] Ademais, essas necessidades e desvantagens podem ser menos sujeitas à distorção estratégica do que a desvantagem da renda baixa, uma vez que frequentemente é fácil esconder a renda, ainda mais na maioria dos países em desenvolvimento. Se o governo concedesse subvenções às pessoas tendo por base apenas a pobreza delas (deixando que eles paguem com sua própria renda pela assistência médica, serviços educacionais etc.), é provável que houvesse uma considerável manipulação das informações. O enfoque sobre funcionamentos e capacidades (amplamente usado neste trabalho) tende a reduzir as dificuldades de compatibilidade de incentivos. Por quê?

Primeiro, as pessoas podem em geral relutar em recusar educação, favorecer o agravamento de uma doença ou cultivar a subnutrição por motivos puramente táticos. As prioridades do raciocínio e da escolha tendem a pesar contra a promoção deliberada dessas privações elementares. Obviamente, há exceções. Entre os relatos mais lamentáveis sobre experiências de auxílio a vítimas da fome coletiva, encontramos alguns casos de pais que mantiveram uma das crianças totalmente esfomeada para que a família fosse qualificada para receber auxílio alimentar (por exemplo, na forma de rações de alimentos levadas para casa) — tratando a criança, por assim dizer, como um vale-refeição.[44] Porém, esses efeitos de incentivo para manter pessoas subnutridas, sem tratamento médico ou analfabetas são relativamente raros, por motivos não difíceis de imaginar.

Segundo, os fatores causais que fundamentam algumas privações funcionais podem ser muito mais profundos do que a privação de renda, e pode ser dificílimo ajustá-los por motivos puramente táticos. Incapacidades físicas, velhice, características típicas de cada sexo e fatores afins são fontes particularmente sérias de deficiência de capacidades por estarem fora do controle das pessoas afetadas. E, por razão muito semelhante, não são passíveis de distorções de incentivo como as características ajustáveis.

Terceiro, há também a questão um tanto mais ampla de que os próprios beneficiários tendem a dar mais atenção a funcionamentos e capacidades realizados (e à qualidade de vida que eles trazem) do que meramente a ganhar mais dinheiro; assim, a avaliação de políticas públicas que é feita em função de variáveis mais próximas das considerações que entram nas decisões dos indivíduos pode ser capaz de usar as decisões pessoais como mecanismos de seleção. Essa questão relaciona-se ao uso da autosseleção na provisão de assistência pública mediante a exigência de trabalho e esforço, como frequentemente se faz quando se oferece auxílio a vítimas de fomes coletivas. Só os destituídos que precisam de dinheiro a ponto de dispor-se a um trabalho razoavelmente árduo se apresentarão para aproveitar as oportunidades de emprego oferecidas (com frequência a um salário um tanto reduzido), as quais constituem uma forma muito usada de auxílio público a necessitados.[45] Esse tipo de iniciativa visando a um público-alvo tem sido amplamente usado com êxito na prevenção da fome coletiva, e pode ter um papel mais abrangente no aumento das oportunidades econômicas da população destituída mas fisicamente apta.[46] O fundamento racional dessa abordagem reside no fato de que as escolhas feitas pelos potenciais beneficiários são governadas por considerações mais amplas do que a maximização da renda recebida. Como os indivíduos envolvidos concentram-se mais nas oportunidades globais (incluindo tanto o custo humano do esforço como o benefício da renda extra), a elaboração das políticas públicas pode fazer um uso inteligente dessa consideração mais ampla.

Quarto, o redirecionamento da atenção das baixas rendas pessoais para as deficiências de capacidade também contribui diretamente para o argumento em favor de maior ênfase na provisão pública direta de facilidades como serviços de saúde e programas educacionais.[47] Tais serviços não são passíveis de transferência e venda, e não têm grande serventia para uma pessoa a menos que ela realmente necessite deles. Existe uma certa "correspondência embutida" na provisão desses serviços.[48] E essa característica de provisão direcionada para as capacidades permite que se atinja mais facilmente o público-alvo, reduzindo a margem para distorções de incentivo.

DIRECIONAMENTO PARA UM PÚBLICO-ALVO E TESTE DE MEIOS

Contudo, apesar dessas vantagens, a decisão de direcionar as políticas para o combate das deficiências de capacidade e não para as de renda não elimina, por si mesma, a necessidade de julgar a pobreza econômica dos potenciais beneficiários, uma vez que existe também a questão de *como* as provisões públicas devem ser distribuídas. Há ainda o problema de cobrar pelos serviços públicos segundo o potencial para pagar por eles, o que traria de volta a necessidade de aquilatar a renda do potencial beneficiário.

A provisão de serviços públicos tem se direcionado cada vez mais para o teste de meios no mundo todo. A razão disso é facilmente compreensível, ao menos em princípio. Esse expediente reduz o ônus fiscal, e o mesmo montante de fundos públicos pode ser usado de maneira muito mais abrangente na assistência aos economicamente necessitados se for possível fazer os relativamente abastados pagarem pelos benefícios que recebem (ou induzi-los a dar uma contribuição significativa aos custos envolvidos). O que é mais difícil de assegurar é que os meios sejam eficazmente testados com precisão aceitável, sem acarretar outros efeitos que sejam adversos.

Devemos fazer uma distinção clara entre dois problemas de incentivo na provisão de serviços de saúde ou educação com base no teste de meios, relacionados respectivamente às informações sobre (1) a deficiência de capacidades de uma pessoa (por exemplo, uma doença física) e (2) as condições econômicas dessa pessoa (e seu potencial para pagar). No que concerne ao primeiro problema, a forma e a natureza fungível ou infungível da ajuda fornecida pode fazer uma diferença significativa. Como já discutido, quando o custeio social é feito com base no diagnóstico direto de uma necessidade específica (por exemplo, após verificar que uma pessoa está sofrendo de uma determinada moléstia) e quando ele é fornecido gratuitamente na forma de serviços específicos e intransferíveis (como o tratamento médico para essa doença), a possibilidade de distorção informacional do primeiro tipo é substancialmente reduzida. Temos aqui um contraste com a provisão de dinheiro fungível para financiar o tratamento médico, o que exigiria mais investigação indireta. Por esse motivo, os programas de serviços diretos como a assistência médica e a educação são menos sujeitos a abusos.

Mas a segunda questão é bem diferente. Se a intenção for prover serviços gratuitamente aos pobres, mas não aos que podem pagar por eles, existe o problema adicional de apurar as condições econômicas de cada pessoa. Isso pode ser particularmente difícil, especialmente em países onde não é fácil extrair informações sobre renda e riqueza. A fórmula europeia de visar à deficiência de capacidades sem efetuar o teste de meios na provisão de atendimento médico tendeu a assumir a forma de um serviço nacional de saúde geral — facultado a todos os que necessitam de serviços médicos. Isso facilita a tarefa informacional, mas não leva em conta a divisão entre ricos e pobres. A fórmula americana do Medicaid [auxílio dos governos estaduais para pagamento de despesas médicas das pessoas de baixa renda] visa lidar com ambos os aspectos (em um nível mais modesto), e precisa dar conta dos dois desafios informacionais.

Como os potenciais beneficiários também são agentes da ação, a arte de "visar a um público-alvo" é muito menos simples do que tendem a supor alguns defensores do teste dos meios. É importante notar os problemas envolvidos no direcionamento preciso das políticas para um público-alvo e em particular no teste dos meios, especialmente porque a razão para esse direcionamento é, em princípio, muito forte e convincente. Entre as possíveis distorções que podem resultar de tentativas de direcionamento ambíguo das políticas incluem-se:[49]

1) *Distorção de informação*: qualquer sistema de policiamento destinado a apanhar os "trapaceiros" que declaram ter condições financeiras inferiores às que realmente têm cometeria erros ocasionais e desqualificaria alguns casos genuínos. Efeito não menos importante, tal sistema desencorajaria algumas pessoas verdadeiramente qualificadas (a receber os benefícios pretendidos) de solicitar os benefícios a que fazem jus. Dada a assimetria de informações, não é possível eliminar a fraude sem pôr em considerável risco alguns dos beneficiários honestos.[50] Ao tentar eliminar o erro do "tipo 1", a inclusão de não necessitados entre os necessitados, muito provavelmente se cometeriam graves erros do "tipo 2", ou seja, não seriam incluídas algumas pessoas realmente necessitadas entre as qualificadas para receber benefícios.

2) *Distorção de incentivo*: a distorção informacional adultera os dados, mas, por si mesma, não altera a real situação econômica básica. Porém, o custeio direcionado para um público-alvo *também* pode afetar o comportamento econômico das pessoas. Por exemplo, a perspectiva de alguém perder o auxílio se conseguir uma remuneração acima do limite pode tolher as atividades econômicas. Seria natural esperar que houvesse *algumas* mudanças causadoras de distorção significativas se a qualificação para receber auxílio se baseasse em uma variável (como a renda) que fosse livremente ajustável mediante a mudança do comportamento econômico da pessoa. Os custos *sociais* da mudança de comportamento devem incluir, entre outras coisas, a perda dos frutos das atividades econômicas das quais se abriu mão.

3) *Desutilidade e estigma*: um sistema de custeio público que exija a identificação da pessoa como pobre (e que seja visto como uma caridade especial àqueles que são incapazes de se sustentar inteiramente por conta própria) tenderia a produzir alguns efeitos sobre o respeito próprio, bem como sobre o respeito dos outros pela pessoa. Isso pode distorcer a busca de auxílio, mas há também custos e perdas diretos envolvidos no sentimento de ser estigmatizado — e no fato de o ser. Como a questão do respeito próprio frequentemente é vista pelos líderes responsáveis pelas políticas como algo de interesse secundário (e considerada uma preocupação muito "refinada"), tomo a liberdade de citar o argumento de John Rawls: o respeito próprio é "talvez o bem primário mais importante" sobre o qual uma teoria da justiça como equidade deva concentrar-se.[51]

4) *Custos administrativos, perda invasiva e corrupção*: o procedimento de direcionar as políticas para um público-alvo pode envolver custos administrativos vultosos — na forma de dispêndios de recursos e atrasos burocráticos — além de perdas de privacidade e autonomia individual acarretadas pela necessidade de ampla revelação e pelo programa associado de investigação e policiamento. Existem, ademais, os custos sociais do poder assimétrico que os potentados da burocracia desfrutam diante dos requerentes suplicantes. E, cabe acrescentar, existe uma possibilidade maior de corrupção neste caso, uma vez que os potentados adquirem, em um sistema de direcionamento de políticas para um público-alvo, o poder de conceder benefícios, podendo os beneficiários dispor-se a pagar para que a concessão desses benefícios lhes seja facilitada.

5) *Sustentabilidade política e qualidade*: os beneficiários do custeio social direcionado a um público-alvo com frequência são demasiado fracos politicamente e podem não ter influência para defender os programas nas disputas políticas ou para manter a qualidade dos serviços oferecidos. Nos Estados Unidos, essa consideração tem sido o alicerce de

alguns argumentos bem conhecidos em favor de programas "universais", que receberiam um apoio mais amplo, em vez de programas acentuadamente direcionados, restritos apenas aos mais pobres.[52] Nesse argumento não podemos deixar de ver também alguma relação com os países mais pobres.

O intuito de salientar essas dificuldades não é sugerir que o direcionamento das políticas para um público-alvo fatalmente será inútil ou sempre problemático, mas apenas observar que existem considerações que contrariam o simples argumento em favor do direcionamento máximo. O direcionamento de políticas para um público-alvo é, na verdade, uma *tentativa* — e não um *resultado*. Mesmo em casos nos quais bons resultados seriam absolutamente certos, isso não implica necessariamente que as tentativas na forma de programas de políticas direcionadas a um público-alvo produziriam esses resultados. Como recentemente o argumento em favor do teste de meios e do direcionamento preciso para um público-alvo tem ganhado muito terreno nas esferas públicas (fundamentado em um raciocínio muito elementar), vale a pena pôr em relevo a confusão e os efeitos de desincentivo da política proposta.

CONDIÇÃO DE AGENTE E BASE INFORMACIONAL

Seria totalmente inútil tentar encontrar um argumento em favor de uma aceitação ou de uma rejeição universais do teste de meios com base em argumentos muito gerais, e a relevância da discussão acima reside principalmente em indicar argumentos contrários e favoráveis ao teste de meios preciso. Na prática, nessa área (como em muitas outras já consideradas), seria necessário encontrar soluções conciliatórias. Em um trabalho geral desse tipo, seria errôneo procurar alguma "fórmula" específica para uma solução conciliatória ótima. A abordagem correta teria de ser sensível às circunstâncias envolvidas — tanto a natureza dos serviços públicos a serem oferecidos como as características da sociedade à qual eles serão oferecidos. Esta última circunstância deve incluir a ascendência de valores de comportamento de tipos diversos, os quais influenciam as escolhas e os incentivos individuais.

Entretanto, as questões básicas aqui confrontadas têm um certo interesse para a abordagem principal deste livro, e envolvem tanto a importância da condição de agente (ver as pessoas como agentes, e não como pacientes) quanto o enfoque informacional sobre a privação de capacidades (em vez de apenas sobre a pobreza de renda). A primeira questão relaciona-se à necessidade, salientada em todo este livro, de ver as pessoas — mesmo os beneficiários — como agentes, em vez de pacientes inertes. Os próprios objetos da "política direcionada a um público-alvo" são ativos, e suas atividades podem fazer com que as realizações do direcionamento das políticas sejam bem diferentes das tentativas de direcionamento (por motivos já expostos).

A segunda questão relaciona-se aos aspectos informacionais do direcionamento de políticas para um público-alvo; nesses aspectos inclui-se a possibilidade de identificar as características relevantes para o sistema de alocação escolhido. Aqui, a mudança da atenção — da pobreza de renda para a privação de capacidades — auxilia na tarefa da identificação. Embora o teste de meios ainda requeira que as rendas e o potencial para pagar sejam identificados, a outra parte do exercício é facilitada pelo diagnóstico direto da deficiência de capacidades (como por exemplo estar doente ou ser analfabeto). Essa é uma parte — uma parte importante — da tarefa da informação na provisão pública.

PRUDÊNCIA FINANCEIRA E NECESSIDADE DE INTEGRAÇÃO

Examinarei agora o problema da prudência financeira, que em décadas recentes se tornou uma grande preocupação no mundo todo. As exigências de comedimento nas finanças são agora muito acentuadas, depois que os efeitos danosos da inflação excessiva e da instabilidade passaram a ser amplamente estudados e discutidos. As finanças são, por certo, um campo no qual a moderação tem um mérito evidente, e nele a prudência pode facilmente assumir a forma de comedimento. Mas precisamos esclarecer o que o comedimento financeiro exige e por quê.

O objetivo do comedimento financeiro não é tanto o mérito aparentemente notório de "viver nos limites dos próprios recursos", muito embora essa retórica seja bastante atrativa. Como indicou eloquentemente o sr. Micawber no *David Copperfield*, de Charles Dickens, "Renda anual vinte libras, despesa anual dezenove e seis, resultado felicidade. Renda anual vinte libras, despesa anual vinte libras e seis, resultado desgraça". A analogia com a solvência pessoal tem sido usada com veemência por muitos adeptos do comedimento financeiro, talvez principalmente por Margareth Thatcher. Entretanto, esse argumento não fornece uma regra clara para as políticas de um Estado. Ao contrário do sr. Micawber, um Estado *pode* continuar a gastar mais do que ganha, por meio de empréstimos e outros expedientes. Na verdade, quase todo Estado faz isso, quase o tempo todo.

O verdadeiro problema não é se isso pode ou não ser feito (certamente pode), mas quais poderiam ser os *efeitos* do excesso de dispêndio financeiro. Portanto, a questão básica que se apresenta é a importância consequencial do que às vezes se denomina "estabilidade macroeconômica", em particular a ausência de grave pressão inflacionária. O argumento em favor do comedimento financeiro fundamenta-se, em grande medida, no reconhecimento de que a estabilidade de preços é importante e que ela pode ser seriamente ameaçada pela complacência e irresponsabilidade fiscal.

Que evidências temos dos efeitos perniciosos da inflação? Em um eloquente estudo crítico de experiências internacionais nessa área, Michael Bruno observa que "vários episódios registrados de inflação moderada (entre 20 e 40% [elevação anual dos preços]) e a maioria dos casos de índices de inflação mais elevados (que têm sido muito numerosos) indicam que a inflação alta anda lado a lado com significativos efeitos negativos sobre o crescimento". E, "inversamente, as evidências cumulativas indicam que a acentuada estabilização depois de uma inflação alta traz efeitos positivos muito acentuados sobre o crescimento, mesmo no curto a médio prazo".[53]

A conclusão a se tirar disso para a esfera das políticas requer alguma sutileza. Bruno constata também que "os efeitos da inflação sobre o crescimento são, na melhor das hipóteses, obscuros nos casos de índices inflacionários baixos (inferiores a 15-20% anuais)". Ele prossegue, indagando: "Por que preocupar-se com baixos índices de inflação, especialmente se os custos da inflação *prevista* podem ser evitados (pela indexação) e os da inflação *não prevista* parecem ser baixos?".[54] Bruno também salienta que, "embora a raiz de todas as inflações elevadas seja o déficit financeiro (e com frequência, ainda que não sempre, o financiamento monetário desse déficit), isso, por sua vez, pode ser consistente com múltiplos equilíbrios inflacionários".

O verdadeiro problema reside no fato de que "a inflação é um processo inerentemente persistente e, ademais, o grau de persistência tende a aumentar com a taxa de inflação". Bruno apresenta um quadro claro do modo como ocorre essa aceleração inflacionária, e deixa a lição muito bem ilustrada com uma analogia: "A inflação crônica tende a assemelhar-se ao hábito de fumar: depois que o sujeito ultrapassa um número mínimo, é dificílimo escapar de um vício que se agrava sempre mais". De fato, "quando ocorrem choques (por exemplo, uma crise pessoal para um fumante, uma crise de preços para uma economia), há uma grande chance de que a gravidade do hábito [...] pule para um novo nível, mais elevado, que persiste mesmo depois de o choque ter-se abrandado", e esse processo pode se repetir.[55]

Esse é um argumento típico em favor da prudência, e aliás é muito persuasivo, baseado em um complexo conjunto de comparações internacionais. Não é difícil concordar com a análise e as conclusões extraídas por Michael Bruno. Porém, o importante é não perder de vista o que exatamente foi estabelecido, e também perceber qual é realmente a exigência de comedimento financeiro. Em particular, *não* é uma exigência do que eu chamaria de radicalismo anti-inflacionário, o qual muitas vezes é confundido com o comedimento financeiro. O argumento exposto não visa eliminar totalmente a inflação — independentemente do que tiver de ser sacrificado por esse objetivo. Em vez disso, a lição é ter em mente os custos prováveis de tolerar a inflação em comparação com os custos de reduzi-la ou eliminá-la por completo. O problema crítico é evitar a "instabilidade dinâmica" que mesmo a aparentemente estável inflação crônica tende a apresentar, se estiver acima de um nível baixo. A lição para a esfera das políticas que Bruno nos deixa é: "A combinação de estabilização custosa a índices de inflação baixos e à tendência ascendente da persistência inflacionária fornece um argumento relacionado ao custo do crescimento em favor de manter a inflação baixa, muito embora os custos elevados de crescimento pareçam ser observados diretamente apenas nas inflações mais altas".[56] O que se deve evitar, segundo esse argumento, não é apenas a inflação *alta*, mas — devido à instabilidade dinâmica — até mesmo a inflação *moderada*.

Contudo, o radicalismo na causa da inflação zero não é mostrado aqui nem como particularmente sábio, nem mesmo como a interpretação apropriada das exigências de comedimento financeiro. Percebe-se claramente a confusão entre questões distintas na contínua fixação do equilíbrio orçamentário nos Estados Unidos, que não muito tempo atrás resultou em uma cessação parcial de operações do governo americano (e ameaças de cessações mais abrangentes). Isso levou a um ajuste incômodo entre a Casa Branca e o Congresso — um ajuste cujo êxito depende muito do desempenho da economia americana no curto prazo. É preciso distinguir o *radicalismo antidéficit* do genuíno *comedimento financeiro*. Existem realmente boas razões para reduzir os vultosos déficits orçamentários encontrados em muitos países do mundo (com frequência agravados por gigantescos ônus de dívida nacional e altas taxas de crescimento dessa dívida). Mas esse argumento não deve ser confundido com o extremismo de tentar eliminar *totalmente* os déficits orçamentários com grande rapidez, sem importar qual possa vir a ser o custo social.

A Europa tem muito mais razão para preocupar-se com déficits orçamentários do que os Estados Unidos. Para começar, os déficits orçamentários americanos têm sido, já há muitos anos, moderados o bastante para estar abaixo das "normas" estabelecidas pelo Acordo de Maastricht para a União Monetária Europeia (um déficit orçamentário não superior a 3% do Produto Interno Bruto). Parece não haver déficit algum, neste momento. Em contraste, a maioria dos países europeus apresentou — e ainda apresenta — déficits muito substanciais. É conveniente que vários desses países estejam atualmente se esforçando resolutamente para reduzir os níveis desses grandes déficits (a Itália deu um exemplo notável desse empenho em anos recentes).

Se ainda resta uma questão a ser levantada, ela diz respeito às prioridades globais das políticas europeias — uma questão já discutida no capítulo 4. O que se está examinando aqui é se tem sentido dar prioridade absoluta a um único objetivo, ou seja, evitar a inflação (uma prioridade formalizada por muitos bancos centrais da Europa ocidental) enquanto se toleram taxas notavelmente elevadas de desemprego. Estando correta a análise apresentada neste livro, a elaboração das políticas públicas na Europa tem de dar prioridade real à eliminação da privação de capacidades acarretada pelo desemprego acentuado.

O comedimento financeiro tem um bom fundamento lógico e impõe exigências fortes, mas suas demandas devem ser interpretadas à luz dos objetivos globais da política pública. O papel do dispêndio público na geração e garantia de muitas capacidades básicas requer atenção: ele deve ser considerado juntamente com a necessidade instrumental de estabilidade macroeconômica. Na verdade, essa necessidade deve ser avaliada *dentro* de uma ampla estrutura de objetivos sociais.

Dependendo do contexto específico, diferentes questões de política pública podem acabar tendo uma importância crítica. Na Europa, o problema poderia ser a perversidade do desemprego em massa (em torno de 12% em vários países influentes). Nos Estados Unidos, um desafio crucial está na ausência de qualquer tipo de seguro-saúde ou de uma cobertura segura para um número enorme de pessoas (os Estados Unidos são o único país dentre os países ricos com esse problema, e o número dos que não têm seguro-saúde ultrapassa 40 milhões). Na Índia, existe uma enorme deficiência das políticas públicas na extrema negligência da alfabetização (metade da população adulta — dois terços das mulheres adultas — ainda é analfabeta). No Leste e Sudeste Asiático, cada vez mais parece que o sistema financeiro pede uma regularização abrangente, e também parece haver a necessidade de um sistema preventivo que possa neutralizar perdas súbitas de confiança na moeda de um país ou nas oportunidades de investimento (como se revelou nas experiências recentes desses países, que precisaram recorrer a gigantescas operações de ajuda financeira do Fundo Monetário Internacional). Os problemas são diferentes e, dada sua complexidade, cada um exige um exame atento dos objetivos e instrumentos das políticas públicas. A necessidade do comedimento financeiro, ainda que importante, encaixa-se nesse quadro diversificado e amplo, e não pode sustentar-se sozinha — isoladamente — como *o* compromisso do governo ou do banco central. A necessidade do exame atento e da avaliação comparativa de campos alternativos do dispêndio público é absolutamente crucial.

OBSERVAÇÕES FINAIS

Os indivíduos vivem e atuam em um mundo de instituições. Nossas oportunidades e perspectivas dependem crucialmente das instituições que existem e do modo como elas funcionam. Não só as instituições contribuem para nossas liberdades, como também seus papéis podem ser sensivelmente avaliados à luz de suas contribuições para nossa liberdade. Ver o desenvolvimento como liberdade nos dá uma perspectiva na qual a avaliação institucional pode ocorrer sistematicamente.

Embora diferentes comentaristas tenham escolhido enfocar instituições específicas (como o mercado, o sistema democrático, a mídia ou o sistema de distribuição pública), precisamos considerá-las conjuntamente, ser capazes de ver o que elas podem ou não podem fazer em combinação com outras instituições. É nessa perspectiva integrada que as diferentes instituições podem ser avaliadas e examinadas racionalmente.

O mecanismo de mercado, que desperta paixões favoráveis ou contrárias, é um sistema básico pelo qual as pessoas podem interagir e dedicar-se a atividades mutuamente vantajosas. Por essa perspectiva, é dificílimo pensar que um crítico razoável poderia ser contra o mecanismo de mercado em si. Os problemas que surgem se originam geralmente de outras fontes — não da existência dos mercados em si — e incluem considerações como o despreparo para usar as transações de mercado, o ocultamento não coibido de informações ou o uso não regulamentado de atividades que permitem aos poderosos tirar proveito de sua vantagem assimétrica. Deve-se lidar com esses problemas não suprimindo os mercados, mas permitindo-lhes funcionar melhor, com maior equidade e suplementação adequada. As realizações globais do mercado dependem intensamente das disposições políticas e sociais.

O mecanismo de mercado obteve grande êxito em condições nas quais as oportunidades por ele oferecidas puderam ser razoavelmente compartilhadas. Para possibilitar isso, a provisão de educação básica, a presença de assistência médica elementar, a disponibilidade de recursos (como a terra) que podem ser cruciais para algumas atividades econômicas (como a agricultura) pedem políticas públicas apropriadas (envolvendo educação, serviços de saúde, reforma agrária etc.). Mesmo quando é suprema a necessidade de uma "reforma econômica" para dar mais espaço aos mercados, essas facilidades desvinculadas do mercado requerem uma ação pública cuidadosa e resoluta.

Neste capítulo — e em capítulos anteriores — foram considerados e examinados vários exemplos dessa complementaridade. Não se pode duvidar das contribuições do mecanismo de mercado para a eficiência, e os resultados econômicos tradicionais, nos quais a eficiência é julgada segundo a prosperidade, a opulência ou a utilidade, podem ser estendidos também para a eficiência no que se refere a liberdades individuais. Mas esses resultados de eficiência não podem, sozinhos, garantir a equidade distributiva. O problema pode ser particularmente grande no contexto da desigualdade de liberdades substantivas, quando existe um acoplamento das desvantagens (como por exemplo a dificuldade de uma pessoa incapacitada ou sem preparo profissional para *auferir* uma renda sendo reforçada pela sua dificuldade para fazer *uso* da renda para a capacidade de viver bem). Os abrangentes poderes do mecanismo de mercado têm de ser suplementados com a criação de oportunidades sociais básicas para a equidade e a justiça social.

No contexto dos países em desenvolvimento, a necessidade de iniciativas da política pública na criação de oportunidades sociais tem importância crucial. Como já discutido, no passado dos atuais países ricos encontramos uma história notável de ação pública por educação, serviços de saúde, reformas agrárias etc. O amplo compartilhamento dessas oportunidades sociais possibilitou que o grosso da população participasse diretamente do processo de expansão econômica.

O verdadeiro problema aqui não é a necessidade de comedimento financeiro em si, mas a crença subjacente — e com frequência não questionada — que tem sido dominante em alguns círculos políticos de que o desenvolvimento humano é realmente um tipo de luxo que só países mais ricos têm condições para bancar. Talvez a maior importância do tipo de êxito obtido recentemente pelas economias do Leste Asiático (começando com o Japão, décadas mais cedo) seja o total solapamento desse preconceito implícito. Essas economias buscaram comparativamente mais cedo a expansão em massa da educação, e mais tarde também dos serviços de saúde, e fizeram isso, em muitos casos, *antes* de romper os grilhões da pobreza geral.[57] E, apesar do tumulto financeiro vivenciado recentemente por algumas dessas economias, suas realizações globais ao longo das décadas têm sido notáveis. No que concerne aos recursos humanos, elas colheram o que semearam. De fato, a prioridade do desenvolvimento dos recursos humanos aplica-se particularmente à história *mais antiga* do desenvolvimento econômico japonês, começando na era Meiji em meados do século XIX. Essa prioridade não se intensificou à medida que o Japão foi se tornando mais rico e muito mais opulento.[58] O desenvolvimento humano é sobretudo um aliado dos pobres, e não dos ricos e abastados.

O que o desenvolvimento humano faz? A criação de oportunidades sociais contribui diretamente para a expansão das capacidades humanas e da qualidade de vida (como já exposto). A expansão dos serviços de saúde, educação, seguridade social etc. contribui diretamente para a qualidade da vida e seu florescimento. Há evidências até de que, mesmo com renda relativamente baixa, um país que garante serviços de saúde e educação a todos pode efetivamente obter resultados notáveis da duração e qualidade de vida de toda a população. A natureza altamente trabalho-intensiva dos serviços de saúde e educação básica — e do desenvolvimento humano em geral — faz com que eles sejam comparativamente baratos nos estágios iniciais do desenvolvimento econômico, quando os custos da mão de obra são baixos.

As recompensas do desenvolvimento humano, como vimos, vão muito além da melhora direta da qualidade de vida, e incluem também sua influência sobre as habilidades produtivas das pessoas e, portanto, sobre o crescimento econômico em uma base amplamente compartilhada.[59] Saber ler e fazer contas ajuda as massas a participar do processo de expansão econômica (bem ilustrado por Japão e Tailândia). Para aproveitar as oportunidades do comércio global, o "controle de qualidade" e a "produção segundo especificações" podem ser absolutamente cruciais, e trabalhadores que não sabem ler e fazer contas têm dificuldade para alcançar e manter esses padrões. Ademais, existem provas consideráveis de que a melhora nos serviços de saúde e na nutrição também tornam a força de trabalho mais produtiva e bem remunerada.[60]

Ao mesmo tempo, existem muitas confirmações, na literatura empírica contemporânea, da importância da educação, sobretudo das mulheres, na redução das taxas de fecundidade. Taxas de fecundidade elevadas podem ser consideradas, com grande justiça, prejudiciais à qualidade de vida, especialmente das mulheres jovens, pois gerar e criar filhos recorrentemente pode ser muito danoso para o bem-estar e a liberdade da jovem mãe. Em verdade, é essa relação que faz com que o ganho de poder das mulheres (por meio de mais empregos fora de casa, mais educação escolar etc.) seja tão eficaz para a redução das taxas de fecundidade, pois as mulheres jovens têm uma forte razão para moderar as taxas de natalidade, e seu potencial para influenciar as decisões familiares aumenta quando elas ganham mais poder. Retomarei essa questão nos capítulos 8 e 9.

Os que se consideram adeptos do comedimento financeiro às vezes se mostram céticos quanto ao desenvolvimento humano. Entretanto, há pouca base racional para essa inferência. Os benefícios do desenvolvimento humano são patentes, e podem ser mais completamente aquilatados com uma visão adequada e abrangente de sua influência global. A consciência dos custos pode ajudar a dirigir o desenvolvimento humano por canais que sejam mais produtivos — direta e indiretamente — para a qualidade de vida, mas não ameaça sua importância imperativa.[61]

O que realmente deveria ser ameaçado pelo comedimento financeiro é, com efeito, o uso de recursos públicos para finalidades nas quais os benefícios sociais não são nada claros, como, por exemplo, os vultosos gastos com o poderio bélico em muitos países pobres nos dias de hoje (gastos que com frequência são muitas vezes maiores do que o dispêndio público em educação básica ou saúde).[62] O comedimento financeiro deveria ser o pesadelo do militarista, e não do professor primário ou da enfermeira do hospital. É um indício do mundo desordenado em que vivemos o fato de o professor primário e a enfermeira se sentirem mais ameaçados pelo comedimento financeiro do que um general do exército. A retificação dessa anomalia requer não a crítica ao comedimento financeiro, e sim um exame mais pragmático e receptivo de reivindicações concorrentes dos fundos sociais.

6. A IMPORTÂNCIA DA DEMOCRACIA

NA ORLA DO GOLFO DE BENGALA, no extremo sul de Bangladesh e Bengala ocidental, na Índia, situa-se o Sunderban — que significa "bela floresta". É ali o hábitat natural do célebre tigre real de Bengala, um animal magnífico dotado de graça, velocidade, força e uma certa ferocidade. Restam relativamente poucos deles atualmente, mas os tigres sobreviventes estão protegidos por uma lei que proíbe caçá-los. A floresta de Sunderban também é famosa pelo mel ali produzido em grandes aglomerados naturais de colmeias. Os habitantes dessa região, desesperadamente pobres, penetram na floresta para coletar o mel, que nos mercados urbanos alcança ótimos preços — chegando talvez ao equivalente em rúpias a cinquenta dólares por frasco. Porém, os coletores de mel também precisam escapar dos tigres. Em anos bons, uns cinquenta e tantos coletores de mel são mortos por tigres, mas o número pode ser muito maior quando a situação não é tão boa. Enquanto os tigres são protegidos, nada protege os miseráveis seres humanos que tentam ganhar a vida trabalhando naquela floresta densa, linda — e muito perigosa.

Essa é apenas uma ilustração da força das necessidades econômicas em muitos países do Terceiro Mundo. Não é difícil perceber que essa força fatalmente pesa mais do que outras pretensões, como a liberdade política e os direitos civis. Se a pobreza impele os seres humanos a correr riscos tão terríveis — e talvez a mortes tão terríveis — por um ou dois dólares de mel, poderia ser estranho enfocar apenas sua liberdade formal e liberdades políticas. O *habeas-corpus* pode não parecer um conceito comunicável nesse contexto. Sem dúvida deve-se dar prioridade, argumenta-se, à satisfação de necessidades econômicas, mesmo se isso implicar um comprometimento das liberdades políticas.

Não é difícil pensar que concentrar-se na democracia e na liberdade política é um luxo que um país pobre "não se pode dar".

NECESSIDADES ECONÔMICAS E LIBERDADES POLÍTICAS

Concepções como essas são apresentadas com muita frequência em debates internacionais. Por que se preocupar com a sutileza das liberdades políticas diante da esmagadora brutalidade das necessidades econômicas intensas? Essa questão, bem como outras afins que refletem dúvidas quanto à urgência da liberdade política e direitos civis, tomou vulto na conferência de Viena sobre direitos humanos, realizada em meados de 1993, e delegados de vários países argumentaram contra a aprovação geral de direitos políticos e civis básicos em todo o planeta, particularmente no Terceiro Mundo. Em vez disso, afirmou-se, o enfoque teria de ser sobre "direitos econômicos" relacionados a importantes necessidades materiais.

Essa é uma linha de análise bem estabelecida, e foi veementemente defendida em Viena pelas delegações oficiais de diversos países em desenvolvimento, encabeçados por China, Cingapura e outros países do Leste Asiático, mas não objetada pela Índia ou outros países da Ásia meridional e ocidental, nem pelos governos africanos. Existe nessa linha de análise a retórica frequentemente repetida: o que deve vir primeiro — eliminar a pobreza e a miséria ou garantir liberdade política e direitos civis, os quais, afinal de contas, têm pouca serventia para os pobres?

A PREEMINÊNCIA DAS LIBERDADES POLÍTICAS E DA DEMOCRACIA

Será esse um modo sensato de abordar os problemas das necessidades econômicas e liberdades políticas — em função de uma dicotomia básica que parece solapar a relevância das liberdades políticas porque as necessidades econômicas são demasiado prementes?[1] Afirmo que não, que esse é um modo totalmente errado de ver a força das necessidades econômicas ou de compreender a relevância das liberdades políticas. As verdadeiras questões que têm de ser abordadas residem em outra parte, e envolvem observar amplas inter-relações entre as liberdades políticas e a compreensão e satisfação de necessidades econômicas. As relações não são apenas instrumentais (as liberdades políticas podem ter o papel fundamental de fornecer incentivos e informações na solução de necessidades econômicas acentuadas), mas também construtivas. Nossa conceituação de necessidades econômicas depende crucialmente de discussões e debates públicos abertos, cuja garantia requer que se faça questão da liberdade política e de direitos civis básicos.

Tentaremos demonstrar que a intensidade das necessidades econômicas *aumenta* — e não diminui — a urgência das liberdades políticas. Três diferentes considerações conduzem-nos na direção de uma preeminência geral dos direitos políticos e civis básicos:

1) sua importância *direta* para a vida humana associada a capacidades básicas (como a capacidade de participação política e social);
2) seu papel *instrumental* de aumentar o grau em que as pessoas são ouvidas quando expressam e defendem suas reivindicações de atenção política (como as reivindicações de necessidades econômicas);
3) seu papel *construtivo* na conceituação de "necessidades" (como a compreensão das "necessidades econômicas" em um contexto social).

Essas diferentes considerações serão discutidas em breve, mas primeiro precisamos examinar os argumentos apresentados por aqueles que veem um conflito real entre, de um lado, a liberdade política e os direitos democráticos e, de outro, a satisfação de necessidades econômicas básicas.

ARGUMENTOS CONTRA AS LIBERDADES POLÍTICAS E OS DIREITOS CIVIS

A oposição às democracias e liberdades civis e políticas básicas em países desenvolvidos parte de três direções distintas. Primeiro, afirma-se que essas liberdades e direitos tolhem o crescimento e o desenvolvimento econômico. Essa crença, denominada tese de Lee (o nome do ex-primeiro-ministro de Cingapura, Lee Kuan Yew, que a formulou sucintamente), foi descrita brevemente no capítulo 1.

Segundo, procurou-se demonstrar que, se aos pobres for dado escolher entre ter liberdades políticas e satisfazer necessidades econômicas, eles invariavelmente escolherão a segunda alternativa. Assim, por esse raciocínio, existe uma contradição entre a prática da democracia e sua justificação: a opinião da maioria tenderia a rejeitar a democracia — dada essa escolha. Em uma variante diferente desse argumento, mas estreitamente relacionada, afirma-se que a questão, de fato, não é tanto o que as pessoas realmente escolhem, mas o que elas têm *razão* para escolher. Como as pessoas têm razão para querer eliminar, antes de mais nada, a privação econômica e a miséria, têm razão suficiente para não fazer questão das liberdades políticas, que estorvariam suas prioridades reais. A presumida existência de um profundo conflito entre liberdades políticas e a satisfação das necessidades econômicas constitui uma premissa importante desse silogismo e, nesse sentido, essa variante do segundo argumento é dependente do primeiro (ou seja, da veracidade da tese de Lee).

Terceiro, tem-se afirmado muitas vezes que a ênfase sobre liberdade política, liberdades formais e democracia é uma prioridade especificamente "ocidental" que contraria particularmente os "valores asiáticos", os quais supostamente são mais voltados para a ordem e a disciplina do que para liberdades formais e liberdades substantivas. Argumenta-se, por exemplo, que a censura à imprensa pode ser mais aceitável em uma sociedade asiática (devido à sua ênfase sobre disciplina e ordem) do que no Ocidente. Na conferência de Viena de 1993, o ministro das Relações Exteriores de Cingapura alertou que "o reconhecimento universal do ideal dos direitos humanos pode ser prejudicial se o universalismo for usado para negar ou mascarar a realidade da *diversidade*". O porta-voz do Ministério das Relações Exteriores da China chegou a registrar formalmente a seguinte proposição, aparentemente aplicável à China e a outras partes da Ásia: "Os indivíduos têm de pôr os direitos do Estado antes dos seus próprios direitos".[2]

Este último argumento requer um exercício de interpretação cultural, que reservarei para uma discussão posterior, no capítulo 10.[3] Tratarei a seguir dos outros dois argumentos.

DEMOCRACIA E CRESCIMENTO ECONÔMICO

O autoritarismo realmente funciona tão bem? Decerto é verdade que alguns Estados relativamente autoritários (como Coreia do Sul, a Cingapura do ex-primeiro ministro Lee e a China pós-reforma) apresentaram ritmos de crescimento econômico mais rápidos do que muitos Estados menos autoritários (como Índia, Costa Rica e Jamaica). Mas, na verdade, a tese de Lee baseia-se em informações muito seletivas e limitadas, e não em uma análise estatística dos dados abrangentes que estão disponíveis. Não podemos realmente considerar o elevado crescimento econômico da China ou da Coreia do Sul na Ásia uma prova definitiva de que o autoritarismo é mais vantajoso para promover o crescimento econômico — tanto quanto não podemos tirar a conclusão oposta com base no fato de que o país com o crescimento mais rápido da África (e um dos mais rápidos do mundo), Botsuana, tem sido um oásis de democracia naquele continente conturbado. Muito depende das circunstâncias precisas.

Na verdade, há poucas evidências gerais de que governo autoritário e supressão de direitos políticos e civis sejam realmente benéficos para incentivar o desenvolvimento econômico.

O quadro estatístico é bem mais complexo. Estudos empíricos sistemáticos não dão sustentação efetiva à afirmação de que existe um conflito entre liberdades políticas e desempenho econômico.[4] O encadeamento direcional parece depender de muitas outras circunstâncias e, embora algumas investigações estatísticas apontem uma fraca relação negativa, outras mostram uma relação fortemente positiva. Tudo sopesado, a hipótese de que não existe relação entre os dois fatores em nenhuma das direções é difícil de rejeitar. Como a liberdade política e a liberdade substantiva têm importância própria, o argumento em favor das mesmas permanece não afetado.

Nesse contexto, é ainda importante mencionar uma questão mais básica de metodologia de pesquisa. Não devemos apenas investigar relações estatísticas, mas também analisar e examinar atentamente os processos *causais* que estão envolvidos no crescimento e desenvolvimento econômico. As políticas e circunstâncias econômicas que conduziram ao êxito econômico países do Leste Asiático são hoje em dia razoavelmente bem compreendidas. Embora diferentes estudos empíricos tenham ênfases diversas, existe agora um razoável consenso quanto a uma lista geral de "políticas úteis", incluindo abertura à concorrência, uso de mercados internacionais, alto nível de alfabetização e educação escolar, reformas agrárias bem-sucedidas e provisão pública de incentivos ao investimento, exportação e industrialização. Não existe absolutamente nada que indique que qualquer uma dessas políticas seja inconsistente com a democracia e precise realmente ser sustentada pelos elementos de autoritarismo que estavam presentes na Coreia do Sul, em Cingapura ou na China.[5]

Ademais, ao julgar-se o desenvolvimento econômico não é adequado considerar apenas o crescimento do PNB ou de alguns outros indicadores de expansão econômica global. Precisamos também considerar o impacto da democracia e das liberdades políticas sobre a vida e as capacidades dos cidadãos. É particularmente importante, nesse contexto, examinar a relação entre, de um lado, direitos políticos e civis e, de outro, a prevenção de grandes desastres (como as fomes coletivas). Os direitos políticos e civis dão às pessoas a oportunidade de chamar a atenção eficazmente para necessidades gerais e exigir a ação pública apropriada. A resposta do governo ao sofrimento intenso do povo frequentemente depende da pressão exercida sobre esse governo, e é nisso que o exercício dos direitos políticos (votar, criticar, protestar etc.) pode realmente fazer diferença. Essa é uma parte do papel "instrumental" da democracia e das liberdades políticas. Precisarei retomar essa questão importante mais adiante neste capítulo.

OS POBRES IMPORTAM-SE COM DEMOCRACIA E DIREITOS POLÍTICOS?

Tratarei agora da segunda questão. Os cidadãos dos países do Terceiro Mundo são indiferentes aos direitos políticos e democráticos? Essa afirmação, feita com grande frequência, mais uma vez baseia-se em pouquíssimas comprovações empíricas (como ocorre com a tese de Lee). O único modo de comprová-la seria submeter o assunto a um teste democrático em eleições livres com liberdade de oposição e expressão — precisamente as coisas que os defensores do autoritarismo não permitem que aconteçam. Não está nada claro de que modo se poderia verificar a pertinência dessa proposição nos casos em que os cidadãos comuns têm pouca oportunidade política para expressar suas opiniões sobre a questão e muito menos para contestar as afirmações feitas pelos detentores do poder. A depreciação desses direitos e liberdades é sem dúvida parte do sistema de valores dos *líderes governamentais* de muitos países do Terceiro Mundo, mas considerá-la a opinião do povo é afirmar algo que não está provado.

Portanto, é interessante notar que, quando o governo indiano, sob a liderança de Indira Gandhi, tentou usar um argumento semelhante na Índia para justificar a "emergência" que ela erroneamente declarara em meados da década de 1970, convocou-se uma eleição que dividiu os eleitores precisamente nessa questão. Nessa eleição decisiva, disputada em boa medida com base na aceitabilidade da "emergência", a supressão de direitos políticos e civis básicos foi firmemente rejeitada, e o eleitorado indiano — um dos mais pobres do mundo — mostrou-se tão ardoroso para protestar contra a negação de liberdades e direitos básicos quanto para queixar-se de pobreza econômica. No momento em que de certa forma houve um teste da proposição de que os pobres em geral não se importam com direitos civis e políticos, as evidências foram inteiramente contrárias a essa afirmação. Considerações semelhantes podem ser apresentadas observando-se a luta por liberdades democráticas na Coreia do Sul, Tailândia, Bangladesh, Paquistão, Myanmar (ou Birmânia) e outras partes da Ásia. De forma análoga, embora a liberdade política seja amplamente negada na África, tem havido movimentos e protestos contra esse fato sempre que as circunstâncias permitem, apesar de os ditadores militares terem dado poucas oportunidades para isso.

E quanto à outra variante desse argumento, a de que os pobres têm *razão* para abrir mão dos direitos políticos e democráticos em favor de necessidades econômicas? Esse argumento, como já observado, depende da tese de Lee. Como esta tem pouca sustentação empírica, o silogismo não pode fundamentar o argumento.

IMPORTÂNCIA INSTRUMENTAL DA LIBERDADE POLÍTICA

Passarei agora das críticas negativas dos direitos políticos ao valor positivo desses direitos. A importância da liberdade política como parte das capacidades básicas já foi exposta nos capítulos anteriores. Com razão valorizamos a liberdade formal e a liberdade substantiva de expressão e ação em nossa vida, não sendo irracional que seres humanos — criaturas sociais que somos — valorizem a participação irrestrita em atividades políticas e sociais. Além disso, a *formação* bem informada e não sistematicamente imposta de nossos valores requer comunicação e diálogo abertos, e as liberdades políticas e direitos civis podem ser centrais para esse processo. Ademais, para expressar publicamente o que valorizamos e exigir que se dê a devida atenção a isso, precisamos de liberdade de expressão e escolha democrática.

Ao passarmos da importância direta da liberdade política para seu papel instrumental, temos de considerar os incentivos políticos que atuam sobre os governos e sobre as pessoas e os grupos que detêm o poder. Os dirigentes têm incentivo para ouvir o que o povo deseja se tiverem de enfrentar a crítica desse povo e buscar seu apoio nas eleições. Como já mencionado, nenhuma fome coletiva substancial jamais ocorreu em nenhum país independente com uma forma democrática de governo e uma imprensa relativamente livre.[6] Houve fomes coletivas em reinos antigos e sociedades autoritárias contemporâneas, em comunidades tribais primitivas e em modernas ditaduras tecnocráticas, em economias coloniais governadas por imperialistas do norte e em países recém-independentes do sul, governados por líderes nacionais despóticos ou por intolerantes partidos únicos. Mas nunca uma fome coletiva se materializou em um país que fosse independente, que tivesse eleições regularmente, partidos de oposição para expressar críticas e que permitisse aos jornais noticiar livremente e questionar a sabedoria das políticas governamentais sem ampla censura.[7] O contraste das experiências será discutido no próximo capítulo, que trata especificamente das fomes coletivas e outras crises.

O PAPEL CONSTRUTIVO DA LIBERDADE POLÍTICA

Os papéis instrumentais das liberdades políticas e dos direitos civis podem ser muito substanciais, mas a relação entre necessidades econômicas e liberdades políticas pode ter também um aspecto *construtivo*. O exercício de direitos políticos básicos torna mais provável não só que haja uma resposta política a necessidades econômicas, como também que a própria conceituação — incluindo a compreensão — de "necessidades econômicas" possa requerer o exercício desses direitos. De fato, pode-se afirmar que uma compreensão adequada de quais são as necessidades econômicas — seu conteúdo e sua força — requer discussão e diálogo. Os direitos políticos e civis, especialmente os relacionados à garantia de discussão, debate, crítica e dissensão abertos, são centrais para os processos de geração de escolhas bem fundamentadas e refletidas. Esses processos são cruciais para a formação de valores e prioridades, e não podemos, em geral, tomar as preferências como dadas independentemente de discussão pública, ou seja, sem levar em conta se são ou não permitidos debates e diálogos.

O alcance e a eficácia do diálogo aberto frequentemente são subestimados quando se avaliam problemas sociais e políticos. Por exemplo, as discussões públicas têm um papel importante a desempenhar na redução das altas taxas de fecundidade que caracterizam muitos países em desenvolvimento. Há, com efeito, muitas provas de que o drástico declínio das taxas de fecundidade verificado nos Estados indianos com maiores proporções de pessoas alfabetizadas foi muito influenciado pela discussão pública dos efeitos danosos das taxas de fecundidade altas, especialmente sobre a vida de mulheres jovens e também sobre toda a comunidade. Se, digamos, em Kerala ou Tamil Nadu, emergiu a concepção de que uma família feliz nos tempos atuais é uma família pequena, é porque houve muita discussão e debate para que essas perspectivas se formassem. Kerala tem hoje uma taxa de fecundidade de 1,7 (semelhante às da Grã-Bretanha e França, e muito inferior à da China, que é de 1,9), e isso foi obtido sem coerção, mas principalmente por meio da emergência de novos valores — um processo no qual os diálogos políticos e sociais tiveram papel fundamental. O alto nível de alfabetização da população de Kerala, sobretudo das mulheres, mais elevado do que o de qualquer província da China, muito contribuiu para possibilitar esses diálogos sociais e políticos (no capítulo seguinte discorrerei mais sobre esse tema).

As misérias e privações podem ser de vários tipos — alguns mais passíveis de solução social do que outros. A totalidade das dificuldades humanas seria uma base bruta para identificar nossas "necessidades". Por exemplo, há muitas coisas que poderíamos ter boas razões para valorizar se elas fossem exequíveis — poderíamos desejar até mesmo a imortalidade, como Maitreyee. Mas não as vemos como "necessidades". Nossa concepção de necessidades relaciona-se às ideias que temos sobre a natureza evitável de algumas privações e à compreensão do que pode ser feito sobre isso. Na formação dessas compreensões e crenças, as discussões públicas têm um papel crucial. Os direitos políticos, incluindo a liberdade de expressão e discussão, são não apenas centrais na indução de respostas sociais a necessidades econômicas, mas também centrais para a conceituação das próprias necessidades econômicas.

A ATUAÇÃO DA DEMOCRACIA

A relevância intrínseca, o papel protetor e a importância construtiva da democracia podem ser realmente muito abrangentes. Porém, ao apresentar esses argumentos sobre as vantagens da democracia, corre-se o risco de enaltecer excessivamente sua eficácia. Como já mencionado, as liberdades políticas e as liberdades formais são vantagens permissivas, cuja eficácia depende do modo como são exercidas. A democracia tem sido especialmente bem-sucedida na prevenção de calamidades que são fáceis de entender e nas quais a solidariedade pode atuar de uma forma particularmente imediata. Muitos outros problemas não são tão acessíveis assim. Por exemplo, o êxito da Índia na erradicação da fome coletiva não teve um correspondente na eliminação da subnutrição regular, na solução do persistente analfabetismo ou das desigualdades nas relações entre os sexos (como discutido no capítulo 4). Enquanto é fácil dar um caráter político ao flagelo das vítimas da fome coletiva, essas outras privações requerem uma análise mais profunda e um aproveitamento mais eficaz da comunicação e da participação política — em suma, uma prática mais integral da democracia.

A inadequação da prática aplica-se também a algumas falhas em democracias mais maduras. Por exemplo, as extraordinárias privações nas áreas de serviços de saúde, educação e meio social dos afro-americanos nos Estados Unidos contribuem para os índices excepcionalmente elevados de mortalidade dessa população (como vimos nos capítulos 1 e 4), e isso evidentemente não é evitado pela atuação da democracia americana. É preciso ver a democracia como criadora de um conjunto de oportunidades, e o uso dessas oportunidades requer uma análise diferente, que aborde a *prática* da democracia e direitos políticos. Nesse aspecto, a baixa porcentagem de votantes nas eleições americanas, sobretudo de afro-americanos, bem como outros sinais de apatia e alienação não podem ser ignorados. A democracia não serve como um remédio automático para doenças do mesmo modo que o quinino atua na cura da malária. A oportunidade que ela oferece tem de ser aproveitada positivamente para que se obtenha o efeito desejado. Essa é, evidentemente, uma característica básica das liberdades em geral — muito depende do modo como elas são realmente exercidas.

A PRÁTICA DA DEMOCRACIA E O PAPEL DA OPOSIÇÃO

As realizações da democracia dependem não só das regras e procedimentos que são adotados e salvaguardados, como também do modo como as oportunidades são usadas pelos cidadãos. Fidel Valdez Ramos, o ex-presidente das Filipinas, explicou essa questão com grande clareza em um discurso que proferiu em novembro de 1988 na Australian National University:

> Sob um regime ditatorial, as pessoas não precisam pensar — não precisam escolher — não precisam tomar decisões ou dar seu consentimento. Tudo o que precisam fazer

é obedecer. Essa foi uma lição amarga aprendida com a experiência política filipina não muito tempo atrás. Em contraste, a democracia não pode sobreviver sem virtude cívica. [...] O desafio político para os povos de todo o mundo atualmente não é apenas substituir regimes autoritários por democráticos. É, além disso, fazer a democracia funcionar para as pessoas comuns.[8]

A democracia realmente cria essa oportunidade, que está relacionada tanto à sua "importância instrumental" como a seu "papel construtivo". Mas a força com que as oportunidades são aproveitadas depende de vários fatores, como o vigor da política multipartidária e o dinamismo dos argumentos morais e da formação de valores.[9] Na Índia, por exemplo, prevenir as fomes coletivas e a fome crônica já era prioridade total na época da independência (como fora também na Irlanda, com sua própria fome coletiva sob o domínio britânico). O ativismo dos participantes políticos foi muito eficaz na prevenção das fomes coletivas e na condenação drástica dos governos por permitir que ocorressem flagrantes fomes crônicas, e a rapidez e a força desse processo fizeram da prevenção dessas calamidades uma prioridade inescapável de cada governo. Ainda assim, sucessivos partidos de oposição têm se mostrado muito dóceis, não condenando o analfabetismo difuso ou a prevalência de uma subnutrição não extrema, mas grave (especialmente entre as crianças), ou ainda a não implementação de programas de reforma agrária anteriormente aprovados por lei. Essa docilidade da oposição tem permitido a sucessivos governos negligenciar inescrupulosamente essas questões vitais de política pública e ficar impunes.

Na verdade, o ativismo dos partidos de oposição é uma força importante tanto nas sociedades não democráticas quanto nas democráticas. Por exemplo, pode-se mostrar que, a despeito da ausência de garantias democráticas, o vigor e a persistência da oposição na Coreia do Sul pré-democrática e até mesmo no Chile de Pinochet (com imensas dificuldades) foram indiretamente eficazes na condução desses países mesmo antes da restauração da democracia. Muitos dos programas sociais que os beneficiaram se destinaram pelo menos em parte a reduzir a atratividade da oposição, que, desse modo, logrou ser eficaz mesmo antes de chegar ao poder.[10]

Outra área que também requer uma participação vigorosa, envolvendo críticas e indicações sobre as reformas, é a da persistência da desigualdade entre os sexos. Quando esses problemas negligenciados se tornam objeto de debate e confrontos públicos, as autoridades têm de dar alguma resposta. Em uma democracia, o povo tende a conseguir o que exige e, de um modo mais crucial, normalmente não consegue o que não exige. Duas das áreas negligenciadas de oportunidade social na Índia — a igualdade entre os sexos e a educação elementar — agora estão recebendo mais atenção dos partidos de oposição e, consequentemente, das autoridades legislativas e executivas. Embora os resultados finais venham a emergir apenas no futuro, não podemos deixar de notar as várias iniciativas que já estão ocorrendo (como a proposta de lei requerendo que pelo menos um terço dos membros do parlamento indiano seja composto por mulheres e um programa de educação escolar para estender o direito à educação elementar a um grupo substancialmente maior de crianças).

De fato, pode-se mostrar que a contribuição da democracia na Índia não se limitou, de modo algum, à prevenção de desastres econômicos como as fomes coletivas. Apesar dos limites de sua prática, a democracia deu à Índia uma certa estabilidade e segurança sobre as quais numerosas pessoas se mostravam muito pessimistas quando o país se tornou independente em 1947. A Índia possuía então um governo não experimentado, passara por uma divisão ainda não assimilada e apresentava alinhamentos políticos confusos, combinados com a violência grupal e a desordem social bem disseminadas. Era difícil ter fé no futuro de uma Índia unida e democrática. Entretanto, meio século depois encontramos uma democracia que, considerando todos os altos e baixos, tem funcionado razoavelmente bem. As diferenças políticas em grande medida têm sido disputadas dentro dos procedimentos constitucionais. Governos ascenderam e caíram segundo regras eleitorais e parlamentares. A Índia, uma combinação desajeitada, inauspiciosa e deselegante de diferenças, sobrevive e funciona notavelmente bem como uma unidade política com um sistema democrático — efetivamente mantido coeso por sua democracia operante.

A Índia também sobreviveu ao tremendo desafio de possuir diversas línguas importantes e um espectro de religiões — uma heterogeneidade extraordinária de crenças e culturas. Obviamente, diferenças religiosas e grupais são vulneráveis à exploração por políticos sectários, e foram realmente usadas dessa maneira em várias ocasiões (inclusive em anos recentes), causando grande consternação no país. Mas o fato de essa violência sectária ter sido recebida com tal consternação e de todos os setores substanciais da nação terem condenado tais atos fornece, em última análise, a principal garantia democrática contra a exploração estritamente faccionária do sectarismo. Isso é essencial para a sobrevivência e a prosperidade de um país tão marcantemente variado como a Índia, que pode ter uma maioria hindu, mas também é o terceiro maior país muçulmano do mundo, no qual vivem milhões de cristãos juntamente com a maioria dos siques, parses e jainistas do globo.

OBSERVAÇÃO FINAL

Desenvolver e fortalecer um sistema democrático é um componente essencial do processo de desenvolvimento. A importância da democracia reside, como procuramos mostrar, em três virtudes distintas: (1) sua *importância intrínseca*, (2) suas *contribuições instrumentais* e (3) seu *papel construtivo* na criação de valores e normas. Nenhuma avaliação da forma de governo democrática pode ser completa sem considerar cada uma dessas virtudes.

Apesar de suas limitações, as liberdades políticas e os direitos civis são usados eficazmente com bastante frequência.

Mesmo nas áreas em que até agora não foram muito eficazes, existe a oportunidade de fazer com que venham a sê-lo. O papel permissor dos direitos políticos e civis (permitindo — e, de fato, encorajando — discussões e debates abertos, política participativa e oposição sem perseguição) aplica-se a um domínio muito amplo, embora tenha sido mais eficaz em algumas áreas do que em outras. Sua comprovada utilidade na prevenção de desastres econômicos é, em si, importantíssima. Quando as coisas correm bem, a ausência desse papel da democracia pode não ser fortemente sentida. Mas ele fala muito alto quando a situação piora, por uma razão ou por outra (por exemplo, a recente crise financeira no Leste e Sudeste Asiático que conturbou diversas economias e deixou destituídas muitas pessoas). Os incentivos políticos fornecidos pelo governo democrático adquirem grande valor prático nesses momentos.

Entretanto, embora devamos reconhecer a importância das instituições democráticas, elas não podem ser vistas como dispositivos mecânicos para o desenvolvimento. Seu uso é condicionado por nossos valores e prioridades e pelo uso que fazemos das oportunidades de articulação e participação disponíveis. O papel de grupos oposicionistas organizados é particularmente importante nesse contexto.

Discussões e debates públicos, permitidos pelas liberdades políticas e os direitos civis, também podem desempenhar um papel fundamental na formação de valores. Na verdade, até mesmo a identificação de necessidades é inescapavelmente influenciada pela natureza da participação e do diálogo públicos. Não só a força da discussão pública é um dos correlatos da democracia, com um grande alcance, como também seu cultivo pode fazer com que a própria democracia funcione melhor. Por exemplo, a discussão pública mais bem fundamentada e menos marginalizada sobre questões ambientais pode ser não apenas benéfica ao meio ambiente, como também importante para a saúde e o funcionamento do próprio sistema democrático.[11]

Assim como é importante salientar a necessidade da democracia, também é crucial salvaguardar as condições e circunstâncias que garantem a amplitude e o alcance do processo democrático. Por mais valiosa que a democracia seja como uma fonte fundamental de oportunidade social (reconhecimento que pode requerer uma defesa vigorosa), existe ainda a necessidade de examinar os caminhos e os meios para fazê-la funcionar bem, para realizar seus potenciais. A realização da justiça social depende não só de formas institucionais (incluindo regras e regulamentações democráticas), mas também da prática efetiva. Apresentei razões para considerar-se a questão da prática fundamentalmente importante nas contribuições que podemos esperar dos direitos civis e das liberdades políticas. Esse é um desafio enfrentado tanto por democracias bem estabelecidas como os Estados Unidos (especialmente com a participação diferenciada de diversos grupos raciais) como por democracias mais recentes. Existem problemas comuns e também problemas díspares.

7. FOMES COLETIVAS E OUTRAS CRISES

VIVEMOS EM UM MUNDO ASSOLADO por fome e subnutrição disseminadas e por repetidas fomes coletivas. Muitas vezes se supõe — ao menos implicitamente — que pouco podemos fazer para remediar essa situação desesperadora. Presume-se também, com bastante frequência, que esses males podem realmente agravar-se no longo prazo, em especial com o aumento da população mundial. No mundo de hoje, um pessimismo tácito muitas vezes domina as reações internacionais a essas misérias. Essa falta de liberdade para remediar a fome pode levar ao fatalismo e à ausência de tentativas resolutas de sanar os sofrimentos que vemos.

Há pouca base factual para esse pessimismo, e também não existem razões convincentes para pressupor a imutabilidade da fome e da privação. Políticas e ações apropriadas podem realmente erradicar os terríveis problemas da fome no mundo moderno. Com base em análises econômicas, políticas e sociais recentes, creio ser possível identificar as medidas que podem levar à eliminação das fomes coletivas e a uma redução radical da subnutrição crônica. O importante neste momento é fazer com que as políticas e os programas utilizem as lições que emergiram das investigações analíticas e dos estudos empíricos.[1]

Este capítulo trata particularmente das fomes coletivas e outras "crises" transitórias, que podem incluir ou não a fome crônica manifesta, mas com certeza envolvem um surto repentino de grave privação para uma parcela considerável da população (por exemplo, nas recentes crises econômicas do Leste e Sudeste Asiático). As fomes coletivas e crises desse tipo têm de ser distinguidas dos problemas de fome e pobreza endêmicas que podem acarretar sofrimento persistente, mas não incluem nenhuma nova explosão de privação extrema que subitamente acomete uma parcela da população. Mesmo em etapas posteriores deste estudo, principalmente no capítulo 9, ao analisar a subnutrição endêmica e a privação persistente e prolongada, usarei alguns dos conceitos que o estudo das fomes coletivas fornecerá neste capítulo.

Para eliminar a fome no mundo moderno, é crucial entender a causação das fomes coletivas de um modo amplo, e não apenas em função de algum equilíbrio mecânico entre alimentos e população. O crucial ao analisar a fome é a liberdade substantiva do indivíduo e da família para estabelecer a propriedade de uma quantidade adequada de alimento, o que pode ser feito cultivando-se a própria comida (como fazem os camponeses) ou adquirindo-a no mercado (como faz quem não cultiva alimentos). Uma pessoa pode ser forçada a passar fome mesmo havendo abundância de alimentos ao seu redor se ela perder seu potencial para comprar alimentos no mercado, devido a uma perda de renda (por exemplo, em consequência de desemprego ou do colapso do mercado dos produtos que essa pessoa produz e vende para se sustentar). Por outro lado, mesmo quando o estoque de alimentos declina acentuadamente em um país ou região, todos podem ser salvos da fome com uma divisão melhor dos alimentos disponíveis (por exemplo, criando-se emprego e renda adicionais para as potenciais vítimas da fome). Isso pode ser suplementado e tornado mais eficaz adquirindo-se alimento de outros países, mas muitas ameaças de fome coletiva foram debeladas mesmo sem esse recurso — simplesmente por meio de um compartilhamento mais equitativo do estoque reduzido de alimentos do próprio país. O enfoque tem de ser sobre o poder econômico e a liberdade substantiva dos indivíduos e famílias para comprar alimento suficiente, e não apenas sobre a quantidade de alimento disponível no país em questão.

Essa perspectiva requer análises econômicas e políticas, necessárias também para que se obtenha uma compreensão mais integral de outras crises e desastres além das fomes coletivas. Um bom exemplo é o tipo de dificuldade enfrentada recentemente por alguns países do leste e sudeste da Ásia. Nessas crises, assim como nas fomes coletivas, alguns segmentos da população perderam seus intitulamentos econômicos inesperadamente e de modo súbito. A rapidez e a intensidade acentuada da privação durante essas crises (e ainda o caráter inesperado dos desastres) diferem do fenômeno mais "regular" da pobreza geral, da mesma maneira que as fomes coletivas diferem da fome endêmica.

INTITULAMENTO E INDEPENDÊNCIA

A fome relaciona-se não só à produção de alimentos e a expansão agrícola, mas também ao funcionamento de toda a economia e — até mesmo mais amplamente — com a ação das disposições políticas e sociais que podem influenciar, direta ou indiretamente, o potencial das pessoas para adquirir alimentos e obter saúde e nutrição. Ademais, ainda que muito possa ser feito por políticas governamentais sensatas, é importante integrar o papel do governo à atuação eficiente de outras instituições econômicas e sociais — desde a troca, o comércio e os mercados à participação ativa de partidos políticos, organizações não governamentais e instituições que mantêm e facilitam a discussão pública bem embasada, como meios de comunicação noticiosos eficazes.

Subnutrição, fome crônica e fomes coletivas são influenciadas pelo funcionamento de toda a economia e de toda a sociedade — e não apenas pela produção de alimentos e atividades agrícolas. É crucial examinar adequadamente as interdependências econômicas e sociais que governam a incidência da fome no mundo contemporâneo. Os alimentos não são distribuídos na economia por meio de caridade ou de algum sistema de compartilhamento automático. O potencial para comprar alimentos tem de ser *adquirido*. É preciso que nos concentremos não na oferta total de alimentos na economia, mas no "intitulamento" que cada pessoa desfruta: as mercadorias sobre as quais ela pode estabelecer sua posse e das quais ela pode dispor. As pessoas passam fome quando não conseguem estabelecer seu intitulamento sobre uma quantidade adequada de alimentos.[2]

O que determina o intitulamento de uma família? Isso depende de várias influências distintas. A primeira é a *dotação*: a propriedade de recursos produtivos e de riqueza que têm um preço no mercado. Para boa parte da humanidade, a única dotação significativa é a força de trabalho. A maioria das pessoas do mundo possui poucos recursos além da força de trabalho, que pode apresentar um grau variado de qualificação e experiência. Porém, em geral, o trabalho, a terra e outros recursos compõem a cesta de ativos.

A segunda influência importante consiste nas *possibilidades de produção* e seu uso. É aqui que entra a tecnologia: as possibilidades de produção são determinadas pela tecnologia disponível e são influenciadas pelo conhecimento disponível e pelo potencial das pessoas para organizar seus conhecimentos e dar-lhes um uso efetivo.

Na geração de intitulamentos, a dotação em forma de terra e trabalho pode ser usada diretamente para produzir alimentos — como no caso da agricultura. Ou, alternativamente, uma família ou indivíduo pode adquirir o potencial para comprar alimentos mediante o recebimento de uma renda em forma de salário. Isso dependerá das oportunidades de emprego e das taxas salariais praticadas, que por sua vez dependem das possibilidades de produção — na agricultura, indústria e outras atividades. No mundo todo, a maioria das pessoas não produz alimentos diretamente; elas ganham seu potencial para adquirir alimentos empregando-se na produção de outras mercadorias, as quais podem variar de culturas agrícolas comerciais a produtos artesanais, artigos industrializados e serviços diversos, envolvendo uma variedade de ocupações. Essas interdependências podem ser importantíssimas para a análise das fomes coletivas, uma vez que um número substancial de pessoas pode perder seu potencial para dispor de alimentos devido a problemas na produção de outros bens, e não na dos próprios alimentos.

Terceiro, muito dependeria das *condições de troca*: o potencial para vender e comprar bens e a determinação dos preços relativos de diferentes produtos (por exemplo, produtos artesanais e alimentos básicos). Dada a importância central — de fato, única — da força de trabalho como dotação para grande parte da humanidade, é crucial atentar para a operação dos mercados de trabalho. Uma pessoa que procura emprego o encontra às taxas salariais predominantes? Além disso, artesãos e prestadores de serviço conseguem vender o que tentam vender? A que preços relativos (em comparação com o dos alimentos no mercado)?

Essas condições de troca podem mudar dramaticamente em uma emergência econômica, gerando a ameaça de uma fome coletiva. Mudanças como essas podem sobrevir muito rapidamente em consequência de diversas influências. Houve fomes coletivas associadas a drásticas alterações nos preços relativos de produtos (ou das taxas de salário em relação ao preço dos alimentos) provocadas por várias causas, como seca, inundação, um déficit geral de empregos, um surto de prosperidade desigual que eleva a renda de alguns mas não a de outros ou até mesmo um medo exagerado da escassez de alimentos, que temporariamente eleva os preços, com efeitos devastadores.[3]

Em uma crise econômica, alguns serviços podem ser atingidos com muito mais gravidade do que outros. Por exemplo, durante a fome coletiva de Bengala em 1943, as razões de troca entre os alimentos e determinados tipos de produtos alteraram-se radicalmente. Além da razão entre os salários e os preços dos alimentos, houve grandes mudanças nos preços relativos do peixe e dos grãos, e os pescadores bengaleses foram um dos grupos ocupacionais mais gravemente afetados na ocasião. É claro que peixe também é alimento, porém é um alimento de alta qualidade, e os pescadores pobres precisam vendê-lo a fim de poder comprar calorias mais baratas — provenientes de alimentos básicos (em Bengala, na maioria das vezes o alimento básico é o arroz) —, o suficiente para sobreviver. O equilíbrio de sobrevivência é sustentado por essa troca, e uma queda repentina no preço do peixe em relação ao do arroz pode devastar esse equilíbrio.[4]

Muitas outras ocupações também são acentuadamente vulneráveis a mudanças nos preços relativos e nas receitas de vendas. Tomemos como exemplo um trabalho como o dos barbeiros. Eles são afetados por dois conjuntos de problemas em períodos de crise econômica: (1) em situações difíceis, as pessoas facilmente adiam um corte de cabelo — e assim a demanda pelo produto do barbeiro pode diminuir drasticamente; (2) como acréscimo a esse declínio na "quantidade", ocorre também uma queda acentuada no preço relativo do corte: durante a fome de Bengala de 1943, a razão de troca entre o corte de cabelo e os alimentos básicos despencou, em alguns distritos, em *70 ou 80%*. Com isso, os barbeiros — pobres como já são — foram arruinados, como muitos outros profissionais. Tudo isso aconteceu tendo havido pouquíssimo declínio geral na produção de alimentos ou na oferta agregada. A combinação de maior poder aquisitivo da população urbana (que se beneficiara do *boom* ocorrido durante a guerra) e da temida retirada especulativa de alimentos dos mercados contribuiu para gerar a fome em razão de uma acentuada mudança distributiva. Para compreendermos a causação da fome crônica e aguda, é preciso uma análise de todo o mecanismo econômico, e não apenas um cômputo da produção e oferta de alimentos.[5]

CAUSAÇÃO DA FOME COLETIVA

As deficiências de intitulamentos que acarretam fomes coletivas podem ter várias causas. As tentativas de remediar as fomes coletivas e, mais ainda, de evitá-las precisam levar em conta essa diversidade de antecedentes causais. As fomes coletivas refletem um sofrimento comum a numerosas pessoas, mas nem sempre têm as mesmas causas.

Para quem não produz alimentos (por exemplo, operários industriais ou prestadores de serviços) ou não é proprietário dos alimentos que produz (por exemplo, trabalhadores agrícolas assalariados), o potencial para adquirir alimentos no mercado depende de seus ganhos, dos preços dos gêneros alimentícios e dos outros gastos necessários além do gasto com alimentos. O potencial dessas pessoas para obter alimentos depende de circunstâncias econômicas: emprego e taxas salariais para trabalhadores assalariados, produção de outros bens e seus preços para artesãos e prestadores de serviço etc.

Mesmo para quem produz alimentos, embora seus intitulamentos dependam de sua produção *individual* de gêneros alimentícios, não existe uma dependência semelhante com relação à produção *nacional* desses gêneros, que é geralmente focalizada por muitos estudos sobre fome coletiva. Além disso, às vezes as pessoas têm de vender alimentos caros, como produtos de origem animal, para comprar calorias mais baratas provenientes dos grãos, como frequentemente fazem os pastores pobres: por exemplo, nômades criadores de animais no Sahel e na região da Etiópia e Somália. A dependência de troca para os pastores africanos, que precisam vender produtos de origem animal, inclusive carne, para comprar as calorias baratas dos alimentos básicos, é muito semelhante à dos pescadores bengaleses já mencionados, que precisam vender peixe a fim de comprar as calorias mais baratas do arroz. Esse frágil equilíbrio pode ser perturbado por mudanças nas razões de troca. Uma queda no preço dos produtos de origem animal em relação ao dos grãos pode acarretar um desastre para esses pastores. Algumas fomes coletivas africanas que afetaram acentuadamente o segmento pastoril da população envolveram um processo desse tipo. Uma seca pode acarretar a queda no preço relativo dos produtos de origem animal (até mesmo da carne) em relação ao dos alimentos tradicionalmente mais baratos, pois as pessoas com frequência mudam seu padrão de consumo *diminuindo* a ingestão de alimentos caros (como a carne) e não essenciais (como os artigos de couro) em situações de dificuldade econômica. Essa alteração nos preços relativos pode impossibilitar aos pastores comprar alimentos básicos suficientes para sobreviver.[6]

As fomes coletivas podem ocorrer mesmo sem nenhum declínio na produção ou disponibilidade de alimentos. Um trabalhador pode ser levado a passar fome devido ao desemprego, combinado com a ausência de um sistema de seguridade social que forneça recursos como o seguro-desemprego. Isso pode facilmente acontecer e, de fato, uma grande fome coletiva pode sobrevir *apesar* de um nível geral elevado ou até mesmo de um "pico" na disponibilidade de alimentos.

Um exemplo de ocorrência de fome coletiva apesar de um pico na disponibilidade de alimentos é a fome coletiva de Bangladesh de 1974.[7] Ela aconteceu em um ano em que houve uma disponibilidade per capita de alimentos *maior* do que em qualquer outro ano entre 1971 e 1976 (ver gráfico 7.1). A fome aguda começou com o desemprego regional causado por inundações, que afetaram a produção de alimentos muitos meses mais tarde, na época da colheita, que foi reduzida (principalmente por volta do mês de dezembro), porém a fome coletiva aconteceu anteriormente, e terminou bem antes de as culturas amadurecerem para a colheita. As inundações acarretaram uma privação de renda *imediata* dos trabalhadores rurais no verão de 1974; eles perderam os salários que teriam ganhado com a transplantação do arroz e atividades relacionadas, que lhes teriam fornecido os recursos para comprar comida. A fome aguda local e o pânico foram seguidos por uma fome mais generalizada, agravada pelo nervosismo no mercado de alimentos e pelo drástico aumento nos preços do arroz em consequência de expectativas exageradas de futura escassez de alimentos. A escassez futura foi superestimada e, em certa medida, manipulada, e o preço do arroz sofreu em seguida uma correção para baixo.[8] Contudo, àquela altura, a fome coletiva já fizera numerosas vítimas.

Mesmo quando uma fome coletiva *está* associada a um declínio na produção de alimentos (como claramente ocorreu por ocasião da fome coletiva da China entre 1958 e 1961 ou nas da Irlanda na década de 1840[9]), precisamos ir além das estatísticas de produção para explicar por que alguns segmentos da população são dizimados enquanto o restante nada sofre. Para reinar, as fomes coletivas precisam dividir. Por exemplo, um gru-

Gráfico 7.1
DISPONIBILIDADE DE GRÃOS EM BANGLADESH, 1971-1975

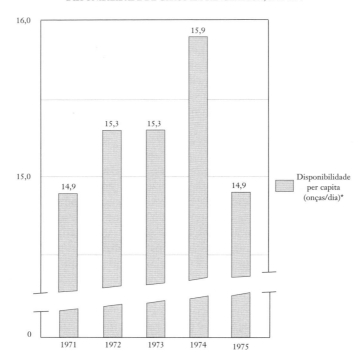

Fonte: Amartya Sen, *Poverty and famines*. Oxford, Oxford University Press, 1981, tabela 9.5. A fome coletiva ocorreu em 1974.
*1 onça = 28,35 g (N. T.)

po de camponeses pode sofrer perdas de intitulamentos quando diminui a produção de alimentos em seu território, devido talvez a uma seca local, mesmo quando não há uma escassez geral de alimentos no país. As vítimas não teriam recursos para comprar alimentos de outros lugares, pois não teriam muito o que vender para auferir alguma renda, dada a perda de produção que sofreram. Outras pessoas, com ganhos mais seguros em outras ocupações ou em outros locais, podem conseguir sobreviver sem grandes problemas, comprando alimentos de outros lugares. Um caso muito semelhante a esse aconteceu durante a fome coletiva de 1973 em Wollo, na Etiópia, quando os habitantes empobrecidos dessa província não podiam comprar alimentos, apesar de o preço dos produtos alimentícios em Dessie (capital de Wollo) não ser maior do que em Adis Abeba e Asmara. Há indícios de que alimentos *saíram* de Wollo em direção a regiões mais prósperas da Etiópia, onde as pessoas tinham mais renda para comprá-los.

Ou, para dar um exemplo diferente, os preços dos alimentos podem disparar devido a um aumento do poder aquisitivo de alguns grupos ocupacionais e, em consequência, outros grupos que precisam comprar alimentos podem ser arruinados porque o real poder de compra de suas rendas monetárias declinou acentuadamente. Uma fome coletiva desse tipo pode ocorrer sem haver declínio algum na produção de alimentos, pois resulta de um aumento de demanda concorrente, e não de uma queda da oferta total. Foi isso que desencadeou a fome coletiva de Bengala em 1943 (já mencionada), com os habitantes urbanos sendo favorecidos pelo *boom* ocorrido durante a guerra — o exército japonês estava muito próximo, e os gastos da Grã-Bretanha e da Índia com a defesa eram vultosos na região urbana de Bengala, incluindo Calcutá. Assim que os preços do arroz começaram a subir vertiginosamente, o pânico do público e a especulação manipuladora fizeram seu papel na elevação estratosférica dos preços, que ficaram fora do alcance de uma parcela substancial da população rural bengalesa.[10] E salvou-se quem pôde.[11]

Ou, em mais um exemplo diferente, alguns trabalhadores podem descobrir que suas ocupações "desapareceram" porque a economia mudou e os tipos e locais das atividades remuneradas são outros. Isso aconteceu na África subsaariana, por exemplo, com uma mudança nas condições ambientais e climáticas. Trabalhadores outrora produtivos podem então ficar sem trabalho ou remuneração e, na ausência de sistemas de segurança social, não têm a quem recorrer.

Em alguns outros casos, a perda de um emprego remunerado pode ser um fenômeno temporário, com efeitos poderosos para o desencadeamento de uma fome coletiva. Na fome coletiva de Bangladesh em 1974, por exemplo, os primeiros sinais de dificuldades surgiram entre os trabalhadores rurais sem terra, depois das inundações de verão, que prejudicaram a contratação de mão de obra para fazer a transplantação do arroz. Esses trabalhadores, que viviam ao deus-dará, não tiveram como escapar da fome aguda em consequência da perda do emprego assalariado, e esse fenômeno ocorreu muito *antes* de as as culturas adversamente afetadas chegarem à época da colheita.[12]

As fomes coletivas são fenômenos altamente divisores. As tentativas de compreendê-las em função da disponibilidade *média* de alimentos per capita podem ser absolutamente enganosas. É raro encontrar uma fome coletiva que afete mais de 5% ou 10% da população. É bem verdade que existem relatos sobre fomes coletivas nas quais se afirma que quase todos os habitantes de um país passaram fome. No entanto, a maioria dessas histórias não se sustenta diante de uma investigação atenta. Por exemplo, a conceituada *Encyclopaedia Britannica*, em sua celebrada 11ª edição, refere-se à fome coletiva indiana em 1344-5 como uma calamidade na qual nem mesmo "o imperador mongol conseguia obter o necessário para sua morada".[13] Mas essa história apresenta alguns problemas. Lamentavelmente, é preciso informar que o império mongol só foi estabelecido na Índia em 1526. E, talvez mais importante, o imperador Tughlak no poder em 1344-5 — Mohammad Bin Tughlak — não só não teve grandes dificuldades para obter o necessário para sua morada, como também contou com recursos suficientes para organizar um dos mais célebres programas de auxílio a vítimas da fome de toda a história.[14] Os relatos de fome generalizada não correspondem à realidade dos destinos díspares.

PREVENÇÃO DA FOME COLETIVA

Como as fomes coletivas se associam à perda de intitulamentos de um ou mais grupos ocupacionais em regiões específicas, é possível impedir a fome aguda resultante recriando-se sistematicamente um nível mínimo de rendas e intitulamentos para as pessoas afetadas pelas mudanças econômicas. Os números envolvidos, embora com frequência sejam elevados em termos absolutos, geralmente representam frações diminutas da população total, e os níveis mínimos de poder de compra necessários para evitar a fome aguda podem ser bem pequenos. Portanto, os custos dessa ação pública para a prevenção da fome coletiva são muito modestos até mesmo para os países pobres, desde que tomem providências sistemáticas e eficazes a tempo.

Apenas para dar uma ideia das magnitudes envolvidas, se as vítimas em potencial da fome coletiva constituírem, digamos, 10% da população total de um país (geralmente a proporção é bem menor do que essa), a parcela da renda total dirigida a essas pessoas pobres não ultrapassaria, em circunstâncias normais, uns 3% do PNB. Sua participação normal no consumo de alimentos poderia também não exceder 4% ou 5% desse consumo. Assim, os recursos necessários para recriar a renda *integral* dessas pessoas, ou para reabastecê-las com a quantidade normal total de alimentos consumidos, partindo do zero, não precisariam ser vultosos, desde que fossem organizadas eficazmente medidas preventivas. Obviamente, sobram ainda alguns recursos em posse das vítimas da fome coletiva (e assim seus intitulamentos não precisam ser recriados da estaca zero), de modo que a necessidade *líquida* de recursos pode ser ainda menor.

Além disso, boa parte da mortalidade associada às fomes coletivas resulta de doenças desencadeadas pela debilitação, colapso das condições de saneamento, movimentos populacionais e alastramento infeccioso de doenças endêmicas da região.[15] Esses fatores também podem ser reduzidos acentuadamente por meio de ação pública sensível, envolvendo controle de epidemias e disposições comunitárias para assistência médica. Ainda nessa área, os retornos sobre pequenos montantes de despesas públicas bem planejadas podem ser enormes.

A prevenção da fome coletiva depende muito das políticas de proteção aos intitulamentos. Nos países mais ricos, essa proteção é fornecida por programas de combate à pobreza e pelo seguro-desemprego. A maioria dos países em desenvolvimento não possui um sistema geral de seguro-desemprego, mas alguns oferecem empregos públicos de emergência em épocas de grande queda no nível de emprego causada por desastres naturais ou não naturais. O dispêndio compensatório do governo na criação de empregos pode contribuir para debelar com grande eficácia a ameaça de uma fome coletiva. Esse é, de fato, o modo como potenciais fomes coletivas têm sido evitadas na Índia desde a independência — principalmente por meio da criação compensatória de empregos. Em Maharashtra, em 1973, por exemplo, para compensar a perda de empregos associada a uma seca rigorosa, foram criados 5 milhões de empregos temporários, um número realmente elevado (quando se leva em consideração também os membros das famílias dos trabalhadores). Os resultados foram extraordinários: nenhum aumento significativo da mortalidade, e até mesmo nenhum grande aumento no número de pessoas subnutridas, apesar de um declínio drástico (em muitas áreas, 70% ou mais) na produção de alimentos em uma vasta região.

FOME COLETIVA E DISTANCIAMENTO

A economia política da prevenção da fome coletiva envolve instituições e organizações, mas depende, além disso, do exercício de poder e autoridade. Depende particularmente do distanciamento entre governantes e governados. Mesmo quando a causação imediata de uma fome coletiva é outra, a distância social e política entre governantes e governados pode ter um papel crucial na ausência de prevenção contra uma fome coletiva.

É útil, neste contexto, examinar o caso das fomes coletivas que na década de 1840 devastaram a Irlanda, cerca de 150 anos atrás, matando uma *proporção* da população maior do que qualquer outra fome coletiva já registrada na história do mundo.[16] A fome coletiva também mudou de um modo decisivo o feitio da Irlanda. Acarretou um nível de emigração — mesmo sob terríveis condições de viagem — quase nunca visto em outras partes do planeta.[17] A população irlandesa atual ainda é imensamente menor do que a de 1845, ano em que a fome coletiva começou.

O que, então, causou essa calamidade? No livro *Homem e super-homem*, de George Bernard Shaw, um rico irlandês-americano, sr. Malone, recusa referir-se às fomes coletivas irlandesas da década de 1840 como "fome". Conta à sua nora inglesa, Violet, que seu pai "morreu de inanição no negro 47". Quando Violet pergunta "A fome?", Malone replica "Não, inanição. Quando um país está abarrotado de víveres e os exporta, não pode haver uma fome".

Há vários equívocos na réplica acerba de Malone. Por certo é verdade que estavam sendo exportados alimentos da faminta Irlanda para a próspera Inglaterra, mas não é verdade que a Irlanda estava abarrotada de víveres (de fato, a coexistência de fome e exportações de gêneros alimentícios é um fenômeno comum em muitas fomes coletivas). Além disso, embora os termos *starve* e *starvation*, usados nessa passagem, possam ser interpretados em seu antigo sentido ativo, hoje praticamente em desuso, de *fazer* uma pessoa ficar sem se alimentar, em especial *causando* sua morte pela fome, é difícil negar que *houve* uma fome (como o termo é comumente entendido) na Irlanda nessa época.

Malone estava indicando algo diferente — e muito profundo — reconhecidamente com uma certa licença literária. A questão central concerne ao papel da condição de agente dos homens na causa e sustentação das fomes coletivas. Se as fomes coletivas irlandesas fossem inteiramente evitáveis e, em particular, se as autoridades do governo pudessem tê-las impedido, a acusação de "matar pela fome" os irlandeses seria suficientemente clara. O dedo acusador não pode deixar de apontar o papel da política pública na prevenção ou não prevenção das fomes coletivas, bem como as influências políticas, sociais e culturais que determinam a política pública. As questões de políticas a serem examinadas relacionam-se a atos tanto de *omissão* como de *perpetração*. Uma vez que as fomes coletivas continuam a ocorrer em diversos países mesmo no mundo atual com sua prosperidade global sem precedentes, as questões das políticas públicas e sua eficácia permanecem tão relevantes hoje quanto eram há 150 anos.

No caso das razões mais imediatas das fomes coletivas irlandesas, houve claramente uma redução da produção de alimentos na Irlanda, principalmente em razão de uma praga que afetou o cultivo da batata. Contudo, o papel da oferta global de alimentos na geração dessa fome coletiva pode ser avaliado de modos diferentes, dependendo da abrangência de nossas estatísticas sobre gêneros alimentícios. Muito depende da área considerada para a produção de alimentos. Como salientou Cormac O'Grada, se considerarmos todo o Reino Unido, concluiremos que não houve crises de produção ou de oferta de alimentos, em contraste com o que aconteceu especificamente na Irlanda.[18] Decerto teria sido possível transferir alimentos da Grã-Bretanha para a Irlanda se os irlandeses tivessem recursos para adquiri-los. O fato de isso não ter acontecido, e sim exatamente o oposto, relaciona-se à pobreza da Irlanda e à privação econômica das vítimas irlandesas. Como explicou Terry Eagleton em sua eloquente abordagem literária das fomes coletivas irlandesas, *Heathcliff and the great hunger*: "Nesse sentido, pode-se racionalmente afirmar que os irlandeses não morreram simplesmente por falta de alimentos, mas porque em grande medida não tinham dinheiro para comprar os gêneros alimentícios que estavam presentes em abundância no reino todo, mas não suficientemente disponíveis para eles".[19]

Ao analisar a causação das fomes coletivas, é importante estudar a prevalência geral da pobreza no país ou na região examinados. No caso da Irlanda, a pobreza dos irlandeses em geral e as proporções modestas dos ativos que eles possuíam os tornaram especialmente vulneráveis ao declínio econômico que se abateu com a praga.[20] Nesse contexto, deve-se enfocar não apenas a pobreza endêmica das pessoas envolvidas, mas também a vulnerabilidade especial daqueles cujos intitulamentos são particularmente frágeis na presença de mudanças econômicas.[21] É a condição geral inerme dos muito pobres — combinada com infortúnios adicionais acarretados por variações econômicas — que produz as vítimas da fome drástica. Os pequenos plantadores de batatas irlandeses foram severamente atingidos pela praga e, devido ao aumento do preço dos alimentos, outros também foram.

Quanto aos víveres propriamente ditos, longe de haver uma importação sistemática de alimentos para a Irlanda a fim de debelar a fome coletiva, ocorreu (como já mencionado) o movimento oposto: a exportação de gêneros alimentícios da Irlanda para a Inglaterra (sobretudo dos de melhor qualidade). Esse tipo de "contramovimentação" de alimentos não é de todo raro em uma classe de fomes coletivas — as chamadas *slump famines* [fomes coletivas de depressão] — na qual ocorre um declínio global na economia que acarreta uma queda drástica do poder aquisitivo dos consumidores enquanto a oferta de alimentos disponíveis (ainda que reduzida) alcança um preço melhor em outros lugares. Uma contramovimentação como essa aconteceu, por exemplo, na já mencionada fome coletiva de Wollo, Etiópia, em 1973, quando os habitantes empobrecidos da província ficaram sem condições de comprar alimentos, apesar de os preços dos gêneros alimentícios não serem mais elevados — e, muitas vezes, serem substancialmente mais baixos — do que no resto do país. Há, com efeito, registros de *saída* de víveres de Wollo para as regiões mais prósperas da Etiópia, onde as pessoas tinham mais renda e, portanto, maior potencial para adquiri-los.[22]

Isso realmente ocorreu em grande escala na Irlanda na década de 1840, quando navio após navio — carregados de trigo, aveia, gado bovino e suíno, ovos e manteiga — saiu pelo rio Shannon da faminta Irlanda em direção à bem alimentada Inglaterra. A exportação de alimentos da Irlanda para a Inglaterra no auge da fome coletiva tem sido razão de grande amargura na Irlanda, e mesmo hoje em dia continua a influenciar a complexa desconfiança entre Inglaterra e Irlanda.

Não há um grande mistério econômico por trás do movimento dos gêneros alimentícios da Irlanda para a Inglaterra durante as fomes coletivas irlandesas. As forças de mercado sempre incentivam o deslocamento dos víveres para lugares onde as pessoas têm condições de pagar por eles um preço mais elevado. Os prósperos ingleses podiam fazer exatamente isso, em contraste com os irlandeses empobrecidos. Analogamente, em 1973, os habitantes de Adis Abeba podiam adquirir alimentos que os infelizes famintos de Wollo não podiam.

Não se deve, com isso, concluir precipitadamente que deter as transações de mercado seria o modo correto de eliminar uma fome coletiva. Em alguns casos especiais, uma paralisação como essa pode atender a um objetivo limitado (poderia ter ajudado os consumidores irlandeses se a contramovimentação dos víveres para a Inglaterra houvesse sido reprimida), mas em geral isso ainda deixaria sem solução o problema básico da pobreza e destituição das vítimas da fome. Para mudar essa situação, seriam necessárias políticas mais positivas — e não a política puramente negativa de proibir certos tipos de transações de mercado. Na verdade, com políticas positivas de regeneração das rendas perdidas dos destituídos (por exemplo, por meio de programas de empregos públicos), a contramovimentação dos alimentos teria sido automaticamente reduzida ou eliminada, pois os compradores internos poderiam ter tido mais condições para adquirir comida.

Sabemos, obviamente, que o governo do Reino Unido pouco fez para aliviar a destituição e a fome dos irlandeses durante todo o período de fome coletiva. Houve ocorrências semelhantes no império, mas a Irlanda destacou-se por ser parte das próprias ilhas Britânicas. É nesse aspecto que o *distanciamento cultural*, em oposição a uma assimetria puramente política, tem uma certa importância (embora o distanciamento cultural também seja "político", em um sentido amplo).

Nesse contexto, é importante levar em consideração que, na década de 1840, quando sobreveio a fome coletiva irlandesa, havia na Grã-Bretanha um amplo sistema de auxílio aos pobres razoavelmente bem estabelecido, limitado à Grã-Bretanha. A Inglaterra também tinha sua parcela de pobres, e até mesmo a vida do trabalhador inglês empregado não era nada próspera (o ano de 1845, quando teve início a série de fomes coletivas irlandesas, também foi o ano da publicação da clássica crítica de Friedrich Engels contra a pobreza e miséria econômica dos trabalhadores ingleses, *Situação da classe trabalhadora na Inglaterra*). Mas ainda assim havia um certo comprometimento político para evitar a fome flagrante na Inglaterra. Não existia um comprometimento semelhante em relação ao império — nem sequer à Irlanda. Até mesmo as Leis dos Pobres concediam aos destituídos ingleses substancialmente mais direitos do que os concedidos aos destituídos irlandeses.

Com efeito, como observou Joel Mokyr, "a Irlanda era considerada pela Grã-Bretanha uma nação estrangeira e até mesmo hostil".[23] Esse distanciamento afetou muitos aspectos das relações entre irlandeses e britânicos. Em primeiro lugar, como menciona Mokyr, desincentivou o investimento de capital britânico na Irlanda. Porém, o que é mais relevante no presente contexto, havia uma relativa indiferença às fomes coletivas e aos sofrimentos na Irlanda e menos empenho de Londres para evitar a destituição e a fome dos irlandeses. Richard Ned Lebow afirmou que, enquanto a pobreza na Grã-Bretanha era normalmente atribuída a mudanças e flutuações da economia, julgava-se que a pobreza na Irlanda era causada por preguiça, apatia e inépcia, e assim pensava-se que a "missão britânica" não era a de "aliviar o sofrimento dos irlandeses, mas civilizar seu povo e levá-los a sentir e agir como seres humanos".[24] Essa pode ser uma visão um tanto exagerada, mas é difícil pensar que na Inglaterra se permitiria que ocorressem fomes coletivas como as da Irlanda na década de 1840.

Ao buscarmos o que há por trás das influências sociais e culturais que moldam as políticas públicas e que, nesse caso, permitiu a ocorrência das fomes coletivas, é importante avaliar o senso de dissociação e superioridade que caracterizava a atitude britânica em relação aos irlandeses. As raízes culturais das fomes coletivas irlandesas remontam à longínqua época do poema *The Faerie Queene*, de Edmund Spenser (publicado em 1590), e talvez até a um tempo mais remoto. A tendência a pôr a culpa nas vítimas, acentuada no próprio poema, sobreviveu até as fomes coletivas de 1840, e a predileção dos irlandeses por batatas somou-se à lista das calamidades que os nativos haviam, na concepção dos ingleses, acarretado para si mesmos.

A convicção da superioridade cultural combina bem com a assimetria de poder político.[25] O célebre comentário de Winston Churchill — de que a fome coletiva de Bengala em 1943, que foi a última fome coletiva na Índia britânica (e também a derradeira ocorrida na Índia), foi causada pela tendência dos nativos a reproduzir-se "como coelhos" — enquadra-se nessa tradição de culpar o súdito colonial; tal comentário é esplendidamente suplementado pela outra crença de Churchill, de que os indianos eram "o povo mais bestial do mundo, ao lado dos alemães".[26] É impossível não ter compaixão por Winston Churchill, que corria um duplo perigo, confrontado por alemães bestiais que almejavam derrubar seu governo e por indianos bestiais que reivindicavam um governo bom.

Charles Edward Trevelyan, na direção do Tesouro durante as fomes coletivas irlandesas, não via grandes erros na política econômica britânica para a Irlanda (da qual ele era o encarregado); indicou os hábitos irlandeses como parte da explicação para as fomes coletivas. O principal dentre os defeitos habituais era a tendência dos irlandeses pobres a comer apenas batatas, o que os tornava dependentes de uma única cultura. A opinião de Trevelyan sobre a causação das fomes coletivas irlandesas permitiu-lhe associá-las à sua análise sobre a culinária irlandesa: "Quase não se encontra mulher alguma da classe camponesa no oeste da Irlanda cuja arte culinária exceda o cozimento de uma batata".[27] Essa observação é interessante não apenas por ser raríssimo um inglês encontrar uma ocasião apropriada para proferir uma crítica internacional sobre arte culinária. Mais do que isso, o ato de apontar o dedo acusador para a parca dieta dos pobres irlandeses ilustra bem a tendência de pôr a culpa na vítima. Dessa perspectiva, na opinião de Trevelyan, as vítimas conseguiram sozinhas provocar uma calamidade, apesar dos melhores esforços do governo em Londres para impedir.

O distanciamento cultural tem de ser somado à ausência de incentivos políticos (discutidos no capítulo 6) para explicar a inação britânica durante as fomes coletivas irlandesas. Na verdade, é tão fácil prevenir as fomes coletivas que chega a ser espantoso elas ocorrerem.[28] O senso de distanciamento entre o governante e o governado — entre "nós" e "eles" — é uma característica crucial das fomes coletivas. Esse distanciamento é tão severo nas fomes coletivas contemporâneas da Etiópia, Somália e Sudão quanto foi na Irlanda e na Índia sob o domínio estrangeiro no século XIX.

PRODUÇÃO, DIVERSIFICAÇÃO E CRESCIMENTO

Retorno agora à economia da prevenção das fomes coletivas. Para evitar as fomes coletivas, é útil ter uma economia mais opulenta e crescente. A expansão econômica frequentemente reduz a necessidade de proteção de intitulamentos, e além disso aumenta os recursos disponíveis para fornecer essa proteção. Essa é uma lição de óbvia importância para a África subsaariana, onde a ausência de um crescimento econômico global tem sido uma importante fonte básica de privação. A propensão às fomes coletivas é muito maior quando a população é generalizadamente pobre e quando é difícil obter fundos públicos.

É preciso atentar para a necessidade de incentivos geradores de crescimento na produção e nas rendas — incluindo, *inter alia*, a expansão da produção de alimentos. Isso requer que se planejem incentivos de preços sensatos, mas também pede medidas que encorajem e aumentem a mudança técnica, a especialização de mão de obra e a produtividade — tanto na agricultura como em outras áreas.[29]

Embora o crescimento da produção de alimentos seja importante, a questão principal relaciona-se ao crescimento econômico global, pois os alimentos podem ser comprados no mercado mundial. Um país pode comprar víveres do exterior se tiver recursos para isso (gerados, digamos, por sua produção industrial). Se, por exemplo, compararmos a produção de alimentos per capita de 1993-1995 com a de 1979-1981 em diversos países da Ásia e da África, constataremos um *declínio* de 1,7% na Coreia do Sul, 12,4% no Japão, 33,5% em Botsuana e 58% em Cingapura. Mas não encontraremos fome crescente nessas economias, porque elas também apresentaram uma rápida expansão da renda real per capita graças a outros recursos (como indústrias ou mineração), e de qualquer modo elas são mais ricas. O compartilhamento da renda aumentada tornou os cidadãos desses países capazes de obter mais alimentos do que antes, apesar da queda na produção de gêneros alimentícios. Em contraste, embora tenha havido pouco ou nenhum declínio na produção de alimentos per capita em economias como as do Sudão (7,7% de *aumento*) ou de Burkina Faso (29,4% de *aumento*), verificou-se nessas economias uma considerável expansão da fome em razão de sua pobreza generalizada e dos intitulamentos econômicos vulneráveis de muitos grupos substanciais. É essencial evidenciar os processos reais por meio dos quais uma pessoa ou uma família estabelece seu potencial para dispor de alimentos.

Ressalta-se com frequência — corretamente — que a produção de alimentos per capita esteve em queda na África subsaariana até pouco tempo atrás. Isso é verdade e obviamente constitui motivo de preocupação, tendo implicações para muitos aspectos da política pública, que vão da pesquisa agrícola ao controle populacional. Porém, como já mencionado, a queda na produção per capita de alimentos aplica-se igualmente a muitos países de outras regiões do mundo.[30] Não houve fomes coletivas nesses países porque (1) eles alcançaram taxas de crescimento relativamente elevadas em outras áreas da produção e (2) a dependência em relação à produção de alimentos como fonte de renda é bem menor nesses países do que na economia típica da África subsaariana.

A tendência a pensar no aumento das culturas como a única maneira de resolver um problema de insuficiência de alimentos é forte e tentadora, e às vezes realmente tem uma certa base racional. Mas o quadro é mais complexo e se relaciona a oportunidades econômicas alternativas e a possibilidades de comércio internacional. No que concerne à falta de crescimento, a característica principal dos problemas da África subsaariana não é especificamente a ausência de crescimento na produção de gêneros alimentícios, mas a ausência *geral* de crescimento econômico (da qual o problema da produção de alimentos é apenas uma parte). A necessidade de uma estrutura de produção mais diversificada é muito acentuada na África subsaariana, dadas as incertezas climáticas, de um lado, e a possibilidade de expansão em outras áreas de atividade produtiva, de outro. A tão preconizada estratégia da concentração exclusiva na expansão da agricultura — e especificamente nas culturas alimentares — equivale a apostar tudo em um só cavalo, e os riscos dessa política podem ser imensos.

Evidentemente, não é provável que no curto prazo se possa reduzir acentuadamente a dependência da África subsaariana com relação à produção de alimentos como fonte de renda. Mas pode-se tentar alguma diversificação de imediato, e até mesmo uma redução da dependência excessiva com relação a umas poucas culturas pode melhorar a segurança das rendas. No longo prazo, para que a África subsaariana se junte ao processo de expansão econômica que vem ocorrendo em muitas outras partes do mundo, seria preciso buscar e usar com mais empenho outras fontes de renda e crescimento que não a produção de alimentos, e mesmo fora da agricultura.

A VIA DO EMPREGO E A QUESTÃO DA CONDIÇÃO DE AGENTE

Mesmo quando estão ausentes as oportunidades de comércio internacional, pode ser crucialmente importante o modo como a oferta total de alimentos é dividida entre os diversos grupos do país. É possível evitar as fomes coletivas recriando as rendas perdidas pelas vítimas potenciais (por exemplo, com a criação temporária de emprego assalariado em projetos públicos especialmente concebidos), dando-lhes o poder de competir por alimentos no mercado, fazendo com que o estoque disponível seja dividido de forma mais igualitária. Na maioria das situações em que ocorreram fomes coletivas, uma divisão mais equitativa dos alimentos teria evitado que pessoas passassem fome (embora uma expansão da oferta de alimentos obviamente pudesse ter facilitado as coisas). A prevenção da fome coletiva por meio da criação de emprego, com ou sem expansão da disponibilidade total de gêneros alimentícios, tem sido usada em muitos países, incluindo Índia, Botsuana e Zimbábue.[31]

A via do emprego também incentiva os processos de troca e comércio e não transtorna a vida econômica, social e familiar. Em grande medida, os beneficiários podem permanecer em suas próprias casas, próximos às suas atividades econômicas (como a agricultura), de modo que essas operações econômicas não sofrem interrupção. Da mesma forma, a vida familiar pode prosseguir em ritmo normal, o que não ocorreria se as pessoas fossem despachadas para campos de emergência. Com isso, há mais continuidade social e menos risco de propagação de doenças infecciosas, que tendem a irromper em campos superlotados. Em geral, a abordagem da ajuda por meio de emprego também permite às vítimas potenciais da fome coletiva serem tratadas como agentes ativos, e não como recebedores passivos de esmolas do governo.[32]

Outro aspecto a salientar aqui (em concordância com a abordagem geral deste livro) é o dos usos combinados de diferentes instituições sociais nesse processo de prevenção da fome coletiva. Nesse contexto, a política pública assume a forma de recurso a disposições institucionais muito diferentes:

(1) *auxílio do Estado* na criação de renda e emprego;
(2) operação de *mercados privados* de alimento e trabalho;
(3) apoio no *comércio e negócios* normais.

A integração dos papéis respectivos de diferentes instituições sociais — envolvendo as organizações de mercado e as externas ao mercado — é importantíssima como abordagem adequadamente ampla da prevenção das fomes coletivas, assim como para o desenvolvimento econômico em geral.

DEMOCRACIA E PREVENÇÃO DA FOME COLETIVA

Já me referi, neste livro, ao papel da democracia na prevenção das fomes coletivas. O argumento relaciona-se particularmente aos incentivos políticos gerados por eleições, política multipartidária e jornalismo investigativo. Certamente é verdade que nunca houve uma fome coletiva em uma democracia multipartidária efetiva.

Essa associação histórica observada é causal ou simplesmente uma ocorrência acidental? A possibilidade de que a relação entre direitos políticos democráticos e a ausência de fomes coletivas seja uma "falsa correlação" pode parecer suficientemente plausível quando se leva em consideração o fato de que os países democráticos muitas vezes são também muito ricos e, portanto, talvez imunes às fomes coletivas por outras razões. Mas nota-se a ausência de fomes coletivas mesmo em países democráticos que são paupérrimos, como Índia, Botsuana ou Zimbábue.

Houve ocasiões em que os países democráticos pobres sofreram declínios muito maiores na produção e oferta de alimentos, além de um colapso mais acentuado do poder aquisitivo de segmentos substanciais da população, do que alguns países não democráticos. Mas, enquanto os países ditatoriais sofreram fomes coletivas de vulto, os democráticos conseguiram evitá-las totalmente apesar da pior situação de seus estoques de víveres. Botsuana, por exemplo, sofreu uma queda de produção de alimentos de 17% e Zimbábue de 38% nos períodos 1979-1981 e 1983-1984, os mesmos períodos em que o declínio da produção de gêneros alimentícios no Sudão e na Etiópia foi relativamente modesto, de 11% ou 12%. Porém, enquanto Sudão e Etiópia sofreram grandes fomes coletivas, isso não aconteceu em Botsuana e Zimbábue, o que se deveu, em grande medida, a políticas oportunas e amplas de prevenção da fome coletiva nesses países.[33]

Se os governos de Botsuana e Zimbábue não houvessem tomado providências a tempo, teriam sido severamente criticados e pressionados pela oposição e bombardeados pela imprensa. Em contraste, os governos etíope e sudanês não precisaram haver-se com ameaças desse tipo — os incentivos políticos relacionados a instituições democráticas estavam totalmente ausentes nesses países. As fomes coletivas no Sudão e na Etiópia — e em muitos países da África subsaariana — foram alimentadas pela imunidade política desfrutada pelos líderes governamentais em países autoritários. Isso aparentemente se aplica também à atual situação na Coreia do Norte.

É facílimo evitar as fomes coletivas regenerando-se o poder aquisitivo perdido pelos grupos gravemente afetados, o que se pode fazer mediante vários programas, incluindo — como acabamos de discutir — a criação de empregos de emergência em projetos públicos de curto prazo. Na Índia pós-independência ocorreram, em várias ocasiões, declínios muito pronunciados na produção e disponibilidade de alimentos, e também uma gigantesca destruição da solvência econômica de grandes grupos de pessoas, mas ainda assim as fomes coletivas foram evitadas dando-se "intitulamentos" às vítimas potenciais para que elas obtivessem alimentos, por meio de renda proveniente de projetos orientados para o emprego e por outros meios. É evidente que trazer mais alimentos para a região assolada pela fome coletiva ajudará a aliviá-la se as vítimas potenciais tiverem poder econômico para comprar os víveres, para o que também é crucial a criação de renda para os que não têm nenhuma (ou têm pouquíssima). Porém, mesmo na ausência de importações de alimentos para a região, a própria criação de renda para as pessoas destituídas ajuda a aliviar a fome por meio de uma melhor divisão dos alimentos disponíveis.[34]

Na seca de 1973 em Maharashtra, na Índia, a produção de alimentos diminuiu tão drasticamente que a quantidade produzida per capita foi metade da registrada para a África subsaariana. Entretanto, não houve fome coletiva em Maharashtra (onde 5 milhões de pessoas foram empregadas em projetos públicos organizados rapidamente), ao passo que na África subsaariana ocorreram fomes coletivas de grande vulto.[35] Além desses contrastes entre as experiências de cada país na prevenção das fomes coletivas, que ressaltam eloquentemente o papel protetor da democracia, existem algumas evidências intertemporais interessantes relacionadas à *transição* de um país para a democracia. A Índia, por exemplo, continuou a ter fomes coletivas exatamente até a época da independência, em 1947. A última delas — uma das maiores — foi a de Bengala, na primavera e verão de 1943 (que aos nove anos de idade pude testemunhar em todo o seu rigor); calcula-se que morreram entre 2 e 3 milhões de pessoas devido a essa fome coletiva. Desde a independência e a instalação de um sistema democrático multipartidário, não houve nenhuma fome coletiva substancial, apesar da ocorrência bastante frequente de sérias deficiências nas safras e enormes perdas de poder aquisitivo (por exemplo, em 1968, 1973, 1979 e 1987).

INCENTIVOS, INFORMAÇÃO E PREVENÇÃO
DAS FOMES COLETIVAS

Não é difícil encontrar a relação causal entre existir democracia e não ocorrerem fomes coletivas. Elas matam milhões de pessoas em diferentes países do mundo, mas não matam os governantes. Reis e presidentes, burocratas e chefes, líderes e comandantes militares nunca são vítimas de fomes coletivas. E, se não há eleições, partidos de oposição, espaço para a crítica pública sem censura, os que exercem autoridade não têm de sofrer as consequências políticas de não prevenir as fomes coletivas. A democracia, por outro lado, faz com que os castigos da fome coletiva atinjam também os grupos governantes e líderes políticos. Isso lhes dá o incentivo para *tentar* debelar qualquer ameaça de fome coletiva e, como de fato é fácil impedi-las (nesse estágio o argumento econômico encaixa-se no político), as fomes coletivas que assomam no horizonte são firmemente repelidas.

A segunda questão relaciona-se à *informação*. Uma imprensa livre e a prática da democracia contribuem imensamente para trazer à luz informações que podem ter enorme influência sobre políticas de prevenção das fomes coletivas (por exemplo, informações sobre os primeiros efeitos de secas e inundações e sobre a natureza e o impacto do desemprego). A fonte mais elementar de informações básicas sobre uma ameaça de fome coletiva em áreas distantes são os meios de comunicação noticiosos dirigidos pela iniciativa privada, especialmente quando há incentivos — comuns em um sistema democrático — para revelar fatos que possam ser embaraçosos para o governo (e que um governo autoritário tenderia a censurar). Com efeito, penso que uma imprensa livre e uma oposição política ativa constituem o melhor sistema de alerta prévio que um país ameaçado por fomes coletivas pode ter.

A relação entre direitos políticos e necessidades econômicas pode ser ilustrada, no contexto específico da prevenção, pelas grandes fomes coletivas da China entre 1958 e 1961. Mesmo antes das reformas econômicas recentes, a China fora muito mais bem-sucedida do que a Índia em muitos aspectos significativos do desenvolvimento econômico. Por exemplo, a expectativa de vida média aumentou na China muito mais do que na Índia, e muito antes das reformas de 1979 já se aproximara dos números elevados hoje citados (quase setenta anos ao nascer).

Não obstante, a China fracassou gritantemente na prevenção da fome coletiva. Calcula-se hoje que as fomes coletivas chinesas no período entre 1958 e 1961 mataram cerca de 30 milhões de pessoas — dez vezes mais até mesmo do que a gigantesca fome coletiva de 1943 na Índia britânica.[36]

O chamado Grande Salto Para a Frente iniciado em fins da década de 1950 fora um grande fiasco, mas o governo chinês se recusou a admitir isso e continuou a aplicar dogmaticamente as mesmas políticas desastrosas por mais três anos. É difícil imaginar que algo parecido pudesse ter acontecido em um país onde ocorrem eleições regularmente e que possui uma imprensa independente. Durante essa calamidade terrível, o governo não enfrentou pressão dos jornais, que eram controlados, nem de partidos de oposição, inexistentes.

A ausência de um sistema livre de distribuição de notícias também desnorteou o próprio governo, alimentado por sua propaganda e por relatórios cor-de-rosa de oficiais locais do partido que competiam por crédito em Pequim. De fato, há provas de que, exatamente quando a fome coletiva se aproximava do auge, as autoridades chinesas acreditavam erroneamente possuir 100 milhões de toneladas métricas de grãos a mais do que de fato possuíam.[37]

É interessante que o próprio presidente Mao, cujas esperanças e crenças radicais tiveram grande influência sobre o início e a persistência oficial do Grande Salto Para a Frente, identificou o papel *informativo* da democracia assim que a falha foi tardiamente reconhecida. Em 1962, logo após a fome coletiva haver ceifado tantos milhões de vidas, Mao fez a seguinte observação perante uma assembleia de 7 mil altos funcionários:

> Sem democracia, vocês não tomam conhecimento do que está acontecendo na base; a situação será obscura; vocês não conseguirão reunir opiniões suficientes de todos os lados; não pode haver comunicação entre o topo e a base; os órgãos superiores de liderança dependerão de material unilateral e incorreto para decidir as questões, por isso será

difícil para vocês evitar ser subjetivistas; será impossível alcançar a unidade de entendimento e a unidade de ação, e impossível alcançar o verdadeiro centralismo.[38]

A defesa da democracia por Mao nesse discurso é muito limitada. O enfoque se dá exclusivamente sobre o aspecto informativo — deixando de lado o papel do incentivo e também a importância intrínseca e constitutiva da democracia.[39] Ainda assim, é extremamente interessante o próprio Mao ter reconhecido o grau em que políticas oficiais desastrosas foram causadas pela ausência de elos informativos que um sistema mais democrático pode fornecer para evitar desastres como o que a China sofreu.

O PAPEL PROTETOR DA DEMOCRACIA

Essas questões permanecem relevantes no mundo contemporâneo — mesmo na China de hoje, economicamente bem-sucedida. Desde as reformas econômicas de 1979, os pronunciamentos oficiais chineses têm admitido abertamente a importância dos incentivos *econômicos*, sem haver um reconhecimento semelhante do papel dos incentivos *políticos*. Quando as coisas correm razoavelmente bem, a ausência desse papel permissivo da democracia pode não ser muito sentida, mas, quando e se forem cometidos grandes erros nas políticas, essa lacuna pode ser imensamente desastrosa. A importância dos movimentos democráticos na China contemporânea tem de ser julgada por essa perspectiva.

Outro conjunto de exemplos vem da África subsaariana, que tem sido assolada por persistentes fomes coletivas desde o início da década de 1970. Muitos fatores fundamentam a propensão dessa região à fome coletiva, de problemas ecológicos e deterioração climática — aumentando a incerteza para as culturas agrícolas — aos efeitos firmemente negativos de guerras e conflitos constantes. Mas o caráter muitas vezes autoritário de diversos regimes políticos da África subsaariana também contribuiu acentuadamente para causar as fomes coletivas frequentes.[40]

Os movimentos nacionalistas foram todos decididamente anticoloniais, mas nem sempre pró-democráticos, e só em tempos recentes afirmar o valor da democracia alcançou respeitabilidade política em muitos países da África subsaariana. E, nesse meio político, a guerra fria no mundo não ajudou nem um pouco. Os Estados Unidos e o Ocidente mostraram-se dispostos a apoiar governos não democráticos que fossem suficientemente anticomunistas, enquanto a União Soviética e a China apoiaram governos inclinados a ficar de seus lados, independentemente do quanto eles pudessem ser anti-igualitários em suas políticas internas. Quando os partidos de oposição foram proibidos e os jornais suprimidos, houve poucos protestos internacionais.

Não se pode negar que houve governos africanos, mesmo em alguns Estados de partido único, que se mostraram intensamente motivados a evitar calamidades e fomes coletivas. Os exemplos vão do minúsculo Cabo Verde à politicamente experimental Tanzânia. Porém, com grande frequência, a ausência de oposição e a supressão da imprensa livre deram a cada governo uma imunidade contra críticas e pressão política que se traduziu em políticas totalmente insensíveis e desumanas. As fomes coletivas foram muitas vezes consideradas inevitáveis, sendo comum atribuir a culpa dos desastres a causas naturais e à perfídia de outros países. De vários modos, Sudão, Somália, Etiópia, vários países do Sahel e outras nações fornecem exemplos gritantes do quanto a situação pode ficar ruim sem a disciplina dos partidos de oposição e dos meios de comunicação noticiosos.

Isso não implica negar que, nesses países, as fomes coletivas frequentemente estiveram associadas a safras ruins. Quando uma safra é arruinada, não só a oferta de alimentos é afetada, como também o emprego e a forma de sustento de numerosas pessoas são perdidos. Mas a ocorrência de um colapso na colheita não independe das políticas públicas (como a fixação de preços relativos pelo governo ou as políticas de irrigação e pesquisa agrícola). Ademais, mesmo havendo falha nas colheitas, é possível evitar uma fome coletiva implementando-se uma cuidadosa política de distribuição (como a criação de empregos). De fato, como já discutido, países democráticos a exemplo de Botsuana, Índia ou Zimbábue têm tido êxito total na prevenção de fomes coletivas apesar de drásticos declínios na produção de alimentos e nos intitulamentos de grandes segmentos da população, ao passo que países não democráticos têm sofrido frequentes fomes coletivas apesar de situações muito mais favoráveis da oferta de alimentos. Não seria desarrazoado concluir que a democracia pode ser uma influência muito positiva na prevenção das fomes coletivas no mundo contemporâneo.

TRANSPARÊNCIA, SEGURANÇA E CRISES ECONÔMICAS ASIÁTICAS

Esse papel preventivo da democracia enquadra-se bem no requisito que denominamos "segurança protetora" quando relacionamos os diferentes tipos de liberdades instrumentais. O governo democrático, com eleições multipartidárias e meios de comunicação sem censura, torna altamente provável a instituição de medidas visando a uma segurança protetora básica. A ocorrência de fomes coletivas é apenas um exemplo do alcance protetor da democracia. O papel positivo dos direitos políticos e civis aplica-se à prevenção dos desastres econômicos e sociais em geral.

Quando a situação é rotineiramente boa e sem percalços, a ausência desse papel instrumental da democracia pode não ser particularmente sentida. Mas ele se revela em toda a sua importância quando surgem problemas, por uma ou outra razão. É então que os incentivos políticos comuns a um governo democrático adquirem grande importância prática. Podemos extrair disso algumas lições econômicas e políticas importantes. Muitos tecnocratas da economia recomendam o uso de incentivos econômicos (que o sistema de mercado fornece) enquanto deixam de lado os incentivos políticos (que os sistemas democráticos poderiam garantir). Contudo, os incentivos econômicos, por mais importantes que sejam, não substituem os incentivos políticos, e a ausência de um sistema adequado de incentivos políticos é uma lacuna que não pode ser preenchida pela operação de estímulos econômicos.

Essa é uma questão importante porque o perigo da insegurança — que surge com mudanças nas circunstâncias econômicas ou em outras, ou ainda com erros de política não corrigidos — pode estar à espreita, por trás do que parece ser uma economia perfeitamente sadia. Os problemas recentes sofridos pelo Leste e pelo Sudeste Asiático revelam, entre muitas outras coisas, o preço que se paga por um governo não democrático. Isso vale para dois aspectos importantes, relacionados ao descaso para com duas liberdades instrumentais já mencionadas: a "segurança protetora" (que estamos examinando agora) e a "garantia de transparência" (importante para a provisão de segurança e para os incentivos aos agentes econômicos e políticos).

Primeiro, o desenvolvimento da crise financeira em algumas dessas economias esteve estreitamente vinculado à falta de transparência nos negócios, em particular à falta de participação pública na averiguação dos procedimentos financeiros e empresariais. A ausência de um fórum democrático eficaz teve consequência nessa falha. A oportunidade que os processos democráticos teriam proporcionado para desafiar o controle de famílias ou grupos selecionados poderia ter feito muita diferença.

A disciplina da reforma financeira que o Fundo Monetário Internacional tentou impor às economias inadimplentes relacionou-se, em grande medida, à falta de abertura e transparência e ao envolvimento de inescrupulosos encadeamentos econômicos que eram típicos em setores dessas economias. Essas características vinculam-se estreitamente a um sistema de procedimentos comerciais sem transparência. Quando um depositante guarda seu dinheiro em um banco, pode haver uma certa expectativa de que ele será usado, juntamente com o dinheiro de outros, de modos que não envolvam riscos indevidos e possam ser abertamente revelados. Essa confiança foi violada com grande frequência, o que decerto precisou ser mudado. Não estou comentando aqui se a administração das crises pelo FMI foi ou não exatamente correta ou se a insistência em reformas imediatas poderia ter sido sensatamente postergada até que a confiança financeira retornasse a essas economias.[41] Porém, não importa o quanto esses ajustes poderiam ter sido feitos de um modo melhor, não se pode facilmente duvidar do papel da ausência de transparência na evolução das crises asiáticas.

O padrão dos riscos e dos investimentos impróprios poderia ter sido submetido a uma investigação muito mais pormenorizada se os críticos democráticos tivessem condições de exigir isso, digamos, na Indonésia ou na Coreia do Sul. Mas obviamente nenhum desses países possuía o sistema democrático que teria permitido reivindicações desse teor vindas de fora do governo. O poder incontestes do governo facilmente se traduziu em uma aceitação sem questionamento da dispensabilidade da prestação de contas e da ausência de transparência — características frequentemente reforçadas por fortes laços familiares entre os governantes e os caciques financeiros. Na emergência das crises econômicas, a natureza não democrática dos governos desempenhou um papel importante.

Segundo, assim que a crise financeira acarretou uma recessão econômica geral, o papel protetor da democracia — não distinto daquele que impede as fomes coletivas em países democráticos — fez grande falta. Os recém-destituídos não tiveram a voz ativa que precisariam ter.[42] Uma queda no Produto Nacional Bruto total de, digamos, até mesmo 10% pode não parecer grande coisa se vier depois de algumas décadas nas quais o crescimento econômico anual vinha sendo de 5% a 10%. Entretanto, esse declínio pode dizimar vidas e gerar a miséria para milhões de pessoas se o ônus da contração não for compartilhado, permitindo-se que ele se concentre sobre os que menos podem suportá-lo — os desempregados ou aqueles cujo trabalho recentemente se tornou supérfluo na economia. As pessoas vulneráveis na Indonésia podem não ter sentido falta da democracia quando tudo corria às mil maravilhas, mas foi exatamente essa lacuna que manteve suas vozes abafadas e ineficazes quando a crise desigualmente compartilhada se desenvolveu. Sente-se muito a falta do papel protetor da democracia justamente quando ele é mais necessário.

OBSERVAÇÕES FINAIS

O desafio do desenvolvimento inclui a eliminação da privação persistente e endêmica *e* a prevenção da destituição súbita e severa. Contudo, as demandas respectivas sobre as instituições e políticas desses dois requisitos podem ser distintas e até mesmo dessemelhantes. O êxito em uma área pode não garantir o êxito na outra. Por exemplo, consideremos os desempenhos comparativos da China e da Índia neste último meio século. É evidente que a China foi muito mais bem-sucedida do que a Índia na elevação da expectativa de vida e na redução da mortalidade. Na verdade, seu bom desempenho é bem mais anterior às reformas econômicas de 1979 (o progresso global da China na elevação da expectativa de vida tem sido bem mais lento no período pós-reforma do que no período precedente). Embora a Índia seja um país muito mais diversificado do que a China e existam partes da Índia (como Kerala) nas quais a expectativa de vida aumentou consideravelmente mais rápido do que na China, para os dois países a comparação do aumento geral da expectativa de vida é inteiramente favorável à China. No entanto, a China também sofreu (como já mencionado neste capítulo) a maior fome coletiva já registrada na história, com 30 milhões de pessoas perecendo nas fomes coletivas decorrentes do malogro do Grande Salto Para a Frente, nos anos de 1958 a 1961. Em contrapartida, a Índia não é assolada por fomes coletivas desde sua independência. Prevenir fomes coletivas e outras crises desastrosas e obter um aumento global da expectativa de vida média e outras realizações são disciplinas um tanto diferentes.

A desigualdade tem um papel importante no desenvolvimento das fomes coletivas e outras crises graves. Na verdade, a própria ausência de democracia é uma desigualdade — nesse caso, de direitos e poderes políticos. Porém, mais do que isso, as fomes coletivas e outras crises desenvolvem-se graças a uma desigualdade severa e por vezes subitamente aumentada. Isso é ilustrado pelo fato de que as fomes coletivas podem ocorrer mesmo sem que haja uma diminuição significativa — ou mesmo sem diminuição alguma — da oferta total de alimentos, porque alguns grupos podem sofrer uma perda abrupta de poder no mercado (por meio, por exemplo, de um desemprego repentino e em massa), com a fome resultando dessa nova desigualdade.[43]

Questões semelhantes surgem no contexto da compreensão da natureza de crises econômicas como as ocorridas recentemente no Leste e no Sudeste Asiático. Tomemos como exemplo as crises na Indonésia, na Tailândia e até mesmo crises anteriores como a da Coreia do Sul. Pode-se indagar por que seria tão desastroso acontecer, digamos, uma queda de 5% ou 10% no PNB em um ano quando o país em questão vinha crescendo a taxas de 5% a 10% *ao ano durante décadas.* De fato, no nível *agregado* isso não caracteriza uma situação desastrosa. Mas, ainda assim, se esse declínio de 5% ou 10% não for compartilhado igualmente pela população — e, em vez disso, incidir sobre a parcela mais pobre dos cidadãos —, poderá restar pouquíssima renda em poder deste último grupo (independentemente de como tiver sido o desempenho global do crescimento no passado). Essas crises econômicas gerais, assim como as fomes coletivas, desenvolvem-se atingindo os mais indefesos. Isso é, em parte, a razão por que as disposições institucionais visando a uma "segurança protetora" — na forma de redes de segurança social — constituem uma liberdade instrumental importante (como discutido no capítulo 2) e por que as liberdades políticas — na forma de oportunidades de participação e de direitos e liberdades civis — são, em última análise, cruciais até mesmo para os direitos econômicos e para a sobrevivência (como vimos no capítulo 6 e no início deste capítulo).

A questão da desigualdade é obviamente importante ainda na continuidade da pobreza endêmica. Mas, aqui também, a natureza da desigualdade e as influências causais sobre ela podem diferir para os casos de privação persistente e destituição repentina. O fato de a Coreia do Sul, por exemplo, ter tido um crescimento econômico com distribuição de renda relativamente igualitária tem sido amplamente — e acertadamente — reconhecido.[44] Isso, contudo, não garantiu uma atenção equitativa em uma situação de crise na ausência de um regime democrático. Em particular, não preparou nenhuma rede de segurança social regular ou um sistema de proteção compensatória que reagisse com rapidez. O surgimento de uma desigualdade antes inexistente e da destituição não combatida pode coexistir com uma experiência prévia de "crescimento com equidade" (como frequentemente foi denominado).

Este capítulo ocupou-se principalmente do problema de evitar as fomes coletivas e prevenir crises catastróficas. Essa é uma parte importante do processo do desenvolvimento como liberdade, pois envolve o aumento da segurança e da proteção usufruídas pelos cidadãos. Essa relação é constitutiva e instrumental. Primeiro, a própria proteção contra fome, epidemia e destituição acentuada e súbita constitui um aumento da oportunidade de viver bem e com segurança. A prevenção contra crises devastadoras, nesse sentido, é parte integrante da liberdade que as pessoas com razão valorizam. Segundo, o processo de prevenção das fomes coletivas e outras crises é significativamente auxiliado pelo uso de liberdades instrumentais, como a oportunidade de discussão aberta, a vigilância pública, a política eleitoral e os meios de comunicação sem censura. Por exemplo, a política aberta e oposicionista de um país democrático tende a forçar os governantes a tomar medidas oportunas e eficazes para prevenir as fomes coletivas, o que não aconteceu no caso das fomes coletivas ocorridas em países não democráticos — seja na China, no Camboja, na Etiópia ou na Somália (como no passado), seja na Coreia do Norte ou no Sudão (como está ocorrendo hoje). O desenvolvimento tem muitos aspectos, que requerem análises e investigações adequadamente diferenciadas.

8. A CONDIÇÃO DE AGENTE DAS MULHERES E A MUDANÇA SOCIAL

O LIVRO CLÁSSICO de Mary Wollstonecraft, *A vindication of the rights of woman*, publicado em 1792, continha várias reivindicações distintas expostas no programa geral de "defesa" que ela delineou. Os direitos a que se referia incluíam não apenas alguns particularmente relacionados ao bem-estar da mulher (e aos intitulamentos diretamente voltados para a promoção desse bem-estar), mas também direitos voltados sobretudo para a livre condição de agente da mulher.

Essas duas características figuram na pauta dos movimentos feministas atuais, mas, a meu ver, é justo dizer que os aspectos concernentes à condição de agente estão finalmente começando a receber alguma atenção, em contraste com a outrora exclusiva concentração nos aspectos do bem-estar. Não muito tempo atrás, as tarefas em que esses movimentos se empenhavam primordialmente envolviam o esforço para obter um tratamento melhor para as mulheres — um tratamento mais justo. A concentração era mais sobre o *bem-estar* da mulher — um corretivo muitíssimo necessário. Mas os objetivos, partindo desse enfoque "welfarista", aos poucos evoluíram e se ampliaram para incorporar — e enfatizar — o papel ativo da *condição de agente* das mulheres. Já não mais receptoras passivas de auxílio para melhorar seu bem-estar, as mulheres são vistas cada vez mais, tanto pelos homens como por elas próprias, como agentes ativos de mudança: promotoras dinâmicas de transformações sociais que podem alterar a vida das mulheres *e* dos homens.[1]

CONDIÇÃO DE AGENTE E BEM-ESTAR

A natureza dessa mudança de concentração e enfoque às vezes passa despercebida devido à *sobreposição* das duas abordagens. A condição de agente ativa das mulheres não pode, de nenhum modo sério, desconsiderar a urgência de retificar muitas desigualdades que arruínam o bem-estar das mulheres e as sujeitam a um tratamento desigual; assim, o papel da condição de agente tem de concentrar-se, em grande medida, também no bem-estar feminino. Analogamente, vindo pelo lado oposto, qualquer tentativa prática de aumentar o bem-estar feminino não pode deixar de recorrer à condição de agente das próprias mulheres para ocasionar tal mudança. Portanto, o *aspecto do bem-estar* e o *aspecto da condição de agente* dos movimentos feministas inevitavelmente apresentam uma intersecção substancial. E, no entanto, não podem deixar de ser diferentes em um nível básico, pois o papel de uma pessoa como "agente" é fundamentalmente distinto do papel dessa mesma pessoa como "paciente" (embora não independente desse último papel).[2] O fato de que o agente pode ter de ver a si mesmo também como paciente não altera as modalidades e as responsabilidades adicionais inevitavelmente associadas à condição de agente de uma pessoa.

Ver os indivíduos como entidades que sentem e têm bem-estar é um reconhecimento importante, mas ficar só nisso implica uma concepção muito restrita da mulher como pessoa. Portanto, compreender o papel da condição de agente é essencial para reconhecer os indivíduos como pessoas responsáveis: nós não estamos apenas sãos ou enfermos, mas também agimos ou nos recusamos a agir, e podemos optar por agir de um modo e não de outro. Assim, nós — mulheres *e* homens — temos de assumir a responsabilidade por fazer ou não fazer as coisas. Isso faz diferença, e precisamos atentar para essa diferença. Esse reconhecimento elementar, embora suficientemente simples em princípio, pode ter implicações rigorosas, seja para a análise social, seja para o raciocínio e a ação práticos.

A mudança de enfoque dos movimentos feministas constitui, portanto, um *acréscimo* crucial às preocupações anteriores, sem representar uma rejeição a essas preocupações. Evidentemente, não era descabida a antiga concentração sobre o bem-estar das mulheres, ou, para ser mais exato, sobre o "mal-estar" das mulheres. As privações relativas de bem-estar para as mulheres decerto estavam — e estão — presentes no mundo em que vivemos e claramente têm importância para a justiça social, incluindo a justiça para as mulheres. Por exemplo, há provas abundantes que identificam a biologicamente "contrária" (socialmente gerada) "mortalidade excessiva" das mulheres na Ásia e na África setentrional com números enormes de "mulheres faltantes" — "faltantes" no sentido de estarem mortas em consequência de uma parcialidade por um dos sexos na distribuição de cuidados de saúde e outras necessidades (sobre esse assunto, ver meu ensaio "Missing women", *British Medical Journal*, março, 1992).[3] Esse problema é inquestionavelmente importante para o bem-estar feminino e para a compreensão do tratamento dado às mulheres como "menos do que iguais". Também há indícios muito difusos de necessidades femininas culturalmente negligenciadas em todo o mundo. Existem razões excelentes para trazer à luz essas privações e manter firmemente a eliminação dessas iniquidades na ordem do dia.

Mas também ocorre que o papel limitado da condição de agente ativa das mulheres afeta gravemente a vida de *todas* as pessoas — homens e mulheres, crianças e adultos. Ainda que haja razões de sobra para não abrandar a preocupação com o bem-estar e o mal-estar das mulheres e para que se continue a atentar para as privações e sofrimentos femininos, existe também uma necessidade urgente e básica, particularmente neste momento, de adotar uma abordagem voltada para a condição de agente na pauta feminina.

Talvez o argumento mais imediato para que haja um enfoque sobre a *condição de agente* das mulheres possa ser precisamente o papel que essa condição pode ter na remoção das iniquidades que restringem o bem-estar feminino. Trabalhos empíricos recentes evidenciaram o modo como o respeito e a consideração pelo bem-estar das mulheres são acentuadamente influenciados por variáveis como o potencial das mulheres para auferir uma renda independente, encontrar emprego fora de casa, ter direitos de propriedade, ser alfabetizadas e participar como pessoas instruídas nas decisões dentro e fora da família. Nos países em desenvolvimento, mesmo a desvantagem feminina no quesito da sobrevivência em comparação com os homens parece diminuir drasticamente — podendo até mesmo ser eliminada — quando há progresso da condição de agente nesses aspectos.[4]

Esses diversos aspectos da situação feminina (potencial para auferir rendimentos, papel econômico fora da família, alfabetização e instrução, direitos de propriedade etc.) podem, à primeira vista, parecer demasiadamente variados e díspares. Mas o que todos eles têm em comum é sua contribuição positiva para fortalecer a voz ativa e a condição de agente das mulheres — por meio da independência e do ganho de poder. Por exemplo: trabalhar fora de casa e auferir uma renda independente tende a produzir um impacto claro sobre a melhora da posição social da mulher em sua casa e na sociedade. Sua contribuição para a prosperidade da família, nesse caso, é mais visível, e a mulher também ganha mais voz ativa, pois depende menos de outros. Além disso, com frequência o emprego fora de casa tem efeitos "educativos", expondo a mulher ao mundo fora de sua casa, aumentando a eficácia de sua condição de agente. Analogamente, a instrução da mulher reforça sua condição de agente e tende a torná-la mais bem informada e qualificada. A propriedade de bens também pode tornar a mulher mais poderosa nas decisões familiares.

As diversas variáveis identificadas na literatura desempenham, portanto, um papel unificado de dar poder às mulheres. Esse papel tem de ser relacionado ao reconhecimento de que o poder feminino — independência econômica e emancipação social — pode ter grande projeção sobre as forças e os princípios organizadores que governam as divisões *dentro* da família e na sociedade e pode, em particular, influenciar o que é implicitamente aceito como "intitulamentos" das mulheres.[5]

CONFLITOS COOPERATIVOS

Para entender o processo, podemos começar observando que mulheres e homens têm interesses *congruentes* e interesses *conflitantes* que afetam a vida familiar. Assim, a tomada de decisões na família tende a assumir a forma de uma busca de cooperação, com alguma solução ajustada — em geral *implicitamente* — sobre os aspectos conflitantes. Esse "conflito cooperativo" é uma característica geral de muitas relações de grupo, e uma análise dos conflitos cooperativos pode fornecer um modelo útil para compreendermos as influências que atuam sobre a "parte" que cabe às mulheres nas divisões familiares. Ambos os lados podem ganhar seguindo implicitamente padrões de comportamento sobre os quais se chegou a um acordo. Mas existem muitos ajustes alternativos possíveis — alguns mais favoráveis a um lado do que outros. A escolha de um desses ajustes cooperativos dentre o conjunto de possibilidades alternativas conduz a uma distribuição específica de benefícios conjuntos.[6]

Os conflitos entre os interesses parcialmente díspares no meio familiar são muitas vezes resolvidos por meio de padrões de comportamento sobre os quais existe um acordo implícito, padrões que podem ser ou não particularmente igualitários. A própria natureza da vida familiar — compartilhar um lar e viver conjuntamente — requer que os elementos de conflito não sejam enfatizados de uma forma explícita (frisar constantemente os conflitos será considerado um sinal de união "fracassada"), e às vezes a mulher que sofre privação nem sequer é capaz de avaliar claramente o seu grau de privação relativa. De maneira análoga, a percepção de quem está fazendo que quantidade de trabalho "produtivo" ou de quem está "contribuindo" em que quantidade para a prosperidade da família pode ter grande influência, muito embora a "teoria" subjacente ao modo como as "contribuições" e a "produtividade" devem ser avaliadas possa raramente ser discutida de maneira explícita.

PERCEPÇÕES DE INTITULAMENTO

A percepção das contribuições individuais e dos intitulamentos apropriados de mulheres e homens tem um papel fundamental na divisão dos benefícios conjuntos da família entre os membros de cada sexo.[7] Em consequência, as circunstâncias que influenciam essas percepções (como por exemplo o potencial das mulheres para auferir uma renda independente, trabalhar fora de casa, receber instrução, possuir bens) são crucialmente importantes para essas divisões. Portanto, a influência de um poder maior e da condição de agente independente das mulheres inclui a correção das iniquidades que arruínam a vida e o bem-estar das mulheres em comparação com a situação dos homens. As vidas que as mulheres salvam por meio de uma condição de agente mais poderosa certamente incluem as suas próprias.[8]

Mas isso não é tudo. Há outras vidas envolvidas também — vidas de homens e de crianças. Mesmo na família, as vidas afetadas podem ser as das crianças, pois há provas consideráveis de que o ganho de poder das mulheres na família pode reduzir significativamente a mortalidade infantil. Além disso, a condição de agente e a voz ativa das mulheres, intensificada pela instrução e pelo emprego, podem, por sua vez, influenciar a natureza da discussão pública sobre diversos temas sociais, incluindo taxas de fecundidade aceitáveis (não apenas na família de cada mulher especificamente) e prioridades para o meio ambiente.

Há ainda a importante questão da divisão *intrafamiliar* dos alimentos, dos cuidados com a saúde e outras disposições. Muito depende do modo como os recursos econômicos da família são empregados para atender aos interesses dos diversos indivíduos da casa: mulheres e homens, meninas e meninos, crianças e adultos, velhos e jovens.[9]

As disposições que regem o compartilhamento na família são dadas, em grande medida, por convenções estabelecidas, mas também sofrem influência de fatores como o papel econômico e o ganho de poder das mulheres e os sistemas de valores da comunidade.[10] Na evolução dos sistemas de valores e das convenções da divisão intrafamiliar, a educação, o emprego e os direitos de propriedade das mulheres podem exercer um papel importante, e essas características "sociais" podem ser cruciais para os destinos econômicos (bem como para o bem-estar e a liberdade) dos diversos membros da família.[11]

Considerando-se o tema geral deste livro, vale a pena refletir um pouco mais sobre essa relação. Como já foi discutido, o modo mais útil de compreender as fomes coletivas é a partir da perda de intitulamento — um declínio acentuado da liberdade substantiva para comprar alimentos. Isso acarretaria um colapso na quantidade de alimentos que a família pode comprar e consumir. Embora os problemas distributivos no âmbito da família possam ser graves mesmo nas situações de fome coletiva, eles são particularmente cruciais na determinação da subnutrição e da fome gerais dos diversos membros da família em situações de pobreza persistente — que são "normais" em muitas comunidades. É na desigualdade contínua na divisão dos alimentos — e (talvez ainda mais) nos cuidados com a saúde — que a desigualdade entre os sexos se manifesta de modo mais flagrante e persistente nas sociedades pobres com pronunciado viés antifeminino.

Esse viés antifeminino parece ser influenciado pela posição social e pelo poder econômico das mulheres em geral. A predominância relativa dos homens vincula-se a numerosos fatores, incluindo a posição de ser o "arrimo de família" cujo poder econômico impõe respeito mesmo no meio familiar.[12] Do outro lado da moeda, existem evidências consideráveis de que, quando as mulheres podem auferir renda fora de casa e o fazem, isso tende a melhorar a posição relativa feminina inclusive em distribuições no âmbito da família.

Embora as mulheres trabalhem muitas horas em casa todos os dias, esse trabalho não tem remuneração, sendo com frequência desconsiderado no cômputo das respectivas contribuições de mulheres e homens para a prosperidade conjunta da família.[13] Mas a contribuição da mulher para a prosperidade da família é mais visível quando ela trabalha fora de casa e recebe um salário. Ela também tem mais voz ativa, pois depende menos de outros. O *status* mais elevado das mulheres aparentemente afeta até mesmo as ideias sobre o "quinhão" que cabe às meninas da família. Assim, a liberdade para procurar e ter emprego fora de casa pode contribuir para reduzir a privação relativa — e absoluta — das mulheres. A liberdade em uma área (de poder trabalhar fora de casa) parece contribuir para aumentar a liberdade em outras (mais liberdade para não sofrer fome, doença e privação relativa).

Também há evidências consideráveis de que as taxas de fecundidade tendem a declinar quando as mulheres obtêm mais poder. Isso não surpreende, pois são as mulheres jovens que sofrem o maior desgaste com as frequentes gestações e com a criação dos filhos, e tudo o que aumentar o poder decisório das mulheres jovens e a atenção que seus interesses recebem tende, em geral, a evitar as gestações muito frequentes. Por exemplo: em um estudo comparativo de quase trezentos distritos da Índia, evidenciou-se que a educação e o emprego feminino são os dois fatores mais importantes na redução das taxas de fecundidade.[14] As influências que contribuem para a emancipação feminina (incluindo a alfabetização e o emprego das mulheres) efetivamente fazem muita diferença para as taxas de fecundidade. Retomarei essa questão em breve, ao tratar da avaliação da natureza e da gravidade do "problema da população mundial". Os problemas gerais da superlotação ambiental — que podem afetar tanto as mulheres como os homens — vinculam-se estreitamente à liberdade específica das mulheres para não gerar e criar filhos constantemente, prática que arruína a vida de mulheres jovens em muitas sociedades do mundo em desenvolvimento.

A SOBREVIVÊNCIA DAS CRIANÇAS E A CONDIÇÃO DE AGENTE DA MULHER

Há provas consideráveis de que a educação e a alfabetização das mulheres tende a reduzir as taxas de mortalidade das crianças. Essa influência atua por diversas vias, porém, talvez mais imediatamente, por meio da importância que normalmente as mães dão ao bem-estar dos filhos e da oportunidade que têm — quando sua condição de agente é respeitada e fortalecida — de influenciar as decisões familiares nessa direção. Analogamente, o aumento de poder das mulheres parece ser importantíssimo para a redução do flagrante viés contra o sexo feminino (em particular contra as meninas) no aspecto da sobrevivência.

Os países com desigualdade básica entre os sexos — Índia, Paquistão, Bangladesh, China, Irã, os da Ásia ocidental, da África setentrional e outros — com frequência tendem a apresentar taxas maiores que as da Europa, América ou África subsaariana em relação à mortalidade de recém-nascidas e meninas. Na Índia, as taxas de mortalidade do grupo de zero a quatro anos para meninos e meninas são hoje muito semelhantes entre si na média nacional, mas persiste uma acentuada desvantagem para o sexo feminino em regiões onde a desigualdade entre os sexos é particularmente pronunciada, incluindo a maioria dos Estados setentrionais da Índia.[15]

Um dos estudos mais interessantes sobre esses aspectos — apresentado em uma importante contribuição estatística de Mamta Murthi, Anne-Catherine Guio e Jean Drèze — analisa dados de 296 distritos indianos, extraídos do censo da Índia em 1981.[16] Mamta Murthi e Jean Drèze realizaram estudos complementares com dados posteriores, sobretudo do censo de 1991, os quais confirmam amplamente as constatações baseadas no censo de 1981.[17]

Esses estudos examinam um conjunto de relações causais diferentes — mas inter-relacionadas. As variáveis a serem explicadas incluem taxas de fecundidade, taxas de mortalidade infantil e também desvantagem do sexo feminino no tocante à sobrevivência das crianças (refletindo a *razão* entre as mortalidades de meninas e meninos no grupo de zero a quatro anos) em comparações interdistritais. Essas variáveis são relacionadas a diversas outras para cada distrito — as quais têm poder explicativo, como, por exemplo, as taxas de alfabetização das mulheres, a participação feminina na força de trabalho, a incidência da pobreza (e níveis de renda), o grau de urbanização, a disponibilidade de facilidades médicas e a proporção de grupos socialmente desprivilegiados (castas e tribos registradas) na população.[18]

Que impacto sobre a sobrevivência e a mortalidade das crianças deveríamos esperar das variáveis que podem associar-se mais estreitamente à condição de agente das mulheres? É natural esperar que essa conexão seja totalmente positiva no que diz respeito à alfabetização e à educação feminina, o que se confirmou acentuadamente (em breve discorrerei mais sobre esse assunto).

Contudo, no caso da participação feminina na força de trabalho, as análises sociais e econômicas tenderam a identificar fatores que atuam em direções diferentes. Primeiro, ter emprego remunerado produz muitos efeitos positivos sobre os papéis da condição de agente das mulheres, frequentemente incluindo maior ênfase sobre os cuidados com os filhos e maior potencial para dar mais prioridade aos cuidados com os filhos nas decisões conjuntas da família. Segundo, como geralmente os homens mostram grande relutância em dividir as tarefas domésticas, pode não ser fácil para as mulheres concretizar esse maior desejo de prioridade para os cuidados com os filhos quando elas têm o "duplo fardo" do trabalho doméstico e do emprego fora de casa. Assim, o efeito líquido poderia verificar-se em qualquer das duas direções. No estudo de Murthi *et al.*, a análise dos dados indianos por distrito não produz nenhum padrão definido, estatisticamente significativo, para a conexão entre o trabalho feminino fora de casa e a sobrevivência das crianças.[19]

Em contrapartida, constatou-se que a alfabetização das mulheres produz um impacto inequívoco e estatisticamente significativo na redução da mortalidade das crianças menores de cinco anos, mesmo depois de fazer o controle para a alfabetização dos homens. Isso condiz com as evidências crescentes de uma relação estreita entre a alfabetização feminina e a sobrevivência das crianças em muitos países do mundo, particularmente nas comparações entre países.[20] Nesse caso, o impacto do ganho de poder e do papel da condição de agente das mulheres não perde eficácia em razão de problemas causados pela inflexibilidade da participação masculina nos cuidados com os filhos e nas tarefas domésticas.

Há também a questão adicional do *viés contra o sexo feminino* no aspecto da sobrevivência infantil (em contraste com a sobrevivência infantil *total*). Para essa variável, revelou-se que a taxa de participação feminina na força de trabalho e a alfabetização das mulheres têm *ambas* efeitos altamente benéficos sobre o grau de desvantagem feminina no aspecto da sobrevivência infantil. Em contraste, constatou-se que variáveis relacionadas ao nível *geral* de desenvolvimento e modernização não traziam efeito estatisticamente significativo *ou* indicavam que a modernização (quando não acompanhada de ganho de poder para as mulheres) pode até mesmo *reforçar*, em vez de enfraquecer, o viés contra o sexo feminino no aspecto da sobrevivência infantil. Isso se aplica, *inter alia*, à urbanização, à alfabetização masculina, à disponibilidade de serviços médicos e ao nível de pobreza (estando os níveis de pobreza mais elevados associados a razões entre mulheres e homens *maiores* nas camadas pobres). Na medida em que existe na Índia uma conexão positiva entre o nível de desenvolvimento e o menor viés contra o sexo feminino no aspecto da sobrevivência, ela parece atuar principalmente *por meio* de variáveis que se relacionam diretamente à condição de agente das mulheres — como as já citadas alfabetização feminina e participação das mulheres na força de trabalho.

Vale a pena tecer um comentário adicional sobre o efeito da melhora na condição de agente das mulheres por meio do aumento da educação feminina. A análise estatística de Murthi, Guio e Drèze indica que, em termos quantitativos, o efeito da alfabetização feminina sobre a mortalidade infantil é extraordinariamente grande. É uma influência mais poderosa sobre a redução da mortalidade infantil do que as outras variáveis que também atuam nessa direção geral. Por exemplo: mantendo constantes as outras variáveis, um aumento na taxa bruta de alfabetização feminina de, digamos, 22% (o número real para a Índia) para 75% reduz o valor previsto da mortalidade combinada de meninos e meninas menores de cinco anos de 156 por mil (novamente, os valores reais de 1981) para 110 por mil.

O efeito potente da alfabetização feminina contrasta com os papéis comparativamente ineficazes da alfabetização masculina ou da redução geral da pobreza como instrumentos para reduzir a mortalidade infantil. O aumento da alfabetização masculina na mesma faixa (de 22% para 75%) reduz a mortalidade das crianças menores de cinco anos apenas de 169 por mil para 141 por mil. E uma redução de 50% na incidência de pobreza (do nível real de 1981) diminui o valor previsto da mortalidade das crianças com menos de cinco anos apenas de 156 por mil para 153 por mil.

Aqui, mais uma vez, a mensagem parece ser que algumas variáveis relacionadas à condição de agente das mulheres (no caso, a alfabetização feminina) frequentemente têm um papel muito mais importante na promoção do bem-estar social (em particular da sobrevivência infantil) do que variáveis relacionadas ao nível geral de opulência na sociedade. Essas constatações possuem implicações práticas importantes.[21] Ambos os tipos de variáveis podem ser influenciados por meio da ação pública, mas requerem formas muito diferentes de intervenção pública.

CONDIÇÃO DE AGENTE, EMANCIPAÇÃO
E REDUÇÃO DA FECUNDIDADE

Como já foi dito anteriormente, o papel da condição de agente das mulheres também é particularmente importante para a redução das taxas de fecundidade. Os efeitos adversos de taxas de natalidade elevadas incluem a negação de liberdades substanciais — devido a gestações frequentes e ao incessante trabalho de criar os filhos — impostas rotineiramente a muitas mulheres asiáticas e africanas. Em consequência, há uma estreita relação entre o *bem-estar* feminino e a *condição de agente* das mulheres na produção de uma mudança no padrão da fecundidade. Assim, não surpreende que reduções nas taxas de natalidade tenham com frequência decorrido da melhora do *status* e do poder das mulheres.

Essas relações realmente se refletem em variações interdistritais da taxa de fecundidade total na Índia. De fato, entre todas as variáveis incluídas na análise apresentada por Murthi, Guio e Drèze, as *únicas* que têm um efeito significativo do ponto de vista estatístico sobre a fecundidade são a alfabetização feminina e a participação das mulheres na força de trabalho. Mais uma vez, a importância da condição de agente das mulheres emerge com eloquência dessa análise, especialmente em comparação com os efeitos mais fracos de variáveis relacionadas ao progresso econômico geral.

O encadeamento negativo entre a alfabetização feminina e a fecundidade parece ser, de um modo geral, empiricamente bem fundamentado.[22] Essas relações têm sido observadas também em outros países, e não surpreende que viessem a emergir na Índia. A relutância das mulheres instruídas em ser manietadas pela criação contínua de filhos exerce um papel evidente na produção dessa mudança. A educação também amplia os horizontes e, em um nível mais material, ajuda a difundir os conhecimentos sobre planejamento familiar. E, obviamente, mulheres instruídas tendem a gozar de mais liberdade para exercer sua condição de agente nas decisões familiares, inclusive nas questões relacionadas à fecundidade e à gestação de filhos.

Também vale a pena mencionar aqui o caso específico de Kerala — o Estado indiano socialmente mais avançado — devido ao seu êxito específico na redução das taxas de fecundidade baseada na condição de agente das mulheres. Enquanto para a Índia a taxa de fecundidade ainda é superior a 3,0, em Kerala essa taxa agora reduziu-se para 1,7, bem abaixo do "nível de substituição" (por volta de 2,0, aproximadamente dois filhos por casal), sendo também consideravelmente inferior à taxa de fecundidade da China, que é de 1,9. O nível elevado de instrução feminina em Kerala tem sido particularmente influente como causa de uma acentuada redução na taxa de natalidade. Como a condição de agente das mulheres e a alfabetização feminina são importantes inclusive na redução das taxas de mortalidade, essa é outra via — mais indireta — pela qual a condição de agente das mulheres (incluindo a alfabetização feminina) pode ter contribuído para a redução das taxas de natalidade, pois há alguns indícios de que uma redução nas taxas de mortalidade, especialmente a infantil, tende a contribuir para a redução das taxas de fecundidade. Kerala também apresentou outras características favoráveis para o ganho de poder e a condição de agente das mulheres, incluindo um maior reconhecimento dos direitos de propriedade das mulheres para uma parcela substancial e influente da comunidade.[23] No próximo capítulo haverá oportunidade para examinar mais a fundo essas relações, juntamente com outros possíveis encadeamentos causais.

PAPÉIS POLÍTICOS, SOCIAIS E ECONÔMICOS DAS MULHERES

Há muitas provas de que, quando conseguem as oportunidades que em geral são reservadas aos homens, as mulheres saem-se tão bem quanto eles no aproveitamento desses recursos — que, ao longo dos séculos, os homens têm alegado serem só seus. Acontece que, em muitos países em desenvolvimento, as oportunidades nos níveis políticos mais elevados puseram-se ao alcance das mulheres apenas em circunstâncias muito especiais — com frequência relacionadas à morte de seus mais bem estabelecidos maridos ou pais —, mas essas chances invariavelmente foram aproveitadas com grande vigor. Embora a história recente do papel das mulheres em posições supremas de liderança no Sri Lanka, na Índia, em Bangladesh, no Paquistão, em Myanmar ou na Indonésia possa ser amplamente reconhecida, é preciso atentar melhor para o papel que as mulheres têm podido desempenhar — dada a oportunidade — em níveis diversos de atividades políticas e iniciativas sociais.[24]

Analogamente, o efeito das atividades das mulheres na vida social pode ser bem amplo. Às vezes, os papéis são ou estão se tornando bem conhecidos e previstos com facilidade (a influência da educação das mulheres na redução das taxas de fecundidade — já discutido — é um bom exemplo). Contudo, também há outras relações que requerem investigação e análise mais aprofundadas. Uma das hipóteses mais interessantes concerne à relação entre a influência dos homens e a prevalência de crimes violentos. O fato de a maioria dos crimes violentos no mundo ser cometida por homens é notório, mas existem possíveis influências causais que ainda não receberam a atenção que podem merecer.

Um resultado estatístico interessante sobre a Índia refere-se aos grandes contrastes interdistritais que revelam uma forte — e estatisticamente muito significativa — relação entre a razão entre mulheres e homens na população e a escassez de crimes violentos. Muitos pesquisadores têm observado uma relação inversa entre índices de assassinatos e razão entre mulheres e homens na população, apresentando explicações alternativas para os processos causais envolvidos.[25] Alguns buscaram explicações causais partindo da incidência de crimes violentos e chegando a uma preferência por filhos do sexo masculino (considerados mais bem preparados para enfrentar uma sociedade violenta), enquanto outros partem de uma proporção maior de mulheres (menos inclinadas à violência) e chegam a uma taxa de criminalidade consequentemente menor.[26] Também pode haver algum terceiro fator relacionado tanto ao crime violento como à predominância masculina na razão entre os sexos. Existem aqui muitas questões a serem esclarecidas, mas é difícil desconsiderar a importância dos sexos e a influência da condição de agente das mulheres em comparação à dos homens em qualquer uma das explicações alternativas.

Se atentarmos agora para as atividades econômicas, constataremos que a participação das mulheres também pode fazer muita diferença. Uma razão para a participação relativamente pequena, em muitos países, das mulheres nas atividades econômicas rotineiras é uma carência relativa de acesso a recursos econômicos. A propriedade de terra e capital nos países em desenvolvimento tende a concentrar-se acentuadamente nos membros do sexo masculino da família. Em geral, é muito mais difícil para uma mulher iniciar um empreendimento, mesmo de proporções modestas, por não possuir bens que possam servir de garantia aos credores.

Ainda assim, há provas abundantes de que, sempre que as disposições sociais diferem da prática tradicional da propriedade masculina, as mulheres conseguem tomar iniciativas nos negócios e na economia com grande êxito. Está claro que o resultado da participação feminina não é meramente a geração de renda para as mulheres, mas também a provisão dos benefícios sociais decorrentes de *status* mais elevado e da independência feminina (incluindo a redução das taxas de mortalidade e fecundidade, que acabamos de discutir). Assim, a participação econômica das mulheres é tanto uma recompensa em si (com a redução associada do viés contra o sexo feminino na tomada de decisões familiares) como uma grande influência para a mudança social em geral.

O êxito notável do Banco Grameen, em Bangladesh, é um bom exemplo desse fato. Esse movimento visionário de fornecimento de microcrédito, chefiado por Muhammad Yunus, tem procurado consistentemente eliminar a desvantagem feminina causada por um tratamento discriminativo no mercado de crédito rural com um esforço específico para fornecer crédito a mulheres. O resultado tem sido uma proporção muito elevada de mulheres entre os clientes do Banco Grameen. Os resultados notáveis desse banco nos elevados índices de restituição (aproximadamente 98%, segundo os registros) não deixam de relacionar-se ao modo como as mulheres responderam às oportunidades que lhes foram oferecidas e à perspectiva de assegurar a continuidade desses procedimentos.[27] Também em Bangladesh, o Bangladesh Rural Advancement Commitee [Comitê para o Progresso Rural de Bangladesh], chefiado por outro líder visionário, Fazle Hasan Abed, tem dado à participação feminina ênfase semelhante.[28] Esses e outros movimentos econômicos e sociais em Bangladesh contribuíram muito não só para aumentar o "quinhão" que cabe às mulheres, como também — por meio da melhora da condição de agente das mulheres — para gerar outras mudanças importantes na sociedade. Por exemplo: o acentuado declínio na taxa de fecundidade ocorrido em Bangladesh nos últimos anos parece ter uma clara vinculação com o envolvimento cada vez maior de mulheres nos assuntos sociais e econômicos, assim como com a disponibilidade muito maior de recursos para o planejamento familiar, mesmo nas áreas rurais de Bangladesh.[29]

Outra área em que varia a participação feminina em ocupações econômicas é a das atividades agrícolas relacionadas à propriedade de terra. Também nessa área, as oportunidades econômicas ao alcance das mulheres podem ter uma influência decisiva sobre o funcionamento da economia e das disposições sociais relacionadas. Com efeito, "uma terra própria" (nas palavras de Bina Agarwal) pode ser um fator importantíssimo para a iniciativa e a participação feminina, com efeitos de longo alcance sobre o equilíbrio de poder econômico e social entre mulheres e homens.[30] Questões semelhantes emergem da compreensão do papel feminino no desenvolvimento do meio ambiente, particularmente na conservação de recursos naturais (como árvores), que apresenta uma relação específica com a vida e o trabalho das mulheres.[31]

O ganho de poder das mulheres é um dos aspectos centrais no processo de desenvolvimento em muitos países do mundo atual. Entre os fatores envolvidos incluem-se a educação das mulheres, seu padrão de propriedade, suas oportunidades de emprego e o funcionamento do mercado de trabalho.[32] Mas, indo além dessas variáveis acentuadamente "clássicas", são também fatores importantes a natureza das disposições empregatícias, as atitudes da família e da sociedade em geral com respeito às atividades econômicas das mulheres e as circunstâncias econômicas e sociais que incentivam ou tolhem a mudança dessas atitudes.[33] Como revela o esclarecedor estudo de Naila Kabeer sobre o trabalho e a participação econômica das mulheres bengalesas em Dhaka e Londres, a continuidade do sistema vigente no passado ou sua ruptura são fortemente influenciadas pelas relações econômicas e sociais exatas que atuam no meio local.[34] A condição de agente das mulheres é um dos principais mediadores da mudança econômica e social, e sua determinação e suas consequências relacionam-se estreitamente a muitas das características centrais do processo de desenvolvimento.[35]

OBSERVAÇÃO FINAL

O enfoque sobre o papel da condição de agente das mulheres tem influência direta sobre o bem-estar feminino, mas seu alcance é bem maior. Neste capítulo, examinamos a distinção e os inter-relacionamentos entre condição de agente e bem-estar, e em seguida ilustramos o alcance e o poder da condição de agente da mulher, particularmente em duas áreas específicas: (1) melhora da sobrevivência das crianças e (2) contribuição para a redução das taxas de fecundidade. Esses dois aspectos têm um interesse para o desenvolvimento em geral, muito além da busca específica do bem-estar das mulheres, embora — como vimos — o bem-estar feminino também esteja diretamente envolvido e tenha um papel mediador crucial na melhora dessas realizações gerais.

O mesmo se aplica a muitas outras áreas da ação econômica, política e social, variando do crédito rural e atividades econômicas, de um lado, à discussão política e debates sociais, de outro.[36] O grande alcance da condição de agente das mulheres é uma das áreas mais negligenciadas nos estudos sobre o desenvolvimento e requer correção urgente. Pode-se dizer que nada atualmente é tão importante na economia política do desenvolvimento quanto um reconhecimento adequado da participação e da liderança política, econômica e social das mulheres. Esse é, de fato, um aspecto crucial do "desenvolvimento como liberdade".

9. POPULAÇÃO, ALIMENTO E LIBERDADE

Não faltam em nossa época acontecimentos terríveis e abomináveis, mas sem dúvida um dos piores é a persistência da fome para um número imenso de pessoas, em um mundo de prosperidade sem precedentes. As fomes coletivas assolam muitos países com espantosa inclemência, "ferozes como dez fúrias, terríveis como o inferno" (tomando emprestadas as palavras de John Milton). Além disso, a fome endêmica em massa é um flagelo que perdura em muitas partes do mundo — debilitando centenas de milhões de pessoas e matando uma proporção considerável delas com regularidade estatística. O que faz dessa fome disseminada uma tragédia ainda maior é o modo como acabamos por aceitá-la e tolerá-la como parte integrante do mundo moderno, como se ela fosse um fato essencialmente inevitável (como nas tragédias gregas).

Tentamos mostrar o erro de julgar a natureza e a gravidade dos problemas de fome crônica, subnutrição e fome coletiva apenas da perspectiva da produção de alimentos. Contudo, a produção de gêneros alimentícios tem de ser *uma* das variáveis que podem, *inter alia*, influenciar a prevalência da fome. Até mesmo o preço dos alimentos ao consumidor será afetado pela magnitude da produção de alimentos. Ademais, quando consideramos os problemas de alimentos no nível global (em vez de nacional ou regional), obviamente não existe a oportunidade de obter alimentos "fora" da economia. Por essas razões, o medo tão frequente de que a produção per capita de alimentos esteja diminuindo no mundo não pode ser descartado de pronto.

EXISTE UMA CRISE MUNDIAL DE ALIMENTOS?

Mas esse medo é justificado? A produção mundial de alimentos está ficando cada vez mais para trás com relação à população mundial no que é visto como uma "corrida" entre as duas? O temor de que seja exatamente isso o que está acontecendo — ou que não tardará a acontecer — vem de longa data e tem mostrado extraordinária permanência apesar de haver relativamente poucos indícios que o justifiquem. Malthus, por exemplo, afirmou dois séculos atrás que a produção de alimentos vinha perdendo terreno e prognosticou desastres terríveis resultantes do consequente desequilíbrio na "proporção entre o aumento natural da população e dos alimentos". Ele estava absolutamente convicto, em seu mundo de fins do século XVIII, de que "o período no qual o número de homens supera seus meios de subsistência já chegou há tempos".[1] Porém, desde a época em que Malthus publicou seu célebre *Ensaio sobre a população*, no ano de 1798, a população mundial aumentou quase seis vezes, mas ainda assim a produção e o consumo de alimentos per capita são hoje consideravelmente maiores do que no tempo de Malthus, e isso ocorreu junto com uma elevação sem precedentes nos padrões gerais de vida.

Entretanto, o fato de Malthus estar redondamente enganado em seu diagnóstico sobre a superpopulação em sua época (com menos de 1 bilhão de pessoas no planeta) e em seu prognóstico sobre as consequências terríveis do crescimento populacional não significa que os temores relacionados ao crescimento da população em todas as épocas tenham de ser errôneos também. Mas e quanto ao presente? A produção de alimentos está realmente perdendo a corrida para o crescimento populacional? A tabela 9.1 apresenta os índices de produção de alimentos per capita (baseados em estatísticas da Organização de Alimentação e Agricultura das Nações Unidas) para o mundo e para algumas das principais regiões segundo médias trienais (para evitar equívocos gerados por flutuações de ano para ano), considerando como base do índice (100) a média de 1979-81; os valores dos índices são dados até 1996-7. (O acréscimo dos dados para 1998 não altera o quadro básico. Não só inexiste um declínio real na produção de alimentos per capita (muito pelo contrário), como também os maiores aumentos per capita ocorreram nas áreas mais densamente povoadas do Terceiro Mundo (em particular na China, na Índia e no restante da Ásia).

Tabela 9.1
ÍNDICES DE PRODUÇÃO DE ALIMENTOS PER CAPITA SEGUNDO REGIÕES

Regiões	1974-6	1979-81	1984-6	1994-6	1996-7
Mundo	97,4	100,00	104,4	108,4	111,0
África	104,9	100,00	95,4	98,4	96,0
Ásia	94,7	100,00	111,6	138,7	144,3
Índia	96,5	100,00	110,7	128,7	130,5
China	90,1	100,00	120,7	177,7	192,3
Europa	94,7	100,00	107,2	102,3	105,0
América do Norte e Central	90,1	100,00	99,1	99,4	100,0
Estados Unidos	89,8	100,00	99,3	102,5	103,9
América do Sul	94,0	100,00	102,8	114,0	117,2

Nota: Com a média trienal de 1979-81 como base, as médias trienais para os anos 1984-6, 1994-6 e 1996-7 são obtidas de United Nations (1995, 1998), tabela 4. As médias trienais para os anos anteriores (1974-6) baseiam-se em United Nations (1984), tabela 1. Pode haver ligeiras diferenças nos pesos relativos entre os dois conjuntos de comparações, de modo que não se devem considerar as séries totalmente comparáveis entre os dois lados de 1979-81, mas a diferença quantitativa causada por isso, se houver, provavelmente é ínfima.

Fontes: United Nations, *FAO Quarterly Bulletin of Statistics*,1995 e 1998, e *FAO Monthly Bulletin of Statistics*, agosto de 1984.

A produção africana de alimentos, porém, diminuiu (assunto que já comentei), e a prevalência da pobreza na África deixa a região em uma situação muito vulnerável. No entanto, como já discutido (capítulo 7), os problemas da África subsaariana são principalmente reflexos de uma crise econômica geral (uma crise com acentuados componentes sociais e políticos, tanto quanto econômicos) — e não especificamente uma "crise de produção de alimentos". A história da produção de alimentos insere-se em um problema maior que deve ser enfrentado mais amplamente.

Não existe, na realidade, nenhuma crise significativa na produção mundial de alimentos em nossos dias. A taxa de expansão dessa produção evidentemente varia ao longo do tempo (e, em alguns anos, o clima adverso acarreta um declínio, permitindo aos alarmistas cantar vitória por um ou dois anos), mas a *tendência* ascendente é bem clara.

INCENTIVOS ECONÔMICOS E
PRODUÇÃO DE ALIMENTOS

Também é importante notar que esse aumento na produção mundial de alimentos aconteceu apesar de uma tendência acentuadamente declinante nos preços mundiais dos gêneros alimentícios em termos reais, como indica a tabela 9.2. O período coberto — mais de 45 anos — vai de 1950-2 a 1995-7. Isso implica uma diminuição dos incentivos econômicos para produzir mais alimentos em muitas áreas de produção comercial de alimentos no mundo, inclusive na América do Norte.

Os preços dos alimentos obviamente flutuam no curto prazo, e em consequência do aumento ocorrido em meados da década de 1990 houve frequentes declarações alarmistas. Mas esse foi um aumento pequeno, se contrastado com a grande queda ocorrida desde 1970 (ver gráfico 9.1). Há uma tendência de longo prazo acentuadamente declinante, e até agora nada indica que essa tendência tenha sido revertida. Em 1998, os preços mundiais do trigo e grãos brutos caíram respectivamente 20% e 14%.[2]

267

Tabela 9.2
PREÇOS DE ALIMENTOS EM DÓLARES DE 1990-1952 A 1995-1997

Alimento	1950-2	1995-7	Variação percentual
Trigo	427,6	159,3	-62,7
Arroz	789,7	282,3	-64,2
Sorgo	328,7	110,9	-66,2
Milho	372,0	119,1	-68,0

Nota: A unidade é o dólar (1990) por tonelada métrica, ajustada pelo índice do Valor Unitário de Manufatura (Manufacturing Unit Value — MUV) do G-5.

Fontes: World Bank, *Commodity markets and the developing countries*, novembro, 1998, tabela A1 (Washington, D. C.); World Bank, *Price prospects for major primary commodities*, vol. 2, tabelas A5, A10 e A15 (Washington, D. C., 1993).

No contexto de uma análise econômica da situação atual, não podemos desconsiderar o efeito de desincentivo sobre a produção de víveres que a queda dos preços mundiais tem produzido. Portanto, é particularmente notável que ainda assim a produção mundial de alimentos continuasse a crescer, bem à frente do aumento populacional. Com efeito, se mais alimentos houvessem sido produzidos (sem eliminar a escassez de renda de que sofre a maioria das pessoas que passam fome no mundo), vendê-los teria sido um problema maior do que o refletido no declínio dos preços. Não surpreende que os maiores aumentos tenham vindo de regiões (como China e Índia) onde os mercados internos de alimentos são relativamente isolados dos mercados mundiais e da tendência declinante dos preços globais.

É importante ver a produção de alimentos como resultado da atuação humana e compreender os incentivos que influenciam as decisões e ações dos indivíduos. Assim como outras atividades econômicas, a produção comercial de alimentos sofre as oscilações dos mercados e preços. Nesta época, a produção mundial de gêneros alimentícios tem sido tolhida pela escassez da demanda e pelos preços declinantes; isso, por sua vez, reflete a pobreza de algumas das pessoas mais necessitadas. Estudos técnicos sobre a possibilidade de produzir mais alimentos (se e quando a demanda aumentar) indicam oportunidades muito substanciais para fazer com que a produção per capita cresça muito mais. A produção por hectare tem continuado a aumentar em todas as regiões do mundo, e globalmente ela cresceu em média cerca de 42,6 quilos por hectare por ano durante o período 1981-93.[3] Em relação à produção mundial de alimentos, 94% do crescimento da produção de cereais entre 1970 e 1990 refletiu um aumento do produto por unidade de terra, e apenas 6% deveu-se a uma ampliação de área.[4] Com uma demanda maior por alimentos, pode-se esperar uma continuidade na

Gráfico 9.1
PREÇOS DE ALIMENTOS EM DÓLARES DE 1990

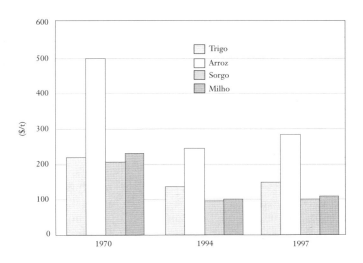

Nota: A unidade é o dólar (1990) deflacionado pelo índice de Valor Unitário de Manufatura (Manufacturing Unit Value – MUV) do G-5.
Fonte: World Bank, *Commodity markets and developing countries* (Washington, D. C., World Bank, 1998), tabela A1.

intensificação do cultivo, especialmente porque as desigualdades na produção por hectare continuam sendo imensas entre as diferentes regiões do mundo.

ALÉM DA TENDÊNCIA DA PRODUÇÃO DE ALIMENTOS PER CAPITA

Mas tudo isso não elimina a necessidade de desacelerar o crescimento da população, pois o desafio ambiental não está apenas na produção de alimentos — há muitas outras questões relacionadas ao crescimento populacional e à superpopulação. Porém, efetivamente não há razão para um grande temor de que a produção de alimentos em breve não consiga acompanhar o crescimento populacional. Na verdade, pode ser imensamente contraproducente a tendência a concentrar-se apenas na produção de alimentos, desconsiderando o *intitulamento* aos alimentos. Os responsáveis pelas políticas podem equivocar-se se forem isolados do quadro real de fome — e mesmo de ameaças de fomes coletivas — por situações favoráveis da produção de alimentos.

Por exemplo, na fome coletiva de Bengala em 1943, os administradores impressionaram-se tanto pelo fato de não haver um declínio significativo na produção de alimentos (no que estavam corretos) que não foram capazes de prever — e, por alguns meses, chegaram mesmo a recusar-se a reconhecer — a fome quando ela assolou Bengala com uma inclemência catastrófica.[5] Assim como o "pessimismo malthusiano" pode ser enganoso para a previsão da situação mundial relativa aos alimentos, o que se poderia chamar de "otimismo malthusiano" tem o poder de matar milhões quando os administradores caem na armadilha da perspectiva equivocada da produção de alimentos per capita e ignoram os primeiros sinais de desastre e fome coletiva. Uma teoria incorreta pode matar, e a perspectiva malthusiana da razão entre alimentos e população já fez inúmeras vítimas.

CRESCIMENTO POPULACIONAL E A DEFESA DA COERÇÃO

Embora os temores malthusianos sobre a produção de alimentos no longo prazo sejam infundados, ou no mínimo prematuros, há boas razões para a preocupação com a taxa de crescimento da população mundial em geral. Não resta dúvida de que a taxa de crescimento da população se acelerou notavelmente no século XX. A população mundial levou milhões de anos para atingir o primeiro bilhão, depois precisou de 123 anos para chegar ao segundo, 33 para o terceiro, 14 para o quarto e 13 para o quinto bilhão, com a promessa do sexto bilhão no decorrer de mais onze anos (segundo projeções das Nações Unidas).[6] O número de pessoas no planeta aumentou em aproximadamente 923 milhões (só no período entre 1980 e 1990), e esse crescimento é bem próximo do tamanho da população *total* do mundo *inteiro* na época de Malthus. A década de 1990, quando terminar, terá visto uma expansão não menos significativa.

Se isso prosseguir, o mundo com certeza estará tremendamente superlotado antes de encerrar-se o século XXI. Porém, há muitos sinais claros de que a taxa de crescimento da população mundial esteja começando a desacelerar-se, e a questão a ser respondida é se as razões dessa desaceleração tendem a ganhar força, e em que ritmo. Não menos importante, é preciso indagar sobre a necessidade ou não de tomar providências por meio de políticas públicas para ajudar o processo de desaceleração.

Esse é um assunto muito controverso, mas existe uma escola de pensamento de grande expressão que defende, ao menos implicitamente, uma solução coerciva para o problema. Também tem havido várias ações práticas nessa direção recentemente — sendo o caso mais conhecido o da China, com um conjunto de políticas introduzido em 1979. O problema da coerção suscita três questões distintas:

1) A coerção é, de algum modo, aceitável nesse campo?
2) Na ausência de coerção, o crescimento populacional será inaceitavelmente rápido?
3) A coerção tende a ser eficaz e atuar sem efeitos colaterais danosos?

COERÇÃO E DIREITOS DE REPRODUÇÃO

A aceitabilidade da coerção na esfera das decisões familiares levanta questões muito profundas. A oposição à coerção pode provir tanto daqueles que preferem dar prioridade à família para decidir quantos filhos terá (nessa concepção, trata-se de uma decisão essencialmente familiar) como daqueles que afirmam ser essa uma questão na qual é a mãe quem deve ter a palavra final (em especial quando se trata de aborto ou outros aspectos que envolvem diretamente o corpo da mulher). Reconhecidamente, a segunda dessas posições em geral é articulada no contexto da afirmação dos direitos ao aborto (e da prática do controle da natalidade em geral), mas existe uma clara reivindicação correspondente para que seja prerrogativa da mulher decidir *não* abortar se ela assim o desejar (independentemente do que o Estado quer). Assim, algo substancial depende do *status* e da importância dos direitos de reprodução.[7]

A retórica dos direitos é onipresente nos debates políticos contemporâneos. Contudo, frequentemente existe ambiguidade nesses debates com relação ao sentido em que se invocam os "direitos", em particular se estão sendo discutidos direitos institucionalmente sancionados que têm força jurídica ou se a referência é sobre a força prescritiva de direitos normativos que podem preceder o ganho legal de poder. A distinção entre os dois sentidos não é inteiramente clara, mas existe uma questão razoavelmente inequívoca quanto a se os direitos podem ou não ter uma importância normativa intrínseca e não apenas uma relevância instrumental em um contexto legal.

Muitos filósofos políticos, especialmente os utilitaristas, negaram que os direitos podem ter um valor intrínseco — e possivelmente pré-legal. Jeremy Bentham declarou que a concepção de direitos naturais é um "absurdo", e que o conceito de "direitos naturais e imprescritíveis" é um "absurdo em pernas de pau", o que, na minha interpretação, quer dizer um absurdo grandiloquente que, por uma elevação artificial e arbitrária, ganhou proeminência. Bentham concebeu os direitos inteiramente em termos instrumentais e examinou seus papéis institucionais na busca de objetivos (incluindo o aumento da utilidade agregada).

Podemos, então, notar um acentuado contraste entre duas abordagens dos direitos. Se os direitos em geral, inclusive os ligados à reprodução, devem ser vistos nos moldes benthamistas, a coerção nessa área será ou não aceitável dependendo totalmente de suas consequências, sobretudo das consequências em relação à utilidade, sem que se atribua nenhuma importância inerente ao gozo ou à violação dos próprios direitos supostos. Em contraste, se os direitos devem ser vistos não só como importantes, mas também como prioritários em relação a qualquer cômputo de consequências, então eles devem ser aceitos incondicionalmente. Na teoria libertarista, é exatamente isso o que acontece com os direitos delineados, considerados apropriados não importando as consequências que acarretem. Esses direitos, portanto, seriam partes apropriadas das disposições sociais *independentemente* de suas consequências.

Procurei mostrar em outros trabalhos que não é necessário optar por uma ou outra abordagem nessa dicotomia e apresentei argumentos em favor de um sistema consequencial que incorpora o gozo de direitos entre outros objetivos.[8] Esse sistema tem em comum com o utilitarismo uma abordagem consequencialista (distingue-se deste, porém, por não restringir a atenção somente às consequências ligadas à utilidade), e, com o sistema libertarista, a atribuição de importância intrínseca aos direitos (diferindo, entretanto, por não lhes dar prioridade total independentemente de outras consequências). Tal "sistema de direitos como fins" apresenta muitas propriedades atrativas, além de versatilidade e abrangência, o que procurei discutir em outros trabalhos.[9]

Não repetirei aqui os argumentos em defesa dessa abordagem dos direitos como fins (mas terei oportunidade de discorrer um pouco mais sobre isso no próximo capítulo). Porém, fazendo a comparação com o utilitarismo, é difícil acreditar que possa ser adequado explicar nossa defesa dos direitos de vários tipos (inclusive os relacionados à privacidade, autonomia e liberdade) apenas — e exclusivamente — em relação a suas utilidades consequentes. Os direitos das minorias com frequência têm de ser preservados contra a intrusão da perseguição da maioria e de seus ganhos monumentais de utilidade. Como observou John Stuart Mill — ele próprio um grande utilitarista —, às vezes não existe uma "paridade" entre a utilidade gerada por diferentes atividades, como por exemplo (citando Mill) "o sentimento de uma pessoa por sua própria opinião e o sentimento de outra pessoa que se ofende porque a primeira a tem".[10] Essa inexistência de paridade aplica-se, no presente contexto, à importância que os pais atribuem à decisão sobre o número desejado de filhos em comparação com a relevância que outros, *incluindo* os potentados no comando do governo, possam dar a esse assunto. Em geral é difícil escapar ao argumento em favor de atribuir importância intrínseca à autonomia e à liberdade, e isso pode facilmente conflitar com a maximização absurda de utilidades consequentes (desconsiderando o *processo* de geração das utilidades).[11]

Portanto, é implausível restringir a análise consequencial apenas às utilidades, e em particular excluir a fruição e a violação de direitos relacionados a liberdades formais e autonomias. Mas também não é particularmente digno de crédito fazer como a formulação libertária e considerar esses direitos completamente imunes às consequências que acarretam, por mais terríveis que elas sejam. No campo dos direitos de reprodução, o fato de serem considerados significativos não implica que sejam tão soberanamente importantes que devam ser protegidos inteiramente mesmo que venham a gerar desastres, miséria em massa e fome. Em geral, as consequências de ter e exercer um direito precisam, em última análise, possuir alguma influência sobre a aceitabilidade geral desse direito.

As consequências do crescimento da população para o problema dos alimentos e da fome já foram discutidas, não existindo em nossa época um fundamento real para grande alarmismo. Mas se o processo de explosão populacional prosseguir, o mundo poderá enfrentar uma situação muito mais difícil mesmo no que tange aos alimentos. Além disso, há outros problemas relacionados ao crescimento rápido da população, incluindo a superpopulação urbana e, obviamente, os desafios ambientais em âmbito regional e global.[12] É importantíssimo examinar quais perspectivas de uma desaceleração no crescimento populacional podem ser contempladas agora. Isso nos leva à segunda das três questões.

ANÁLISE MALTHUSIANA

Embora normalmente se atribua a Malthus a análise pioneira sobre a possibilidade de a população tender a crescer demais, a ideia de um crescimento populacional ininterrupto teoricamente acarretar uma "diminuição contínua da felicidade" foi, na verdade, expressa antes de Malthus, pelo matemático e grande pensador iluminista francês Condorcet, o primeiro a apresentar a essência do cenário que fundamenta a análise "malthusiana" do problema da população: "O aumento do número de homens, ultrapassando seus meios de subsistência", resultaria em "uma diminuição contínua da felicidade e da população, um movimento efetivamente retrógrado, ou, no mínimo, uma espécie de oscilação entre ventura e infortúnio".[13]

Malthus adorou essa análise de Condorcet, inspirou-se nela e a citou com grande aprovação em seu célebre ensaio sobre a população. A discordância entre os dois ocorreu em suas respectivas concepções sobre o comportamento acerca da fecundidade. Condorcet previu uma redução voluntária nas taxas de fecundidade e a emergência de novas normas para uma família menos numerosa, com base no "progresso da razão". Anteviu uma época em que as pessoas "saberão que, se têm um dever para com os que ainda não nasceram, esse dever é não lhes dar existência, e sim dar-lhes felicidade". Esse tipo de raciocínio, sustentado pela expansão da educação, especialmente para o sexo feminino (do qual Condorcet foi um dos primeiros e mais veementes defensores), levaria as pessoas, na opinião de Condorcet, a diminuir as taxas de fecundidade e a ter famílias menores, escolhendo esse caminho voluntariamente, "em vez de insensatamente onerar o mundo com seres inúteis e desgraçados".[14] Tendo identificado o problema, Condorcet assinalou a solução provável.

Malthus julgou tudo isso extremamente improvável. Em geral, viu pouca chance de resolver problemas sociais por meio de decisões arrazoadas das pessoas envolvidas. No que dizia respeito aos efeitos do crescimento populacional, Malthus estava convicto da inevitabilidade de a população crescer mais rápido do que a oferta de alimentos e, nesse contexto, considerou relativamente inflexíveis os limites da produção de alimentos. E, o que é mais relevante para o assunto deste capítulo, Malthus demonstrou um ceticismo especial quanto ao planejamento familiar voluntário. Embora de fato se referisse à "restrição moral" como um modo alternativo de reduzir a pressão da população (alternativo, cabe notar, à miséria e à mortalidade elevada), ele não viu perspectivas reais de que essa restrição viesse a ser voluntária.

Ao longo dos anos, as concepções de Malthus sobre o que pode ser considerado inevitável variaram um pouco, e sua certeza quanto ao prognóstico inicial claramente diminuiu com o passar do tempo. Os estudiosos de Malthus em nossa época tendem a enfatizar os elementos de "mudança" de sua posição; de fato, há razões para distinguir o pensamento inicial e o pensamento posterior de Malthus. Mas permaneceu em grande medida inalterada sua desconfiança básica quanto ao poder da razão, em contraste com a força da coerção econômica, para levar as pessoas a escolher famílias menos numerosas. Em uma de suas últimas obras, publicada em 1830 (ele morreu em 1834), Malthus insistiu em sua conclusão:

> Nada faz supor que qualquer coisa além da dificuldade de obter com adequada abundância as necessidades da vida venha a indispor esse maior número de pessoas a casar-se cedo, ou a incapacitá-las de criar com saúde as famílias mais numerosas.[15]

Foi em razão dessa descrença no caminho voluntário que Malthus identificou a necessidade de uma redução *forçada* nas taxas de crescimento populacional, redução que, em sua opinião, sobreviria com a coação da natureza. A queda nos padrões de vida resultante do crescimento da população não só elevaria tremendamente as taxas de mortalidade (o que Malthus denominava "restrições positivas"), como também forçaria as pessoas, em virtude da penúria econômica, a ter famílias menores. O elo básico no argumento é a convicção de Malthus — e isso é o aspecto importante — de que a taxa de crescimento populacional não pode ser efetivamente reduzida por nada "além da *dificuldade* de obter com adequada abundância as necessidades da vida".[16] A oposição de Malthus às Leis dos Pobres e ao auxílio aos indigentes relacionava-se à sua crença nessa conexão causal entre pobreza e baixo crescimento populacional.

A história do mundo desde o debate entre Malthus e Condorcet não pendeu muito para o lado da opinião malthusiana. As taxas de fecundidade diminuíram acentuadamente com o desenvolvimento social e econômico. Isso aconteceu na Europa e na América do Norte, e está ocorrendo atualmente em boa parte da Ásia e, em grande medida, na América Latina. As taxas de fecundidade continuam sendo as mais elevadas e estão relativamente estáveis nos países menos privilegiados — particularmente na África subsaariana —, que não vêm apresentando desenvolvimento econômico ou social significativos, permanecendo pobres e atrasados no que concerne a educação básica, serviços de saúde e expectativa de vida.[17]

A queda geral nas taxas de fecundidade pode ser explicada de modos bem diversos. A associação positiva entre desenvolvimento e redução da fecundidade frequentemente é sintetizada pelo deselegante lema "O desenvolvimento é o melhor anticoncepcional". Embora possa haver alguma verdade nessa ideia duvidosa, o desenvolvimento possui vários componentes, que estiveram presentes conjuntamente no Ocidente, incluindo o aumento da renda per capita, a expansão da educação, a maior independência econômica das mulheres, a redução das taxas de mortalidade e a disseminação das oportunidades de planejamento familiar (partes do que se pode denominar desenvolvimento social). Precisamos de uma análise mais exata.

DESENVOLVIMENTO ECONÔMICO OU SOCIAL

Existem várias teorias sobre o que está causando essa diminuição da fecundidade. Um exemplo influente é o modelo de determinação da fecundidade elaborado por Gary Becker. Embora tenha apresentado sua teoria como uma "extensão" da análise de Malthus, e apesar de sua análise ter várias características em comum com a malthusiana (incluindo a tradição de conceber a família como *uma* unidade de tomada de decisão sem divisões internas — assunto que abordarei adiante), na verdade Becker negou a conclusão malthusiana de que a prosperidade aumenta o crescimento populacional ao invés de reduzi-lo. Na análise de Becker, os efeitos do desenvolvimento econômico sobre o investimento para melhorar a "qualidade" dos filhos (como por exemplo o investimento em educação) desempenha um papel importante.[18]

Em contraste com a abordagem de Becker, as teorias *sociais* sobre o declínio da fecundidade consideram que as mudanças de preferências decorrem do desenvolvimento social, como a expansão da educação em geral e da educação do sexo feminino em particular.[19] Essa é, obviamente, uma das relações ressaltadas por Condorcet. Contudo, precisamos distinguir (1) mudanças no número de filhos desejados por uma família apesar de preferências inalteradas, ocasionadas pela influência da mudança de custos e benefícios, e (2) mudanças nessas preferências em consequência de mudança social, como por exemplo modificação de normas comunitárias aceitáveis e maior peso dos interesses das mulheres nos objetivos agregados da família. Condorcet enfocou o segundo caso, e Becker, o primeiro.

Há também a questão simples da disponibilidade de recursos para o controle da natalidade e a difusão de conhecimentos e tecnologia nessa área. Apesar de algum ceticismo inicial sobre esse assunto, hoje está razoavelmente claro que esses conhecimentos e a possibilidade de empregá-los na prática têm uma importância real para o comportamento da fecundidade das famílias nos países com taxas de natalidade elevadas e poucos recursos para o controle familiar.[20] Por exemplo: o acentuado declínio da fecundidade em Bangladesh associou-se ao movimento em favor do planejamento familiar e em particular à maior disponibilidade de conhecimentos e recursos. Certamente é significativo que Bangladesh tenha conseguido diminuir sua taxa de fecundidade de 6,1 para 3,4 em apenas uma década e meia (entre 1980 e 1996).[21] Essa realização desmente a crença de que as pessoas não adotarão voluntariamente o planejamento familiar nos países menos desenvolvidos. Contudo, Bangladesh ainda tem um longo caminho pela frente e, embora esteja seguindo nessa direção (a taxa de fecundidade continua a diminuir rapidamente), para atingir o nível da simples substituição (correspondente a taxas de fecundidade totais por volta de 2,0 ou 2,1), será preciso algo mais do que a mera disponibilidade de recursos para o controle da natalidade.

GANHO DE PODER DAS MULHERES JOVENS

Uma linha de análise que emergiu com grande influência em anos recentes (e que já enunciei em capítulos anteriores) atribui ao ganho de poder das mulheres um papel central nas decisões das famílias e na gênese de normas comunitárias. Porém, no que concerne aos dados históricos, como essas variáveis distintas tendem a mover-se conjuntamente, não é fácil separar os efeitos do crescimento econômico dos efeitos das mudanças sociais (dado que os estatísticos denominam "multicolinearidade"). Discorrerei mais sobre essa distinção posteriormente, com o uso de comparações de segmentos representativos, em vez de comparações intertemporais. Mas o que deve estar bem claro é que algumas coisas "além da dificuldade de obter com adequada abundância as necessidades da vida" têm levado as pessoas a escolher famílias radicalmente menores. Não há por que os países em desenvolvimento com fecundidade elevada não possam seguir os outros que já reduziram suas taxas de fecundidade mediante o processo combinado de desenvolvimento econômico e social (independentemente do papel exato que cada um desses componentes desempenha).

Entretanto, precisamos definir com mais clareza quais seriam os parâmetros críticos para mudar a tendência da fecundidade. Existe hoje uma profusão de evidências estatísticas, baseadas em comparações entre países e regiões diversas (ou seja, estudos de *cross-sections*, como são chamados), que vinculam a educação das mulheres (incluindo a alfabetização) à redução da fecundidade em diferentes países do mundo.[22] Outros fatores considerados incluem a participação feminina nas chamadas atividades remuneradas fora de casa, a oportunidade das mulheres para auferir uma renda independente, os direitos de propriedade das mulheres e o *status* e o prestígio geral das mulheres na cultura social. Já apresentei essas questões neste livro, porém é necessário relacionar essas discussões umas às outras.

Essas relações foram observadas em comparações entre países, mas também em paralelos dentro de um país grande — como por exemplo entre os diversos distritos da Índia. O estudo mais recente — e mais amplo — dessa relação é a importante contribuição estatística de Mamta Murthi, Anne-Catherine Guio e Jean Drèze, discutida no capítulo 8.[23] Como mencionado, entre todas as variáveis incluídas na análise, as *únicas* que se constatou terem um efeito estatisticamente significativo sobre a fecundidade são (1) a alfabetização das mulheres e (2) a participação feminina na força de trabalho. A importância da condição de agente das mulheres emerge com eloquência dessa análise, especialmente em comparação com os efeitos mais fracos de variáveis relacionadas ao desenvolvimento econômico.

A julgar por esse estudo, o desenvolvimento econômico pode estar longe de ser "o melhor anticoncepcional", mas o desenvolvimento social — especialmente a educação e o emprego das mulheres — pode ser realmente muito eficaz. Muitos dos distritos indianos mais ricos — digamos, Punjab e Haryana — apresentam taxas de fecundidade muito mais *elevadas* do que os distritos meridionais com renda per capita bem menor, no entanto possuem níveis muito mais elevados de alfabetização e de oportunidades de emprego para as mulheres. Na comparação entre quase trezentos distritos indianos, o nível de renda real per capita quase não tem impacto em comparação com a influência acentuada e eficaz da educação e da independência econômica das mulheres. Embora o trabalho original de Murthi, Guio e Drèze se fundamente no censo de 1981, as principais conclusões ali obtidas foram confirmadas pela análise do censo de 1991 por Drèze e Murthi (já citada).

EXTERNALIDADE, VALORES E COMUNICAÇÃO

As eloquentes evidências em favor dessas relações estatísticas têm de ser distinguidas da avaliação social e cultural dessas influências, incluindo a consideração — já mencionada — de que tanto a educação como a remuneração de um trabalho fora de casa aumentam a autonomia decisória da mulher. De fato, há muitos modos pelos quais a educação escolar pode tornar maior o poder decisório de uma mulher jovem na família: mediante o efeito dessa educação sobre o prestígio social da mulher, seu potencial para ser independente, seu poder de expressar-se bem, seus conhecimentos sobre o mundo fora de casa, sua habilidade para influenciar as decisões do grupo etc.

Devo observar que existem também na literatura sobre o tema alguns argumentos contrários à crença de que a autonomia feminina aumenta com a escolaridade e que isso ajuda a reduzir as taxas de fecundidade. Encontram-se evidências contrárias em alguns estudos interfamiliares (em contraste com estudos interdistritais).[24] Embora a abrangência informacional desses estudos seja relativamente pequena (muito menor do que o vasto estudo de Murthi, Guio e Drèze, que abarca toda a Índia), ainda assim seria errado descartar precipitadamente as evidências contrárias.

Entretanto, essas evidências não farão diferença para o que consideramos ser a unidade de análise apropriada. Se a suposição é que a influência feminina aumenta com o nível geral de alfabetização em uma *região* (por meio da discussão social bem informada e da formação de valores), examinar contrastes *interfamiliares* não captaria essa influência. As comparações *interdistritais* investigadas por Murthi, Guio e Drèze incorporam relações que são "externas" à família mas "internas" a uma região, como por exemplo a comunicação entre diferentes famílias em uma região.[25] A importância da discussão e do diálogo público é um dos principais temas gerais deste livro.

QUE EFICÁCIA TEM A COERÇÃO?

De que modo essas influências se comparam com o que pode ser obtido por meio de políticas coercivas como as tentadas na China? Políticas como a da "família com filho único" têm sido implementadas em vastas áreas da China desde as reformas de 1979. Além disso, o governo com frequência se nega a fornecer moradia e benefícios afins às famílias com muitos filhos, com isso penalizando as crianças e os adultos dissidentes. A taxa de fecundidade total da China (uma medida do número médio de filhos nascidos por mulher) atualmente é de 1,9, significativamente inferior à de 3,1 da Índia, e também muito menor do que a média ponderada — aproximadamente 5,0 — para países de baixa renda exceto China e Índia.[26]

O exemplo chinês atrai muitos que se apavoram com a ideia da "bomba populacional" e desejam uma solução rápida. Ao refletir sobre a aceitabilidade desse caminho é importante, antes de mais nada, observar que esse processo implicou alguns custos, incluindo a violação de direitos que têm alguma importância intrínseca. Há casos em que a implementação da restrição ao tamanho da família tem sido severamente punitiva. Um artigo recente em *The New York Times* relata:

> Os aldeões de Tongmuchong não precisaram de persuasão alguma no dia em que a sra. Liao, a funcionária do planejamento familiar, ameaçou explodir suas casas. No ano passado, na aldeia vizinha de Xiaoxi, um homem chamado Huang Fuqu, juntamente com a esposa e três filhos, foi forçado a sair de sua casa. Para o horror de todos os que assistiam, a casa foi então dinamitada, transformando-se em um monte de entulho. Em um muro próximo, os dinamitadores do governo pintaram um aviso: "Os que não obedecerem à política de planejamento familiar serão aqueles que perderão suas fortunas".[27]

Grupos defensores dos direitos humanos e organizações feministas em particular têm demonstrado uma preocupação especial com a perda de liberdade envolvida nesse processo.[28]

Além da questão fundamental da liberdade reprodutiva e outras liberdades, há ainda consequências a considerar na avaliação do controle compulsório da natalidade. As consequências sociais dessa coerção — incluindo os modos como uma população relutante tende a reagir quando coagida — com frequência podem ser terríveis. Por exemplo, as exigências de uma "família com filho único" podem acarretar a negligência — ou coisa pior — com recém-nascidos, elevando assim a taxa de mortalidade infantil. Ademais, em um país com acentuada preferência por filhos do sexo masculino — característica que a China tem em comum com a Índia e muitos outros países da Ásia e da África setentrional —, a política de permitir apenas um filho por família pode ser particularmente prejudicial às meninas, por exemplo, na forma de negligência fatal com as filhas. Ao que parece, isso é exatamente o que vem ocorrendo em uma escala relativamente grande na China.

Terceiro, toda mudança no comportamento reprodutivo que seja ocasionada por coerção não necessariamente será estável. Um representante da Comissão do Estado para o Planejamento Familiar na China informou a alguns jornalistas no início de 1999:

> Atualmente as baixas taxas de natalidade não são estáveis na China. Isso acontece porque o conceito de natalidade das massas não mudou fundamentalmente.[29]

Quarto, absolutamente não está claro que redução *adicional* na taxa de fecundidade foi de fato obtida na China graças a esses meios coercivos. É razoável aceitar que muitos dos duradouros programas sociais e econômicos da China têm contribuído para reduzir a fecundidade, incluindo os programas que expandiram a educação (para mulheres e homens), aumentaram a disponibilidade geral de serviços de saúde, proporcionaram mais oportunidades de emprego para as mulheres e — mais recentemente — estimularam o crescimento econômico rápido. Esses fatores tenderiam a contribuir para a redução da taxa de natalidade, e não está claro que uma diminuição *adicional* das taxas de fecundidade foi obtida na China por meio da coerção. Mesmo na ausência de coerção, esperaríamos que a taxa de fecundidade chinesa fosse bem menor do que a média indiana, dada a realização significativamente maior da China nas áreas da educação, serviços de saúde, oportunidades de trabalho para as mulheres e outros ingredientes do desenvolvimento social.

Para "isolar" a influência dessas variáveis sociais da influência da coerção, podemos observar a heterogeneidade muito maior da Índia em relação à China e examinar especificamente os Estados indianos que são comparativamente avançados nessas áreas sociais. Em particular, o Estado de Kerala permite uma comparação interessante com a China, pois também apresenta altos níveis de educação básica, serviços de saúde etc., ligeiramente mais elevados do que a média chinesa.[30] Kerala conta ainda com algumas outras características favoráveis relacionadas ao ganho de poder das mulheres e à condição de agente feminina, incluindo um maior reconhecimento, por tradição legal, dos direitos femininos de propriedade para uma parcela substancial e influente da comunidade.[31]

A taxa de natalidade de Kerala — dezoito por mil — é inferior à da China — dezenove por mil — e isso foi obtido sem coerção nenhuma por parte do Estado. A taxa de fecundidade de Kerala (1,7) comparava-se com a da China (1,9), em meados da década de 1990. Isso condiz com o que poderíamos esperar graças ao progresso em fatores que contribuem para a redução voluntária das taxas de natalidade.[32]

EFEITOS COLATERAIS E VELOCIDADE
DA REDUÇÃO DA FECUNDIDADE

Também vale a pena observar que, como a baixa fecundidade em Kerala foi obtida voluntariamente, não há sinais dos efeitos adversos encontrados no caso da China — por exemplo, maior mortalidade infantil para as meninas e disseminação do aborto de fetos do sexo feminino. A taxa de mortalidade infantil em Kerala por mil nascidos vivos (dezesseis para as meninas, dezessete para os meninos) é bem inferior à da China (33 para as meninas e 28 para os meninos), apesar de essas duas regiões apresentarem taxas de mortalidade semelhantes por volta da época em que foi introduzida a política do filho único na China, em 1979.[33] Também inexiste em Kerala a tendência, verificada na China, ao aborto seletivo de fetos do sexo feminino.

Além disso, é necessário examinar a afirmação, em defesa dos programas de controle compulsório da natalidade, de que a velocidade com que as taxas de fecundidade podem ser reduzidas por meios coercivos é muito maior do que a obtida por reduções voluntárias. Também essa generalização não é corroborada pela experiência de Kerala. Ali a taxa de natalidade declinou de 44 por mil na década de 1950 para dezoito por mil em 1991 — uma diminuição não menos rápida que a da China.

Mas se poderia argumentar que o exame desse período tão longo não faz justiça à eficácia da política da "família com filho único" e de outras políticas coercivas que só foram introduzidas em 1979, e que deveríamos realmente comparar o que aconteceu desde então. Façamos isso. Em 1979, quando a política do filho único foi introduzida na China, Kerala apresentava uma taxa de fecundidade *mais elevada* do que a da China: 3,0 em comparação com 2,8 na China. Em 1991, sua taxa de fecundidade, 1,8, estava tão abaixo da registrada na China, 2,0, quanto estivera acima em 1979. Apesar da "vantagem" extra da política do filho único e de outras medidas coercivas, a taxa de fecundidade parece ter diminuído muito mais lentamente na China do que em Kerala, mesmo nesse período.

Outro Estado indiano, Tamil Nadu, apresentou uma queda não menos lenta na taxa de fecundidade — de 3,5 em 1979 para 2,2 em 1991. Em Tamil Nadu implementou-se um programa de planejamento familiar ativo, mas cooperativo, e para essa finalidade foi possível servir-se de uma posição comparativamente boa em realizações sociais na Índia: uma das taxas de alfabetização mais elevadas entre os principais Estados indianos, alta participação feminina em atividades remuneradas e mortalidade infantil relativamente baixa. A coerção, do modo como é empregada na China, não foi usada em Tamil Nadu ou em Kerala, e ambos os Estados obtiveram declínios muito mais rápidos na fecundidade do que a China tem conseguido desde a introdução da política do filho único e as medidas a ela relacionadas.

Na Índia, contrastes entre os dados de diferentes Estados proporcionam alguns *insights* adicionais sobre o assunto. Enquanto Kerala e Tamil Nadu reduziram radicalmente as taxas de fecundidade, outros Estados do chamado Centro-Norte (como Uttar Pradesh, Bihar, Madhya Pradesh, Rajastão) têm níveis muito mais baixos de educação, especialmente das mulheres, e de serviços gerais de saúde. Todos esses Estados apresentam taxas de fecundidade elevadas — entre 4,4 e 5,1.[34] Isso acontece apesar de uma tendência persistente, nesses Estados, de empregar métodos opressivos de planejamento familiar, inclusive uma certa coerção (em contraste com a abordagem mais voluntária e cooperativa adotada em Kerala e Tamil Nadu).[35] Os contrastes regionais na Índia falam veementemente a favor do caminho voluntário (baseado, *inter alia*, na participação ativa e instruída das mulheres) em vez da coerção.

AS TENTAÇÕES DA COERÇÃO

Embora a Índia tenha sido muito mais cautelosa do que a China ao considerar a opção do controle coercivo da natalidade, há muitas evidências de que a possibilidade de políticas coercivas atrai fortemente numerosos ativistas na Índia. Em meados da década de 1970, o governo da Índia, chefiado por Indira Gandhi, tentou aplicar forte coerção nessa esfera usando as oportunidades legais abertas com a declaração de "emergência" e a suspensão concomitante de algumas proteções legais de direitos civis e pessoais. Os Estados setentrionais, como já mencionado, possuem várias regulamentações e convenções que impõem medidas de controle familiar, particularmente na forma irreversível da esterilização, com frequência das mulheres.[36]

Mesmo quando a coerção não faz parte da política oficial, a firme insistência do governo em "cumprir as metas de planejamento familiar" usualmente induz administradores e profissionais de saúde em diversos níveis a recorrer a todos os tipos de táticas de pressão que estão bem próximas da coação.[37] Exemplos dessas táticas, empregadas esporadicamente em regiões específicas, incluem ameaçar verbalmente, de maneira vaga mas assustadora, tornar a esterilização uma condição para a pessoa beneficiar-se de programas de combate à pobreza, negar benefícios da maternidade a mães com mais de dois filhos, reservar certos tipos de serviços de saúde a pessoas que foram esterilizadas e proibir pessoas com mais de dois filhos de disputar eleições para os governos locais (as *panchayats*).[38]

Essa última medida, introduzida há alguns anos nos Estados setentrionais de Rajastão e Haryana, tem sido muito elogiada em certos círculos, embora a negação da oportunidade de disputar eleições implique uma gritante violação de um direito democrático básico. O Parlamento indiano também propôs uma legislação (não aprovada, porém) que proíbe qualquer pessoa de ocupar um cargo nacional ou estadual se tiver mais de dois filhos.

É comum o argumento de que, em um país pobre, seria um erro preocupar-se demasiadamente com a inaceitabilidade da coerção — um luxo que apenas os países ricos podem se dar — e que os pobres não se incomodam realmente com a coerção. Não está nem um pouco claro em que evidências esse argumento se baseia. As pessoas que mais sofrem com essas medidas coercivas — sendo brutalmente forçadas a fazer o que não querem — com frequência estão entre as mais pobres e desfavorecidas da sociedade. As regulamentações e o modo como são aplicadas também são particularmente punitivos com relação ao exercício da liberdade reprodutiva pelas mulheres. Por exemplo, mesmo práticas bárbaras como tentar reunir mulheres pobres em campos de esterilização, mediante vários tipos de pressão, têm sido usadas em regiões rurais no norte da Índia ao aproximar-se o prazo para que se cumpram as "metas de esterilização".

Porém, a aceitabilidade da coerção para uma população pobre não pode ser testada a não ser por um confronto democrático — precisamente a oportunidade que os governos autoritários tiram de seus cidadãos. Um teste desse tipo não ocorreu na China, mas foi tentado na Índia durante o "período de emergência", na década de 1970, quando o governo da sra. Gandhi procurou implementar o controle compulsório da natalidade juntamente com a suspensão de vários direitos legais e liberdades civis. Como já mencionado, a política da coerção generalizada, inclusive na esfera da reprodução, foi esmagadoramente derrotada nas eleições gerais que se seguiram. O eleitorado indiano, assolado pela pobreza, não demonstrou menos interesse em votar contra a violação coerciva de direitos políticos, civis e reprodutivos do que em protestar contra a desigualdade econômica e social. O interesse na liberdade e nos direitos básicos também pode ser ilustrado pelos movimentos políticos contemporâneos em muitos outros países asiáticos e africanos.

A reação das pessoas à coerção apresenta, com efeito, uma outra característica: a de procurar escapar. Como observaram os especialistas indianos em planejamento familiar, os programas de controle voluntário da natalidade na Índia sofreram um forte revés em decorrência daquele breve programa de esterilização compulsória, pois as pessoas tornaram-se profundamente desconfiadas de qualquer movimento de planejamento familiar. Além de terem produzido pouco impacto imediato sobre as taxas de fecundidade, as medidas coercivas do período de emergência foram efetivamente seguidas por um longo período de *estagnação* da taxa de natalidade, o qual só terminou por volta de 1985.[39]

OBSERVAÇÃO FINAL

A magnitude do problema da população tem sido com frequência superestimada, porém mesmo assim há boas razões para que se procurem caminhos e modos para reduzir as taxas de fecundidade na maioria dos países em desenvolvimento. A abordagem que parece merecer mais atenção envolve uma estreita relação entre políticas públicas que promovam a igualdade entre os sexos e a liberdade das mulheres (particularmente educação, serviços de saúde e oportunidades de emprego) e a responsabilidade individual da família (mediante o poder decisório dos pais em potencial, particularmente das mães).[40]

A eficácia desse caminho reside na estreita vinculação entre o bem-estar das mulheres jovens e sua condição de agente.

Esse quadro geral aplica-se ainda aos países em desenvolvimento, apesar da sua pobreza. Não há por que não se aplicar. Embora frequentemente se apresentem argumentos sugerindo que as pessoas demasiado pobres não dão valor à liberdade em geral e à liberdade de reprodução em particular, as evidências, na medida em que existem, certamente contradizem essa ideia. Obviamente, as pessoas valorizam — e têm razão para valorizar — outras coisas *também*, inclusive o bem-estar e a segurança, mas isso não as torna indiferentes aos seus direitos políticos, civis ou reprodutivos.

Não há indicações significativas de que com a coerção se obtêm resultados mais rápidos do que por meio da mudança social voluntária e do desenvolvimento. O planejamento familiar compulsório também pode ter consequências gravemente desfavoráveis além da violação da liberdade reprodutiva, em particular um impacto adverso sobre a mortalidade infantil (especialmente em relação à mortalidade de meninas recém-nascidas em países com uma arraigada desvantagem do sexo feminino). Nada disso fornece razões decisivas para que se viole a importância básica dos direitos de reprodução no intuito de obter bons resultados.

No campo da análise de políticas, existem hoje muitas evidências, baseadas em comparações entre países e em contrastes inter-regionais dentro de um país grande, de que o ganho de poder das mulheres (incluindo educação, oportunidades de emprego e direitos de propriedade) e outras mudanças sociais (como a redução da mortalidade) têm uma forte influência sobre a redução da taxa de fecundidade. Com efeito, é difícil desconsiderar as lições implícitas nesses desdobramentos para a elaboração de políticas. O fato de eles serem muito desejados também por outras razões (incluindo a diminuição da desigualdade entre os sexos) faz com que sejam um interesse central na análise do desenvolvimento. Além disso, os costumes sociais — aquilo que é considerado "comportamento padrão" — não são independentes da compreensão e apreciação da natureza do problema. A discussão pública pode fazer muita diferença.

É importante reduzir a fecundidade não apenas por suas consequências para a prosperidade econômica, mas também em razão do impacto da fecundidade elevada na diminuição da liberdade das pessoas — particularmente das mulheres jovens — de escolher o próprio padrão de vida de acordo com seus valores. De fato, quem mais se desgasta pela gestação e criação frequente de filhos são as mulheres jovens, reduzidas a máquinas de procriar em muitos países no mundo atual. Esse "equilíbrio" persiste em parte devido ao pequeno poder decisório das mulheres jovens na família e também em virtude de tradições não examinadas que fazem das gestações seguidas uma prática aceita sem questionamento (como ocorria mesmo na Europa até o século XIX) — não se vendo injustiça nisso. A promoção da alfabetização feminina, das oportunidades de trabalho para as mulheres e da discussão pública livre, aberta e bem informada, pode ocasionar mudanças radicais na concepção de justiça e injustiça.

O conceito de "desenvolvimento como liberdade" é reforçado por essas relações empíricas, pois — como se revelou — a solução do problema do crescimento populacional (assim como de muitos outros, sociais e econômicos) pode estar na expansão das liberdades das pessoas cujos interesses são mais diretamente afetados pela gestação e criação demasiado frequentes de filhos, ou seja, as mulheres jovens. A solução do problema da população requer *mais* liberdade, e não menos.

10. CULTURA E DIREITOS HUMANOS

A IDEIA DOS DIREITOS HUMANOS tem avançado muito em anos recentes, adquirindo uma espécie de *status* oficial no discurso internacional. Comitês influentes reúnem-se regularmente para debater a fruição e a violação de direitos humanos em diversos países do mundo. Certamente a *retórica* dos direitos humanos hoje em dia é muito mais aceita — na verdade, invocada com muito maior frequência — do que já foi no passado. Pelo menos a linguagem da comunicação nacional e internacional parece refletir uma mudança de prioridades e ênfase em comparação com o estilo dialético prevalecente mesmo algumas décadas atrás. Os direitos humanos também se tornaram uma parte importante da literatura do desenvolvimento.

Entretanto, essa aparente vitória da ideia e do uso dos direitos humanos coexiste com um certo ceticismo real, em círculos criticamente exigentes, quanto à profundidade e coerência dessa abordagem. Suspeita-se que exista uma certa ingenuidade em toda a estrutura conceitual que fundamenta a oratória sobre direitos humanos.

TRÊS CRÍTICAS

Qual parece ser o problema, então? A meu ver, existem três preocupações muito distintas que os críticos tendem a apresentar com respeito ao edifício intelectual dos direitos humanos. Há, primeiro, o receio de que os direitos humanos confundam consequências de sistemas legais, que conferem às pessoas direitos bem definidos, com princípios pré-legais que não podem realmente dar a uma pessoa um direito juridicamente exigível. Essa é a questão da legitimidade das reivindicações de direitos humanos: como os direitos humanos podem ter qualquer *status* real exceto por meio de pretensões* que sejam sancionadas pelo Estado, como a suprema autoridade legal? Nessa concepção, os seres humanos nascem na natureza sem direitos humanos tanto quanto nascem sem roupa; os direitos teriam de ser adquiridos por meio da legislação, como as roupas são adquiridas de alguém que as faz. As roupas não existem antes de serem feitas, do mesmo modo como não existem direitos pré-legislação. Denominarei essa linha de argumentação *crítica da legitimidade*.

A segunda linha crítica relaciona-se à *forma* assumida pela ética e pela política dos direitos humanos. Nessa concepção, direitos são pretensões que requerem deveres correlatos. Se a pessoa A tem um direito a certo *x*, deve existir algum agente, digamos B, que tenha o dever de fornecer *x* a A. Não sendo reconhecido esse dever, os direitos alegados, segundo esse ponto de vista, só podem ser vazios. Julga-se que isso representa um problema formidável para que os direitos humanos cheguem a ser considerados direitos. Pode ser muito bonito, diz esse argumento, afirmar que todo ser humano tem direito a alimento ou a serviços médicos, mas, se não houver sido caracterizado nenhum dever específico de um agente, esses direitos não podem realmente "significar" grande coisa. Os direitos humanos, nessa concepção, são sentimentos comoventes, mas também são, rigorosamente falando, incoerentes. Dessa perspectiva, essas pretensões seriam mais adequadamente vistas não tanto como direitos, e sim como nós na garganta. Denominarei esse ponto de vista *crítica da coerência*.

A terceira linha de ceticismo não assume exatamente uma forma legal e institucional, mas vê os direitos humanos como pertencentes ao domínio da ética social. A autoridade moral dos direitos humanos, por essa perspectiva, depende da natureza de

---

* O termo *pretensões* está sendo usado neste contexto como tradução para *entitlements*, significando "direitos supostos e reivindicados"; ver nota da p. 57, capítulo 2, onde *entitlement*, empregado por Sen em outra acepção, foi traduzido por "intitulamento". (N. T.)

éticas aceitáveis. Contudo, essas éticas são realmente universais? E se algumas culturas não consideram os direitos particularmente valiosos em comparação com outras virtudes ou qualidades preponderantes? A contestação do alcance dos direitos humanos frequentemente provém dessas críticas culturais. Talvez a mais destacada entre elas se fundamente na ideia do alegado ceticismo dos valores asiáticos quanto aos direitos humanos. Para justificar seu nome, os direitos humanos requerem universalidade, mas não existem esses valores universais, argumentam os críticos. Chamarei essa vertente de *crítica cultural*.

A CRÍTICA DA LEGITIMIDADE

A crítica da legitimidade tem uma longa história. Foi expressa, de formas diferentes, por muitos céticos da argumentação sobre questões éticas baseadas nos direitos. Existem semelhanças e diferenças interessantes entre variantes dessa crítica. Por um lado, temos a afirmação categórica de Karl Marx de que os direitos não podem realmente *preceder* a instituição do Estado (em vez de a suceder). Essa ideia é esmiuçada em seu combativo e veemente ensaio "A questão judaica". Por outro lado, temos as razões que Jeremy Bentham apresentou para designar os "direitos naturais" (como já mencionamos) por "absurdo" e o conceito de "direitos naturais e imprescritíveis" por "absurdo em pernas de pau". Porém, nessas duas linhas de crítica — e em muitas outras — encontramos em comum a insistência em que os direitos sejam vistos em termos pós-institucionais como instrumentos em vez de como uma pretensão ética prévia. Isso colide fundamentalmente com a ideia básica dos direitos humanos universais.

Certamente não se pode afirmar que as pretensões morais pré-legais, se vistas como aspirantes a entidades legais, conferem direitos juridicamente exigíveis em tribunais ou outras instituições de imposição da lei. Mas rejeitar os direitos humanos com esse argumento é não compreender a questão. A reivindicação de legalidade é apenas isso — uma reivindicação —, justificada pela importância ética de reconhecer que certos direitos constituem pretensões próprias de todos os seres humanos. Nesse sentido, os direitos humanos podem representar pretensões, poderes e imunidades (e outras formas de garantia associadas ao conceito de direitos) sustentados por juízos éticos que atribuem importância intrínseca a essas garantias.

De fato, os direitos humanos também podem ultrapassar a esfera dos direitos legais *potenciais*, em oposição aos direitos legais *reais*. Pode-se invocar efetivamente um direito humano em contextos nos quais até mesmo sua imposição *legal* pareceria muito imprópria. O direito moral de uma esposa participar plenamente, como igual, das decisões familiares importantes — independentemente do quanto seu marido seja machista — pode ser reconhecido por muitos que, não obstante, não desejam que essa exigência seja legalizada e imposta pela polícia. O "direito ao respeito" é outro exemplo no qual a legalização e a tentativa de imposição seriam problemáticas, e até mesmo desconcertantes.

Com efeito, é melhor conceber os direitos humanos como um conjunto de pretensões éticas, as quais não devem ser identificadas com direitos legais legislados. Mas essa interpretação normativa não precisa anular a utilidade da ideia de direitos humanos no tipo de contexto no qual eles são comumente invocados. As liberdades que são associadas a direitos específicos podem ser o ponto de enfoque apropriado para debate. Temos de julgar a plausibilidade dos direitos humanos como um sistema de raciocínio ético e como a base de reivindicações políticas.

A CRÍTICA DA COERÊNCIA

Examinarei agora a segunda crítica: é possível ser coerente ao falar em direitos sem especificar de quem é o dever de garantir a fruição dos direitos? Existe uma abordagem muito influente segundo a qual os direitos só podem ser formulados sensatamente em combinação com deveres correlatos. Assim, o direito de uma pessoa a alguma coisa deve corresponder ao dever de outro agente de dar à primeira pessoa essa coisa. Os que insistem nesse encadeamento binário tendem a criticar severamente, em geral, a invocação dos "direitos" retóricos nos "direitos humanos" sem uma especificação exata dos agentes responsáveis e de seus deveres de levar a efeito a fruição desses direitos. Assim, as reivindicações de direitos humanos são vistas simplesmente como conversa mole.

Uma questão que motiva parte desse ceticismo é: como podemos ter certeza de que os direitos são realizáveis se eles não forem relacionados a deveres correspondentes? Na verdade, há quem não veja sentido nenhum em um direito se este não for associado ao que Immanuel Kant denominou uma "obrigação perfeita" — um dever específico de um agente específico de realizar esse direito.[1]

Entretanto, é possível refutar a afirmação de que qualquer uso de direitos — exceto com obrigações perfeitas correlatas — inevitavelmente não é convincente. Em muitos contextos legais essa afirmação pode, com efeito, ter algum mérito, mas, em discussões normativas, com frequência se sustenta que os direitos são pretensões, poderes ou imunidades que seria bom as pessoas terem. Os direitos humanos são vistos como direitos que são comuns a todos — independentemente da cidadania —, ou seja, os benefícios que todos *deveriam* ter. Embora não seja dever específico de nenhum indivíduo assegurar que a pessoa usufrua seus direitos, as pretensões podem ser dirigidas de modo geral a todos os que estiverem em condições de ajudar. Immanuel Kant já caracterizara essas reivindicações gerais como "obrigações imperfeitas", discutindo a seguir sua relevância para a vida social. As pretensões são dirigidas de maneira geral a qualquer indivíduo que possa ajudar, muito embora nenhuma pessoa ou agente específico possa ser incumbida de levar a efeito a fruição dos direitos envolvidos.

Evidentemente pode ocorrer que, assim formulados, os direitos acabem às vezes por não se cumprir. Mas sem dúvida somos capazes de distinguir um direito que uma pessoa tem e que não se cumpriu e um direito que uma pessoa não tem. Em última análise, a asserção ética de um direito vai além do valor da liberdade correspondente apenas na medida em que se exige de outras pessoas que elas tentem ajudar. Ainda que possamos nos arranjar suficientemente bem com a linguagem da liberdade em vez de usar a linguagem dos direitos (de fato, é à linguagem da liberdade que tenho recorrido primordialmente em *Desenvolvimento como liberdade*), às vezes pode haver boas razões para sugerir — ou exigir — que outros ajudem a pessoa a alcançar a liberdade em questão. A linguagem dos direitos pode suplementar a da liberdade.

A CRÍTICA CULTURAL E OS VALORES ASIÁTICOS

A terceira vertente crítica talvez seja a mais cativante, e com certeza tem recebido mais atenção. A ideia dos direitos humanos é realmente tão universal? Não existem éticas, como as do mundo das culturas confucianas, que tendem a ressaltar a disciplina em vez dos direitos, a lealdade em vez das pretensões? Na medida em que os direitos humanos incluem pretensões à liberdade política e aos direitos civis, alguns teóricos asiáticos em particular identificaram supostas tensões.

Em anos recentes tem-se invocado muitas vezes a natureza dos valores asiáticos como justificativa para medidas políticas autoritárias na Ásia. Tais justificativas do autoritarismo não provêm propriamente de historiadores independentes, mas das autoridades (como, por exemplo, os detentores de altos cargos governamentais ou seus porta-vozes) ou daqueles estreitamente associados aos poderosos, cujas concepções são, obviamente, influentes no governo desses Estados e também na relação entre países.

Os valores asiáticos são contrários — ou indiferentes — aos direitos políticos básicos? Tais generalizações são feitas com frequência, mas elas têm fundamento? Na verdade, não é fácil fazer generalizações sobre a Ásia, dado o seu tamanho. É na Ásia que vive cerca de 60% da população mundial. O que podemos considerar valores de uma região tão vasta, com tamanha diversidade? Não há valores quintessenciais que se apliquem a essa população imensa e heterogênea, nenhum valor que a distinga como um grupo separado do restante do mundo.

Às vezes, os defensores dos "valores asiáticos" tendem a ver o Leste Asiático como a região específica à qual se aplicam suas concepções. A generalização sobre o contraste entre o Ocidente e a Ásia muitas vezes se concentra na região a leste da Tailândia, ainda que exista a alegação mais ambiciosa de que o restante da Ásia também é "muito semelhante". Por exemplo, Lee Kuan Yew salienta "a diferença fundamental entre as concepções ocidentais de sociedade e governo e as concepções do Leste Asiático" explicando: "Quando digo Leste Asiático, refiro-me a Coreia, Japão, China e Vietnã, distinguindo-o do Sudeste Asiático, o qual é uma mistura entre os sínicos e os indianos, embora a própria cultura indiana enfatize valores semelhantes".[2]

Porém, na verdade, mesmo o próprio Leste Asiático encerra uma grande diversidade, podendo-se encontrar numerosas variações entre Japão, China e Coreia e outras partes da região. Várias influências culturais, originadas dentro e fora da região, têm afetado as vidas humanas ao longo da história desse vastíssimo território. Essas influências ainda persistem de várias maneiras. Para ilustrar, meu exemplar do *Almanac* internacional de Houghton Mifflin descreve a religião dos 124 milhões de japoneses da seguinte maneira: 112 milhões de xintoístas e 93 milhões de budistas.[3] Influências culturais diferentes ainda colorem aspectos da identidade dos japoneses contemporâneos, e uma mesma pessoa pode ser xintoísta *e* budista.

Culturas e tradições sobrepõem-se em regiões como o Leste Asiático e mesmo em países como Japão, China ou Coreia, e as tentativas de generalização sobre os "valores asiáticos" (com implicações substanciais — e frequentemente brutais — para multidões de pessoas nessa região com diversas fés, convicções e comprometimentos) só podem ser extremamente grosseiras. Mesmo os 2,8 milhões de habitantes de Cingapura apresentam grandes contrastes em suas tradições culturais e históricas. Na verdade, Cingapura tem tido um êxito admirável na promoção da harmonia e da coexistência amistosa entre comunidades.

O OCIDENTE CONTEMPORÂNEO E AS ALEGAÇÕES DE UNICIDADE

As linhas de raciocínio autoritárias presentes na Ásia — e, de um modo mais geral, em sociedades não ocidentais — muitas vezes são corroboradas indiretamente por modos de pensar encontrados no próprio Ocidente. Existe claramente uma tendência nos Estados Unidos e na Europa de supor, ao menos implicitamente, a primazia da liberdade política e da democracia como uma característica fundamental e muito antiga da cultura ocidental — característica difícil de ser encontrada na Ásia. Seria, por assim dizer, um contraste entre o autoritarismo alegadamente implícito — digamos, no confucionismo — e o respeito pela liberdade e pela autonomia individuais que se afirma estar fortemente arraigado na cultura liberal ocidental. Os ocidentais que se empenham pela liberdade pessoal e política no mundo não ocidental comumente julgam estar levando valores ocidentais para a Ásia e a África. O mundo é convidado a entrar para o clube da "democracia ocidental" e admirar e defender os "valores ocidentais" tradicionais.

Tudo isso encerra uma acentuada tendência a extrapolar do presente em direção ao *passado*. Valores que o Iluminismo europeu e outras tendências relativamente recentes tornaram comuns e disseminados não podem realmente ser considerados parte da herança ocidental no longo prazo — vivenciada no Ocidente no decorrer de milênios.[4] O que efetivamente encontramos nos escritos de autores clássicos ocidentais específicos (por exemplo, Aristóteles) é a defesa de *componentes* selecionados da noção abrangente que constitui a ideia contemporânea de liberdade política. Mas a defesa desses componentes também pode ser encontrada em muitos textos de tradição asiática.

Para ilustrar esse argumento, examinemos a ideia de que a liberdade pessoal para todos é importante para uma boa sociedade. Podemos considerar que essa afirmação possui dois componentes distintos: (1) *o valor da liberdade pessoal* — a liberdade pessoal é importante e deve ser garantida para aqueles que "importam" em uma boa sociedade; e (2) *a igualdade de liberdade* — todos importam, e a liberdade que é garantida para um deve ser garantida para todos. Os dois componentes juntos implicam que a liberdade pessoal deve ser garantida, em uma base comum, para todos. Aristóteles escreveu profusamente em defesa da primeira proposição, mas, tendo excluído as mulheres e os escravos, pouco fez para defender a segunda. A defesa da igualdade sob essa forma tem origem muito recente. Mesmo em uma sociedade estratificada em classes e castas, a liberdade pode ser considerada valiosíssima para a minoria privilegiada (como os mandarins ou os brâmanes), de um modo muito semelhante àquele no qual se valorizava a liberdade para os que não eram escravos em concepções gregas análogas acerca de uma boa sociedade.

Outra distinção útil existe entre (1) o *valor da tolerância*: deve haver tolerância para diversas crenças, comprometimentos e ações de diferentes pessoas; e (2) a *igualdade de tolerância*: a tolerância concedida a alguns deve ser razoavelmente concedida a todos (exceto quando a tolerância para alguns acarreta intolerância para outros). Novamente, nos textos ocidentais antigos podem ser encontrados em abundância argumentos em favor de alguma tolerância, sem que esta seja suplementada pela igualdade de tolerância. As raízes das ideias democráticas e liberais modernas podem ser buscadas como elementos *constitutivos*, e não como um todo.

Ao fazer um meticuloso exame comparativo, é preciso indagar se esses componentes constitutivos podem ser encontrados em textos asiáticos do modo como podem ser verificados no pensamento ocidental. Não se deve confundir a presença desses componentes com a ausência do oposto, ou seja, de ideias e doutrinas que claramente *não* enfatizam a liberdade e a tolerância. A defesa da ordem e da disciplina pode ser encontrada também nos clássicos ocidentais. Na verdade, para mim não está nem um pouco claro se Confúcio teria sido mais autoritário a esse respeito do que, digamos, Platão ou santo Agostinho. A verdadeira questão não é se essas perspectivas de ausência de liberdade estão *presentes* nas tradições asiáticas, mas se as perspectivas orientadas para a liberdade estão *ausentes* nessas tradições.

É aqui que a diversidade dos sistemas de valores asiáticos — que incorpora mas transcende a diversidade regional — torna-se fundamental. Um exemplo óbvio é o papel do budismo como forma de pensamento. Na tradição budista, atribui-se grande importância à liberdade, e a parte da teorização indiana mais antiga à qual se relacionam os pensamentos budistas contém amplo espaço para a volição e a livre escolha. A nobreza de conduta tem de ser alcançada em liberdade, e mesmo as ideias de liberação (por exemplo, *moksha*) apresentam essa característica. A presença desses elementos no pensamento budista não eclipsa a importância para a Ásia da disciplina organizada enfatizada pelo confucionismo, mas seria um erro considerar o confucionismo a única tradição da Ásia — de fato, mesmo da China. Como uma parte muito substancial da interpretação autoritária contemporânea dos valores asiáticos se concentra no confucionismo, vale a pena ressaltar particularmente essa diversidade.

INTERPRETAÇÕES DE CONFÚCIO

Na verdade, a interpretação do confucionismo que hoje é usual entre os defensores do autoritarismo dos valores asiáticos não faz justiça à variedade existente nos próprios ensinamentos confucianos.[5] Confúcio não recomendou a lealdade cega ao Estado.[6] Quando Zilu pergunta: "Como se deve servir a um príncipe", Confúcio responde "Diga-lhe a verdade, mesmo se isso o ofender".[7] Os encarregados da censura em Cingapura ou Pequim podem ter uma opinião muito diferente. Confúcio não é avesso à cautela e ao tato práticos, mas não abre mão de recomendar a oposição a um governo ruim. "Quando o [bom] caminho prevalece no Estado, fale com ousadia e aja com ousadia. Quando o Estado perde o rumo, aja com ousadia e fale com brandura".[8]

Confúcio dá uma indicação clara de que os dois pilares do edifício imaginário dos valores asiáticos — a lealdade à família e a obediência ao Estado — podem conflitar seriamente um com o outro. Muitos defensores do poder dos "valores asiáticos" veem o papel do Estado como uma extensão do papel da família, mas, como observou Confúcio, pode haver tensão entre os dois. O governador de She disse a Confúcio: "Em meu povo existe um homem de integridade inabalável: quando seu pai roubou uma ovelha, o homem o denunciou". Confúcio replicou "Em meu povo, os homens íntegros fazem diferente: o pai acoberta seu filho, o filho acoberta seu pai — e há integridade no que eles fazem".[9]

ASHOKA E KAUTILYA

As ideias de Confúcio foram mais complexas e refinadas do que as máximas frequentemente apregoadas em seu nome. Existe também a tendência a negligenciar outros autores da cultura chinesa e a desconsiderar as demais culturas asiáticas. Com efeito, se atentarmos para as tradições indianas, poderemos encontrar uma variedade de visões sobre liberdade, tolerância e igualdade. De muitos modos, a articulação mais interessante da necessidade de tolerância em uma base igualitária pode ser encontrada nos escritos do imperador Ashoka, que, no século III a.C., comandou um império indiano maior do que o de qualquer outro rei indiano (incluindo os Mughals e até mesmo o Raj, se desconsiderarmos os Estados nativos nos quais os britânicos não interferiram). Ashoka voltou acentuadamente sua atenção para a ética pública e a política esclarecida depois de horrorizar-se com a carnificina que presenciou em sua própria batalha vitoriosa contra o reino de Kalinga (atual Orissa). Converteu-se ao budismo e não só ajudou a torná-lo uma religião mundial, enviando emissários ao exterior com a mensagem budista a leste e a oeste, como também cobriu o país com inscrições em pedra descrevendo formas para o bem viver e para a natureza de um bom governo.

As inscrições atribuem uma importância especial à tolerância para com a diversidade. Por exemplo, o preceito (ao qual hoje se dá o número XII) em Erragudi assim expõe a questão:

> [...] um homem não deve reverenciar sua própria seita ou depreciar sem razão a de outro homem. A depreciação somente deve ser por uma razão específica, pois as seitas de outras pessoas merecem todas reverências por uma ou outra razão.
>
> Assim procedendo, um homem exalta sua seita e, ao mesmo tempo, presta um serviço às seitas de outras pessoas. Procedendo da maneira contrária, um homem prejudica sua própria seita e presta um desserviço às seitas de outras pessoas. Pois aquele que reverencia sua seita enquanto deprecia as seitas de outros unicamente por apego à sua, com o intuito de lhe realçar o esplendor, na realidade com essa conduta inflige o mais grave dano à sua própria seita.[10]

A importância da tolerância é ressaltada nesses preceitos do século III a.C. tanto para a política pública governamental como para aconselhamento sobre o comportamento dos cidadãos em relação uns aos outros.

Na esfera e abrangência da tolerância, Ashoka foi um universalista e exigiu que todos o fossem, inclusive aqueles a quem designava por "povo da floresta" (a população tribal que vivia em formações econômicas pré-agrícolas). A defesa da tolerância igualitária e universal por Ashoka pode parecer não asiática a alguns comentaristas, mas suas visões estão fortemente arraigadas em linhas de análise já em voga em círculos intelectuais indianos nos séculos precedentes.

Entretanto, é interessante examinar, nesse contexto, outro

autor indiano cujo tratado sobre governo e economia política também foi imensamente influente e importante. Refiro-me a Kautilya, autor de *Arthashastra*, que podemos traduzir por "a ciência econômica", embora a obra verse tanto sobre política prática como sobre economia. Kautilya foi contemporâneo de Aristóteles — século IV a.C. — e atuou como o principal ministro do imperador Chandragupta Maurya, avô do imperador Ashoka, que estabelecera o vasto império Maurya de ponta a ponta no subcontinente.

Os textos de Kautilya são citados frequentemente como prova de que a liberdade e a tolerância não eram valorizadas na tradição clássica indiana. Dois aspectos encontrados na notavelmente pormenorizada exposição sobre economia e política do *Arthashastra* poderiam tender a sugerir esse diagnóstico. Primeiro, Kautilya é um consequencialista muito inflexível. Enquanto os objetivos de promover a felicidade dos súditos e a ordem no reino são solidamente fundamentados por minuciosos conselhos sobre políticas, o rei é visto como um autocrata benevolente, cujo poder, admitidamente para fazer o bem, deve ser maximizado mediante uma boa organização. Assim, o *Arthashastra*, por um lado, apresenta ideias e sugestões sagazes para assuntos práticos como a prevenção da fome coletiva e a eficácia administrativa que ainda hoje (mais de 2 mil anos depois)[11] permanecem relevantes; contudo, por outro lado, seu autor não hesita em aconselhar o rei sobre como lograr seus intentos violando, se necessário, a liberdade de seus opositores e adversários.

Segundo, Kautilya parece atribuir pouca importância à igualdade política ou econômica, e sua visão de uma boa sociedade é fortemente estratificada em conformidade com linhas de classe e casta. Embora o objetivo de promover a felicidade — que está em posição superior na hierarquia de valores — se aplique a todos, os outros objetivos claramente não são igualitários na forma e no conteúdo. Existe a obrigação de dar aos membros menos favorecidos da sociedade o apoio de que necessitam para escapar da miséria e desfrutar a vida, e Kautilya identifica especificamente como sendo dever do rei "prover o sustento dos órfãos, idosos, enfermos, aflitos e incapazes" assim como a "subsistência de mulheres desamparadas quando estiverem grávidas, e também dos filhos [recém-nascidos] que elas dão à luz".[12] Mas essa obrigação de sustentar está muito longe de valorizar a liberdade dessas pessoas para decidir como viver — a tolerância da heterodoxia.

O que, então, concluímos disso? Certamente Kautilya não é democrata, igualitarista ou defensor da liberdade para todos. E, no entanto, quando caracterizou o que as pessoas mais favorecidas — as classes superiores — deveriam ter, a liberdade figurou com grande destaque. Negar liberdade pessoal às classes superiores (os chamados árias) é considerado inaceitável. Com efeito, penalidades regulares, algumas delas severas, são especificadas por empregar como aprendizes os adultos ou crianças dessa classe mediante contrato com obrigação de trabalho por tempo determinado, muito embora a escravidão dos cativos existentes seja considerada perfeitamente aceitável.[13] É bem verdade que não encontramos em Kautilya nada parecido com a clara exposição de Aristóteles sobre a importância do livre exercício da capacidade. Mas o enfoque que dá à liberdade é suficientemente claro no que concerne às classes superiores. Esse enfoque contrasta com os deveres governamentais para com as ordens inferiores, que assumem a forma paternalista da atenção pública e assistência do Estado para evitar a privação e a miséria agudas. Contudo, na medida em que disso tudo emerge uma visão do que seria o bem viver, este é inteiramente consistente com um sistema ético que valoriza a liberdade. Reconhecidamente, a esfera dessa consideração restringe-se aos grupos superiores da sociedade, mas isso não difere radicalmente da postura grega em relação aos homens livres em oposição aos escravos ou às mulheres. Com respeito à abrangência, Kautilya difere do universalista Ashoka, mas não inteiramente do particularista Aristóteles.

TOLERÂNCIA ISLÂMICA

Estive discorrendo com certo grau de detalhamento sobre as ideias políticas e o raciocínio prático encontrados em duas eloquentes mas muito diferentes exposições provenientes da Índia nos séculos IV e III a.C. porque essas ideias, por sua vez, influenciaram textos indianos posteriores. No entanto, podemos igualmente examinar muitos outros autores. Entre os veementes expositores e praticantes da tolerância para com a diversidade na Índia deve obviamente figurar o grande imperador mongol Akbar, que reinou entre 1556 e 1605. Novamente, não estamos falando de um democrata, mas de um rei poderoso que ressaltou a aceitabilidade de diversas formas de comportamento social e religioso e que admitiu vários tipos de direitos humanos, incluindo a liberdade de culto e prática religiosa, que não teriam sido tão facilmente tolerados em partes da Europa na época de Akbar.

Por exemplo, quando no calendário muçulmano da hégira se chegou ao ano 1000, correspondente aos anos de 1591-2 do calendário cristão, isso causou um certo alvoroço em Delhi e Agra (não diferente do que acontece com a aproximação do ano 2000 no calendário cristão). Akbar emitiu vários decretos nesse momento crítico da história, que enfocavam, *inter alia*, a tolerância religiosa, incluindo:

> Nenhum homem deve ser incomodado por motivos de religião, devendo-se permitir a qualquer um mudar para a religião que lhe aprouver.
> Se um hindu, quando criança ou em outra época de sua vida, houver sido feito muçulmano contra sua vontade, deve-se permitir que ele retorne, se assim o desejar, à religião de seus antepassados.[14]

Novamente, o campo de ação da tolerância, embora neutro no tocante à religião, não era universal em outros aspectos, incluindo a igualdade entre os sexos ou a igualdade entre pessoas mais jovens e mais velhas. O decreto prosseguia argumentando em favor da repatriação forçada de uma jovem hindu para a família de seu pai se ela a houvesse deixado para seguir um amante muçulmano. Na escolha entre apoiar os jovens enamorados e o pai hindu da moça, as simpatias do velho Akbar estavam inteiramente com o pai. Tolerância e igualdade em um nível combinavam-se com intolerância e desigualdade em outro, mas o grau de tolerância geral em questões de crença e prática religiosa é notável. Pode não ser irrelevante observar, nesse contexto, especialmente à luz do tão propalado "liberalismo ocidental", que, enquanto Akbar fazia esses pronunciamentos, as inquisições estavam a pleno vapor na Europa.

Em razão da experiência das batalhas políticas contemporâneas, especialmente no Oriente Médio, a civilização islâmica com frequência é descrita como fundamentalmente intolerante e hostil à liberdade individual. Mas a presença de diversidade e variedade *dentro* de uma tradição também se aplica, em grande medida, ao Islã. Na Índia, Akbar e a maioria dos outros mongóis são bons exemplos de teoria e prática da tolerância política e religiosa. Exemplos semelhantes podem ser encontrados em outras partes da cultura islâmica. Os imperadores turcos foram muitas vezes mais tolerantes do que seus contemporâneos europeus. Exemplos abundantes também podem ser encontrados no Cairo e em Bagdá. Mesmo o grande erudito judeu Maimônides, no século XII, precisou fugir de uma Europa intolerante (onde ele nascera) e da perseguição aos judeus ali praticada para a segurança de um Cairo tolerante e civil e a proteção do sultão Saladino.

De modo semelhante, o grande matemático iraniano Alberuni, que escreveu o primeiro livro geral sobre a Índia em princípios do século XI (além de ter traduzido tratados matemáticos indianos para o árabe), foi um dos primeiros antropólogos teóricos do mundo. Ele observou que a "depreciação dos estrangeiros [...] é comum a todas as nações em relação umas às outras", e protestou contra isso. Devotou boa parte da vida à promoção da compreensão e da tolerância mútua em seu mundo do século XI.

É fácil multiplicar os exemplos. O importante é perceber que os defensores modernos da visão autoritária dos "valores asiáticos" fundamentam seus argumentos em interpretações muito arbitrárias e em seleções extremamente restritas de autores e tradições. A valorização da liberdade não está limitada a uma só cultura, e as tradições ocidentais não são as únicas que nos preparam para uma abordagem do pensamento social baseada na liberdade.

GLOBALIZAÇÃO: ECONOMIA, CULTURA E DIREITOS

A questão da democracia também se relaciona de perto a outro problema cultural que justificadamente tem recebido alguma atenção no presente. Trata-se do poder esmagador da cultura e do estilo de vida ocidentais para solapar modos de vida e costumes sociais tradicionais. Para todos os que se preocupam com o valor da tradição e dos costumes culturais nativos, essa é uma ameaça realmente grave.

O mundo contemporâneo é dominado pelo Ocidente e, embora a autoridade imperial dos antigos governantes do mundo tenha declinado, o domínio ocidental permanece tão forte como antes — sob alguns aspectos, mais forte do que nunca, especialmente nos aspectos culturais. O sol nunca se põe no império da Coca-Cola e da MTV.

A ameaça às culturas nativas no mundo globalizante de hoje é, em grande medida, inescapável. A solução que não está disponível é a de deter a globalização do comércio e das economias, pois é difícil resistir às forças do intercâmbio econômico e da divisão do trabalho em um mundo competitivo impulsionado pela grande revolução tecnológica que confere à tecnologia moderna uma vantagem economicamente competitiva.

Isso é um problema, porém não só um problema, já que as trocas e o comércio globais podem gerar — como predisse Adam Smith — maior prosperidade econômica para cada país. Mas pode haver perdedores tanto quanto ganhadores, mesmo se os resultados líquidos agregados forem ascendentes e não descendentes. No contexto das disparidades econômicas, a resposta apropriada tem de incluir esforços conjuntos para tornar a forma da globalização menos destrutiva para o emprego e o modo de vida tradicional e para ocasionar uma transição gradual. A fim de suavizar o processo de transição, é preciso que haja também oportunidades para um novo preparo profissional e a aquisição de novas qualificações (para as pessoas que, de outro modo, seriam alijadas do mercado de trabalho), juntamente com a provisão de redes de segurança social (na forma de seguridade social e outras disposições de apoio) para aqueles que têm seus interesses prejudicados — ao menos no curto prazo — pelas mudanças globalizantes.

Essa classe de providências funcionará, em certa medida, também para o aspecto cultural. A habilidade no uso do computador e as vantagens da internet e recursos semelhantes transformam não apenas as possibilidades econômicas, como também a vida das pessoas influenciadas por essa mudança tecnológica. Mais uma vez, isso não é necessariamente ruim. Contudo, permanecem dois problemas — um que é compartilhado pelo mundo da economia, e outro bem diferente.[15]

Primeiro, o mundo da comunicação e do intercâmbio modernos requer educação e qualificação profissional básicas. Enquanto alguns países pobres do mundo têm alcançado um progresso extraordinário nessa área (países do Leste e Sudeste Asiático são bons exemplos disso), outros (como os do sul da Ásia e os da África) tenderam a ficar para trás. A equidade de oportunidades culturais e econômicas pode ter imensa importância em um mundo globalizado. Esse é um desafio conjunto para o mundo econômico e o mundo cultural.

A segunda questão é muito diversa e distancia o problema cultural das dificuldades econômicas. Quando ocorre um ajustamento econômico, quase não se lamentam os métodos de produção e a tecnologia que foram superados. Pode permanecer uma certa nostalgia pelos objetos especializados e elegantes (como uma velha máquina a vapor ou um relógio antigo), mas em geral as máquinas obsoletas e descartadas não são particularmente desejadas. No caso da cultura, porém, as tradições perdidas podem fazer muita falta. A extinção de antigos modos de vida pode causar angústia e um profundo senso de perda. É um pouco como a extinção de espécies de animais mais antigas. A eliminação de velhas espécies em favor de espécies "mais aptas" com condições "melhores" para sobreviver e multiplicar-se pode ser lamentada, e o fato de as novas espécies serem "melhores" no sistema de comparação darwiniano não necessariamente será visto como suficientemente consolador.[16]

Essa é uma questão de certa gravidade, mas cabe à sociedade decidir o que deseja fazer para preservar — se é que deseja preservar — os modos de vida antigos, talvez até mesmo a um custo econômico significativo. Modos de vida podem ser mantidos se a sociedade assim o decidir, e isso é uma questão de ponderar os custos dessa preservação relativamente ao valor que a sociedade atribui aos objetos e estilos de vida preservados. É claro que não existe uma fórmula pronta para essa análise de custo-benefício, mas o crucial para uma avaliação racional dessas escolhas é o potencial das pessoas para participar de discussões públicas sobre o assunto. Retornamos, mais uma vez, à perspectiva das capacidades: diferentes segmentos da sociedade (e não apenas os socialmente privilegiados) deveriam poder ser ativos nas decisões sobre o que preservar e o que permitir que desapareça. Não existe a obrigação de conservar todo estilo de vida ultrapassado mesmo a um custo muito alto, porém há a necessidade real — para a justiça social — de que as pessoas possam tomar parte nessas decisões sociais se assim o desejarem.[17] Isso fornece mais uma razão para que se atribua importância a capacidades elementares como ler e escrever (por meio da educação básica), ser bem informado e estar atualizado (graças a meios de comunicação livres) e ter oportunidades realistas de participar livremente (por meio de eleições, plebiscitos e o uso geral dos direitos civis). Direitos humanos no sentido mais amplo estão envolvidos nesse exercício.

INTERCÂMBIO CULTURAL E INTERDEPENDÊNCIA DISSEMINADA

Além desses reconhecimentos básicos, é necessário também atentar para o fato de que a comunicação e a apreciação entre culturas não precisam ser motivo de vergonha e desonra. Somos realmente capazes de gostar de coisas originadas em outro lugar, e o nacionalismo e o chauvinismo culturais podem ser gravemente debilitantes como modo de vida. Rabindranath Tagore, o grande poeta bengalês, comentou eloquentemente esse assunto:

> Todo produto humano que entendemos e desfrutamos instantaneamente se torna nosso, onde quer que ele se tenha originado. Orgulho-me de minha condição humana quando posso reconhecer os poetas e artistas de outros países como meus semelhantes. Permitam-me sentir com alegria genuína que todas as grandes glórias do homem são minhas.[18]

Ainda que haja algum perigo em desconsiderar a singularidade das culturas, existe também a possibilidade do engano pela suposição da insularidade ubíqua.

Na verdade, é possível afirmar que há mais inter-relações e mais influências culturais mútuas no mundo do que normalmente reconhecem aqueles que se alarmam com a perspectiva da subversão cultural.[19] Os que receiam pelas culturas frequentemente veem nelas grande fragilidade e tendem a subestimar nosso poder de aprender coisas de outros lugares sem sermos assoberbados pela experiência. A retórica da "tradição nacional" pode contribuir para ocultar a história de influências externas de tradições diferentes. Por exemplo, o *chili* pode ser um componente essencial da culinária indiana como a concebemos (alguns até o consideram a "marca registrada" da culinária indiana), mas também é um fato que o *chili* era desconhecido na Índia antes de ser levado para lá pelos portugueses há alguns séculos (a arte culinária indiana antiga usava pimenta, mas não *chili*). Os *curries* indianos não são menos "indianos" por isso.

311

Tampouco existe algo particularmente duvidoso no fato de — dada a estrondosa popularidade da comida indiana na Grã-Bretanha hoje em dia — o Conselho Britânico de Turismo descrever o *curry* como "prato britânico autêntico". No verão retrasado, cheguei a encontrar em Londres uma espantosa descrição da incurável "anglicidade" de uma mulher: ela era, fomos informados, "tão inglesa quanto os narcisos ou o *chicken tikka masala*".

A imagem da autossuficiência regional em questões culturais é profundamente enganosa, sendo difícil defender o valor de manter as tradições puras e impolutas. Às vezes, as influências intelectuais externas podem ser mais indiretas e multifacetadas. Por exemplo, alguns chauvinistas na Índia protestaram contra o uso de terminologia "ocidental" no currículo escolar, como no caso da matemática moderna. Mas as inter-relações no mundo da matemática dificultam saber o que é "ocidental" e o que não é. Para ilustrar, vejamos o termo *seno*, usado em trigonometria, que chegou à Índia diretamente levado pelos britânicos — que possui, porém, em sua origem, um notável componente indiano. Aryabhata, grande matemático indiano do século V, discutira o conceito de *seno* em sua obra, denominando-o, em sânscrito, *jya-ardha* ("meia corda"). Dali o termo percorreu um interessante caminho migratório, como observou Howard Eves:

> Aryabhata denominou-o *ardha-jya* ("meia corda") e *jya-ardha* (corda pela metade), depois abreviou o termo empregando simplesmente *jya* ("corda"). De *jya* os árabes foneticamente derivaram *jiba*, que, seguindo a prática árabe de omitir vogais, foi escrito como *jb*. Acontece que *jiba*, exceto por seu significado técnico, é uma palavra sem significado em árabe. Escritores posteriores que depararam com *jb* como abreviatura da palavra *jiba*, sem significado, substituíram-na por *jaib*, que contém as mesmas letras e é uma boa palavra árabe que significa "enseada" ou "baía". Mais tarde ainda, Gerardo de Cremona (*circa* 1150), ao fazer suas

traduções do árabe, substituiu *jaib* por seu equivalente em latim, *sinus* (significando "enseada" ou "baía"), daí derivando nossa atual palavra *seno*.[20]

Meu intuito aqui não é, de modo algum, negar a importância única de cada cultura, e sim defender a necessidade de um certo refinamento na compreensão das influências entre culturas e da nossa capacidade básica para desfrutar os produtos de outras culturas e outras terras. Não devemos perder nosso poder de compreender uns aos outros e de apreciar produtos culturais de diferentes países na defesa apaixonada da conservação e da pureza.

PRESUNÇÕES UNIVERSALISTAS

Antes de encerrar este capítulo, devo considerar também uma questão adicional do separatismo cultural, tendo em vista a abordagem geral desta obra. O leitor não terá deixado de notar que este livro se norteia pela crença no potencial das diferentes pessoas de diferentes culturas para compartilhar muitos valores e concordar em alguns comprometimentos comuns. O valor soberano da liberdade como o princípio organizador deste livro possui, com efeito, essa característica de acentuada presunção universalista.

A alegação de que os "valores asiáticos" são particularmente indiferentes à liberdade ou de que atribuir importância à liberdade é um valor tipicamente "ocidental" já foi contestada neste capítulo. Contudo, às vezes se argumenta que a tolerância com a heterodoxia em matéria de religião, em particular, é historicamente um fenômeno "ocidental" muito especial. Quando publiquei um artigo em uma revista americana contestando a interpretação autoritária dos "valores asiáticos" ("Human rights and Asian values", *The New Republic*, 14 e 21 de julho de 1997), as respostas que em geral recebi incluíram algum apoio para meu questionamento da alegada singularidade dos "valores asiáticos" (como via de regra autoritários), porém prosseguiram afirmando que o Ocidente, por sua vez, era realmente muito especial — em relação à tolerância.

A tolerância com o ceticismo e a heterodoxia *religiosos*, afirmou-se, é uma virtude especificamente "ocidental". Um comentarista delineou sua concepção de que a "tradição ocidental" é absolutamente única em sua "aceitação da tolerância religiosa a ponto de permitir o ateísmo como uma rejeição de crenças baseada em princípios". O comentarista acerta ao afirmar que a tolerância religiosa, incluindo a tolerância com o ceticismo e o ateísmo, é um aspecto central da liberdade social (como John Stuart Mill também explicou persuasivamente).[21] O crítico prosseguiu observando: "Onde, na história asiática, podemos perguntar, Amartya Sen conseguirá encontrar algo equivalente a essa notável história de ceticismo, ateísmo e livre pensar?".[22]

Essa é realmente uma boa pergunta, mas a resposta não é difícil de encontrar. Na verdade, tamanha é a riqueza que chega a ser desnorteante decidir em que parte da história asiática devemos nos concentrar, pois a resposta pode provir de muitos componentes diversos dessa história. Por exemplo, no caso da Índia em particular, pode-se indicar a importância das escolas ateístas de Cárvaka e Lokayata, originadas muito antes da era cristã, que produziram uma literatura ateísta duradoura, influente e vasta.[23] Além de documentos intelectuais em defesa de convicções ateístas, visões heterodoxas também podem ser encontradas em muitos documentos ortodoxos. Até mesmo o épico antigo *Ramayana*, frequentemente citado por ativistas políticos hindus como o livro sagrado da vida do divino Rama, contém concepções acentuadamente divergentes. Por exemplo, o *Ramayana* relata a ocasião em que Rama ouve a preleção de um pândita mundano chamado Javali sobre a tolice das crenças religiosas: "Ó Rama, sê sábio, não existe mundo além deste, por certo! Desfruta o que está presente e deixa para trás o que te desagrada".[24]

É relevante, ainda, refletir sobre o fato de que o budismo, a única religião do mundo que é firmemente agnóstica, tem origem asiática. Com efeito, o budismo originou-se na Índia no século VI a.C., mais ou menos na época em que os escritos ateístas das escolas de Carvaka e Lokayata foram particularmente influentes. Mesmo os Upanishads (um componente significativo das escrituras hindus originado um pouco antes — que já citei ao mencionar a pergunta de Maitreyee) discutiram, com evidente respeito, a postura de que o pensamento e a inteligência resultam das condições materiais do corpo e, "quando são destruídos", ou seja, "após a morte", "não resta inteligência nenhuma".[25] Escolas de pensamento céticas sobreviveram em círculos intelectuais indianos ao longo dos milênios e, mesmo já no século XIV, Madhava Acarya (ele próprio um devoto hindu vaishnavita), em seu livro clássico intitulado *Sarvadarśanasamgraha* [Coleção de todas as filosofias], dedicou todo o primeiro capítulo a uma apresentação ponderada dos argumentos das escolas ateístas indianas. O ceticismo religioso e a tolerância não são, para ele, fenômenos exclusivamente ocidentais.

Já me referi à tolerância em geral em culturas asiáticas (como a árabe, a chinesa e a indiana), e a tolerância religiosa é uma parte dela, como evidenciaram os exemplos citados. Não é difícil encontrar casos de violações — de violações *extremas* — da tolerância em qualquer cultura (das inquisições medievais aos campos de concentração modernos no Ocidente, e da chacina religiosa à opressão vitimadora do Taliban no Oriente), mas persistentemente se levantam vozes em favor da liberdade — de diferentes formas — em culturas distintas e distantes. Se houver a intenção de rejeitar as asserções universalistas deste livro, particularmente a valorização da importância da liberdade, as razões da rejeição têm de estar em outra parte.

OBSERVAÇÃO FINAL

O argumento *em favor* das liberdades básicas e das formulações associadas a direitos baseia-se em:

1) sua importância *intrínseca*;
2) seu papel *consequencial* de fornecer incentivos políticos para a segurança econômica;
3) seu papel *construtivo* na gênese de valores e prioridades.

O argumento vale tanto para a Ásia como para qualquer outro lugar, e descartar essa asserção alegando uma natureza especial dos valores asiáticos não sobrevive a um exame crítico atento.[26]

A concepção de que os valores asiáticos são caracteristicamente autoritários tende a provir, na Ásia, quase sempre de porta-vozes dos detentores do poder (às vezes suplementados — e reforçados — por pronunciamentos ocidentais conclamando as pessoas a defender o que é visto como especificamente "valores liberais ocidentais"). Mas ministros do Exterior, altos funcionários do governo ou líderes religiosos não têm o monopólio da interpretação da cultura e dos valores locais. É importante ouvir as vozes dissidentes em cada sociedade.[27] Aung San Suu Kyi não tem menos legitimidade — na verdade, claramente tem muito mais — para interpretar o que os birmaneses desejam do que os governantes militares de Myanmar, cujos candidatos ela venceu em eleições abertas antes de ser encarcerada pela junta militar derrotada.

Reconhecer a diversidade encontrada em diferentes culturas é muito importante no mundo contemporâneo.[28] Nossa compreensão da presença da diversidade tende a ser um tanto prejudicada por um constante bombardeio de generalizações excessivamente simplificadas sobre a "civilização ocidental", os "valores asiáticos", as "culturas africanas" etc. Muitas dessas interpretações da história e da civilização não só são intelectualmente superficiais, como também agravam as tendências divisoras do mundo em que vivemos. O fato é que, em qualquer cultura, as pessoas parecem gostar de discutir umas com as outras — e muitas vezes fazem isso mesmo —, assim que surge uma oportunidade. A presença de dissidentes dificulta a obtenção de uma visão inequívoca da "verdadeira natureza" dos valores locais. Na verdade, em toda sociedade tende a haver dissidentes — muitas vezes, numerosíssimos —, e eles com frequência dispõem-se a correr grandes riscos para sua segurança. De fato, se os dissidentes não estivessem tão tenazmente presentes, os regimes autoritários não teriam precisado tomar medidas práticas tão repressivas para suplementar suas crenças intolerantes. A presença de dissidentes *tenta* os grupos dirigentes autoritários a adotar uma concepção repressiva da cultura local, e, ao mesmo tempo, essa própria presença *solapa* a base intelectual da interpretação unívoca das crenças locais como um pensamento homogêneo.[29]

A discussão ocidental sobre as sociedades não ocidentais com frequência acata excessivamente a autoridade — o governador, o ministro, a junta militar, o líder religioso. Essa "propensão ao autoritarismo" é corroborada pelo fato de que os próprios países ocidentais muitas vezes são representados, em reuniões internacionais, por altos funcionários e porta-vozes do governo que, por sua vez, buscam a visão daqueles que ocupam cargos correspondentes aos seus nos outros países. Uma abordagem adequada do desenvolvimento não pode realmente concentrar-se tanto apenas nos detentores do poder. É preciso mais abrangência, e a necessidade da participação popular não é uma bobagem farisaica. A ideia de desenvolvimento não pode, com efeito, ser dissociada dessa participação.

No que concerne às alegações de autoritarismo nos "valores asiáticos", é necessário reconhecer que os valores preconizados no passado de países asiáticos — no Leste Asiático e em outras partes da Ásia — incluem uma variedade imensa.[30] Com efeito, de muitos modos eles são semelhantes a variações substanciais frequentemente encontradas também na história das ideias do Ocidente. Uma história asiática que considere apenas valores autoritários não faz justiça às ricas variedades de pensamento presentes nas tradições intelectuais do continente asiático. Uma história dúbia não justifica políticas dúbias.

11. ESCOLHA SOCIAL E COMPORTAMENTO INDIVIDUAL

A IDEIA DE USAR A RAZÃO para identificar e promover sociedades melhores e mais aceitáveis estimulou intensamente as pessoas no passado e continua a fazê-lo no presente. Aristóteles concordou com Ágaton em que nem mesmo Deus podia mudar o passado. Mas também concluiu que o futuro pode ser moldado por nós. Isso poderia ser feito baseando nossas escolhas na razão.[1] Precisamos, então, de uma estrutura avaliatória apropriada; precisamos também de instituições que atuem para promover nossos objetivos e comprometimentos valorativos, e, ademais, de normas de comportamento e de um raciocínio sobre o comportamento que nos permitam realizar o que tentamos realizar.

Antes de prosseguir nessa linha de argumentação, devo examinar também alguns motivos, encontrados na literatura pertinente, alegados para o ceticismo quanto à possibilidade do progresso baseado na razão. Se eles forem convincentes, poderão ser realmente devastadores para a abordagem empreendida neste livro. Seria tolice construir uma estrutura ambiciosa assentando seus alicerces na areia movediça.

Identificarei três linhas distintas de ceticismo que parecem requerer atenção especial. Primeiro, às vezes se argumenta que, dada a heterogeneidade de preferências e valores encontrada em diferentes pessoas, mesmo em uma determinada sociedade, não é possível contar com uma estrutura coerente para a avaliação social baseada na razão. Por essa perspectiva, não pode existir algo como uma avaliação social racional e coerente. O célebre "teorema da impossibilidade", de Kenneth Arrow, é citado às vezes nesse contexto para provar o argumento.[2] Esse notável teorema em geral é interpretado como prova da impossibilidade de derivar racionalmente a escolha social a partir de preferências individuais — um resultado profundamente pessimista. Seria preciso examinar o conteúdo analítico do teorema, bem como suas interpretações substantivas. A ideia de "base informacional", já examinada no capítulo 3, revela-se crucial nessa questão.

Uma segunda vertente crítica assume uma forma particularmente metodológica e se fundamenta em um argumento que questiona a ideia de que podemos ter o que *tencionamos* ter, afirmando que "consequências impremeditadas" dominam a história real. A importância das consequências impremeditadas foi ressaltada de modos diferentes por Adam Smith, Carl Menger e Friedrich Hayek, entre outros.[3] Se a maioria das coisas importantes que acontecem é impremeditada (e não ocasionada por meio de ação intencional), as tentativas baseadas na razão de buscar o que desejamos podem parecer absolutamente inúteis. Precisamos examinar quais são precisamente as implicações dos *insights* que emergem das obras nessa área, cujo pioneiro foi Adam Smith.

Uma terceira classe de dúvidas relaciona-se a um ceticismo, demonstrado por muitas pessoas, quanto ao possível *alcance* dos valores humanos e das normas de comportamento. Nossos modos de comportamento podem ir além de um autointeresse estritamente definido? Em caso negativo, afirma-se que, embora o mecanismo de mercado ainda possa funcionar (já que ele supostamente apela apenas para o egoísmo humano), não podemos ter disposições sociais que requeiram alguma coisa mais "social", "moral" ou "comprometida". A possibilidade da mudança social baseada na razão, nessa visão, não pode ir além do funcionamento do mecanismo de mercado (mesmo se ele conduzir à ineficiência, desigualdade ou pobreza). Aspirar a mais seria, por essa perspectiva, irremediavelmente utópico.

O interesse primordial deste capítulo é examinar a relevância dos valores e do raciocínio para o aumento das liberdades e para a realização do desenvolvimento. Tratarei dos três argumentos sucessivamente.

IMPOSSIBILIDADE E BASES INFORMACIONAIS

O teorema de Arrow, na verdade, não demonstra o que a interpretação popular frequentemente julga que ele demonstra. Com efeito, esse teorema não prova a impossibilidade da escolha social racional, e sim a impossibilidade que emerge quando tentamos basear a escolha social em uma classe limitada de informações. Correndo o risco de simplificação excessiva, discorrerei brevemente sobre um modo de ver o teorema de Arrow.

Tomemos o velho exemplo do "paradoxo do voto", que muito absorveu matemáticos franceses setecentistas como Condorcet e Jean-Charles de Borda. Se a pessoa 1 prefere a opção x à opção y e prefere y a z, enquanto a pessoa 2 prefere y a z e prefere z a x, e a pessoa 3 prefere z a x e prefere x a y, sabemos, evidentemente, que a regra da maioria levará a inconsistências. Em particular, x tem maioria sobre y, que por sua vez tem maioria sobre z, o qual tem maioria sobre x. O teorema de Arrow demonstra, entre outros *insights* que oferece, que não só a regra da maioria, mas *todos* os mecanismos de tomada de decisão que dependem da mesma base informacional (ou seja, apenas ordenações individuais das alternativas relevantes) acarretarão alguma inconsistência ou inadequação, a menos que simplesmente adotemos a solução ditatorial de fazer preponderar o *ranking* de preferências de uma pessoa.

Esse é um teorema extraordinariamente notável e elegante — um dos mais primorosos resultados analíticos no campo da ciência social. Mas ele absolutamente não exclui os mecanismos de decisão que usam mais bases informacionais do que as regras de votação ou que utilizam bases diferentes. Ao tomarmos uma decisão social sobre assuntos econômicos, seria natural considerar outros tipos de informação.

Uma regra da maioria — fosse ou não consistente — não teria chance alguma como mecanismo para resolver disputas econômicas. Consideremos o problema de dividir um bolo entre três pessoas, chamadas (sem muita imaginação) de 1, 2 e 3, supondo que cada pessoa vote com o intuito de maximizar somente sua própria fatia do bolo. (Essa hipótese simplifica o exemplo, porém nada de fundamental depende dela, e podemos substituí-la por outros tipos de preferência.) Tomemos qualquer divisão do bolo entre as três pessoas. Sempre podemos produzir uma "melhora para a maioria" pegando uma parte da fatia de qualquer pessoa (digamos, a fatia da pessoa 1) e dividindo-a entre as outras duas (ou seja, entre 2 e 3). Esse modo de "melhorar" o resultado social funcionaria — uma vez que o juízo social é pela regra da maioria — mesmo se acontecesse de a pessoa assim prejudicada (ou seja, 1) ser a mais pobre das três. De fato, podemos continuar a tirar cada vez mais da fatia da pessoa mais pobre e dividir a pilhagem entre as duas mais ricas — o tempo todo obtendo uma melhora para a maioria. Esse processo de "melhora" pode prosseguir até que a pessoa mais pobre não tenha mais bolo para ser dividido. Que esplêndida cadeia de melhoramento social *na perspectiva da maioria*!

Regras desse tipo desenvolvem-se segundo uma base informacional composta apenas dos *rankings* de preferência das pessoas, sem atentar para quem é mais pobre, para quem ganha (e quem perde) com as mudanças de renda, para qual é o valor desse ganho (ou perda) ou para qualquer outra informação (como, por exemplo, como as respectivas pessoas ganharam as fatias específicas que possuem). Assim, a base informacional para essa classe de regras — da qual o procedimento da decisão da maioria é um exemplo destacado — é extremamente limitada e claramente inadequada para chegar a julgamentos bem informados sobre problemas econômicos de bem-estar. Isso não ocorre principalmente porque ela conduz a inconsistência (como generalizado no teorema de Arrow), mas porque não podemos realmente fazer juízos sociais com tão poucas informações.

JUSTIÇA SOCIAL E MAIS RIQUEZA DE INFORMAÇÕES

Regras sociais aceitáveis tenderiam a levar em conta uma variedade de outros fatos relevantes ao julgar a divisão do bolo: quem é mais pobre, quanto cada um ganha em bem-estar ou ingredientes básicos da vida, como o bolo está sendo "ganho" ou "pilhado" etc. A insistência em que não é necessária nenhuma outra informação (e que outras informações, se disponíveis, não poderiam influenciar as decisões a serem tomadas) torna essas regras não muito interessantes para decisões econômicas. Dado esse reconhecimento, o fato de haver *também* um problema de inconsistência — ao dividir-se um bolo com base em votos — pode muito bem ser visto não tanto como um problema, mas como um alívio bem-vindo da inflexível consistência de procedimentos brutais e informacionalmente obtusos.

No exemplo mencionado no início do capítulo 3, nenhum dos argumentos usados para defender a contratação de Dinu, Bishanno ou Rogini seria utilizável na base informacional de Arrow. O argumento em favor de Dinu baseia-se no fato de ele ser o mais pobre; o favorável a Bishanno, no fato de ele ser o mais infeliz, e o que privilegia Rogini, no fato de ela ser a mais doente — sendo todos esses fatos externos à base informacional dos *rankings* de preferências das três pessoas (segundo as condições de Arrow). Na verdade, ao fazer juízos econômicos, tendemos, em geral, a usar tipos de informação muito mais amplos do que o permitido pela classe de mecanismos compatíveis com a estrutura de Arrow.

O ângulo da "impossibilidade" não é, a meu ver, o modo certo de ver o "teorema da impossibilidade" de Arrow.[4] Esse autor fornece uma abordagem geral para o pensamento sobre decisões sociais baseadas em condições individuais, e seu teorema — assim como uma classe de outros resultados estabelecidos depois de seu trabalho pioneiro — demonstra que o que é possível e o que não é pode depender crucialmente de que informações são efetivamente levadas em conta na tomada de decisões sociais. Com efeito, mediante uma *ampliação* informacional, é possível chegar-se a critérios coerentes e consistentes para a avaliação social e econômica. A literatura sobre "escolha social" (como se denomina esse campo de exploração analítica), que resultou da iniciativa pioneira de Arrow, é um mundo tanto de possibilidade como de impossibilidades condicionais.[5]

INTERAÇÃO SOCIAL E ACORDO PARCIAL

Outro aspecto a ser salientado, sobre uma questão relacionada, é que a política do consenso social requer não apenas a ação com base em preferências individuais *dadas*, mas também a sensibilidade das decisões sociais para o *desenvolvimento* de preferências e normas individuais. Nesse contexto, é preciso atribuir particular importância ao papel da discussão e das interações públicas na emergência de valores e comprometimentos comuns.[6] Nossas ideias sobre o que é justo e o que não é podem ser influenciadas pelos argumentos apresentados para discussão pública, e tendemos a reagir às opiniões uns dos outros às vezes com um comprometimento ou até mesmo um trato, e outras vezes com inflexibilidade e obstinação implacáveis. A formação de preferências por meio da interação social é um objeto de estudo primordial neste livro, e será examinada adicionalmente ainda neste capítulo e também no próximo.

É importante, ainda, reconhecer que as disposições sociais surgidas do consenso e as políticas públicas adequadas não requerem que haja uma "ordenação social" única que contenha um *ranking* completo de todas as possibilidades sociais alternativas. Concordâncias parciais ainda distinguem opções aceitáveis (e eliminam as inaceitáveis), e uma solução viável pode basear-se na aceitação contingente de medidas específicas, sem exigir a unanimidade social completa.[7]

Também se pode argumentar que os juízos sobre "justiça social" não requerem de fato uma precisão perfeitamente sintonizada — como, por exemplo, afirmar que uma alíquota tributária de 39% é justa ao passo que uma de 39,5% não o seria (ou mesmo que a primeira é "mais justa" do que a segunda). Em vez disso, o necessário é um acordo viável sobre algumas questões básicas de injustiça ou desigualdade identificavelmente intensas.

Com efeito, a insistência na completitude dos conceitos sobre justiça para toda escolha possível não só é um inimigo da ação social prática, como também pode refletir um certo equívoco sobre a natureza da própria justiça. Usando um exemplo extremo, ao concordarmos que a ocorrência de uma fome coletiva evitável é socialmente injusta, não estamos também afirmando a possibilidade de determinar que alocação *exata* de alimentos entre todos os cidadãos seria a "mais justa". O reconhecimento da injustiça patente na privação evitável — como fome em massa, morbidez desnecessária, morte prematura, pobreza massacrante, negligência com crianças do sexo feminino, sujeição de mulheres e fenômenos desse tipo — não precisa esperar a derivação de alguma ordenação completa de escolhas que envolvam diferenças mais sutis e pequenas inadequações. O uso excessivo do conceito de justiça acaba por reduzir a força da ideia quando aplicada às terríveis privações e desigualdades que caracterizam o mundo em que vivemos. A justiça é como um canhão, e não precisa ser disparada para matar um mosquito (como diz um velho provérbio bengalês).

MUDANÇAS PREMEDITADAS E
CONSEQUÊNCIAS IMPREMEDITADAS

Passo agora à segunda das razões identificadas para o ceticismo quanto à ideia do progresso baseado na razão: o alegado predomínio das consequências "impremeditadas" e as dúvidas relacionadas quanto à possibilidade do avanço intencional baseado na razão. Não é difícil entender a ideia de que consequências impremeditadas da ação humana são responsáveis por muitas das grandes mudanças do mundo. As coisas nem sempre saem como planejamos. Às vezes temos excelentes razões para agradecer por isso, quer pensemos na descoberta da penicilina graças a uma lâmina de cultura esquecida que não se destinava a esse propósito, quer na destruição — não pretendida por Hitler — do partido nazista ocasionada pelo excesso de confiança militar do *Füher*. Seria preciso ter uma visão muito limitada da história para esperar que as consequências correspondessem sempre às expectativas.

Mas nisso tudo não existe nada que estorve a abordagem racionalista subjacente a este livro. O necessário para essa abordagem não é uma exigência geral de que não haja efeitos impremeditados, mas apenas que as tentativas arrazoadas de ocasionar mudança social, nas circunstâncias relevantes, nos ajudem a obter melhores resultados. Há muitos exemplos de êxito em reformas sociais e econômicas guiadas por programas motivados. As tentativas de alfabetizar toda a população, quando empreendidas resolutamente, tendem a ser bem-sucedidas, como ocorreu na Europa e na América do Norte, e também no Japão e em outras partes da Ásia. Epidemias de varíola e muitas outras doenças foram erradicadas ou drasticamente reduzidas. De um modo sem precedentes, o desenvolvimento de serviços nacionais de saúde em países europeus tornou a assistência médica disponível à maioria dos cidadãos. Com suficiente frequência, as coisas são exatamente o que parecem e, de fato, mais ou menos o que pareciam ser para as pessoas que trabalharam arduamente para isso. Embora essas histórias de êxito tenham de ser suplementadas por relatos de malogros e desvios de rumo, é possível tirar lições do que deu errado a fim de fazer melhor da próxima vez. Aprender fazendo é um grande aliado do reformador racionalista.

Sendo assim, como devemos entender a tese supostamente defendida por Adam Smith — e certamente proposta por Carl Menger e Friedrich Hayek — de que muitas coisas boas que acontecem — talvez a maioria delas — são com frequência resultados impremeditados da ação humana? A "filosofia geral" subjacente a essa adulação das consequências impremeditadas merece um exame atento. Começarei com Adam Smith, porque se alega ter sido ele o criador da teoria e também porque este livro tem um acentuado caráter "smithiano".

Precisamos começar observando que Smith era profundamente cético quanto aos princípios dos ricos — nenhum autor (nem mesmo Karl Marx) criticou com tanta veemência as motivações dos economicamente privilegiados contra os interesses dos pobres. Muitos proprietários ricos — afirmou Adam Smith em *Teoria dos sentimentos morais*, publicada em 1759 (dezessete anos antes de *A riqueza das nações*) — empenham-se, "com seu egoísmo e rapacidade naturais", apenas por "seus desejos vãos e insaciáveis".[8] Não obstante, em muitas circunstâncias, outros podem beneficiar-se dos atos daqueles proprietários, pois as ações de diferentes pessoas podem ser produtivamente complementares. Smith não louvaria os ricos por conscientemente fazerem um bem a terceiros. A tese das consequências impremeditadas envolvia a continuação do ceticismo de Smith quanto aos ricos. Os egoístas e os rapaces, argumentou Smith, são guiados "por uma mão invisível" para "promover o interesse da sociedade", o que fazem "sem tencionar, sem saber". Com essas palavras — e uma pequena ajuda de Menger e Hayek — nasceu a "teoria das consequências impremeditadas".

Foi também nesse contexto geral que Smith delineou sua muito citada discussão — já mencionada inclusive aqui —, encontrada em *A riqueza das nações*, sobre os méritos da troca econômica:

> Não é da benevolência do açougueiro, do cervejeiro ou do padeiro que esperamos obter nosso jantar, e sim da atenção que dá cada qual ao próprio interesse. Apelamos não para sua humanidade mas para seu amor-próprio [...].[9]

O padeiro vende pão ao consumidor não porque tenciona promover o bem-estar do freguês, mas porque deseja ganhar dinheiro. Analogamente, o açougueiro e o cervejeiro buscam seus respectivos interesses, mas acabam ajudando outros. O consumidor, por sua vez, não está tentando promover o interesse do açougueiro, do padeiro ou do cervejeiro, e sim atendendo ao seu próprio interesse em comprar carne, pão ou cerveja. No entanto, o açougueiro, o padeiro e o cervejeiro se beneficiam do empenho do consumidor em obter sua própria satisfação. O indivíduo, na concepção de Smith, é "guiado por uma mão invisível para promover um fim que não fazia parte de sua intenção".[10]

A defesa das "consequências impremeditadas" desenvolveu-se dessas origens modestíssimas. Carl Menger, em particular, afirmou que essa é uma proposição central em economia (embora, em sua opinião, Smith não a tivesse compreendido plenamente), e mais tarde Friedrich Hayek desenvolveu essa teoria, descrevendo-a como "um profundo *insight* sobre o objeto de toda teoria social".[11]

Qual a importância dessa teoria? Hayek ficou impressionadíssimo com o fato elementar de que consequências importantes muitas vezes são impremeditadas. Esse fato, em si, não tem nada de surpreendente. Qualquer ação tem consequências numerosas, das quais apenas algumas poderiam ter sido pretendidas pelos agentes. Saio de casa de manhã para remeter uma carta. Você me vê. Não era parte de minha intenção fazer com que você me visse na rua (eu só estava tentando remeter uma carta), mas esse foi um resultado de eu ter saído de casa e ido até a caixa do correio. É uma consequência impremeditada da minha ação. Vejamos outro exemplo: a presença de uma multidão de pessoas em uma sala aumenta o calor do ambiente, e isso pode ser muito importante em uma sala com excesso de calor onde está havendo uma festa. Ninguém tencionou esquentar demais a sala, mas, juntas, as pessoas poderiam produzir exatamente essa consequência.

É preciso muita sagacidade para reconhecer tudo isso? Talvez não muita, eu diria. Na verdade, é difícil pensar que pode haver grande profundidade na conclusão geral de que muitas consequências são totalmente impremeditadas.[12] Apesar de minha admiração por Friedrich Hayek e suas ideias (ele contribuiu talvez mais do que qualquer outro para nossa compreensão de constitucionalidade, da relevância dos direitos, da importância dos processos sociais e de muitos outros conceitos sociais e econômicos fundamentais), devo dizer que esse modesto reconhecimento não pode ser considerado uma ideia monumental. Se ele é, como afirma Hayek, um "profundo *insight*", então há algo de errado com a profundidade.

Contudo, existe um outro modo de ver a mesma questão, e

talvez seja isso que Hayek tencionava ressaltar. O mais importante não é que algumas consequências sejam impremeditadas, mas que a análise causal pode tornar os efeitos impremeditados razoavelmente *previsíveis*. De fato, o açougueiro pode prever que trocar carne por dinheiro beneficia não só a ele próprio, como também ao consumidor (que compra a carne), podendo-se, assim, esperar que a relação funcione de ambos os lados e, portanto, seja sustentável. E o padeiro, o cervejeiro e o consumidor ainda podem, de modo semelhante, esperar que essas relações econômicas sejam sustentáveis. Uma consequência *impremeditada* não precisa ser *imprevisível*, e desse fato depende muita coisa. Com efeito, a confiança de cada parte na continuidade dessas relações de mercado depende especificamente de que tais previsões estejam sendo feitas ou implicitamente presumidas.

Se é assim que a ideia das consequências impremeditadas é entendida (como da *antevisão* de consequências importantes mas impremeditadas), ela não é, de modo algum, contrária à possibilidade da reforma racionalista. Na verdade, ocorre exatamente o contrário. O raciocínio econômico e social pode atentar para as consequências não intencionais (mas que, ainda assim, resultam de disposições institucionais), e a proposta para medidas institucionais específicas pode ser mais bem avaliada levando em consideração a probabilidade de várias consequências impremeditadas.

ALGUNS EXEMPLOS DA CHINA

Às vezes, certas consequências não só não foram premeditadas como também não haviam sido antevistas. Tais exemplos são importantes não apenas para ressaltar o fato de que as expectativas humanas são falíveis, como também para fornecer ao aprendizado elementos que serão úteis para a elaboração de futuras políticas. Talvez dois exemplos da história chinesa recente ajudem a ilustrar essas questões.

Desde as reformas econômicas de 1979, muito se tem discutido sobre os impactos manifestamente negativos da reforma econômica sobre vários objetivos sociais importantes, incluindo o modo de funcionamento dos serviços de saúde nas áreas rurais. Os reformadores não tencionavam produzir esses efeitos sociais negativos, mas eles parecem ter ocorrido. Por exemplo, a introdução do "sistema de responsabilidade" na agricultura chinesa em fins da década de 1970, que eliminou os sistemas cooperativos anteriores (e iniciou um período de expansão agrícola sem precedentes), também dificultou muito mais o financiamento dos serviços públicos de saúde em áreas rurais. O sistema de saúde, em grande medida, era financiado compulsoriamente pelo sistema cooperativo. Revelou-se na prática muito difícil substituir essa estrutura por um sistema voluntário de seguro-saúde a ser adotado apenas pela população rural. Essa possibilidade realmente dificultou a manutenção das melhoras nos serviços públicos de saúde no período imediatamente seguinte às reformas. Esses efeitos aparentemente causaram certa surpresa aos reformadores, e, se de fato os tiverem surpreendido, é possível afirmar que os resultados poderiam ter sido mais bem previstos com base em um estudo mais completo sobre o financiamento dos serviços de saúde na China e em outros países.

Considerando um tipo diferente de exemplo, as medidas coercitivas de planejamento familiar (incluindo a política da "família com filho único"), introduzidas na China em 1979 com o intuito de reduzir a taxa de natalidade, parecem ter sido adversas para a redução da mortalidade infantil, sobretudo das meninas recém-nascidas (como mencionado no capítulo 9). Em certa medida, ocorreu efetivamente até mesmo um agravamento da negligência e mortalidade das meninas recém-nascidas (quando não o infanticídio) e seguramente mais abortos específicos de fetos do sexo feminino, pois as famílias tentaram obedecer às normas governamentais sobre o número de filhos sem abrir mão de sua preferência por um filho do sexo masculino. Os arquitetos da reforma social e do planejamento familiar obrigatório não tencionavam produzir efeitos adversos sobre a

329

mortalidade infantil em geral e sobre a mortalidade das meninas recém-nascidas em particular; tampouco desejavam incentivar o aborto específico de fetos do sexo feminino. Pretendiam apenas reduzir a fecundidade. Mas essas consequências adversas realmente ocorreram e merecem atenção e reparo.

A questão fundamental, portanto, é se esses efeitos adversos eram ou não previsíveis, devendo ter sido *antevistos*, apesar de não serem premeditados. A natureza das reformas econômicas e sociais na China poderia ter se beneficiado de mais análises preditivas sobre causas e efeitos, incluindo os impremeditados. O fato de os efeitos adversos *não* terem sido premeditados não implica que eles não pudessem de modo algum ter sido previstos. Uma compreensão mais clara dessas consequências teria conduzido a uma concepção melhor do que estava envolvido nas mudanças propostas, e poderia até mesmo ter levado a políticas preventivas ou corretivas.

Esses exemplos da experiência chinesa recente ressaltam consequências impremeditadas que foram desfavoráveis de um ponto de vista social. A direção desses efeitos impremeditados não se assemelha à principal classe de consequências impremeditadas considerada por Adam Smith, Carl Menger e Friedrich Hayek, composta de consequências em geral *favoráveis*. Entretanto, existe uma comparabilidade básica entre o funcionamento dos dois tipos de caso, ainda que a natureza das consequências impremeditadas seja atrativa em um caso e indesejável no outro.

Na realidade, a ocorrência de consequências impremeditadas *favoráveis* (o caso Smith-Menger-Hayek) também apresenta alguns paralelos na área do planejamento econômico na China, embora para isso precisemos examinar outros aspectos da história chinesa recente. À medida que o progresso econômico rápido das economias do Leste e Sudeste Asiático vai sendo mais plenamente analisado, torna-se cada vez mais claro que não foi apenas a abertura das economias — e seu maior apoio no comércio interno e internacional — que levou à rápida transição econômica nessas economias. Os alicerces foram assentados também por mudanças sociais positivas, como reformas agrárias, difusão da educação e alfabetização e melhores serviços de saúde. O que estamos verificando aqui não é tanto as consequências sociais de reformas econômicas, mas as consequências econômicas de reformas sociais. A economia de mercado floresce sobre os alicerces desse desenvolvimento social. Como a Índia vem percebendo recentemente, a ausência de desenvolvimento social pode impor graves limitações ao alcance do desenvolvimento econômico.[13]

Quando e como essas mudanças sociais aconteceram na China? O principal impulso para essas mudanças foi dado no período pré-reforma, antes de 1979 — de fato, grande parte dele durante os dias ativos da política maoísta. Mao *tencionava* assentar os alicerces sociais de uma economia de mercado e expansão capitalista (como ele certamente logrou fazer)? Não é possível cogitar dessa hipótese. E, no entanto, as políticas maoístas de reforma agrária, expansão da alfabetização, ampliação dos serviços públicos de saúde etc. produziram um efeito muito favorável sobre o crescimento econômico da China pós-reforma. O grau em que a China *pós-reforma* se beneficia dos resultados alcançados no período *pré-reforma* precisa ser mais reconhecido.[14] As consequências impremeditadas positivas são importantes nesse contexto. Uma vez que Mao não considerou seriamente a probabilidade de que uma florescente economia de mercado viria a emergir na China, não surpreende que ele não tenha levado em conta esse corolário específico das mudanças sociais que estavam sendo ocasionadas sob sua liderança. Contudo, existe aqui uma relação geral muito próxima do enfoque da capacidade adotado neste livro. As mudanças sociais em questão (expansão da alfabetização, dos serviços básicos de saúde e a reforma agrária) aumentam efetivamente a capacidade humana para ter uma vida menos vulnerável e que valha a pena viver. Mas essas capacidades também estão associadas à melhora da produtividade e das possibilidades de emprego das pessoas envolvidas (expandindo o que se denomina "capital humano"). A interdependência entre capacidade humana em geral e capital humano

331

em particular poderia ser considerada razoavelmente previsível. Embora possa não ter sido parte da intenção de Mao facilitar as coisas para a expansão econômica baseada no mercado na China, um analista social teria ótimas condições — mesmo na época — de prever exatamente essa relação. A antevisão dessas relações sociais e conexões causais ajuda-nos a raciocinar com sensibilidade sobre a organização social e sobre possíveis linhas de mudança e progresso social.

Portanto, a antevisão de consequências impremeditadas, em vez de ser um obstáculo, é parte de uma abordagem racionalista da reforma organizacional e da mudança social. Os *insights* desenvolvidos por Smith, Menger e Hayek chamam nossa atenção para a importância de estudar efeitos impremeditados (como eles próprios respectivamente passaram a fazer), e seria um erro crasso pensar que a importância dos efeitos impremeditados enfraqueça a necessidade da avaliação racional de todos os efeitos — impremeditados e premeditados. Não existe aqui nada que diminua a importância de tentar prever *todas* as consequências prováveis de políticas alternativas, nem nada que subverta a necessidade de basear as decisões sobre políticas na avaliação racional de cenários alternativos.

VALORES SOCIAIS E INTERESSE PÚBLICO

Vejamos agora o terceiro argumento. E quanto à pretensão de que os seres humanos são inflexivelmente movidos pelo autointeresse? Como responder ao profundo ceticismo em relação à possibilidade de valores sociais mais amplos? Será que cada liberdade desfrutada pelas pessoas invariavelmente é exercida de um modo tão personalista que a expectativa de progresso social e ação pública baseados na razão tem de ser inteiramente ilusória?

Eu diria que tal ceticismo é injustificado. O autointeresse é, obviamente, uma motivação extremamente importante, e muitos trabalhos sobre organização econômica e social prejudicaram-se por não dar a atenção adequada a essa motivação básica. E, no entanto, também vemos ações — dia após dia — que refletem valores com componentes sociais claros, e esses valores nos levam muito além dos limites estreitos do comportamento puramente egoísta. A emergência de normas sociais pode ser facilitada pelo raciocínio comunicativo e pela seleção evolutiva de modos de comportamento. Existe hoje uma vastíssima literatura sobre esse tema, por isso não me alongarei muito no assunto.[15]

O uso do raciocínio socialmente responsável e de ideias de justiça relaciona-se estreitamente à centralidade da liberdade individual. Não se está afirmando com isso que as pessoas invariavelmente invocam suas ideias de justiça ou utilizam seus poderes de raciocínio socialmente sensível para decidir sobre o modo de exercer sua liberdade. Mas um senso de justiça está entre as considerações que *podem* motivar as pessoas — e com frequência isso ocorre. Os valores sociais podem desempenhar — e têm desempenhado — um papel importante no êxito de várias formas de organização social, incluindo o mecanismo de mercado, a política democrática, os direitos civis e políticos elementares, a provisão de bens públicos básicos e instituições para a ação e o protesto públicos.

Pessoas diferentes podem ter modos muito diferentes de interpretar ideias éticas, incluindo as de justiça social, e podem até mesmo nem sequer saber ao certo como organizar seus pensamentos sobre o assunto. Mas as ideias básicas de justiça não são estranhas a seres sociais, que se preocupam com seus próprios interesses, mas que também têm capacidade de pensar em membros da família, vizinhos, concidadãos e outras pessoas do mundo. O experimento mental com o "observador imparcial" primorosamente analisado por Adam Smith (começando com a eloquente questão: como isso seria compreendido por um "observador imparcial"?) é uma formalização de uma ideia informal — e muito disseminada — que ocorre à maioria de nós. Não é necessário criar artificialmente um espaço na mente humana para a ideia de justiça ou equidade — com bombardeio moral ou arenga ética. O espaço já existe, e é uma questão de fazer uso sistemático, convincente e eficaz das preocupações gerais que as pessoas efetivamente têm.

O PAPEL DOS VALORES NO CAPITALISMO

Embora o capitalismo com frequência seja visto como um sistema que só funciona com base na ganância de todos, o funcionamento eficiente da economia capitalista depende, na verdade, de poderosos sistemas de valores e normas. Com efeito, conceber o capitalismo como nada mais do que um sistema baseado em um conglomerado de comportamento ganancioso é subestimar imensamente a ética do capitalismo, que contribuiu enormemente para suas formidáveis realizações.

O uso de modelos econômicos formais para compreender o funcionamento de mecanismos de mercado, que é a prática tradicional em teoria econômica, em certa medida é uma faca de dois gumes. Os modelos podem permitir um *insight* sobre o modo como funciona o mundo real.[16] Por outro lado, a estrutura do modelo pode ocultar algumas suposições implícitas que produzem as relações regulares nas quais o modelo se fundamenta. O funcionamento de mercados bem-sucedidos deve-se não só ao fato de as trocas serem "permitidas", mas também ao sólido alicerce de instituições (como por exemplo estruturas legais eficazes que defendem os direitos resultantes de contratos) e da ética de comportamento (que viabiliza os contratos negociados sem a necessidade de litígios constantes para obter o cumprimento do que foi contratado). O desenvolvimento e o uso da confiança na palavra e na promessa das partes envolvidas podem ser um ingrediente importantíssimo para o êxito de um mercado.

Obviamente estava claro para os primeiros defensores do capitalismo que algo mais do que o desencadeamento da cobiça está presente na emergência e no desenvolvimento do sistema capitalista. Os liberais de Manchester não lutavam apenas pela vitória da ganância e do amor-próprio. Sua concepção da humanidade incorporava uma esfera de valores mais ampla. Embora talvez tenham sido excessivamente otimistas com respeito ao que os seres humanos podem fazer — e farão — quando deixados por conta própria, eles estavam certos ao ver uma certa espontaneidade nos sentimentos que as pessoas têm umas pelas outras e ao cogitar na possibilidade de uma compreensão esclarecida da necessidade do comportamento mutuamente benéfico (sem interferência constante do estado).

O mesmo se aplica a Adam Smith, que levou em consideração diversos valores presentes nas relações econômicas, sociais e políticas. Os primeiros comentaristas (como Montesquieu e James Stuart) que viram o capitalismo como uma espécie de substituição de "paixões" por "interesse" tenderam a chamar a atenção para o fato de que a busca do interesse de um modo inteligente e racional pode ser um grande progresso moral em relação a ser impelido por fervor, ânsia e propensões tirânicas. "O interesse", julgava James Stuart, é "o freio mais eficaz" contra "a insensatez do despotismo". Como analisou primorosamente Albert Hirschman, os primeiros defensores do capitalismo enxergaram um grande avanço na esfera das motivações na emergência da ética capitalista: "Ela ativaria algumas inclinações humanas benignas em detrimento de algumas malignas".[17]

Apesar de sua eficácia, a ética capitalista é, na verdade, muito limitada em alguns aspectos, ligados particularmente a questões de desigualdade econômica, proteção ambiental e necessidade de diferentes tipos de cooperação que atuem externamente ao mercado. Porém, dentro de seu campo, o capitalismo funciona com eficácia mediante um sistema ético que fornece a visão e o ímpeto necessários para o uso bem-sucedido do mecanismo de mercado e instituições relacionadas.

ÉTICA EMPRESARIAL, CONFIANÇA E CONTRATOS

O funcionamento bem-sucedido de uma economia de troca depende da confiança mútua e do uso de normas — explícitas e implícitas.[18] Quando esses modos de comportamento são abundantes, é fácil deixar de notar seu papel. Mas quando eles têm de ser cultivados, essa lacuna pode ser uma barreira enorme para o sucesso econômico. Há uma profusão de exemplos dos problemas encontrados em economias pré-capitalistas devido ao subdesenvolvimento de virtudes capitalistas. A necessidade de estruturas motivacionais no capitalismo que sejam mais complexas do que a pura maximização de lucros tem sido reconhecida de várias formas, no decorrer de um longo período, por numerosos cientistas sociais importantes, como Marx, Weber, e Tawney.[19] O fato de esses motivos desvinculados do lucro terem seu papel no êxito do capitalismo não é novidade, muito embora a riqueza de evidências históricas e argumentos conceituais nessa direção seja com frequência negligenciada pelos economistas contemporâneos.[20]

Um código básico do bom comportamento nos negócios é um pouco como o oxigênio: passamos a sentir interesse pela sua presença quando ele está ausente. Adam Smith observou essa tendência geral em um comentário interessante em sua "História da astronomia":

> [...] um objeto com o qual estamos muito familiarizados e que vemos todos os dias, mesmo que grandioso e belo, produz em nós apenas um pequeno efeito, pois nossa admiração não é sustentada pelo assombro ou pela surpresa.[21]

O que pode não causar assombro ou surpresa em Zurique, Londres ou Paris pode, contudo, ser muito problemático no Cairo, em Bombaim ou em Lagos (ou em Moscou), onde se luta arduamente para estabelecer as normas e instituições de uma economia de mercado operante. Até mesmo o problema da corrupção política e econômica na Itália, que tem sido muito discutido nestes últimos anos (e que também acarretou mudanças radicais no equilíbrio político nesse país) está fortemente relacionado à natureza um tanto dualista da economia italiana, com elementos de "subdesenvolvimento" em algumas partes da economia e um capitalismo muito dinâmico em outros setores da mesma economia.

Nas dificuldades econômicas enfrentadas pela ex-União Soviética e por países da Europa oriental, a ausência de estruturas institucionais e códigos de comportamento, que são essenciais para o capitalismo bem-sucedido, tem sido particularmente relevante. É necessário que se desenvolva um sistema alternativo de instituições e códigos com lógica e lealdades próprias — sistema que pode ser bastante comum nas economias evoluídas, mas que é relativamente difícil de implantar subitamente como parte de um "capitalismo planejado". Tais mudanças podem demorar muito a funcionar — uma lição que hoje está sendo aprendida a duras penas na ex-União Soviética e em partes da Europa oriental. Ali a importância das instituições e das experiências de comportamento foi em grande medida eclipsada na primeira onda de entusiasmo pela mágica dos processos de mercado alegadamente automáticos.

A necessidade de desenvolvimentos institucionais tem algumas relações claras com o papel dos códigos de comportamento, pois as instituições baseadas em ajustes interpessoais e compreensões compartilhadas por todos operam com base em padrões de comportamento comuns, confiança mútua e segurança com relação à ética da outra parte. O alicerce em regras de comportamento pode comumente estar implícito em vez de explícito — de fato, tão implícito que sua importância pode facilmente passar despercebida em situações nas quais tal confiança não é problemática. Porém, sempre que ela *é* problemática, desconsiderar a necessidade de sua existência pode levar ao desastre. O surgimento de operações no estilo da Máfia na ex-União Soviética chamou a atenção recentemente, mas para abordar essa questão precisamos examinar seus antecedentes de comportamento, incluindo a análise feita por Adam Smith do papel muito abrangente das "regras de comportamento estabelecidas".

VARIAÇÕES DE NORMAS E INSTITUIÇÕES NA ECONOMIA DE MERCADO

Os códigos de comportamento variam mesmo entre as economias capitalistas desenvolvidas, e o mesmo se pode dizer de sua eficácia para melhorar o desempenho econômico. Embora o capitalismo tenha tido grande êxito em aumentar radicalmente a produção e elevar a produtividade no mundo moderno, ainda é verdade que as experiências dos diferentes países divergem bastante. Os êxitos das economias do Leste Asiático (em décadas recentes) e mais notavelmente do Japão (em um período um pouco anterior) suscitam questões importantes sobre a elaboração de modelos do capitalismo na teoria econômica tradicional. Conceber o capitalismo como um sistema de pura maximização de lucros baseado na propriedade individual de capital é deixar de fora boa parte do que permitiu tamanho sucesso do sistema no aumento da produção e geração de renda.

O Japão com frequência tem sido visto como o maior exemplo de capitalismo bem-sucedido e, apesar do período um tanto longo de recessão e tumulto financeiro, não é provável que esse diagnóstico venha a ser completamente desbancado. Entretanto, o padrão de motivações que domina os negócios no Japão tem muito mais conteúdo do que a pura maximização de lucros poderia fornecer. Diferentes comentaristas salientaram características motivacionais distintas no Japão. Michio Morishima ressaltou que as características especiais do "*éthos* japonês" emergiram de características particulares da história do Japão e de sua tendência a padrões de comportamento baseados em regras.[22] Ronald Dore e Robert Wade identificaram a influência da "ética confuciana".[23] Masahiko Aoki interpretou a cooperação e os códigos de comportamento como mais sensíveis ao raciocínio estratégico.[24] Kotaro Suzumura enfatizou a combinação de comprometimento com um ambiente competitivo e políticas públicas ponderadas.[25] Eiko Ikegami destacou a influência da cultura samurai.[26] Existem ainda outras interpretações baseadas no comportamento.

Há uma certa verdade até mesmo na aparentemente desconcertante afirmação registrada no *Wall Street Journal* de que o Japão é "o único país comunista que funciona".[27] Esse comentário enigmático alude ao desvinculamento do lucro que fundamenta muitas atividades econômicas e empresariais no Japão. Precisamos entender e interpretar o fato singular de que um dos países capitalistas mais bem-sucedidos do mundo prospera economicamente com uma estrutura motivacional que se afasta, em algumas esferas importantes, da simples busca do autointeresse, que é — segundo nos disseram — o alicerce do capitalismo.

O Japão não é, de modo algum, o único exemplo de uma ética dos negócios especial que promove o êxito capitalista. Em muitos países do mundo têm sido considerados importantes para as realizações econômicas os méritos do trabalho altruísta e da devoção à empresa para o aumento de produtividade, e nesses códigos de comportamento existem muitas variações, mesmo entre os países industriais mais desenvolvidos.

INSTITUIÇÕES, NORMAS DE COMPORTAMENTO E A MÁFIA

Para concluir a discussão sobre os diferentes aspectos do papel dos valores no êxito capitalista, temos de entender que o sistema ético subjacente ao capitalismo envolve muito mais do que santificar a ganância e admirar a cupidez. O êxito do capitalismo na transformação do nível geral de prosperidade econômica no mundo tem se baseado em princípios e códigos de comportamento que tornaram econômicas e eficazes as transações de mercado. Para fazer uso das oportunidades oferecidas pelo mecanismo de mercado e aproveitar melhor a troca e o comércio, os países em desenvolvimento precisam atentar não apenas para as virtudes do comportamento prudente, mas também para o papel de valores complementares, como formar e manter a confiança, resistir às tentações da corrupção disseminada e fazer da garantia um substituto viável para a imposição legal punitiva. Na história do capitalismo tem havido variações significativas nos códigos de comportamento capitalistas básicos, com realizações e experiências divergentes, e existem também coisas a serem aprendidas.

Os grandes desafios que o capitalismo enfrenta no mundo contemporâneo incluem problemas de desigualdade (especialmente de pobreza esmagadora em um mundo de prosperidade sem precedentes) e de "bens públicos" (ou seja, os bens que as pessoas compartilham, como o meio ambiente). A solução desses problemas quase certamente requererá instituições que nos levem além da economia de mercado capitalista. Mas o próprio alcance da economia capitalista de mercado pode, de muitos modos, ser ampliado por um desenvolvimento apropriado de uma ética sensível a esses problemas. A compatibilidade do mecanismo de mercado com um vasto conjunto de valores é uma questão importante e precisa ser considerada juntamente com a exploração da extensão de disposições institucionais além dos limites do mecanismo de mercado puro.

Entre os problemas relacionados a códigos de comportamento que têm recebido mais atenção em discussões recentes incluem-se a corrupção econômica e suas ligações com o crime organizado. Em debates italianos sobre esse tema, o papel do que tem sido denominado "códigos deontológicos" tem figurado com destaque nas discussões públicas. O possível uso desses códigos de honra e dever no combate a práticas ilegais e injustas de influenciar as políticas públicas tem merecido atenção, e essa linha de solução tem sido considerada até mesmo um modo de reduzir a influência da Máfia nas operações do governo.[28]

Existem funções sociais que uma organização como a Máfia pode desempenhar em setores relativamente primitivos da economia, dando apoio a transações mutuamente benéficas. Os papéis funcionais dessas organizações dependem muito dos modos de comportamento reais na economia legal e informal. Um exemplo é o papel desempenhado por essas organizações na garantia do cumprimento de contratos e acordos, como discutido por Stefano Zamagni e outros.[29] Para funcionar, o sistema de mercado requer disposições visando impedir que uma parte lese as outras. O cumprimento do que foi combinado pode ser garantido pela lei e sua execução ou — alternativamente — basear-se na confiança mútua e em um senso de obrigação tácito.[30] Como o alcance efetivo do governo pode ser limitado e lento nessa área, muitas transações de negócios efetuam-se com base na confiança e na honra.

Mas quando os critérios da ética de mercado ainda não estão estabelecidos e os sentimentos de confiança nos negócios ainda não se desenvolveram a contento, pode ser difícil sustentar os contratos. Em tais circunstâncias, uma organização externa pode preencher a lacuna e fornecer um serviço socialmente valorizado na forma de imposição pela violência. Uma organização como a Máfia pode desempenhar um papel funcional nesse contexto, ganhando apreço em economias pré-capitalistas que estão sendo rapidamente impelidas para transações capitalistas. Dependendo da natureza das inter-relações, imposições desse tipo podem acabar sendo úteis para diferentes partes, muitas das quais sem nenhum interesse em corrupção ou crime. Cada parte contratante pode simplesmente necessitar da "garantia" de que os outros agentes econômicos também estão fazendo o que é apropriado.[31]

O papel desempenhado pelas organizações de imposição na geração dessa "garantia" depende da ausência de códigos de comportamento que reduzam a necessidade dessa imposição externa. A função impositiva de organizações extralegais diminuiria com um crescimento do comportamento confiante e confiável. Assim, a complementaridade entre normas de comportamento e reforma institucional pode ser realmente bastante acentuada.[32] Essa é uma questão muito geral a ser levada em consideração quando se estiver lidando com organizações semelhantes à Máfia, especialmente em algumas economias atrasadas.

Embora a Máfia seja uma organização execrável, precisamos compreender a base econômica de sua influência, suplementando o reconhecimento do poder das armas de fogo e bombas com a compreensão de algumas atividades econômicas que fazem da Máfia uma parte funcionalmente relevante da economia. Essa atração funcional cessaria à medida que e quando as influências combinadas da imposição legal de contratos e da conformidade do comportamento relacionado à confiança mútua e a códigos normativos tornassem totalmente supérfluo o papel da Máfia nessa área. Portanto, existe uma conexão geral entre a emergência limitada de normas para os negócios e a influência do crime organizado nessas economias.

MEIO AMBIENTE, REGULAMENTAÇÕES E VALORES

A necessidade de ir além das regras de mercado tem sido muito discutida recentemente no contexto da proteção do meio ambiente. Tem havido algumas providências — e muitas propostas — para a regulamentação e provisão governamental de incentivos apropriados por meio de impostos e subsídios. Mas existe também a questão do comportamento ético, relacionada às normas que favorecem o meio ambiente. Essa questão enquadra-se com perfeição no tipo de considerações amplamente discutidas por Adam Smith em *Teoria dos sentimentos morais*, embora a proteção do meio ambiente não fosse um problema específico em destaque naquela época (nem um problema ao qual Smith tenha dado explicitamente grande atenção).

Existe aqui também uma relação, como já discutido (no capítulo 5), com a grande preocupação de Smith pelo desperdício resultante das atividades dos "perdulários e empresários imprudentes". Smith empenhara-se em reduzir a influência do investimento desperdiçador mediante o controle das taxas de juros, pois ele temia a maior capacidade do investidor perdulário para oferecer juros mais altos sem ter condições de beneficiar a vida deste planeta.[33] Smith vinculara seu apoio à intervenção à necessidade de controlar a usura — uma recomendação pela qual Jeremy Bentham o criticou.[34]

Os "perdulários e empresários imprudentes" da atualidade andam poluindo o ar e a água, e a análise geral de Smith tem grande relevância para a compreensão dos problemas e dificuldades que eles criam, bem como para as diferentes linhas de solução que podem existir. É importante discutir, nesse âmbito, os papéis respectivos da regulamentação e das restrições ao comportamento. O desafio ambiental faz parte de um problema mais geral associado à alocação de recursos envolvendo "bens públicos", nos quais o bem é desfrutado em comum em vez de separadamente por um só consumidor. Para o fornecimento eficiente de bens públicos, precisamos não só levar em consideração a possibilidade da ação do estado e da provisão social, mas também examinar o papel que pode desempenhar o desenvolvimento de valores sociais e de um senso de responsabilidade que viessem a reduzir a necessidade da ação impositiva do Estado. Por exemplo, o desenvolvimento da ética ambiental pode fazer parte do trabalho que a regulamentação impositiva se propõe a fazer.

PRUDÊNCIA, SIMPATIA E COMPROMETIMENTO

Em algumas obras de economia e política (porém com menor frequência na literatura filosófica) a expressão "escolha racional" é empregada, com uma simplicidade assombrosa, para a disciplina da escolha sistemática baseada exclusivamente na vantagem pessoal. Se essa vantagem pessoal for definida de um modo restrito, esse tipo de elaboração de modelos "racionais" dificultaria esperar que considerações sobre ética, justiça ou interesse das gerações futuras tivessem um papel relevante em nossas escolhas e ações.

A racionalidade deve ser caracterizada de um modo tão restrito? Se o comportamento racional inclui a promoção sagaz de nossos objetivos, não há razão por que o favorecimento sagaz de nossa simpatia* ou a promoção sagaz da justiça não possam ser vistos como exercícios de escolha racional. Quando nos afastamos do comportamento estritamente autointeressado, convém distinguir dois caminhos de afastamento: "simpatia" e "comprometimento".[35] Primeiro, nossa concepção de autointeresse pode encerrar, ela própria, a consideração por outras pessoas, e assim a simpatia pode ser incorporada à noção do bem-estar amplamente definido do próprio indivíduo. Segundo, indo além de nosso bem-estar ou autointeresse amplamente definidos, podemos estar dispostos a fazer sacrifícios para promover outros valores, como justiça social, nacionalismo ou bem-estar da comunidade (mesmo a um certo custo pessoal). Esse tipo de afastamento, envolvendo *comprometimento* (e não apenas *simpatia*), invoca outros valores que não o bem-estar pessoal ou o autointeresse (incluindo o autointeresse existente na promoção de interesses daqueles com quem simpatizamos).

A distinção pode ser ilustrada com um exemplo. Se você ajuda uma pessoa miserável porque essa miséria faz com que você se sinta infeliz, essa terá sido uma ação baseada na simpatia. Mas se a presença da pessoa miserável não o deixa particularmente infeliz, porém faz com que você se sinta absolutamente decidido a mudar um sistema que considera injusto (ou, de um modo mais geral, se sua resolução não é totalmente explicável pela infelicidade criada pela presença daquela pessoa miserável), então essa seria uma ação baseada no comprometimento.

---

* Nesta seção, Sen utiliza o termo *sympathy* (aqui propositalmente traduzido como "simpatia", remetendo à origem grega da palavra, *sympátheia*) em um sentido smithiano: podemos dar um primeiro passo além do egoísmo sempre que nossas ações são motivadas pela simpatia, isto é, um tipo de afecção que nos permite *sentir junto com* os outros (por exemplo, quando buscamos ajudar alguém com cujo sofrimento sofremos). No tratado *A teoria dos sentimentos morais*, Adam Smith oferece uma explicação sistemática da origem e da natureza dos juízos morais. Nela, a simpatia cumpre um papel mais fundamental: é uma condição necessária (ainda que insuficiente) da aprovação ou desaprovação imparciais contidas nesses juízos. (N. R. T.)

Em um sentido importante, não há sacrifício do autointeresse ou do bem-estar quando somos responsivos às nossas simpatias. Ajudar um miserável pode fazer com que você se sinta melhor se você sofrer com o sofrimento dele. O comportamento com comprometimento, no entanto, envolve um sacrifício pessoal, já que a razão por que você tenta ajudar é seu senso de injustiça, e não seu desejo de aliviar seu próprio sofrimento decorrente da simpatia. Não obstante, ainda existe um elemento do "eu" envolvido no empenho de uma pessoa por seu comprometimento, uma vez que o comprometimento é dela mesma. Mais importante é que, embora o comportamento baseado no comprometimento possa ser ou não conducente à promoção da vantagem pessoal (ou do bem-estar) do próprio indivíduo, esse empenho não necessariamente envolve alguma negação da vontade racional da pessoa.[36]

Adam Smith discutiu a necessidade de ambos os tipos de afastamento. "As ações mais humanas", argumentou, "não requerem abnegação, autodomínio nem grande uso do senso de correção", pois seguem o que nossa "simpatia espontaneamente nos impele a fazer".[37] "Mas ocorre de outro modo com a generosidade." E também com valores mais amplos como a justiça, que requer que a pessoa refreie seu autointeresse e "faça com que o observador imparcial penetre nos princípios de sua conduta", e pode exigir "maiores exercícios do espírito público".[38]

Crucial para a visão smithiana da "propriedade da humanidade e justiça" é "a consonância entre as afeições do agente e as dos observadores".[39] A concepção smithiana da pessoa racional situa essa pessoa firmemente na companhia de outras — bem no meio de uma sociedade à qual ela pertence. As avaliações e as ações dessa pessoa invocam a presença de outras, e o indivíduo não é dissociado do "público".

Nesse contexto, é importante contestar a descrição que comumente se faz de Adam Smith — o pai da economia moderna — como o irredutível profeta do autointeresse. Existe uma tradição muito bem estabelecida em economia (e, na verdade, na discussão pública geral) de julgar que Smith só viu autointeresse no mundo racional (e que ficou feliz com o que alegadamente viu). Isso toma por base algumas passagens de sua vasta obra — geralmente apenas uma, a do padeiro-cervejeiro-açougueiro, já citada —, pondo em voga uma ideia muito distorcida sobre Smith, a qual é resumida por George Stigler (em outros aspectos um excelente autor e economista) da seguinte maneira: "O autointeresse domina a maioria dos homens".[40]

Por certo é verdade que Smith realmente afirmou nessa passagem específica — que tem sido citada com uma frequência incrível (às vezes totalmente fora de contexto) — que não precisamos apelar para a "benevolência" para explicar por que o açougueiro, o cervejeiro ou o padeiro *querem* vender-nos seus produtos e por que nós *queremos* comprá-los.[41] Smith claramente estava certo ao observar que a *motivação* da troca mutuamente benéfica com certeza não precisa de nada além do que ele denominou "amor-próprio", e isso decididamente é importante notar, uma vez que a troca é tão essencial para a análise econômica. Mas, ao tratar de outros problemas — os da distribuição e equidade e o da observância de regras para gerar eficiência produtiva —, Smith ressaltou motivações mais amplas. Nesses contextos mais abrangentes, embora a prudência permanecesse "de todas as virtudes a que é mais útil ao indivíduo", Smith explicou por que "humanidade, generosidade e espírito público são as qualidades mais úteis aos outros".[42] A variedade de motivações que temos razão para conciliar é, de fato, central para a análise notavelmente rica que Smith fez sobre o comportamento humano. Isso está muito distante do Smith de George Stigler e longe da caricatura de Smith como o grande guru do autointeresse. Podemos dizer, distorcendo um pouco Shakespeare, que, assim como alguns homens nascem pequenos e outros alcançam a pequenez, empurraram muita pequenez para cima de Adam Smith.[43]

O que está em discussão aqui é aquilo que nosso grande filósofo contemporâneo John Rawls denominou os "poderes morais" que compartilhamos: "a capacidade para um senso de justiça e para uma concepção do bem". Rawls vê a suposição desses poderes comuns como essencial para "a tradição do pensamento democrático", juntamente com os "poderes da razão (ou juízo, pensamento e inferência ligados a esses poderes)".[44] De fato, o papel dos valores é vasto no comportamento humano, e negar esse fato equivaleria não só a um afastamento da tradição do pensamento democrático, como também à limitação de nossa racionalidade. É o poder da razão que nos permite levar em consideração nossas obrigações e nossos ideais tanto quanto nossos interesses e nossas vantagens. Negar essa liberdade de pensamento seria uma grave limitação do alcance de nossa racionalidade.

ESCOLHA MOTIVACIONAL E SOBREVIVÊNCIA EVOLUTIVA

Ao avaliar as exigências do comportamento racional, também é importante ir além da escolha imediata de objetivos isolados, chegando à emergência e durabilidade de objetivos devido a sua eficácia e sobrevivência. Trabalhos recentes sobre a formação de preferências e o papel da evolução nessa formação tenderam a ampliar substancialmente o alcance e a abrangência da teoria da escolha racional.[45] Mesmo se, *em última análise*, nenhum indivíduo tiver uma razão direta para preocupar-se com justiça e ética, essas considerações podem ser instrumentalmente importantes para o êxito econômico e é possível que, por meio dessa vantagem, sobrevivam melhor do que suas rivais nas regras sociais de comportamento.

Esse tipo de raciocínio "derivado" pode ser contrastado com a escolha deliberada de regras de comportamento por um indivíduo mediante um exame ético de como se "deve" agir (tema admiravelmente explorado, por exemplo, por Immanuel Kant e Adam Smith).[46] As razões éticas para uma preocupação "direta" — em vez de derivada — com justiça e altruísmo foram estudadas de diferentes formas também em textos éticos modernos. A ética prática do comportamento incorpora, além de considerações puramente morais, várias influências de natureza social e psicológica, incluindo normas e princípios de uma certa complexidade.[47]

Considerações sobre justiça podem ganhar lugar em nossas deliberações por razões "diretas" *e* "derivadas", e não precisam necessariamente ser vistas como "alternativas". Mesmo se normas e considerações de comportamento emergirem por motivos éticos, sociais ou psicológicos, sua sobrevivência no longo prazo não pode ser independente de suas consequências e dos processos evolutivos que podem entrar em ação. Do outro lado, estudando-se a seleção evolutiva dentro de uma estrutura mais ampla, não há necessidade de limitar a admissão do comportamento que não é autointeressado *apenas* à seleção evolutiva, sem um papel independente da deliberação racional. É possível combinar em uma estrutura integrada a seleção deliberativa e a evolutiva do comportamento baseado no comprometimento.[48]

Os valores que nos influenciam podem emergir de modos bem diferentes. Primeiro, eles podem provir de *reflexão e análise*. As reflexões podem relacionar-se diretamente a nossas preocupações e responsabilidades (como Kant e Smith ressaltaram), ou indiretamente aos efeitos do bom comportamento (por exemplo, as vantagens de gozar de boa reputação e despertar confiança).

Segundo, eles podem surgir de nossa disposição para *observar as convenções* e para pensar e agir em consonância com os modos indicados pelos costumes estabelecidos.[49] Esse tipo de "comportamento concordante" pode ampliar o alcance do raciocínio além dos limites da avaliação crítica do próprio indivíduo, pois podemos emular o que outros tiveram razões para fazer.[50]

Terceiro, a *discussão pública* pode exercer grande influência sobre a formação de valores. Como observou Frank Knight, o grande economista de Chicago, os valores "são estabelecidos ou validados e reconhecidos por meio da discussão, uma atividade que é ao mesmo tempo social, intelectual e criativa".[51] No contexto da escolha pública, James Buchanan salientou: "A definição de democracia como 'governo pela discussão' implica que os valores individuais podem mudar e realmente mudam no processo de tomada de decisão".[52]

Quarto, um papel crucial pode ser desempenhado pela *seleção evolutiva*. Padrões de comportamento podem sobreviver e florescer devido ao seu papel consequencial. Cada uma dessas categorias de escolha de comportamento (escolha reflexiva, comportamento concordante, discussão pública e seleção evolutiva) requer atenção, e ao se conceitualizar o comportamento humano há razões para tratá-las conjuntamente e também separadamente. O papel dos valores no comportamento social enquadra-se nessa ampla rede.

VALORES ÉTICOS E ELABORAÇÃO DE POLÍTICAS

Passarei agora da discussão sobre a ética e as normas das pessoas em geral aos valores relevantes na elaboração das políticas públicas. Os responsáveis pelas políticas têm dois conjuntos de razões distintos, mas inter-relacionados, para se interessar pelos valores da justiça social. A primeira razão — e a mais imediata — é que a justiça é um conceito central na identificação dos objetivos e metas da política pública e também na decisão sobre os instrumentos que são apropriados para a busca dos fins escolhidos. Ideias de justiça — e em especial as bases informacionais de abordagens específicas de justiça (discutidas no capítulo 3) — podem ser particularmente cruciais para o poder de convicção e o alcance das políticas públicas.

A segunda razão — mais indireta — é que todas as políticas públicas dependem de como se comportam os indivíduos e grupos na sociedade. Esses comportamentos são influenciados, *inter alia*, pela compreensão e interpretação das exigências da ética social. Para a elaboração das políticas públicas é importante não apenas avaliar as exigências de justiça e o alcance dos valores ao se escolherem os objetivos e as prioridades da política pública, mas também compreender os valores do público em geral, incluindo seu senso de justiça.

Como o segundo papel (mais indireto) dos conceitos jurídicos é provavelmente mais complexo (e por certo menos frequentemente analisado), pode ser proveitoso ilustrar o papel que as normas e ideias de justiça desempenham na determinação do comportamento e da conduta e como isso pode influenciar a direção das políticas públicas. Essa relação já havia sido ilustrada quando discutimos a influência das normas sobre o comportamento relacionado à fecundidade (nos capítulos 8 e 9); agora, porém, examinarei outro exemplo importante: a prevalência da corrupção.

CORRUPÇÃO, INCENTIVOS E ÉTICA DOS NEGÓCIOS

A prevalência da corrupção é justificadamente considerada uma das piores barreiras no caminho do progresso econômico bem-sucedido — como, por exemplo, em muitos países asiáticos e africanos. Um nível elevado de corrupção pode tornar ineficazes as políticas públicas e também afastar o investimento e as atividades econômicas de setores produtivos, direcionando-os às colossais recompensas das atividades ilícitas. Pode ainda encorajar — como já mencionado — o desenvolvimento de organizações violentas como a Máfia.

Contudo, a corrupção não é um fenômeno recente, como também não o são as propostas para lidar com ela. As civilizações antigas deram mostras de ilegalidade e corrupção disseminadas. Algumas produziram uma literatura considerável sobre modos de reduzir a corrupção, especialmente entre os altos funcionários do governo. Essa literatura histórica pode oferecer algum *insight* sobre modos de impedir a corrupção atualmente.

O que, então, vem a ser o "comportamento corrupto"? A corrupção envolve a violação de regras estabelecidas para o ganho e o lucro pessoal. Obviamente, não se pode erradicá-la induzindo as pessoas a serem *mais* autointeressadas. Também não teria sentido tentar reduzir a corrupção simplesmente pedindo às pessoas que sejam *menos* autointeressadas em geral — tem de haver uma razão específica para sacrificar o ganho pessoal.

Em certa medida, é possível alterar o equilíbrio de ganhos e perdas oriundos do comportamento corrupto por meio da reforma organizacional. Primeiro, ao longo dos séculos, sistemas de inspeção e punição têm figurado com destaque nas regras propostas para prevenir a corrupção. Por exemplo, o analista político indiano Kautilya, do século IV a.C., distinguiu meticulosamente quarenta modos diferentes de um servidor público ser tentado a ser financeiramente corrupto, e explicou como um sistema de fiscalização aleatória seguido de punições e recompensas poderia prevenir essas atividades.[53] Sistemas claros de regras e punições, junto com uma imposição rigorosa, podem fazer diferença para os padrões de comportamento.

Segundo, alguns sistemas de regulamentação encorajam a corrupção conferindo poderes discricionários aos altos funcionários que podem conceder favores a terceiros — em especial homens de negócios —, favores que podem render-lhes muito dinheiro. A economia supercontrolada (*license Raj*, ou "governo da licença", como o sistema é chamado na Índia) é um viveiro ideal para a corrupção, como demonstrado particularmente pela experiência do sul da Ásia. Mesmo se tais regimes não fossem contraproducentes também em outros aspectos (como ocorre com muita frequência), o custo social da corrupção pode ser razão suficiente para evitá-los.

Terceiro, a tentação de ser corrupto é maior quando os funcionários têm muito poder mas são relativamente pobres. Isso ocorre nos níveis inferiores da administração em muitas economias supercontroladas, explicando por que a corrupção permeia todos os escalões do sistema burocrático, abrangendo dos funcionários de nível inferior aos altos administradores. Em parte para lidar com esse problema, pagava-se a muitos burocratas na China uma "bonificação anticorrupção" (denominada *yang-lien*), para incentivá-los a permanecer honestos e cumpridores da lei.[54]

Esses e outros estímulos podem ter sua eficácia, mas é

difícil alicerçar apenas em incentivos financeiros a prevenção da corrupção. Na verdade, cada uma das três linhas de ação esboçadas acima tem sua limitação. Primeiro, os sistemas para detectar os ladrões com frequência não funcionam, pois nem sempre a supervisão e a inspeção são eficazes. Há também o complexo problema de dar os incentivos certos aos responsáveis pela detecção dos ladrões (para que não sejam subornados). Segundo, um sistema de governo, qualquer que seja, não pode deixar de conceder a seus funcionários algum poder que tem certo valor para outros, e esses outros podem tentar oferecer algum incentivo à corrupção. Com certeza é possível reduzir o alcance desse poder, mas qualquer cargo executivo importante pode ser potencialmente corrompido. Terceiro, mesmo os altos funcionários ricos frequentemente tentam enriquecer ainda mais, e o fazem a um certo risco, que pode valer a pena se a recompensa for grande. Tem havido muitos exemplos disso em anos recentes, em vários países.

Essas limitações não nos devem impedir de fazer o que for possível para tornar eficazes as mudanças organizacionais, mas depender exclusivamente de incentivos baseados no ganho pessoal não elimina totalmente a corrupção. Com efeito, em sociedades nas quais o comportamento corrupto característico é muito incomum, depende-se, em grande medida, da observância de códigos de comportamento e não de incentivos financeiros para não ser corrupto. Isso dirige a atenção para as normas e os modos de comportamento que prevalecem em diferentes sociedades.

Platão indicou nas *Leis* que um forte senso do dever ajudaria a prevenir a corrupção. Contudo, observou também, sabiamente, que isso não seria "uma tarefa fácil". A questão não é apenas o senso geral do dever, mas a atitude particular diante das regras e da observância, atitude que exerce influência direta sobre a corrupção. Tudo isso se insere no domínio geral do que Smith denominou *propriety* (decoro, decência). Dar prioridade a regras de comportamento honesto e correto certamente pode estar entre os valores que uma pessoa respeita. E há muitas sociedades nas quais o respeito por essas regras constitui um baluarte contra a corrupção. De fato, as variações entre culturas no comportamento baseado em regras estão entre as mais notáveis diversidades do mundo contemporâneo, quer contrastemos os costumes empresariais da Europa ocidental com os do sul da Ásia ou Leste Asiático, quer (*dentro* da Europa ocidental) os da Suíça com os de partes da Itália.

Mas os modos de comportamento não são imutáveis. O modo como as pessoas se comportam depende frequentemente de como elas veem — e percebem — o comportamento dos outros. Assim, muito depende da interpretação dada às normas de comportamento prevalecentes. Um senso de "justiça relativa" confrontado a um grupo de comparação (em particular, outros em situação semelhante) pode ser uma influência importante sobre o comportamento. Com efeito, o argumento de que "os outros também fazem" foi uma das "razões" mais comumente citadas para o comportamento corrupto encontrado no inquérito parlamentar italiano que investigou as relações entre a corrupção e a Máfia em 1993.[55]

A importância da imitação — e de seguir "convenções" estabelecidas — tem sido ressaltada por comentaristas que se sentiram inclinados a estudar a influência de "sentimentos morais" sobre a vida social, política e econômica. Adam Smith observou:

> Muitos homens que se comportam com grande integridade e, no decorrer de toda a sua vida, evitam toda e qualquer censura considerável, talvez jamais tenham tido o sentimento da decência que vemos na probidade de sua conduta, *agindo meramente em consideração ao que percebiam ser as regras de comportamento estabelecidas.*[56]

Na interpretação das "regras de comportamento estabelecidas", pode-se atribuir particular importância à conduta das pessoas em posições de poder e autoridade. Isso faz com que o comportamento dos altos funcionários do governo seja especialmente importante no estabelecimento das normas de conduta. Escrevendo na China em 122 a.C., os autores de *Hui-nan Tzu* expuseram o problema da seguinte maneira:

> Se a linha medidora estiver certa, a madeira será reta, não porque se faz algum esforço especial, mas porque aquilo que "dirige" faz com que assim seja. Da mesma maneira, se o dirigente for sincero e íntegro, funcionários honestos servirão em seu governo, e os velhacos se esconderão, mas se o dirigente não for íntegro, os perversos farão como querem, e os homens leais se afastarão.[57]

Em minha opinião, é sensato esse exemplo da sabedoria antiga. O comportamento corrupto em "postos elevados" pode ter efeitos muito além das consequências diretas desse comportamento, justificando a ambição de "começar por cima".

Não estou tentando propor aqui um "algoritmo" para eliminar a corrupção. Há razões para atentar especialmente para a possibilidade de alterar o equilíbrio dos ganhos e perdas mediante reformas organizacionais como as já discutidas. Mas também há margem para lidar com o clima imperante na esfera das normas e dos modos de comportamento, no qual a imitação e um senso de "justiça relativa" podem ter um papel importante. A justiça entre ladrões pode não parecer "justa" aos outros (assim como a "honra entre ladrões" pode não parecer particularmente honrosa), mas certamente pode afigurar-se como tal aos protagonistas.

Para uma compreensão mais integral do desafio da corrupção, precisamos deixar de lado a suposição de que apenas ganhos pessoais movem as pessoas e que os valores e as normas são absolutamente irrelevantes. Eles realmente importam, como bem ilustra a variação dos modos de comportamento em diferentes sociedades. Há margem para mudança, e uma parte dela pode acumular-se e se difundir. Assim como a presença de comportamento corrupto encoraja outros comportamentos corruptos, a diminuição do predomínio da corrupção pode enfraquecê-la ainda mais. Quando se tenta alterar um clima de conduta, é alentador ter em mente o fato de que cada círculo vicioso acarreta um círculo virtuoso se a direção for invertida.

OBSERVAÇÕES FINAIS

Este capítulo começou examinando alguns argumentos em favor do ceticismo quanto à ideia do progresso social baseado na razão — uma ideia que é central na abordagem apresentada neste livro. Um argumento questiona a possibilidade da escolha social racional, invocando em especial o célebre "teorema da impossibilidade" de Kenneth Arrow. Acontece, porém, que não se está discutindo a possibilidade da escolha social racional, e sim o uso de uma base informacional adequada para os juízos e as decisões sociais. Essa é uma percepção importante, mas não pessimista. O papel crítico das bases informacionais foi discutido também em capítulos anteriores (particularmente no capítulo 3), e a questão da adequação tem de ser apropriadamente avaliada dessa perspectiva.

O segundo argumento expressa um ceticismo em relação a pensar em consequências premeditadas, preferindo ressaltar a suprema importância dos efeitos "impremeditados". Também com esse ceticismo há algo a se aprender. Contudo, a principal lição não é a futilidade da avaliação racional de opções sociais, mas a necessidade de antever as consequências *impremeditadas mas previsíveis*. É uma questão de não se deixar dominar pela força da intenção e ainda de não desconsiderar os chamados efeitos colaterais. As ilustrações empíricas — várias delas provenientes de experiências da China — indicam por que a falha não está na impossibilidade de controlar as causas, e sim em ater-se a uma visão parcial. O raciocínio judicioso tem de exigir mais.

O terceiro argumento relaciona-se à compreensão das motivações. Procura-se demonstrar que os seres humanos são irredutivelmente egoístas e movidos pelo autointeresse, e, dada essa suposição, às vezes se afirma que o único sistema capaz de funcionar com eficácia é exatamente a economia de mercado capitalista. Contudo, não é fácil sustentar essa visão da motivação humana com observações empíricas. Tampouco é correto concluir que o êxito do capitalismo como sistema econômico depende apenas do comportamento autointeressado e não de um sistema de valores complexo e refinado que contenha muitos outros ingredientes, incluindo confiabilidade, confiança e honestidade nos negócios (em face de tentações contrárias). Todo sistema econômico impõe algumas exigências de ética de comportamento, e o capitalismo não é exceção. E os valores realmente têm uma influência muito abrangente sobre o comportamento dos indivíduos.

Ao salientar o possível papel dos valores e das normas no comportamento individual, não é minha intenção afirmar que a maioria das pessoas é movida mais por seu senso de justiça do que por suas preocupações prudenciais e materiais. Longe disso. Ao fazer previsões de comportamento — sobre trabalho pessoal, negócios privados ou serviços públicos —, é importante evitar o erro de supor que as pessoas são particularmente virtuosas e desesperadamente ávidas por serem justas. Em verdade, muitos esforços de planejamento bem-intencionados do passado malograram porque confiaram demais na conduta individual altruísta. Ao reconhecer o papel de valores mais amplos, não podemos deixar de notar a atuação substancial do egoísmo inteligente, bem como da cupidez e da ganância flagrantes.

É uma questão de equilibrar nossas suposições de comportamento. Não devemos cair no "nobre sentimentalismo" de supor que todos são acentuadamente virtuosos e fiéis aos valores. Também não devemos substituir essa suposição irreal pela suposição oposta, igualmente irreal — a que poderíamos chamar de "vil sentimentalismo". Essa segunda hipótese, que alguns economistas parecem preferir, consiste na ideia de que não somos em nenhuma medida influenciados por valores (apenas por considerações grosseiras de vantagem pessoal).[58] Quer estejamos lidando com "ética do trabalho", "moralidade nos negócios", "corrupção", "responsabilidade pública", "valores ambientais", "igualdade entre os sexos" ou ideias sobre o "tamanho correto da família", temos de atentar para as variações — e a mutabilidade — das prioridades e normas. Na análise de questões de eficiência e equidade ou de erradicação da pobreza e submissão, não há como o papel dos valores não ser crucial.

O propósito das discussões empíricas sobre corrupção (e, anteriormente, sobre o comportamento da fecundidade) não se restringe ao exame de questões que são relevantes em si mesmas, mas é também o de ilustrar a importância das normas e dos valores para os padrões de comportamento que podem ser fundamentais para a elaboração das políticas públicas. Os exemplos servem ainda para ressaltar o papel da interação pública na formação de valores e ideias de justiça. Na elaboração de políticas públicas, a atuação do "público" tem de ser considerada de diferentes perspectivas. As relações empíricas não só ilustram o alcance de conceitos de justiça e moralidade que as pessoas têm, como também indicam o grau em que a formação de valores é um processo social envolvendo interações públicas.

Está claro que temos boas razões para dar atenção especial à criação de condições para a compreensão mais bem informada e para a discussão pública esclarecida. Isso traz algumas implicações substanciais para as políticas, como por exemplo para as relacionadas à liberdade de pensamento e à ação das mulheres jovens, especialmente por meio da expansão da alfabetização e educação escolar, bem como do emprego, do potencial de remuneração e do ganho de poder econômico para as mulheres (como discutido nos capítulos 8 e 9). Também existe um papel importante para a liberdade de imprensa e dos meios de comunicação em seu potencial para tratar dessas questões em bases amplas.

A função crucial decisiva das discussões públicas às vezes é reconhecida apenas parcialmente. Na China, apesar do controle da imprensa em outros aspectos, as questões concernentes ao tamanho da família têm sido muito discutidas, e a emergência de um conjunto diferente de normas relativas ao tamanho da família tem sido ativamente buscada por líderes públicos. Mas considerações semelhantes aplicam-se a muitas outras áreas de mudança econômica e social, nas quais a discussão pública aberta pode igualmente ajudar muito. As linhas de permissibilidade (e de incentivo) na China refletem as prioridades da política do Estado. Na verdade, existe aqui um certo conflito, que permanece sem solução. Ele se reflete nas singularidades do êxito parcial nas áreas escolhidas. Por exemplo, uma redução nas taxas de fecundidade na China foi acompanhada da intensificação do viés contra o sexo feminino na mortalidade infantil e de um aumento drástico dos abortos seletivos de fetos do sexo feminino. Uma redução da taxa de fecundidade obtida não por meio de coerção, mas por uma maior aceitação da justiça para ambos os sexos (incluindo, *inter alia*, a liberdade das mulheres para não serem arruinadas por frequentes gestações e criação de filhos) sofreria menos tensão interna.

A política pública tem o papel não só de procurar implementar as prioridades que emergem de valores e afirmações sociais, como também de facilitar e garantir a discussão pública mais completa. O alcance e a qualidade das discussões abertas podem ser melhorados por várias políticas públicas, como liberdade de imprensa e independência dos meios de comunicação (incluindo ausência de censura), expansão da educação básica e escolaridade (incluindo a educação das mulheres), aumento da independência econômica (especialmente por meio do emprego, incluindo o emprego feminino) e outras mudanças sociais e econômicas que ajudam os indivíduos a ser cidadãos participantes. Essencial nessa abordagem é a ideia do público como um participante ativo da mudança, em vez de recebedor dócil e passivo de instruções ou de auxílio concedido.

12. LIBERDADE INDIVIDUAL COMO UM COMPROMETIMENTO SOCIAL

Certo dia, perguntaram a Bertrand Russell, ateu convicto, o que ele faria se, depois de morrer, acabasse dando de cara com Deus. Russell supostamente teria respondido: "Eu lhe perguntaria: Deus Todo-Poderoso, por que destes tão poucos sinais de vossa existência?".[1] Certamente o mundo consternador em que vivemos não parece — pelo menos, não na superfície — um mundo no qual uma benevolência onipotente esteja atuando. É difícil entender como uma ordem mundial compassiva pode incluir tanta gente atormentada pela miséria extrema, pela fome persistente e por vidas miseráveis e sem esperança, e por que a cada ano milhões de crianças inocentes têm de morrer por falta de alimento, assistência médica ou social.

Essa obviamente não é uma questão nova, e tem sido objeto de discussão entre teólogos. O argumento de que Deus tem razões para querer que nós mesmos lidemos com esses problemas recebe um considerável apoio intelectual. Não sendo religioso, não estou em posição de avaliar os méritos teológicos desse argumento. Mas posso apreciar a força da ideia de que as próprias pessoas devem ter a responsabilidade de desenvolver e mudar o mundo em que vivem. Não é preciso ser devoto ou não devoto para aceitar essa relação básica. Como pessoas que vivem — em um sentido amplo — juntas, não podemos escapar à noção de que os acontecimentos terríveis que vemos à nossa volta são essencialmente problemas nossos. Eles são responsabilidade nossa — independentemente de serem ou não de mais alguém.

Como seres humanos competentes, não podemos nos furtar à tarefa de julgar o modo como as coisas são e o que precisa ser feito. Como criaturas reflexivas, temos a capacidade de observar a vida de outras pessoas. Nosso senso de responsabilidade não precisa relacionar-se apenas às aflições que nosso próprio comportamento eventualmente tenha causado (embora isso também possa ser importantíssimo), mas também pode relacionar-se de um modo mais geral às desgraças que vemos ao nosso redor e que temos condições de ajudar a remediar. Essa responsabilidade evidentemente não é a única consideração que pode requerer nossa atenção. Contudo, negar a relevância dessa exigência geral seria deixar de lado algo fundamental em nossa existência social. Não é tanto uma questão de ter regras exatas sobre como exatamente devemos agir, e sim de reconhecer a relevância de nossa condição humana comum para fazer as escolhas que se nos apresentam.[2]

INTERDEPENDÊNCIA ENTRE LIBERDADE E RESPONSABILIDADE

Essa questão da responsabilidade suscita uma outra. Uma pessoa não deveria ser inteiramente responsável por aquilo que lhe acontece? Por que outros deveriam ser responsáveis por influenciar a vida dessa pessoa? Essa ideia, em uma ou outra forma, parece estar na mente de muitos comentaristas políticos, e a concepção do esforço pessoal encaixa-se bem no espírito da época presente. Indo além, há quem afirme que depender de terceiros não só é eticamente problemático, como também derrotista do ponto de vista prático, pois enfraquece a iniciativa e os esforços individuais, e até mesmo o respeito próprio. Quem melhor do que o próprio indivíduo há de zelar por seus interesses e problemas?

As considerações que dão força a essa linha de raciocínio podem realmente ser muito importantes. Uma divisão de responsabilidades que ponha o fardo de cuidar do interesse de uma pessoa sobre os ombros de outra pode acarretar a perda de vários aspectos importantes como motivação, envolvimento e autoconhecimento que a própria pessoa pode estar em posição única de possuir. Qualquer afirmação de responsabilidade social que *substitua* a responsabilidade individual só pode ser, em graus variados, contraproducente. Não existe substituto para a responsabilidade individual.

O alcance e a plausibilidade limitados de um apoio exclusivo na responsabilidade pessoal podem ser mais bem discutidos somente depois de seu papel essencial ter sido reconhecido. Contudo, as liberdades substantivas que desfrutamos para exercer nossas responsabilidades são extremamente dependentes das circunstâncias pessoais, sociais e ambientais. Uma criança a quem é negada a oportunidade do aprendizado escolar básico não só é destituída na juventude, mas desfavorecida por toda a vida (como alguém incapaz de certos atos básicos que dependem de leitura, escrita e aritmética). O adulto que não dispõe de recursos para receber tratamento médico para uma doença que o aflige não só é vítima de morbidez evitável e da morte possivelmente escapável, como também pode ter negada a liberdade para realizar várias coisas — para si mesmo e para outros — que ele pode desejar como ser humano responsável. O trabalhador adscritício nascido na semiescravidão, a menina submissa tolhida por uma sociedade repressora, o desamparado trabalhador sem terra, desprovido de meios substanciais para auferir uma renda, todos esses indivíduos são privados não só de bem-estar, mas do potencial para levar uma vida responsável, pois esta depende do gozo de certas liberdades básicas. Responsabilidade *requer* liberdade.

Assim, o argumento do apoio social para expandir a liberdade das pessoas pode ser considerado um argumento *em favor* da responsabilidade individual, e não contra ela. O caminho entre liberdade e responsabilidade é de mão dupla. Sem a liberdade substantiva e a capacidade para realizar alguma coisa, a pessoa não pode ser responsável por fazê-la. Mas ter efetivamente a liberdade e a capacidade para fazer alguma coisa impõe à pessoa o dever de refletir sobre fazê-la ou não, e isso envolve responsabilidade individual. Nesse sentido, a liberdade é necessária e suficiente para a responsabilidade.

A alternativa ao apoio exclusivo na responsabilidade individual não é, como às vezes se supõe, o chamado "Estado babá". Há uma diferença entre "pajear" as escolhas de um indivíduo e criar mais oportunidades de escolha e decisões substantivas para as pessoas, que então poderão agir de modo responsável sustentando-se nessa base. O comprometimento social com a liberdade individual obviamente não precisa atuar apenas por meio do Estado; deve envolver também outras instituições: organizações políticas e sociais, disposições de bases comunitárias, instituições não governamentais de vários tipos, a mídia e outros meios de comunicação e entendimento público, bem como as instituições que permitem o funcionamento de mercados e relações contratuais. A visão arbitrariamente restrita de responsabilidade individual — com o indivíduo posto em uma ilha imaginária, sem ser ajudado nem estorvado por outros — tem de ser ampliada, reconhecendo-se não meramente o papel do Estado, mas também as funções de outras instituições e agentes.

JUSTIÇA, LIBERDADE E RESPONSABILIDADE

A ideia que temos de uma sociedade aceitável é central para os desafios que enfrentamos no mundo contemporâneo. Por que é difícil sustentar certas disposições sociais? O que podemos fazer para tornar uma sociedade mais tolerável? Tais ideias têm por base algumas teorias sobre avaliação e — muitas vezes implicitamente — até mesmo alguma noção fundamental de justiça social. Esta não é, obviamente, uma ocasião oportuna para investigar pormenorizadamente teorias da justiça, o que procurei fazer em outras obras.[3] Entretanto, recorri neste livro a algumas ideias avaliatórias gerais (brevemente examinadas nos capítulos 1 a 3) que usam noções de justiça e seus requisitos informacionais. Pode ser útil examinar a relação dessas ideias com o que foi discutido nos capítulos intermediários.

Primeiro, procurei defender a primazia das liberdades substantivas para o julgamento da vantagem individual e para a avaliação das realizações e dos fracassos sociais. A perspectiva da liberdade não tem necessariamente de ser processual (embora os processos realmente sejam importantes, *inter alia*, para avaliar o que está acontecendo). A consideração básica, como procurei mostrar, é nossa capacidade para levar o tipo de vida que com razão valorizamos.[4] Essa abordagem pode proporcionar uma visão do desenvolvimento bem diferente da costumeira concentração sobre PNB, progresso tecnológico ou industrialização, que têm sua importância contingente e condicional, mas não são as características definidoras do desenvolvimento.[5]

Segundo, a perspectiva orientada para a liberdade pode acomodar variações consideráveis nessa abordagem geral. As liberdades inescapavelmente são de vários tipos e, em particular, existe a importante distinção, já discutida, entre o "aspecto da oportunidade" e o "aspecto do processo" da liberdade (sobre essa questão, ver a discussão no capítulo 1). Embora com frequência esses diferentes componentes constitutivos da liberdade andem juntos, às vezes podem aparecer separados, e nesse caso muito dependerá dos pesos relativos que são atribuídos aos diferentes itens.[6]

Além disso, uma abordagem orientada para a liberdade pode permitir ênfases diferentes sobre as exigências relativas de eficiência e equidade. Pode haver conflitos entre (1) ter menos desigualdade de liberdades e (2) obter a máxima liberdade possível para todos, independentemente das desigualdades. A abordagem conjunta permite formular uma classe de teorias da justiça diferentes com a mesma orientação geral. Evidentemente, o conflito entre as considerações orientadas para a equidade e as orientadas para a eficiência não é "específico" da perspectiva das liberdades. Ele surge quer nos concentremos em liberdades, quer em algum outro modo de julgar a vantagem individual (por exemplo, segundo felicidade ou "utilidades" ou segundo os "recursos" ou "bens primários" que as pessoas respectivamente têm). Nas teorias da justiça tradicionais, procura-se resolver esse conflito com a proposição de alguma fórmula muito específica, como por exemplo o requisito utilitarista de maximizar o somatório das utilidades independentemente da distribuição, ou

363

o Princípio da Diferença rawlsiano, que requer a maximização da vantagem dos que estão em pior situação, não importando como isso venha a afetar as vantagens de todos os demais.[7]

Em contrapartida, não procurei apontar uma fórmula específica para "decidir" essa questão, concentrando-me, em vez disso, em reconhecer a força e a legitimidade tanto das considerações agregativas como das distributivas. Esse próprio reconhecimento, aliado à necessidade de atentar seriamente para cada uma dessas considerações, volta nossa atenção vivamente para a relevância de algumas questões de política pública, básicas mas negligenciadas, ligadas a pobreza, desigualdade e desempenho social, *vistas da perspectiva da liberdade*. A relevância dos juízos agregativos e distributivos na avaliação do processo de desenvolvimento é decisiva para a compreensão do desafio do desenvolvimento. Mas isso não requer que classifiquemos todas as experiências de desenvolvimento em uma ordem linear. O que, em contraste, é indispensavelmente importante é a compreensão adequada da base informacional da avaliação — o tipo de informações que precisamos examinar para avaliar o que está acontecendo e o que está sendo gravemente negligenciado.

De fato, como discutido no capítulo 3 (e em outros trabalhos[8]), no âmbito da teoria da justiça pura seria um erro atrelar-se prematuramente a um sistema específico de "atribuir pesos" a algumas dessas considerações concorrentes, o que restringiria drasticamente a margem para a tomada democrática de decisões nessa resolução crucial (e, de modo mais geral, na "escolha social", incluindo a variedade de processos relacionados à participação). Ideias fundamentais de justiça podem distinguir algumas questões básicas como inescapavelmente relevantes, porém não podem plausivelmente, como procurei mostrar, apontar por fim a escolha exclusiva de alguma fórmula muito bem delineada de pesos relativos como o esquema único para uma "sociedade justa".[9]

Por exemplo: uma sociedade que permite a ocorrência de fomes coletivas sendo possível preveni-las é injusta de um modo claramente significativo, mas esse diagnóstico não precisa fundamentar-se em uma crença de que algum padrão único de distribuição de alimentos, renda ou intitulamentos entre todas as pessoas do país seria maximamente justo, encabeçando uma série de outras distribuições exatas (todas completamente ordenadas em relação umas às outras). A maior relevância das ideias de justiça está na identificação da *injustiça patente*, sobre a qual é possível uma concordância arrazoada, e não na derivação de alguma fórmula ainda existente para o modo como o mundo deve ser precisamente governado.

Terceiro, mesmo no que concerne à injustiça patente, não importa o quanto possa parecer inescapável em seus argumentos éticos fundamentais, a emergência de um reconhecimento comum dessa "injustiça" pode depender, na prática, da discussão aberta dos problemas e das viabilidades. Desigualdades extremas geradas a partir de padrões de raça, sexo e classe frequentemente sobrevivem graças à interpretação tácita — usando aqui uma frase popularizada por Margaret Thatcher (em um contexto diferente mas, de certo modo, relacionado) — de que "não há alternativa". Por exemplo: em sociedades em que um viés desfavorável ao sexo feminino se desenvolveu e é considerado natural e inquestionável, a própria compreensão de que ele não é inevitável pode requerer conhecimento empírico além de argumentos analíticos e, em muitos casos, esse pode ser um processo árduo e difícil.[10] O papel da discussão pública no questionamento dos ditames da sabedoria convencional quanto a aspectos práticos e valorações pode ser decisivo para o reconhecimento da injustiça.

Dado o papel que as discussões e os debates públicos precisam ter na formação e utilização de nossos valores sociais (lidar com reivindicações concorrentes de diferentes princípios e critérios), as liberdades políticas e os direitos civis básicos são indispensáveis para a emergência de valores sociais. A liberdade para participar da avaliação crítica e do processo de formação de valores é, com efeito, uma das liberdades mais cruciais da existência social. A escolha de valores sociais não pode ser decidida meramente pelos pronunciamentos daqueles que se encontram em posições de mando e controlam as alavancas do governo. Como já foi discutido (na introdução e no capítulo 1), devemos considerar fundamentalmente mal orientada uma pergunta formulada com muita frequência na literatura sobre desenvolvimento: a democracia e os direitos políticos e civis básicos ajudam a promover o processo de desenvolvimento? Na verdade, podemos ver a emergência e a consolidação desses direitos como *constitutivas* do processo de desenvolvimento.

Essa consideração é bem distinta do papel *instrumental* da democracia e dos direitos políticos básicos no fornecimento de segurança e proteção a grupos vulneráveis. O exercício desses direitos pode realmente ajudar a tornar os Estados mais responsivos às dificuldades sofridas pelas pessoas vulneráveis — e, assim, contribuir para prevenir desastres econômicos como as fomes coletivas. Porém, avançando mais, o aumento geral de liberdades políticas e civis é decisivo para o próprio processo de desenvolvimento. Entre as liberdades relevantes inclui-se a liberdade de agir como cidadão que tem sua importância reconhecida e cujas opiniões são levadas em conta, em vez de viver como vassalo bem alimentado, bem vestido e bem entretido. O papel instrumental da democracia e dos direitos humanos, ainda que indubitavelmente muito importante, tem de ser distinguido de sua importância constitutiva.

Quarto, uma abordagem de justiça e desenvolvimento que se concentra em liberdades substantivas inescapavelmente enfoca a condição de agente e o juízo dos indivíduos; eles não podem ser vistos meramente como pacientes a quem o processo de desenvolvimento concederá benefícios. Adultos responsáveis têm de ser incumbidos de seu próprio bem-estar; cabe a eles decidir como usar suas capacidades. Mas as capacidades que uma pessoa realmente possui (e não apenas desfruta em teoria) dependem da natureza das disposições sociais, as quais podem ser cruciais para as liberdades individuais. E dessa responsabilidade o Estado e a sociedade não podem escapar.

Por exemplo, é uma responsabilidade que todos compartilham na sociedade extinguir o sistema de trabalho adscritício, onde ele prevalece, de modo que os trabalhadores subjugados passem a ser livres para aceitar emprego em outros lugares. Também é uma responsabilidade social que as políticas econômicas sejam orientadas para proporcionar amplas oportunidades de emprego, das quais a viabilidade econômica e social das pessoas pode depender crucialmente. Porém, em última análise, é uma responsabilidade do indivíduo decidir que uso fazer das oportunidades de emprego e que opções de trabalho escolher. Analogamente, a negação de oportunidades de educação básica a uma criança, ou de serviços de saúde essenciais a um enfermo, é uma falha de responsabilidade social, mas a utilização exata do que se conseguiu em educação e saúde só pode ser determinada pela própria pessoa.

Além disso, o ganho de poder das mulheres por meio de oportunidades de emprego, medidas educacionais, direitos de propriedade etc. pode conceder a elas mais liberdade para exercer influência em várias questões, como, por exemplo, em relação à divisão intrafamiliar dos cuidados com a saúde, dos alimentos e outras mercadorias, às disposições referentes ao trabalho e às taxas de fecundidade; mas o exercício dessa liberdade ampliada compete, em última análise, à própria pessoa. O fato de ser possível frequentemente fazer previsões estatísticas sobre os modos como a liberdade virá a ser usada (por exemplo, prevendo que a educação e as oportunidades de emprego para as mulheres reduzirão as taxas de fecundidade e a frequência das gestações) não nega o fato de que é o exercício da liberdade ampliada das mulheres que está sendo previsto.

QUE DIFERENCA FAZ A LIBERDADE?

A perspectiva da liberdade, na qual este estudo se concentra, não deve ser vista como hostil à vasta literatura sobre mudança social que tem enriquecido nossa compreensão do processo ao longo de muitos séculos. Apesar de a tendência de parte da literatura recente sobre desenvolvimento concentrar--se muito em alguns indicadores de desenvolvimento limitados, como o crescimento do PNB per capita, existe uma longa tradição que se nega a se manter aprisionada nesse compartimento exíguo. Houve muitas vozes de maior alcance, incluindo a de Aristóteles, cujas ideias estão, obviamente, entre as fontes que alimentaram a presente análise (com seu claro diagnóstico em *Ética a Nicômaco*: "Evidentemente a riqueza não é o bem que buscamos, sendo ela apenas útil e no interesse de outra coisa").[11] Isso se aplica também a pioneiros da economia "moderna" como William Petty, autor de *Political arithmetik* (1691), que suplementou sua inovação da contabilidade da renda nacional com discussões estimulantes sobre considerações muito mais amplas.[12]

Na verdade, a crença de que o aumento da liberdade é essencialmente um importante fator motivador para avaliar a mudança econômica e social não é nem um pouco nova. Adam Smith tratou explicitamente das liberdades humanas cruciais.[13] O mesmo fez Karl Marx em muitas de suas obras; por exemplo, quando ressaltou a importância de "substituir o domínio das circunstâncias e do acaso sobre os indivíduos pelo domínio dos indivíduos sobre o acaso e as circunstâncias".[14] A proteção e o aumento da liberdade suplementaram substancialmente a perspectiva utilitarista de John Stuart Mill, juntamente com a indignação específica desse autor pela negação de liberdades substantivas às mulheres.[15] Friedrich Hayek foi enfático ao situar a realização do progresso econômico em uma formulação muito geral de liberdades formais e liberdades substantivas, afirmando: "As considerações econômicas são meramente aquelas pelas quais conciliamos e ajustamos nossos diferentes propósitos, nenhum dos quais, em última instância, é econômico (exceto os do avarento ou do homem para quem ganhar dinheiro se tornou um fim em si mesmo)".[16]

Vários economistas do desenvolvimento também salientaram a importância da liberdade de escolha como um critério de desenvolvimento. Por exemplo, Peter Bauer, que tem uma extensa folha corrida de "dissensões" em economia do desenvolvimento (incluindo um livro rico em *insights* intitulado *Dissent on development*), defendeu energicamente a seguinte caracterização de desenvolvimento:

> Considero a extensão do conjunto de escolhas, ou seja, um aumento do conjunto de alternativas efetivas disponíveis às pessoas, o principal objetivo e critério do desenvolvimento econômico; e julgo uma medida principalmente segundo seus efeitos prováveis sobre o conjunto de alternativas disponíveis aos indivíduos.[17]

W. A. Lewis também afirmou, em sua célebre obra *The theory of economic growth*, que o objetivo do desenvolvimento é aumentar "o conjunto das escolhas humanas". Contudo, depois de apresentar esse argumento motivacional, Lewis decidiu, por fim, concentrar sua análise simplesmente no "crescimento do produto per capita", com a justificativa de que isso "dá ao homem maior controle sobre seu meio e, assim, aumenta sua liberdade".[18] Certamente, dados os outros fatores, um aumento do produto e da renda expandiria o conjunto de escolhas humanas — particularmente de mercadorias compradas. Porém, como já discutimos, o conjunto de escolhas substantivas sobre questões valiosas depende de muitos outros fatores.

POR QUE A DIFERENÇA?

É importante indagar, neste contexto, se existe realmente alguma diferença substancial entre a análise do desenvolvimento que enfoca (como preferiram fazer Lewis e muitos outros) o "crescimento do produto per capita" (como o PNB per capita) e uma concentração mais fundamental na expansão da liberdade humana. Já que os dois crescimentos são relacionados (como Lewis corretamente indicou), por que as duas abordagens do desenvolvimento — necessariamente ligadas como são — não são substantivamente congruentes? Que diferença pode fazer uma concentração focal na liberdade?

As diferenças emergem por duas razões muito distintas, relacionadas respectivamente ao "aspecto do processo" e ao "aspecto da oportunidade" da liberdade. Primeiro, como liberdade diz respeito aos *processos de tomada de decisão* e às *oportunidades de obter resultados considerados valiosos*, não podemos restringir a esfera de nosso interesse apenas aos resultados na forma da promoção de produção ou renda elevada ou de geração de consumo elevado (ou outras variáveis às quais se relaciona o conceito de crescimento econômico). Não podemos conceber processos como a participação em decisões políticas e escolha social como sendo — na melhor das hipóteses — alguns dos *meios* de desenvolvimento (mediante, digamos, sua contribuição para o crescimento econômico); esses processos têm de ser entendidos como sendo, em si, partes constitutivas dos *fins* do desenvolvimento.

A segunda razão para a diferença entre "desenvolvimento como liberdade" e as perspectivas mais convencionais sobre desenvolvimento relaciona-se a contrastes dentro do próprio *aspecto da oportunidade*, em vez de estar associada ao aspecto do processo. Ao desenvolver a concepção do desenvolvimento como liberdade, precisamos examinar — em adição às liberdades envolvidas nos processos políticos, sociais e econômicos — em que grau as pessoas têm a oportunidade de obter resultados que elas valorizam e que têm razão para valorizar. Os níveis de renda real desfrutados pelas pessoas são importantes porque lhes dão oportunidades correspondentes de adquirir bens e serviços e de usufruir padrões de vida proporcionados por essas aquisições. Porém, como demonstraram algumas das investigações empíricas já apresentadas neste livro, os níveis de renda podem com frequência ser aferidores inadequados para aspectos importantes como a liberdade para viver uma vida longa ou o potencial para escapar da morbidez evitável, a oportunidade de ter um emprego que valha a pena ou de viver em comunidades pacíficas e isentas de criminalidade. Essas variáveis não aferidas pela renda indicam oportunidades que uma pessoa tem excelentes razões para valorizar e que não estão estritamente ligadas à prosperidade econômica.

Assim, tanto o aspecto do *processo* como o aspecto da *oportunidade* da liberdade requerem que avancemos muito além da tradicional visão do desenvolvimento em termos do "crescimento do produto per capita". Há também a diferença fundamental de perspectiva quando se valoriza a liberdade *somente* para o uso que será feito dela e quando ela é valorizada *além* desse uso. Hayek pode ter exagerado seu argumento (como frequentemente o fez) quando asseverou que "a importância de sermos livres para fazer uma coisa específica nada tem a ver com a questão de se nós ou a maioria algum dia provavelmente viremos ou não a fazer uso dessa possibilidade".[19] Mas eu diria que ele estava totalmente certo quando distinguiu (1) a importância *derivativa* da liberdade (dependente apenas de seu uso efetivo) e (2) a importância *intrínseca* da liberdade (por nos fazer livres para escolher algo que podemos ou não efetivamente escolher).

De fato, às vezes uma pessoa pode ter uma razão muito forte para conquistar o direito a uma opção precisamente com o propósito de rejeitá-la. Por exemplo, quando Mahatma Gandhi *jejuou* como forma de protesto político contra o *Raj*, ele não estava meramente *passando fome*, mas rejeitando a opção de comer (pois jejuar é isso). Para poder jejuar, Mohandas Gandhi precisava ter a opção de comer (precisamente para ser capaz de rejeitá-la); uma vítima da fome coletiva não poderia ter feito um protesto político semelhante.[20]

Embora eu não deseje enveredar pela via purista escolhida por Hayek (dissociando totalmente a liberdade de seu uso efetivo), devo salientar que a liberdade tem muitos aspectos. O aspecto do *processo* da liberdade tem de ser considerado conjuntamente com o aspecto da *oportunidade*, e este precisa ser visto em relação à importância *intrínseca* e também *derivativa*. Ademais, a liberdade para participar da discussão pública e da interação social pode ainda ter um papel *construtivo* na formação de valores e éticas. O enfoque sobre a liberdade realmente faz diferença.

CAPITAL HUMANO E CAPACIDADE HUMANA

Também devo discutir brevemente outra relação que merece comentário: a relação entre a literatura sobre "capital humano" e o enfoque deste livro sobre a "capacidade humana" como uma expressão da liberdade. Na análise econômica contemporânea, a ênfase passou, em grande medida, de ver a acumulação de capital primordialmente em termos físicos a vê-la como um processo no qual a qualidade produtiva dos seres humanos tem uma participação integral. Por exemplo, por meio de educação, aprendizado e especialização, as pessoas podem tornar-se muito mais produtivas ao longo do tempo, e isso contribui enormemente para o processo de expansão econômica.[21] Em estudos recentes sobre crescimento econômico (com frequência influenciados por leituras empíricas das experiências do Japão e do restante da Ásia, bem como da Europa e da América do Norte), a ênfase dada ao "capital humano" é bem maior do que a de estudos semelhantes realizados não muito tempo atrás.

Como essa mudança se relaciona à visão do desenvolvimento — desenvolvimento como liberdade — apresentada neste livro? Mais particularmente, podemos indagar qual é a relação entre a orientação para o "capital humano" e a ênfase sobre a "capacidade humana" de que tanto se ocupa este estudo? Ambas as abordagens parecem situar o ser humano no centro das atenções, mas elas teriam diferenças além de alguma congruência? Correndo o risco de simplificação excessiva, pode-se dizer que a literatura sobre capital humano tende a concentrar-se na atuação dos seres humanos para aumentar as possibilidades de produção. A perspectiva da capacidade humana, por sua vez, concentra-se no potencial — a liberdade substantiva — das pessoas para levar a vida que elas têm razão para valorizar e para melhorar as escolhas reais que elas possuem. Essas duas perspectivas não podem deixar de estar relacionadas, uma vez que ambas se ocupam do papel dos seres humanos e, em particular, dos potenciais efetivos que eles realizam e adquirem. Mas o aferidor usado na avaliação concentra-se em realizações diferentes.

Dadas as suas características pessoais, origens sociais, situação econômica etc., uma pessoa tem o potencial para fazer (ou ser) determinadas coisas que ela valoriza. A razão para valorizar essas coisas pode ser *direta* (o funcionamento em questão pode enriquecer diretamente sua vida, tornando, por exemplo, uma pessoa bem nutrida ou sadia) ou *indireta* (o funcionamento em questão pode contribuir para aumentar a produção ou obter um melhor preço no mercado). A perspectiva do capital humano pode — em princípio — ser definida muito amplamente de modo a abranger ambos os tipos de valoração, mas é comumente definida — por convenção — sobretudo em termos de valor indireto: qualidades humanas que podem ser empregadas como "capital" na *produção* (do modo como se emprega o capital físico). Nesse sentido, a visão mais restrita da abordagem do capital humano insere-se na perspectiva mais abrangente da capacidade humana, que pode abarcar as consequências tanto diretas como indiretas das qualificações humanas.

Vejamos um exemplo. Se a educação torna uma pessoa mais eficiente na produção de mercadorias, temos então claramente um aumento do capital humano. Isso pode acrescer o valor da produção na economia e também a renda da pessoa que recebeu educação. Mas até com o mesmo nível de renda uma pessoa pode beneficiar-se com a educação — ao ler, comunicar-se, argumentar, ter condições de escolher estando mais bem informada, ser tratada com mais consideração pelos outros etc. Os benefícios da educação, portanto, excedem seu papel como capital humano na produção de mercadorias. A perspectiva mais ampla da capacidade humana levaria em consideração — e valorizaria — esses papéis adicionais também. Assim, as duas perspectivas são estreitamente relacionadas, porém distintas.

A recente e importante transformação que deu mais reconhecimento ao papel do "capital humano" ajuda a compreender a relevância da perspectiva da capacidade. Se uma pessoa pode se tornar mais produtiva na geração de mercadorias graças a melhor educação, saúde etc., não é estranho esperar que por esses meios ela possa, também diretamente, realizar mais — e ter a liberdade de realizar mais — em sua vida.

A perspectiva da capacidade envolve, em certa medida, um retorno à abordagem integrada do desenvolvimento econômico e social defendida particularmente por Adam Smith (tanto em *A riqueza das nações* como em *Teoria dos sentimentos morais*). Ao analisar a determinação das possibilidades de produção, Smith ressaltou o papel da educação e da divisão do trabalho, bem como do aprendizado na prática e da aquisição de especialização. Mas o desenvolvimento da capacidade humana para levar uma vida que vale a pena (e para ser uma pessoa mais produtiva) é essencial na análise smithiana da "riqueza das nações".

A fé de Smith no poder da educação e do aprendizado era singularmente forte. No debate ainda hoje em voga sobre os papéis respectivos do "inato" e do "adquirido", Smith pôs-se inflexivelmente — e até mesmo dogmaticamente — do lado do "adquirido". Com efeito, isso condiz perfeitamente com sua imensa confiança na possibilidade de melhorar as capacidades humanas:

> A disparidade de talentos naturais em homens diferentes é, na realidade, bem menor do que nos damos conta; e o talento muito diverso que parece distinguir os homens de diferentes profissões, quando atingem a maturidade, com grande frequência não é tanto a causa, mas o efeito da divisão do trabalho. A diferença entre os caracteres mais dessemelhantes, entre um filósofo e um carregador comum, por exemplo, parece emergir não tanto da natureza quanto do hábito, costume e educação. Quando vêm ao mundo, e durante os primeiros seis ou oito anos de sua vida, eles terão sido, talvez, muito parecidos, e nem seus pais nem seus colegas de brincadeiras conseguiriam perceber alguma diferença notável.[22]

Não é meu propósito aqui examinar se são corretas as ideias de Smith enfaticamente favoráveis à influência da criação, mas é útil perceber o quanto ele associa as habilidades *produtivas* e os *estilos de vida* à educação e à qualificação profissional, e como ele supõe a possibilidade de melhora de cada um desses elementos.[23] Essa relação é essencial para a abrangência da perspectiva da capacidade.[24]

Existe, na verdade, uma diferença valorativa crucial entre o enfoque do capital humano e a concentração nas capacidades humanas — uma diferença relacionada, em certa medida, à distinção entre meios e fins. O reconhecimento do papel das qualidades humanas na promoção e sustentação do crescimento econômico — ainda que importantíssimo — nada nos diz sobre a *razão* de se buscar o crescimento econômico antes de tudo. Se, em vez disso, o enfoque for, em última análise, sobre a expansão da liberdade humana para levar o tipo de vida que as pessoas com razão valorizam, então o papel do crescimento econômico na expansão dessas oportunidades tem de ser integrado à concepção mais fundamental do processo de desenvolvimento como a expansão da capacidade humana para levar uma vida mais livre e mais digna de ser vivida.[25]

Essa distinção tem uma influência prática significativa sobre a política pública. Embora a prosperidade econômica ajude as pessoas a ter opções mais amplas e a levar uma vida mais gratificante, o mesmo se pode dizer sobre educação, melhores cuidados com a saúde, melhores serviços médicos e outros fatores que influenciam causalmente as liberdades efetivas que as pessoas realmente desfrutam. Esses "desenvolvimentos sociais" têm de ser considerados diretamente "desenvolvimentistas", pois nos ajudam a ter uma vida mais longa, mais livre e mais proveitosa, juntamente com o papel que desempenham no aumento da produtividade, do crescimento econômico ou das rendas individuais.[26] O uso do conceito de "capital humano" — que se concentra apenas em uma parte do quadro (uma parte importante, relacionada à ampliação do cômputo dos "recursos produtivos") — é com certeza uma iniciativa enriquecedora. Mas necessita realmente de suplementação. Pois os seres humanos não são meramente meios de produção, mas também a finalidade de todo o processo.

Com efeito, ao argumentar com David Hume, Adam Smith valeu-se do ensejo para salientar que ver os seres humanos apenas considerando seu uso produtivo é menosprezar a natureza humana:

> [...] parece impossível que a aprovação da virtude deva ser do mesmo tipo daquela com que aprovamos uma edificação conveniente ou bem planejada, ou que não deveríamos ter outra razão para louvar um homem além daquela pela qual elogiamos uma cômoda.[27]

Apesar da utilidade do conceito de capital humano, é importante ver os seres humanos de uma perspectiva mais ampla (anulando a analogia com a "cômoda"). Devemos ir *além* da noção de capital humano, depois de ter reconhecido sua relevância e seu alcance. A ampliação necessária é adicional e inclusiva, e não, em nenhum sentido, uma *alternativa* à perspectiva do "capital humano".

Importa ressaltar também o papel instrumental da expansão de capacidades na geração da mudança *social* (indo muito além da mudança *econômica*). De fato, o papel dos seres humanos, mesmo como instrumentos de mudança, pode ir muito além da produção econômica (para a qual comumente aponta a perspectiva do "capital humano") e incluir o desenvolvimento social e político. Por exemplo, como já discutido, a expansão da educação para as mulheres pode reduzir a desigualdade entre os sexos na distribuição intrafamiliar e também contribuir para a redução das taxas de fecundidade e de mortalidade infantil. A expansão da educação básica pode ainda melhorar a qualidade dos debates públicos. Essas realizações instrumentais podem ser, em última análise, importantíssimas — levando-nos muito além da produção de mercadorias convencionalmente definidas.

Ao buscar uma compreensão mais integral do papel das capacidades humanas, precisamos levar em consideração:

1) sua relevância *direta* para o bem-estar e a liberdade das pessoas;
2) seu papel *indireto*, influenciando a mudança *social*, e
3) seu papel *indireto*, influenciando a produção *econômica*.

A relevância da perspectiva das capacidades incorpora cada uma dessas contribuições. Em contraste, o capital humano da literatura dominante é visto primordialmente em relação ao terceiro desses três papéis. Existe uma clara sobreposição de abrangências — e essa sobreposição é importantíssima. Mas também existe uma forte necessidade de ir muito além desse papel acentuadamente limitado e circunscrito do capital humano ao concebermos o desenvolvimento como liberdade.

OBSERVAÇÃO FINAL

Procurei neste livro apresentar, analisar e defender uma abordagem específica do desenvolvimento, visto como um processo de expansão das liberdades substantivas das pessoas. A perspectiva da liberdade foi usada tanto na análise avaliatória para aquilatar a mudança como na análise descritiva e preditiva, que considera a liberdade um fator causalmente eficaz na geração rápida de mudança.

Também discuti as implicações dessa abordagem para a análise das políticas e para a compreensão das relações econômicas, políticas e sociais gerais. Uma variedade de instituições sociais — ligadas à operação de mercados, a administrações, legislaturas, partidos políticos, organizações não governamentais, poder judiciário, mídia e comunidade em geral — contribui para o processo de desenvolvimento precisamente por meio de seus efeitos sobre o aumento e a sustentação das liberdades individuais. A análise do desenvolvimento requer uma compreensão integrada dos papéis respectivos dessas diferentes instituições e suas interações. A formação de valores e a emergência e a evolução da ética social são igualmente partes do processo de desenvolvimento que demandam atenção, junto com o funcionamento dos mercados e outras instituições. Este estudo foi uma tentativa de compreender e investigar essa estrutura inter-relacionada e de extrair lições para o desenvolvimento dessa ampla perspectiva. É uma característica da liberdade possuir aspectos diversos que se relacionam a uma variedade de atividades e instituições. A liberdade não pode produzir uma visão do desenvolvimento que se traduza prontamente em alguma "fórmula" simples de acumulação de capital, abertura de mercados, planejamento econômico eficiente (embora cada uma dessas características específicas se insira no quadro mais amplo). O princípio organizador que monta todas as peças em um todo integrado é a abrangente preocupação com o processo do aumento das liberdades individuais e o comprometimento social de ajudar para que isso se concretize. Essa unidade é importante, mas ao mesmo tempo não podemos perder de vista o fato de que a liberdade é um conceito inerentemente multiforme, que envolve — como foi profusamente exposto — considerações sobre processos e oportunidades substantivas.

Mas essa diversidade não deve ser lamentada. Como observou William Cowper,

> *Freedom has a thousand charms to show,*
> *That slaves, howe'er contented, never know.**

O desenvolvimento é realmente um compromisso muito sério com as possibilidades de liberdade.

---

* A liberdade tem mil encantos a mostrar,/ Que os escravos, por mais satisfeitos, nunca hão de provar.

NOTAS

1. A PERSPECTIVA DA LIBERDADE [pp. 27-53]

1. *Brihadaranyaka Upanishad*, 2.4, 2-3.
2. Aristóteles, *The Nicomachean ethics*, ed. rev., trad. D. Ross, Oxford, Oxford University Press, 1980, livro I, seção 5, p. 7.
3. Discuti, em publicações anteriores, diferentes aspectos de uma visão centrada na liberdade da avaliação social; sobre esse assunto, ver meus trabalhos: "Equality of what?", in S. McMurrin (ed.), *Tanner lectures on human values*, Cambridge, Cambridge University Press, 1980, vol. 1; *Choice, welfare and measurement*, Oxford/Cambridge, Mass., Blackwell/MIT Press, 1982 (reedição, Cambridge, Mass., Harvard University Press, 1997); *Resources, values and development*, Cambridge, Mass., Harvard University Press, 1984; "Well-being, agency and freedom: The Dewey Lectures 1984", *Journal of Philosophy*, 82, abril de 1985; *Inequality reexamined*, Oxford/ Cambridge, Mass., Clarendon Press/ Harvard University Press, 1992. Ver também Martha Nussbaum e Amartya Sen (eds.), *The quality of life*, Oxford, Clarendon Press, 1993.
4. Em meu texto das Kenneth Arrow Lectures, incluído em *Freedom, rationality and social choice: Arrow Lectures and other essays*, Oxford, Clarendon Press (no prelo). Várias questões técnicas sobre a avaliação e valoração da liberdade também são examinadas nessa análise.
5. As razões avaliatórias e operacionais foram exploradas mais plenamente em meus trabalhos "Rights and agency", *Philosophy and Public Affairs*, II, 1982, reproduzido em Samuel Scheffler (ed.), *Consequentialism and its critics*; "Well-being, agency and freedom"; *Sobre ética e economia*, São Paulo, Companhia das Letras, 1999.
6. Os componentes correspondem respectivamente a (1) o aspecto do processo e (2) o aspecto da oportunidade da liberdade, que são analisados em minhas Kenneth Arrow Lectures, incluídas em *Freedom, rationality and social choice*, op. cit.
7. Procurei discutir a questão de "mirar um público-alvo" em "The political economy of targeting", discurso programático da conferência de 1992 do Banco Mundial, Annual World Bank Conference on Development Economics, publicado em Dominique van de Walle e Kimberly Nead (eds.), *Public spending and the poor: theory and evidence*, Baltimore, Johns Hopkins University Press, 1995. A questão da liberdade política como parte do desenvolvimento é abor-

dada em meu trabalho "Freedom and needs", *New Republic*, 10 e 17, janeiro de 1994.

8. Discuti essa questão em "Missing women", *British Medical Journal*, 304, 1992.

9. Essas comparações e outras do gênero são apresentadas em meus trabalhos "The economics of life and death", *Scientific American*, 26 de abril de 1993, e "Demography and welfare economics", *Empirica*, 22, 1995.

10. Sobre esse assunto, ver meu trabalho "Economics of life and death" e também a literatura médica ali citada. Ver também Jean Drèze e Amartya Sen, *Hunger and public action*, Oxford, Clarendon Press, 1989. Sobre essa questão geral, ver também M. F. Perutz, "Long live the Queen's subjects", *Philosophical transactions of the Royal Society of London*, 325, 1997.

11. Isso pode ser determinado a partir dos dados básicos usados para efetuar cálculos sobre a expectativa de vida (para 1990), conforme apresentados em C. J. L. Murray, C. M. Michaud, M. T. McKenna e J. S. Marks, *U. S. patterns of mortality by county and race: 1965-1994*, Cambridge, Mass., Harvard Center for Population and Development Studies, 1998. Ver especialmente tabela 6d.

12. Ver Colin McCord e Harold P. Freeman, "Excess mortality in Harlem", *New England Journal of Medicine*, 332, 18 de janeiro de 1990; ver também M. H. Owen, S. M. Teutsch, D. F. Williamson e J. S. Marks, "The effects of known risk factors on the excess mortality of black adults in the United States", *Journal of the American Medical Association*, 263, n. 6, 9 de fevereiro de 1990.

13. Ver Nussbaum e Sen (eds.), *The quality of life*, 1993.

14. Ver Martha Nussbaum, "Nature, function and capability: Aristotle on political distribution", *Oxford Studies in Ancient Philosophy*, 1998, volume suplementar; ver também Nussbaum e Sen (eds.), *The quality of life*, 1993.

15. Ver Adam Smith, *An inquiry into the nature and causes of the wealth of nations*, 1776 (reedição, R. H. Campbell e A. S. Skinner (eds.), Oxford, Clarendon Press, 1976, vol. 2, livro 5, cap. 2, seção sobre "Impostos sobre bens de consumo", pp. 469-71).

16. Essas questões são discutidas em minhas Tanner Lectures de 1985 em Cambridge, publicadas em Geoffrey Hawthorn (ed.), *The standard of living*, Cambridge, Cambridge University Press, 1987.

17. Assim, Lagrange apresentou, em fins do século XVIII, o que provavelmente foi a primeira análise do que viria a ser conhecido em nossa época como "a nova visão do consumo" (Kevin J. Lancaster, "A new approach to consumer theory", *Journal of Political Economy*, 74, 1996; W. M. Gorman, "A possible procedure for analysing quality differentials in the egg market", *Review of Economic Studies*, 47, 1980). Essas questões e outras afins são discutidas em meu trabalho *The standard of living*, 1987.

18. Uma ilustre exceção é Robert Nozick, *Anarchy, state and utopia*, Nova York, Basic Books, 1974.

19. Isso ocorreu principalmente no contexto do apoio de Adam Smith à legislação contra a "usura" e à necessidade de controlar as perturbações decorrentes da tolerância excessiva para com investimentos especulativos por parte daqueles que Adam Smith denominava "perdulários e empresários imprudentes" [*prodigals and projectors*]. Ver Smith, *Wealth of nations*, vol. 1, livro 2, cap. 4, parágrafos 14-15 (Campbell e Skinner (eds.), 1976, pp. 356-7). O termo *projector* é empregado por Smith não na acepção neutra de "quem organiza um empreendimento", mas no sentido pejorativo, aparentemente comum na língua inglesa a partir de 1616 (segundo *The shorter Oxford English dictionary*), significando, entre outras coisas, "promotor de companhias fraudulentas; especulador; trapaceiro". Giorgio Basevi chamou-me a atenção para alguns paralelos interessantes entre a crítica de Smith e a descrição nada elogiosa dos *projectors* feita por Jonathan Swift em *Viagens de Gulliver*, publicado em 1726, meio século antes de *A riqueza das nações*.

20. A importância da distinção entre "resultados abrangentes" e "resultados de culminância", em vários contextos diferentes, é discutida em meu artigo "Maximization and the act of choice", *Econometrica*, 65, julho de 1997. Sobre a importância da distinção no caso específico do mecanismo de mercado e suas alternativas, ver meus ensaios "Markets and freedoms", *Oxford Economic Papers*, 45, 1993, e "Markets and the freedom to choose", in Horst Siebert (ed.), *The ethical foundations of the market economy*, Tübingen, J. C. B. Mohr, 1994. Ver também o capítulo 4 deste livro.

21. J. R. Hicks, *Wealth and welfare*, Oxford, Basil Blackwell, 1981, p. 138.

22. Robert W. Fogel e Stanley L. Engerman, *Time on the cross: the economics of American Negro slavery*, Boston, Little, Brown, 1974, pp. 125-6.

23. Fogel e Engerman, *Time on the cross*, 1974, pp. 237-8.

24. Aspectos diferentes dessa questão importantíssima foram examinados em Fernando Henrique Cardoso, *Capitalismo e escravidão no Brasil meridional: o negro na sociedade escravocrata do Rio Grande do Sul*, Rio de Janeiro, Paz e Terra, 1977; Robin Blackburn, *The overthrow of colonial slavery, 1776-1848*, Londres/Nova York, Verso, 1988; Tom Brass e Marcel van der Linden (eds.), *Free and unfree labour*, Berna, European Academic Publishers, 1997; Stanley L. Engerman (ed.), *Terms of labor: slavery, serfdom and free labor*, Stanford, Calif., Stanford University Press, 1998.

25. Karl Marx, *Capital*, vol. 1, Londres, Sonnenschein, 1887, cap. 10, seção 3, p. 240. Ver também seu livro *Grundrisse*, Harmondsworth, Penguin Books, 1973.

26. V. K. Ramachandran, *Wage labour and unfreedom in agriculture: an Indian case study*, Oxford, Clarendon Press, 1990, pp. 1-2.

27. Um estudo empírico importante sobre esse aspecto da sujeição de trabalhadores e privação de liberdade, entre outros, pode ser encontrado em Sudipto Mundle, *Backwardness and bondage: agrarian relations in a South Bihar district*, Nova Delhi, Indian Institute of Public Administration, 1979.

28. Sobre essa questão, ver *Decent work: The Report of the Director-General of the ILO* Genebra, ILO, 1999. Essa é uma das ênfases especiais no programa do novo diretor-geral, Juan Somavia.

29. Esse ponto de vista é eloquentemente explicado em Stephan M. Marglin e Frederique Appfel Marglin (eds.), *Dominating knowledge*, Oxford, Clarendon Press, 1993. Sobre *insights* antropológicos afins, ver também Veena Das, *Critical events: an anthropological perspective on contemporary India*, Delhi, Oxford University Press, 1995.

2. OS FINS E OS MEIOS DO DESENVOLVIMENTO [pp. 54-77]

1. Discuti esse contraste em um trabalho anterior, "Development thinking at the beginning of the 21st century", in Louis Emmerij (ed.), *Economic and social development into the XXI century*, Washington, D. C., Inter-American Development Bank, distribuído por Johns Hopkins University Press, 1997. Ver também meu ensaio "Economic policy and equity: an overview", in Vito Tanzi, Ke-young Chu, Sanjeev Gupta (eds.), *Economic policy and equity*, Washington, D. C., International Monetary Fund, 1999.

2. Este capítulo serviu de base para um discurso programático proferido no World Bank Symposium on Global Finance and Development em Tóquio, 1º e 2 de março de 1999.

3. Sobre esse argumento, ver Jean Drèze e Amartya Sen, *Hunger and public action*, Oxford, Clarendon Press, 1989.

4. Sobre esse aspecto, ver World Bank, *The East Asian miracle: economic growth and public policy*, Oxford, Oxford University Press, 1993. Ver também Vito Tanzi *et al.*, *Economic policy and equity*, 1999.

5. Ver Hiromitsu Ishi, "Trends in the allocation of public expenditure in light of human resource development — overview in Japan", mimeografado, Asian Development Bank, Manila, 1995. Ver também Carol Gluck, *Japan's modern myths: ideology in the late Meiji period*, Princeton, Princeton University Press, 1985.

6. Sobre essa afirmação, ver Jean Drèze e Amartya Sen, *India: economic development and social opportunity*, Delhi, Oxford University Press, 1995, e Probe Team, *Public report on basic Education in India*, Delhi, Oxford University Press, 1999.

7. Sudhir Anand e Martin Ravallion, "Human development in poor countries: on the role of private incomes and public services", *Journal of Economic Perspectives*, 7, 1993.

8. Sobre essa questão, ver meu livro em coautoria com Jean Drèze, *India: economic development and social opportunity*, 1995.

9. Drèze e Sen, *Hunger and public action*, 1989; ver especialmente o capítulo 10.

10. Embora Kerala seja meramente um Estado e não um país, sua população, que beira os 30 milhões de pessoas, é maior do que a da maioria dos países do mundo (inclusive, por exemplo, o Canadá).

11. Sobre esse argumento, ver minhas conferências "From income inequality to economic inequality", Distinguished Guest Lecture to the Southern Economic Association, publicada em *Souther Economic Journal*, 64, outubro de 1997, e "Mortality as an indicator of economic success and failure", primeira Innocenti Lecture para o UNICEF, Florença, UNICEF, 1995, também publicada em *Economic Journal*, 108, janeiro de 1998.

12. Ver também Richard A. Easterlin, "How beneficent is the market? A look at the modern history of mortality", mimeografado, University of Southern California, 1997.

13. Essa questão é discutida em Drèze e Sen, *Hunger and public action*, 1989.

14. Retornarei a essa questão posteriormente; ver também Drèze e Sen, *India: economic development and social opportunity*, 1995.

15. A necessidade de suplementar e sustentar políticas favoráveis ao mercado para o crescimento econômico com uma expansão rápida da infraestrutura social (como por exemplo serviços públicos de saúde e educação básica) é discutida com certo grau de detalhamento, no contexto da economia indiana, em meu livro escrito em coautoria com Jean Drèze, *India: economic development and social opportunity*, 1995.

16. Ver Robert W. Fogel, "Nutrition and the decline in mortality since 1700: some additional preliminary findings", working paper 1802, National Bureau of Economic Research, 1986; Samuel H. Preston, "Changing relations between mortality and level of economic employment", *Population Studies*, 29, 1975, e "American longevity: past, present and future", *Policy Brief*, n. 7, Maxwell School of Citizenship and Public Affairs, Syracuse University, 1996. Ver também Lincoln C. Chen, Arthur Kleinman e Norma C. Ware (eds.), *Advancing health in developing countries*, Nova York, Auburn House, 1992; Richard G. Wilkinson, *Unhealthy societies: the afflictions of inequality*, Nova York, Routledge, 1996; Richard A. Easterling, "How beneficent is the market?", 1997.

17. Ver J. M. Winter, *The great war and the British people*, Londres, Macmillan, 1986.

18. Ver R. M. Titmuss, *History of the Second World War: problems of social policy*, Londres, HMSO, 1950.

19. Sobre essas afirmações, ver R. J. Hammond, *History of the Second World War: food*, Londres, HMSO, 1951. Ver também Titmuss, *History of the Second World War: problems of social policy*, 1950.

20. Ver Winter, *Great War and the British people*, 1986.

21. Os dados referem-se à Inglaterra e ao País de Gales, pois não foi possível encontrar os dados agregados para a Grã-Bretanha. Contudo, como Inglaterra e País de Gales compõem uma parte muito substancial do Reino Unido, não se perde muito com essa restrição de abrangência.

22. Ver as obras de R. J. Hammond, R. M. Titmuss e J. M. Winter, citadas anteriormente, e as outras obras a que esses autores fazem referência, além da discussão e das referências contidas em Drèze e Sen, *Hunger and public action*, 1989, capítulo 10.

23. Discuti essa questão em "Development: which way now?", *Economic Journal*, 92, dezembro de 1982; *Resources, values and development*, Cambridge, Mass., Harvard University Press, 1984, e em *Hunger and public action*, op. cit.

3. LIBERDADE E OS FUNDAMENTOS DA JUSTIÇA [pp. 78-119]

1. O papel da exclusão e inclusão informacional é discutido em meus artigos "On weights and measures: informational constraints in social welfare analysis", *Econometrica*, 45, outubro de 1977, reproduzido em *Choice, welfare, and measurement*, Oxford/Cambridge, Mass., Blackwell/MIT Press, 1982 (reedição, Cambridge, Mass., Harvard University Press, 1997) e "Informational analysis of moral principles", in Ross Harrison (ed.), *Rational action*, Cambridge, Cambridge University Press, 1979.

2. Ver Jeremy Bentham, *An introduction to the principles of morals and legislation*, Londres, Payne, 1789 (reedição, Oxford, Clarendon Press, 1907).

3. Uma crítica informacional ao utilitarismo pode ser encontrada em meus artigos "Utilitarianism and welfarism", *Journal of Philosophy*, 7, setembro de 1979, e "Well-being, agency and freedom: The Dewey Lectures 1984", *Journal of Philosophy*, 82, abril de 1985.

4. Sobre as distinções, ver J. C. B. Gosling, *Pleasure and desire*, Oxford, Clarendon Press, 1969; John C. Harsanyi, *Essays in ethics, social behaviour, and scientific explanation*, Dordrecht, Reidel, 1977.

5. Sobre a questão metodológica envolvida, ver meus trabalhos "On weights and measures" e "Informational analysis of moral principles", op. cit.

6. Lionel Robbins foi particularmente influente no argumento de que não poderia haver base científica para a possibilidade de comparação interpessoal da felicidade ("Interpersonal comparisons of utility", *Economic Journal*, 48, 1938), e sua crítica teve o efeito de solapar gravemente o utilitarismo como uma abordagem dominante na economia do bem-estar.

7. Bentham, *An introduction to the principles of morals and legislation*, 1789; John Stuart Mill, *Utilitarianism*, Londres, 1861 (reedição, Londres, Collins/Fontana, 1962); Henry Sidgwick, *The method of ethics*, Londres, Macmillan, 1874; William Stanley Jevons, *The theory of political economy*, Londres, Macmillan, 1871 (reimpressão, 5. ed., 1957); Francis Edgeworth, *Mathematical psychics: an essay on the application of mathematics to the moral sciences*, Londres, Kegan Paul, 1881; Alfred Marshall, *Principles of economics*, Londres, Macmillan, 8ª ed., 1920; A. C. Pigou, *The economics of welfare*, Londres, Macmillan, 1920.

8. Essa é a versão mais simples do utilitarismo. Para algumas versões mais complexas e menos diretas, ver em especial R. M. Hare, *Moral thinking: its levels, methods and point*, Oxford, Clarendon Press, 1981; e James Griffin, *Well-being: its meaning, measurement, and moral importance*, Oxford, Clarendon Press, 1986.

9. As questões técnicas envolvidas e algumas limitações da definição de utilidade na estrutura binária da escolha são discutidas em meu livro *Choice, welfare and measurement*, op. cit., e mais informalmente em *Sobre ética e economia*, São Paulo, Companhia das Letras, 1999.

10. Ver, por exemplo, Independent Commission on Population and Quality of Life, *Caring for the future*, Oxford, Oxford University Press, 1996; ver também Mark Sagoff, *The economy of the Earth*, Cambridge, Cambridge University Press, 1988, e Kjell Arne Brekke, *Economic growth and the environment*, Cheltenham, Reino Unido, Edward Elgar, 1997, entre outros trabalhos.

11. Apresentei minhas ressalvas ao utilitarismo em diversos trabalhos, entre eles *Collective choice and social welfare*, San Francisco, Holden-Day, 1970 (reedição, Amsterdam, North-Holland, 1979); *On economic inequality*, Oxford, Clarendon Press, 1973; *Inequality reexamined*, Oxford/Cambridge, Mass., Clarendon Press/Harvard University Press, 1992. Para críticas veementes à tradição utilitarista, ver John Rawls, *A theory of justice*, Cambridge, Mass., Harvard University Press, 1971; Bernard Williams, "A critique of utilitarianism", in J. J. C. Smart e B. Williams, *Utilitarianism: for and against*, Cambridge, Cambridge University Press, 1973; Robert Nozick, *Anarchy, state and utopia*, Nova York, Basic Books, 1974; Ronald Dworkin, *Taking rights seriously*, Londres, Duckworth, 1978; Joseph Raz, *Ethics in the public domain*, Oxford, Clarendon Press, 1994 (ed. rev., 1995), entre outras contribuições.

12. Ver Sen, *Inequality reexamined*, 1992, e Martha Nussbaum, *Sex and social justice*, Nova York, Oxford University Press, 1999.

13. Rawls, *A theory of justice*, 1971.

14. Nozick, *Anarchy, state, and utopia*, 1974. Ver, porém, a posição posterior — mais restrita — de Nozick em *The examined life*, Nova York, Simon & Schuster, 1989.

15. Rawls, *A theory of justice*, 1971; ver também seu livro *Political liberalism*, Nova York, Columbia University Press, 1993, especialmente a conferência 8.

16. H. L. A. Hart, "Rawls on liberty and its priority", *University of Chicago Law Review*, 40, primavera de 1973, reproduzido em Norman Daniels (ed.), *Reading Rawls*, Nova York, Basic Books, 1975; e Rawls, *Political liberalism*, op. cit., conferência 8.

17. Ver meu livro *Poverty and famines: an essay on entitlement and deprivation*, Oxford/Nova York, Oxford University Press, 1981, e um outro livro meu, em coautoria com Jean Drèze: *Hunger and public action*, Oxford/Nova York, Oxford University Press, 1989. Ver também Jeffrey L. Coles e Peter J.

Hammond, "Walrasian equilibrium without survival: existence, efficiency and remedial policy", in Kaushik Basu, Prasanta Pattanaik e Kotaro Suzumura (eds.), *Choice, welfare and development: a Festschrift in honour of Amartya K. Sen*, Oxford, Clarendon Press, 1995.

18. Propostas específicas de sistemas consequenciais ampliados que incorporam direitos podem ser encontradas em meus trabalhos "Rights and agency", *Philosophy and Public Affairs*, II, 1982, reproduzido em Samuel Scheffler (ed.), *Consequentialism and its critics*, Oxford, Oxford University Press, 1988; e "Well-being, agency, and freedom: The Dewey Lectures 1984", *Journal of Philosophy*, 82, abril de 1985. Ver também meu livro *Freedom, rationality and social choice: Arrow Lectures and other essays*, Oxford, Clarendon Press (no prelo).

19. Robbins, "Interpersonal comparisons of utility", 1938, p. 636. Para críticas a essa posição (em particular a negação geral do *status* científico das comparações interpessoais de utilidade), ver I. M. D. Little, *A critique of welfare economics*, Oxford, Clarendon Press, 1950, 2. ed., 1957; B. M. S. Van Praag, *Individual welfare functions and consumer behaviour*, Amsterdam, North-Holland, 1968; Amartya Sen, *On economic inequality*, Oxford, Clarendon Press, 1973 (ed. ampliada, 1997); Amartya Sen, "Interpersonal comparisons of welfare", in Michael Boskin (ed.), *Economics and human welfare*, Nova York, Academic Press, 1980, e reproduzido em meu livro *Choice, welfare and measurement*; e os artigos de Donald Davidson e Allan Gibbard in Jon Elster e A. Hylland (eds.), *Foundations of social choice theory*, Cambridge, Cambridge University Press, 1986; e Jon Elster e John Roemer (eds.), *Interpersonal comparisons of well-being*, Cambridge, Cambridge University Press, 1991.

20. John Harsanyi expande a definição de utilidade como escolha para comparações interpessoais considerando escolhas *hipotéticas*, nas quais se supõe que uma pessoa realmente imagina tornar-se outra ("Cardinal welfare, individualistic ethics, and interpersonal comparisons of utility", *Journal of Political Economy*, 63, 1955, reproduzido em seu livro *Essays in ethics, social behaviour, and scientific explanation*, Dordrecht, Reidel, 1976. De fato, a abordagem de Harsanyi sobre a economia utilitarista do bem-estar baseia-se em valorizar um arranjo social capaz de permitir uma chance igual a cada indivíduo de ser qualquer pessoa na sociedade. Esse é um experimento mental de extrema utilidade, e elegantemente dá uma forma precisa a uma abordagem geral de equidade que há tempos vem sendo citada na literatura sobre ética. Mas essas escolhas hipotéticas não são fáceis de usar na prática para se chegar a comparações reais de utilidade, e o principal mérito da abordagem é puramente conceitual.

21. O conteúdo do conjunto de possíveis funções de utilidade correspondente a um dado comportamento de escolha dependeria do tipo de mensurabilidade presumida (por exemplo, ordinal, cardinal, escala de razões). A comparação interpessoal de utilidades requer que se imponham "condições de invariância" às combinações de funções de utilidade de diferentes pessoas

a partir do produto cartesiano de seus respectivos conjuntos de possíveis funções de utilidade. Sobre essas questões, ver meu artigo "Interpersonal aggregation and partial comparability", *Econometrica*, 38, 1970, reproduzido em meus livros *Choice, welfare, and measurement* e *Collective choice and social welfare*. Ver também K. W. S. Roberts, "Interpersonal comparisons and social choice theory", *Review of Economic Studies*, 47, 1980. Essas "condições de invariância" não podem ser obtidas com base em comportamento de escolha observado.

22. Sobre isso, ver Franklin M. Fisher e Karl Shell, *The economic theory of price indices*, Nova York, Academic Press, 1972. Essa questão também foi levantada na tese de Ph. D de Herb Gintis, defendida na Universidade de Harvard ("Alienation and power: toward a radical welfare economics", 1969).

23. Os resultados básicos na literatura sobre comparações de renda real são levantados e examinados em meu artigo "The welfare basis of real income comparisons: a survey", *Journal of Economic Literature*, 17, 1979, reproduzido em meu livro *Resources, values and development*, Cambridge, Mass., Harvard University Press, 1984 (reimpresso em 1997).

24. A diversidade de influências sobre o bem-estar pessoal foi estudada em profundidade nos "estudos escandinavos" sobre padrões de vida; ver, por exemplo, Robert Erikson e R. Aberg, *Welfare in transition*, Oxford, Clarendon Press, 1987

25. Ver particularmente Glen Loury, "A dinamic theory of racial income differences", in P. A. Wallace e A. Lamond (eds.), *Women, minorities and employment discrimination*, Lexington, Mass., Lexington Books, 1977, e "Why should we care about group inequality?", *Social Philosophy and Policy*, 5, 1987; James S. Coleman, *Foundations of social theory*, Cambridge, Mass., Harvard University Press, 1990; Robert Putnam, R. Leonardy e R. Y. Nanetti, *Making democracy work: civic traditions in modern Italy*, Princeton, Princeton University Press, 1993; Robert Putnam, "The prosperous community: social capital and public life", *American Prospect*, 13, 1993, e "Bowling alone: America's declining social capital", *Journal of Democracies*, 6, 1995.

26. Adam Smith, *An inquiry into the nature and causes of the wealth of nations*, 1776. Ver também W. G. Runciman, *Relative deprivation and social justice: a study of attitudes to social inequality in twentieth-century England*, Londres, Routledge, 1966, e Peter Towsend, *Poverty in the United Kingdom: a survey of household resources and standards of living*, Harmondsworth, Penguin Books, 1979.

27. Sobre esse aspecto, ver meu trabalho "Gender and cooperative conflict", in Irene Tinker (ed.), *Persistent inequalitites: women and world development*, Nova York, Oxford University Press, 1990, e a literatura ali citada.

28. De fato, em alguns contextos, como explicações sobre fomes coletivas (e análises de políticas de prevenção à fome), a falta de renda das potenciais vítimas da fome coletiva (e a possibilidade de reconstituir suas rendas) pode

ocupar uma posição central na investigação. Sobre essa questão, ver meu livro *Poverty and famines*, 1981.

29. Rawls, *A theory of justice*, 1971, pp. 60-5. Ver também seu livro *Political liberalism*, 1993.

30. Em uma linha de argumentação relacionada, Ronald Dworkin defendeu a "igualdade de recursos", ampliando a cobertura rawlsiana dos bens primários para incluir oportunidades de seguro contra os caprichos da "sorte cruel" (ver seu trabalho "What is equality? Part 1: Equality of welfare" e "What is equality? Part 2: Equality of resources", *Philosophy and Public Affairs*, 10, 1981).

31. Sobre essa questão, ver meus artigos "Equality of what?", in McMurrin, S. (ed.), *Tanner lectures on human values*, Cambridge, Cambridge University Press, 1980, vol. 1, e "Justice: means *versus* freedoms", *Philosophy and Public Affairs*, 19, 1990. Contudo, existe uma certa ambiguidade quanto ao conteúdo exato dos "bens primários" segundo a definição de Rawls. Alguns bens primários (como "renda e riqueza") não passam de meios para fins reais (como Aristóteles observou em seu célebre comentário no início de *Ética a Nicômaco*). Outros bens primários (como "a base social do respeito próprio", à qual Rawls se refere explicitamente) podem incluir aspectos do clima social, embora sejam *meios* generalizados (no caso da "base social do respeito próprio", meios para alcançar o respeito próprio). Outros ainda, como as "liberdades", podem ser interpretados de modos diferentes: como meios (liberdades permitem que façamos coisas que podemos valorizar) ou como a liberdade real para obter certos resultados (esse segundo modo de ver as liberdades tem sido particularmente usado na literatura sobre escolha social, como, por exemplo, em meu livro *Collective choice and social welfare*, 1970, cap. 6). Mas o programa rawlsiano de usar bens primários para julgar vantagens individuais em seu "Difference principle" é motivado principalmente por sua tentativa de caracterizar meios de uso geral, e, portanto, está sujeito a variações interpessoais na conversão de meios para a liberdade de promover objetivos.

32. Ver Alan Williams, "What is wealth and who creates it?", in John Hutton *et al.* (eds.), *Dependency to enterprise*, Londres, Routledge, 1991; A. J. Culyer e Adam Wagstaff, "Needs, equality and social justice", *Discussion Paper*, 90, Centre for Health Economics, University of York, 1991; Alan Williams, *Being reasonable about the economics of health: selected essays by Alan Williams*, editado por A. J. Culyer Cheltenham, U. K., Edward Edgar, 1997. Ver também Paul Farmer, *Infections and inequalitites: the modern plagues*, Berkeley, Calif., University of California Press, 1998; Michael Marmot, Martin Bobak e George Davey Smith, "Explorations for social inequalities in health", in B. C. Aonick, S. Levine, A. R. Tarlov e D. Chapman (eds.), *Society and health*, Londres, Oxford University Press, 1995; Richard G. Wilkinson, *Unhealty societies: the afflictions of inequality*, Nova York, Routledge, 1996; James Smith, "Socioeconomic status and health", *American Economic Review*, 88, 1998, e

"Healthy bodies and thick wallets: the dual relationship between health and socioeconomic status", *Journal of Economic Perspectives*, 13, 1999. Também podem ser obtidos muitos *insights* em estudos de problemas de saúde específicos em: Paul Farmer, Margaret Connors e Janie Simmons (eds.), *Women, poverty and AIDS: sex, drugs and structural violence*, Monroe, ME, Common Courage Press, 1996; Alok Bhargava, "Modeling the effects of nutritional and socioeconomic factor on the growth and morbidity of Kenyan school children", *American Journal of Human Biology*, 11, 1999.

33. Ver A. C. Pigou, *The economics of welfare*, 4. ed., Londres, Macmillan, 1952. Ver também Pitambar Pant *et al.*, *Perspectives of development: 1961-1976, implications of planning for a minimal level of living*, Nova Delhi, Planning Commission of India, 1962; Irma Adelman e Cynthia T. Morris, *Economic growth and social equity in developing countries*, Stanford, Stanford University Press, 1973; Amartya Sen, "On the development of basic income indicators to supplement the GNP measure", *United Nations Economic Bulletin for Asia and the Far East*, 24, 1973; Pranab Bardhan, "On life and death questions", *Economic and Political Weekly*, 9, 1974; Irma Adelman, "Development economics — a reassessment of goals", *American Economic Review*, Papers and Proceedings, 65, 1975; A. O. Herrera *et al.*, *Catasrophe or new society? A Latin American world model*, Ottawa, IRDC, 1976; Mahbub ul Haq, *The poverty curtain*, Nova York, Columbia University Press, 1976; Paul Streeten e S. Javed Burki, "Basic needs: some issues", *World Development*, 6, 1978; Keith Griffin, *International inequality and national poverty*, Londres, Macmillan, 1978; Morris D. Morris, *Measuring the conditions of the world's poor: the physical quality of life index*, Oxford, Pergamnon Press, 1979; Graciela Chichilnisky, "Basic needs and global models: resources, trade and distribution", *Alternatives*, 6, 1980; Paul Streeten, *Development perspectives*, Londres, Macmillan, 1981; Paul Streeten, S. Javed Burki, Mahbub ul Haq, N. Hicks e Frances Stewart, *First things first: meeting basic needs in developing countries*, Nova York, Oxford University Press, 1981; Frances Stewart, *Basic needs in developing countries*, Baltimore, Johns Hopkins University Press, 1985; D. H. Costa e R. H. Steckel, "Long-term trends in health, welfare and economic growth in the United States", *Historical Working Paper*, 76, National Bureau of Economic Research, 1995; R. C. Floud e B. Harris, "Health, height and welfare: 1700-1980", *Historical Working Paper*, 87, National Bureau of Economic Research, 1996; Nicholas F. R. Crafts, "Some dimensions of the 'quality of life' during the British Industrial Revolution", *Economic History Review*, 4, 1997; Santosh Mehrotra e Richard Jolly (eds.), *Development with a human face: experiences in social achievement and economic growth*, Oxford, Clarendon Press, 1997; A. P. Thirwall, *Growth and development*, 6ª ed. Londres, Macmillan, 1999, entre outras contribuições.

34. United Nations Development Programme, *Human Development Report 1990*, Nova York, Oxford University Press, 1990, e os relatórios anuais subsequentes. A explanação do próprio Mahbub ul Haq sobre esse inovativo afasta-

mento pode ser encontrada em seu livro *Reflections on human development*, Nova York, Oxford University Press, 1995. Ver também as aplicações e extensões esclarecedoras apresentadas por Nicholas F. R. Crafts ("The human development index and changes in the standard of living: some historical comparisons", *Review of European Economic History*, 1, 1997). O Fundo das Nações Unidas para a Infância (UNICEF) também foi um pioneiro na publicação de relatórios anuais sobre a vida das crianças; ver UNICEF, *The state of the world's children*, Nova York, Oxford University Press, 1987; e outras publicações anuais. Também devem ser mencionados os *World Development Reports*, ricos em informações e produzidos pelo Banco Mundial, que têm procurado uma abrangência cada vez mais maior nas informações sobre condições de vida. As condições de saúde foram muito bem relatadas no *World Development Report 1993*, Nova York, Oxford University Press, 1993.

35. Aristóteles, *The Nichomachean ethics*, trad. D. Ross Oxford, ed. rev., Oxford University Press, 1980, livro 1, seção 7, pp. 12-4. Sobre esse aspecto, ver Martha Nussbaum, "Nature, function and capability: Aristotle on political distribution", *Oxford Studies in Ancient Philosophy*, 1988, volume suplementar.

36. Smith, *Wealth of nations*, 1776, vol. 2, livro 5, cap. 2.

37. Idem, ibidem; na edição de R. H. Campbell e A. S. Skinner, Oxford, Clarendon Press, 1976, pp. 469-71.

38. Ver meu trabalho "Equality of what?", in S. McMurrin (ed.), *Tanner lectures on human values*, Cambridge/Salt Lake City, Cambridge University Press/University of Utah Press, vol. 1; reproduzido em meu livro *Choice, welfare and measurement*; também em John Rawls *et al.*, *Liberty, equality and law*, S. McMurrin (ed.), Cambridge/Salt Lake City, Cambridge University Press/University of Utah Press, 1987, e in Stephen Darwall (ed.), *Equal freedom: selected Tanner lectures on human values*, Ann Harbor, University of Michigan Press, 1995. Ver também meus trabalhos "Public action and the quality of life in developing countries", *Oxford Bulletin of Economics and Statistics*, 43, 1981; *Commodities and capabilities*, Amsterdam, North-Holland, 1985; "Well-being, agency, and freedom", 1985; (em coautoria com Jean Drèze) *Hunger and public action*, Oxford, Clarendon Press, 1989; e Martha Nussbaum e Amartya Sen (eds.), "Capability and well-being", in *The quality of life*, Oxford, Clarendon Press, 1993.

39. Sobre a natureza e a difusão dessa variabilidade, ver meus livros *Commodities and capabilities* (1985) e *Inequalities reexamined* (1992). Sobre a relevância geral de considerar necessidades díspares na alocação de recursos, ver também meu livro *On economic inequality*, cap. 1; L. Doyal e I. Gough, *A theory of human need*, Nova York, Guilford Press, 1991; U. Ebert, "On comparisons of income distribution when household types are different", *Economics Discussion Paper* V-86-92, University of Oldenberg, 1992; Dan W. Brock, *Life and death: philosophical essays in biomedical ethics*, Cambridge, Cambridge University Press, 1993; Alessandro Balestrino, "Poverty and functionings:

issues in measurement and public action", *Giornale degli Economisti e Annali di Economia*, 53, 1994; Enrica Chiappero Martinetti, "A new approach to evaluation of well-being and poverty by fuzzy set theory", *Giornale degli Economisti*, 53, 1994; M. Fleurbaey, "On fair compensation", *Theory and Decision*, 36, 1994; Elena Gragnalia, "More or less equality? A misleading question for social policy", *Giornale degli Economisti*, 53, 1994; M. Fleurbaey, "Three solutions for the compensation problem", *Journal of Economic Theory*, 65, 1995; Ralf Eriksson e Markus Jantti, *Economic value and ways of life*, Aldershot, Avebury, 1995; A. F. Shorrocks, "Inequality and welfare comparisons for heterogeneous populations", mimeografado, Department of Economics, University of Essex, 1995; B. Nolan e C. T. Whelan, *Resources, deprivation, and poverty*, Oxford, Clarendon Press, 1996; Alessandro Balestrino, "A note on functioning-poverty in affluent societies", *Notizie di Politeia*, 1996, volume especial; Carmen Herrero, "Capabilities and utilities", *Economic Design*, 2, 1996; Santosh Mehrotra e Richard Jolly (eds.), *Development with a human face*, Oxford, Clarendon Press, 1997; Consumers International, *The social art of economic crisis: ... our rice pots are empty*, Penerz, Malopia, Consumers International, 1998; entre outras contribuições.

40. Ver meus trabalhos "Equality of what?" (1980), *Commodities and capabilities* (1985) e *Inequality reexamined* (1992). Ver também Keith Griffin e John Knight, *Human development and the international development strategies for the 1990s*, Londres, Macmillan, 1990; David Crocker, "Functioning and capability: the foundations of Sem's and Nussbaum's development ethic", *Political Theory*, 20, 1992; Nussbaum e Sen, *The quality of life*, 1993; Martha Nussbaum e Jonathan Glover, *Women, culture, and development*, Oxford, Clarendon Press, 1995; Meghnad Desai, *Poverty, famine, and economic development*, Aldershot, Edward Elgar, 1994; Kenneth Arrow, "A note on freedom and flexibility", e Anthony B. Atkinson, "Capabilities, exclusion and the supply of goods", ambos em K. Basu, P. Pattanaik e K. Suzumura (eds.), *Choice, welfare and development*, Oxford, Clarendon Press, 1995; Stefano Zamagni, "Amartya Sen on social choice, utilitarianism and liberty", *Italian Economic Papers*, 2, 1995; Herrero, "Capabilities and utilities", 1996; Nolan e Whelan, *Resources, deprivation, and poverty*, 1996; Frank Ackerman, David Kiron, Neva R. Goodwin, Jonathan Harris e Kevin Gallagher (eds.), *Human well-being and economic goals*, Washington, D. C., Island Press, 1997; J.-Fr. Laslier *et al.* (eds.), *Freedom in economics*, Londres, Routledge, 1998; Prasanta K. Pattanaik, "Cultural indicators of well-being: some conceptual issues", in *World Culture Report*, Paris, UNESCO, 1998; Sabina Alkire, "Operationalizing Amartya Sen's capability approach to human development", tese de Ph. D., Oxford University, 1999.

41. Mesmo os funcionamentos elementares de estar bem nutrido envolvem questões conceituais e empíricas significativas, sobre as quais ver, entre outras contribuições, Nevin Scrimshaw, C. E. Taylor e J. E. Gopalan, *Interactions of nutrition and infection*, Genebra, World Health Organization, 1968; T. N.

Srinivasan, "Malnutrition: some measurement and policy issues", *Journal of Development Economics*, 8, 1981; K. Blaxter e J. C. Waterlow (eds.), *Nutrition adaptation in man*, Londres, John Libbey, 1985; Partha Dasgupta e Debraj Ray, "Adapting to undernutrition: biological evidence and its implications", e S. R. Osmani, "Nutrition and the economics of food: implications of some recent controversies", in *The political economy of hunger*, Jean Drèze e Amartya Sen (eds.), Oxford, Clarendon Press, 1990; Partha Dasgupta, *An inquiry into well-being and destitution*, Oxford, Clarendon Press, 1993; S. R. Osmani (ed.), *Nutrition and poverty*, Oxford, Clarendon Press, 1993.

42. Essas questões são discutidas em minhas Tanner Lectures, incluídas em meu livro *The standard of living*, Geoffrey Hawthorn (ed.), Cambridge, Cambridge University Press, 1987; ver também, nesse mesmo livro, as contribuições de Geoffrey Hawthorn, John Muellbauer, Ravi Kanbur, Keith Hart e Bernard Williams, e minha resposta a esses comentários. Ver ainda Kaushik Basu, "Achievement, capabilities, and the concept of well-being", *Social choice and welfare*, 4, 1987; G. A. Cohen, "Equality of what? On welfare, goods and capabilities", *Recherches Economiques de Louvain*, 56, 1990; Norman Daniels, "Equality of what: welfare, resources or capabilities?", *Philosophy of Phenomenological Research*, 50, 1990; Crocker, "Functioning and capability", 1992; Brock, *Life and death*, 1993; Mozaffar Quzilbash, "Capabilities, well--being and human development: a survey", *Journal of Development Studies*, 33, 1996, e "The concept of well-being", *Economics and Philosophy*, 14, 1998; Alkire, "Operationalizing Amartya Sen's capability approach to human development", 1999. Ver também os simpósios sobre a abordagem da capacidade no *Giornale degli Economisti e Annali di Economia*, 53, 1994, e em *Notizie di Politeia*, 1996, volume especial, incluindo contribuições de Alessandro Balestrino, Giovanni Andrea Cornia, Enrica Chiappero Martinetti, Elena Granaglia, Renata Targetti Lenti, Ian Carter, L. Casini, I. Bernetti, S. Razavi e outros. Ver, além disso, o simpósio relacionado, sobre análise da titularidade, no *Journal of International Development*, 9, 1997, Des Gasper (ed.), que inclui contribuições de Des Gasper, Charles Gore, Mozaffar Qizilbash, Sabina Alkire e Rufus Black.

43. Quando não é possível uma representação numérica de cada funcionamento, a análise tem de ser feita a partir de uma estrutura mais geral na qual se consideram as realizações de funcionamento um "conjunto de funcionamentos", e o conjunto capacitário, um conjunto desses conjuntos de funcionamentos no espaço apropriado. Também pode haver consideráveis áreas de incompletitude ou nebulosidade [*fuzziness*]. Sobre esse aspecto, ver meu livro *Commodities and capabilities* (1985). A literatura recente sobre a "teoria dos conjuntos nebulosos" [*fuzzy set theory*] pode contribuir para a análise da valoração de vetores de funcionamento e conjuntos de capacidades. Ver, em especial, Enrica Chiapero Martinetti, "A new approach to evaluation of well-being and poverty by fuzzy set theory", *Giornali degli Economisti*, 53, 1994, e, dessa mesma autora, "Standard of living evaluation based on Sen's approach: some

methodological suggestions", *Notizie di Politeia*, 12, 1996, volume especial. Ver ainda, entre outras contribuições, Kaushik Basu, "Axioms for fuzzy measures of inequality", 1987; Flavio Delbono, "Povertà come incapacità: premesse teoriche, identificazione, e misurazione", *Rivista Internazionale di Scienze Sociali*, 97, 1989; A. Cerioli e S. Zani, "A fuzzy approach to the measurrement of poverty", in C. Dagum *et al.* (ed.), *Income and wealth distribution, inequality and poverty*, Nova York, Springer-Verlagy, 1990; Balestrino, "Poverty and functionings", 1994; E. Ok, "Fuzzy measurement of income inequality: a class of fuzzy inequality measures", *Social Choice and Welfare*, 12, 1995; L. Casini e I. Bernetti, "Environment, sustainability, and sen's theory", *Notizie di Politeia* 1996, volume especial.

44. A relevância da perspectiva da capacidade em muitos campos diferentes foi bem estudada, *inter alia*, em várias teses de doutorado defendidas em Harvard — as quais tive o privilégio de orientar —, em particular: A. K. Shiva Kumar, "Maternal capabilities and child survival in low-income regions", 1992; Jonathan R. Cohen, "On reasoned choice", 1993; Stephan J. Klasen, "Gender, inequality and survival: excess female mortality — past and present", 1994; Felicia Marie Knaul, "Young workers, street life, and gender: the effects of education and work experience on earnings in Colombia", 1995; Karl W. Lauterbach, "Justice and the functions of health care", 1995; Remigius Henricus Oosterdorp, "Adam Smith, social norms and economic behavior", 1995; Anthony Simon Laden, "Constructing shared wills: deliberative liberalism and the politics of identity", 1996; Douglas Hicks, "Inequality matters", 1998; Jennifer Prah Ruger, "Aristotelian justice and health policy: capability and incompletely theorized agreements", 1998; Sousan Abadian, "From wasteland to homeland: trauma and renewal of indigenous peoples and their communities", 1999.

45. Ver a vastíssima literatura sobre esse tema, citada em meu livro *On economic inequality* (Oxford, Clarendon Press, ed. ampliada, 1997), que contém um anexo substancial escrito em coautoria com James Foster. Ver também as referências mencionadas nas notas 38-44 acima, e ainda Haidar A. Khan, *Technology, development and democracy*, Northampton, Mass., Edward Elgar, 1998; Nancy Folbre, "A time (use survey) for every purpose: non-market work and the production of human capabilities", mimeografado, University of Massachusetts, Amherst, 1997; Frank Ackerman *et al.*, *Human well-being and economic goals*; Felton Earls e Maya Carlson, "Adolescents as collaborators: in search of well-being", mimeografado, Harvard University, 1998; David Crocker e Toby Linden (eds.), *Ethics of consumption*, Nova York, Rowman and Littlefield, 1998, entre outros trabalhos.

46. Essa abordagem denomina-se "avaliação elementar" do conjunto capacitário; a natureza e a abrangência da avaliação elementar são discutidas em meu livro *Commodities and capabilities* (1985). Ver igualmente o argumento de G. A. Cohen em defesa do que ele denomina *"midfare"* em "On the currency

of egalitarian justice", *Ethics*, 99, 1989; "Equality of what? On welfare, goods and capabilities" (1990) e *Self-ownership, freedom, and equality*, Cambridge, Cambridge University Press, 1995. Ver Richard Arneson, "Equality and equality of opportunity for welfare", *Philosophical Studies*, 56, 1989, e "Liberalism, distributive subjectivism, and equal opportunity for welfare", *Philosophy and Public Affairs*, 19, 1990.

47. Essas questões foram amplamente discutidas em meu livro *Freedom, rationality and social choice* (no prelo). Ver também Tjalling C. Koopmans, "On flexibility of future preference", in *Human judgements and optimality*, M. W. Shelley (ed.), Nova York, Wiley, 1964; David Kreps, "A representation theorem for 'preference for flexibility'", *Econometrica*, 47, 1979; Peter Jones e Robert Sugden, "Evaluating choice", *International Review of Law and Economics*, 2, 1982; James Foster, "Notes on effective freedom", mimeografado, Vanderbilt University, apresentado no Stanford Workshop on Economic Theories of Inequalities, patrocinado por MacArthur Foundation, 11 a 13 de março de 1993; Kenneth J. Arrow, "A note on freedom and flexibility", in Basu, Pattanaik e Suzumura (eds.), *Choice, welfare and development*, 1995; Robert Sugden, "The metric of opportunity", Discussion Paper 9610, Economics Research Centre, University of East Anglia, 1996.

48. Sobre essa questão, ver meus trabalhos *Commodities and capabilities*, 1985, e "Welfare, preference and freedom", *Journal of Econometrics*, 50, 1991. Sobre várias propostas para a avaliação da extensão da "liberdade", ver também, entre outras contribuições, David Kreps, "A representation theorem for 'preference for flexibility'", 1979; Patrick Suppes, "Maximizing freedom of decision: an axiomatic analysis", in G. R. Feiwell (ed.), *Arrow and the foundations of economic policy*, Londres, Macmillan, 1987; P. K. Pattanaik e Y. Xu, "On ranking opportunity sets in terms of freedom of choice", *Recherches Economiques de Louvain*, 56, 1990; James Foster, "Notes on effective freedom", 1993; Kenneth J. Arrow, "A note on freedom and flexibility", in Basu, Pattanaik e Suzumura (eds.), *Choice, welfare, and development*, 1995; Carmen Herrero, "Capabilities and utilities"; Clemmens Puppe, "Freedom, choice, and rational decisions", *Social Choice and Welfare*, 12, 1995.

49. Sobre essas questões, ver meus trabalhos *Commodities and capabilities*, *Inequality reexamined* e "Capability and well-being", op. cit.

50. Ver Rawls, *A theory of justice* e *Political liberalism*, op. cit. Em analogia com o célebre teorema da impossibilidade de Kenneth Arrow, vários "teoremas da impossibilidade" têm sido apresentados na literatura sobre a existência de índices globais satisfatórios de bens primários rawlsianos; ver Charles Plott, "Rawls' theory of justice: an impossibility result", in H. W. Gottinger e W. Leinfellner (eds.), *Decision theory and social ethics*, Dordrecht, Reidel, 1978; Allan Gibbard, "Disparate goods and Rawls's difference principle: a social choice theoretic treatment", *Theory and Decision*, 11, 1979; Douglas H. Blair, "The primary-goods indexation problem in Rawls' *Theory of justice*", *Theory*

and Decision, 24, 1998. As limitações informacionais têm um papel crucial na precipitação desses resultados (como no caso do teorema de Arrow). O argumento *contra* impor essas limitações informacionais é examinado em meu trabalho "On indexing primary goods and capabilities" (mimeografado, Harvard University, 1991), que reduz os empecilhos desses alegados resultados de impossibilidade aplicados aos procedimentos rawlsianos.

51. Correspondências analíticas entre estreitamento sistemático do leque de pesos e extensão monotônica das ordenações parciais geradas (baseadas em "intersecções de *rankings* possíveis") foram exploradas em meus trabalhos "Interpersonal aggregation and partial comparability" (1970) e *Collective choice and social welfare* (1970), capítulos 7 e 7*; e em Charles Blackorby, "Degrees of cardinality and aggregate partial ordering", *Econometrica*, 43, 1975; Ben Fine, "A note on interpersonal aggregation and partial comparability", *Econometrica*, 43, 1975; Kaushik Basu, *Revealed preference of government*, Cambridge, Cambridge University Press, 1980; James Foster e Amartya Sen, "*On economic inequality* after a quarter century", em meu livro *On economic inequality*, ed. ampliada, 1997. A abordagem da intersecção de ordenações parciais pode ser combinada à representação "nebulosa" [*fuzzy*] da valoração e mensuração de funcionamentos; sobre esse assunto, ver Chiappero Martinetti, "A new approach to evaluation of well-being and poverty by fuzzy set theory" (1994) e também dessa autora "Standard of living evaluation based on Sen's approach" (1996). Ver ainda L. Casini e I. Bernetti, "Environment, sustainability, and Sen's theory", *Notizie de Politeia*, 12, 1996, e Herrero, "Capabilities and utilities" (1996). Mas, mesmo com uma ordenação incompleta, muitos problemas de decisão podem ser adequadamente resolvidos, e até os que não são resolvidos por inteiro podem ser substancialmente simplificados mediante a rejeição de alternativas "dominadas".

52. Essa questão e sua ligação com a teoria da escolha social e a teoria da escolha pública são discutidas em meu discurso presidencial à Associação Econômica Americana ("Rationality and social choice", *American Economic Review*, 85, 1995).

53. T. N. Srinivasan, "Human development: a new paradigm or reinvention of the wheel?", *American Economic Review*, Papers and Proceedings, 84, 1994, p. 239. Ao apresentar esse argumento, Srinivasan cita Robert Sugden ("Welfare, resources, and capabilities: a review of *Inequality reexamined* by Amartya Sen", *Journal of Economic Literature*, 31, 1993, cujo ceticismo quanto à possibilidade de valorar capacidades diferentes é claramente menos pronunciado que o de Srinivasan (como afirma Sugden em sua conclusão, "resta verificar se é possível desenvolver métricas análogas para a abordagem da capacidade", p. 1953).

54. Paul A. Samuelson, *Foundations of economic analysis*, Cambridge, Mass., Harvard University Press, 1947, p. 205.

55. Procurei tratar dessa questão em meu discurso presidencial à Associação Econômica Americana em 1995 e em minha conferência ao Nobel de 1998 (ver

"Rationality and social choice", *American Economic Review*, 85, 1995, e "The possibility of social choice", *American Economic Review*, 89, 1999).

56. Essas abordagens também foram discutidas no novo anexo (em coautoria com James Foster) na edição ampliada de 1997 de meu livro *Economic inequality*, op. cit.

57. É tentador examinar as medidas de distribuição em espaços diferentes (distribuições de rendas, longevidades, alfabetização etc.) e em seguida reuni-las. Mas esse seria um procedimento enganoso, pois muito ficaria na dependência de como essas variáveis relacionam-se umas às outras em padrões interpessoais (o que se pode denominar questão da "covariância"). Por exemplo, se pessoas com rendas baixas também tendem a apresentar baixos índices de alfabetização, essas duas privações seriam reforçadas, ao passo que se não fossem relacionadas (ou "ortogonais"), isso não aconteceria; e se forem opostamente relacionadas, a privação de uma variável seria, pelo menos em certa medida, atenuada pela outra variável. Não podemos decidir qual das possibilidades alternativas se sustenta levando em consideração apenas os indicadores de distribuição separadamente, sem examinar a colinearidade e a covariância.

58. Em um estudo sobre a pobreza na Itália, no contexto europeu, empreendido pelo Banco da Itália e conduzido por Fabrizio Barca, é principalmente essa abordagem suplementar que é usada e aplicada.

59. Sobre esse aspecto, ver Angus Deaton, *Microeconometric analysis for development policy: an approach from household surveys*, Baltimore, Johns Hopkins University Press for the World Bank, 1997. Ver também Angus Deaton e John Muellbauer, *Economics and consumer behaviour*, Cambridge, Cambridge University Press, 1980, e "On measuring child costs: with applications to poor countries", *Journal of Political Economy*, 94, 1986. Ver também Dale W. Jorgenson, *Welfare*, Cambridge, Mass., MIT Press, 1997, vol. 2 (*Measuring social welfare*).

60. Ver Hugh Dalton, "The measurement of the inequality of incomes", *Economic Journal*, 30, 1920; A. B. Atkinson, "On the measurement of inequality", *Journal of Economic Theory*, 2, 1970.

61. Particularmente em meus trabalhos *Commodities and capabilities*, "Well-being, agency and freedom" e *Inequality reexamined*, op. cit.

62. Algumas das questões mais técnicas concernentes à avaliação da liberdade foram examinadas em meu livro *Freedom, rationality and social choice: Arrow lectures and other essays* (no prelo).

4. POBREZA COMO PRIVAÇÃO DE CAPACIDADES [pp. 120-49]

1. Essa visão da pobreza é desenvolvida mais plenamente em meus livros *Poverty and famines* (Oxford, Clarendon Press, 1981) e *Resources, values and development* (Cambridge, Mass., Harvard University Press, 1984), e também em Jean Drèze e Amartya Sen, *Hunger and public action*, Oxford, Clarendon

Press, 1989, e em Sudhir Anand e Amartya Sen, "Concepts of human development and poverty: a multidimensional perspective", in *Human Development Papers 1997*, Nova York, UNDP, 1997.

2. Essas afirmações e suas implicações são discutidas mais integralmente em meu texto "Poverty as capability deprivation", mimeografado, Roma, Banco da Itália.

3. Por exemplo, a fome e a subnutrição relacionam-se à ingestão de alimentos e ao potencial para fazer uso nutritivo dessa ingestão. Esse último aspecto é profundamente afetado pelas condições gerais de saúde (por exemplo, pela presença de doenças parasíticas) e estas, por sua vez, dependem muito dos cuidados de saúde da comunidade e do fornecimento de assistência médica pública; sobre essa questão, ver Drèze e Sen, *Hunger and public action* (1989) e S. R. Osmani (ed.), *Nutrition and poverty*, Oxford, Clarendon Press, 1993.

4. Ver, por exemplo, James Smith, "Healthy bodies and thick wallets: the dual relationship between health and socioeconomic status", *Journal of Economic Perspectives*, 13, 1999. Existe ainda outro tipo de "acoplamento" entre (1) subnutrição gerada por pobreza de renda e (2) pobreza de renda resultante de privação de trabalho devido à subnutrição. Sobre essas conexões, ver Partha Dasgupta e Debraj Ray, "Inequality as a determinant of malnutrition and unemployment: theory", *Economic Journal*, 96, 1986; "Inequality as a determinant of malnutrition and unemployment: policy", *Economic Journal* 97, 1987; "Adapting to undernourishment: biological evidence and its implications", in Jean Drèze e Amartya Sen (eds.), *The political economy of hunger*, Oxford, Clarendon Press, 1990. Ver também Partha Dasgupta, *An inquiry into well-being and destitution*, Oxford, Clarendon Press, 1993, e Debraj Ray, *Devlopment economics*, Princeton, Princeton University Press, 1998.

5. A grande contribuição dessas desvantagens para a prevalência da pobreza de renda na Grã-Bretanha foi salientada nitidamente no importante estudo empírico pioneiro de A. B. Atkinson, *Poverty in Britain and the reform of social security* (Cambridge, Cambridge University Press, 1970). Em seus trabalhos posteriores, Atkinson investigou adicionalmente a conexão entre desvantagem na renda e privações de outros tipos.

6. Sobre a natureza dessas desvantagens funcionais, ver Dorothy Wedderburn, *The aged in the welfarer state*, Londres, Bell, 1961; Peter Towsend, *Poverty in the United Kingdom: a survey of household resources and standards of living*, Harmondsworth, Penguin Books, 1979; J. Palmer, T. Smeeding e B. Torrey, *The vulnerable: America's young and old in the industrial world*, Washington, D. C., Urban Institute Press, 1988, entre outras contribuições.

7. Procurei investigar a perspectiva da privação de capacidade para a análise da desigualdade entre os sexos em *Resources, values and development* (1984; 1997); *Commodities and capabilities*, Amsterdam, North-Holland, 1985; "Missing women", *British Medical Journal*, 304, março de 1992. Ver ainda Pranab Bardhan, "On life and death questions", *Economic and political weekly*,

9, 1974; Lincoln Chen, E. Huq e S. D'Souza, "Sex bias in the family allocation of food and health care in rural Bangladesh", *Population and Development Review*, 7, 1981; Jocelyn Kynch e Amartya Sen, "Indian women: well-being and survival", *Cambridge Journal of Economics*, 7, 1983; Pranab Bardhan, *Land, labor, and rural poverty*, Nova York, Columbia University Press, 1984; Drèze e Sen, *Hunger and public action*, 1989; Barbara Harriss, "The intrafamily distribution of hunger in South Asia", in Drèze e Sen, *The political economy of hunger*, 1990, vol. 1; Ravi Kanbur e L. Haddad, "How serious is the neglect of intrahousehold inequality?", *Economic Journal*, 100, 1990, entre outras contribuições.

8. Sobre essa afirmação, ver United Nations Development Programme, *Human Development Report 1995*, Nova York, Oxford University Press, 1995.

9. Ver W. G. Runciman, *Relative deprivation and social justice: a study of attitudes to social inequality in twentieth-century England*, Londres, Routledge, 1966; Towsend, *Poverty in the United Kingdom*, 1979.

10. Sobre esse aspecto, ver meu texto "Poor, relatively speaking", *Oxford Economic Papers*, 35, 1983, reproduzido em *Resources, values, and development*, 1984.

11. A relação é analisada em meu livro *Inequality reexamined*, Oxford/Cambridge, Mass., Clarendon Press/Harvard University Press, 1992, cap. 7.

12. Jean Drèze e Amartya Sen, *India: economic development and social opportunity*, Delhi, Oxford University Press, 1995.

13. Ver a coletânea de artigos em Isher Judge Ahluwalia e I. M. D. Little (eds.), *India's economic reforms and development: essays for Manmohan Singh*, Delhi, Oxford University Press, 1998. Ver também Vijay Joshi e Ian Little, *Indian economic reforms, 1991-2001*, Delhi, Oxford University Press, 1996.

14. Esses argumentos são desenvolvidos mais integralmente em Drèze e Sen, *India: economic development and social opportunity*, 1995.

15. Ver G. Datt, *Poverty in India and Indian states: an update*, Washington, D. C., International Food Policy Research Institute, 1997. Ver também World Bank, *India: achievements and challenges in reducing poverty*, Report n. 16483-IN, 27 de maio de 1997 (ver particularmente figura 2.3).

16. Adam Smith, *The theory of moral sentiments*, 1759; ed. rev., 1790; reedição, Raphael e A. L. Macfie (eds.), Oxford, Clarendon Press, 1976.

17. John Rawls, *A theory of justice*, Cambridge, Mass., Harvard University Press, 1971. Ver também Stephen Darwal (ed.), *Equal freedom: selected tanner lectures on human values*, Ann Harbor, University of Michigan Press, 1995, com contribuições de G. A. Rohen, Ronald Dworkin, John Rawls, T. M. Scanlon, Amartya Sen e Quentin Skinner.

18. Thomas Scanlon, "Contractualism and utilitarianism", in Amartya Sen e Bernard Williams (eds.), *Utilitarianism and beyond*, Cambridge, Cambridge University Press, 1982. Ver também desse autor *What we owe each other*, Cambridge, Mass.: Harvard University Press, 1998.

19. Ver, por exemplo, James Mirrlees, "An exploration in the theory of optimal income taxation", *Review of Economic Studies*, 38, 1971; E. S. Phelps

(ed.), *Economic justice*, Harmondsworth, Penguin Books, 1973; Nicholas Stern, "On the specification of modes of optimum income taxation", *Journal of Public Economics*, 6, 1976; A. B. Atkinson e Joseph Stiglitz, *Lectures on public economics*, Londres, McGraw Hill, 1980; D. A. Starret, *Foundations of public economics*, Cambridge, Cambridge University Press, 1988, entre muitas outras contribuições.

20. A. B. Atkinson, "On the measurement of inequality", *Journal of Economic Theory*, 2, 1970, e *Social justice in public policy*, Brighton/Cambridge, Mass., Wheatsheaf/MIT Press, 1983. Ver também S. Ch. Kolm, "The optimum production of social justice", in J. Margolis e H. Guitton (eds.), *Public economics*, Londres, Macmillan, 1969; Amartya Sen, *On economic inequality*, Oxford, Clarendon Press, 1973; ed. ampliada, incluindo um anexo com James Foster, 1997; Charles Blackorby e David Donaldson, "A theoretical treatment of indices of absolute inequality", *International Economic Review*, 21, 1980, e "Ethically significant ordinal indexes of relative inequality", in R. Basmann e G. Rhodes (eds.), *Advances in econometrics*, Greenwich, Conn., JAI Press, 1984, vol. 3.

21. Em meu ensaio "Inequality, unemployment and contemporary Europe" (apresentado na Conferência de Lisboa sobre "Europa social", da Fundação Calouste Gulbekian, 5 a 7 de maio de 1997, publicado em *International Labour Review*, 1997), discuti a relevância desse contraste para as questões das políticas na Europa contemporânea. A importância que os próprios desempregados atribuem à perda de liberdade e capacidade resultante do desemprego é analisada de modo esclarecedor (com dados belgas) por Eric Schokkaert e L. Van Ootegem ("Sen's concept of living standards applied to the Belgian unemployed", *Recherches Economiques de Louvain*, 56, 1990).

22. Ver a literatura citada em meu ensaio "Inequality, unemployment and contemporary Europe" (1997). Sobre os danos sociais e outros "danos psicológicos" do desemprego, ver Robert Solow, "Mass unemployment as a social problem", in K. Basu, P. Pattanaik e K. Suzumura (eds.), *Choice, welfare and development*, Oxford, Clarendon Press, 1995, e A. Goldsmith, J. R. Veum e W. Darity Jr., "The psychological impact of unemployment and joblessness", *Journal of Socio-Economics*, 25, 1996, entre outras contribuições. Ver também a bibliografia relacionada sobre "exclusão social"; boas introduções sobre a literatura podem ser encontradas em Gerry Rodgers, Charles Gore e J. B. Figueiredo (eds.), *Social exclusion: rhetoric, reality, responses*, Genebra, International Institute for Labour Studies, 1995; Charles Gore *et al.*, *Social exclusion and anti-poverty policy*, Genebra, International Institute for Labour Studies, 1997; Arjan de Haan e Simon Maxwell, *Poverty and social exclusion in North and South*, *Institute of Development Studies Bulletin*, 29, janeiro de 1998, número especial.

23. A. B. Atkinson, Lee Rainwater e Timothy Smeeding, *Income distribution in OECD countries*, Paris, OCDE, 1996.

24. A necessidade de novas iniciativas na área das políticas é particularmente intensa nesta época. Ver Jean-Paul Fitoussi e R. Rosanvallon, *Le nouvel*

âge des inégalités, Paris, Sevil, 1996; Edmund S. Phelps, *Rewarding work: how to restore participation and self-support to free enterprise*, Cambridge, Mass., Harvard University Press, 1997; ver também Paul Krugman, *Technology, trade and factor prices*, NBER Working Paper n. 5355, Cambridge, Mass., National Bureau of Economic Research, 1995; Stephen Nickell, "Unemployment and labor market rigidities: Europe *versus* North America", *Journal of Economic Perspectives*, 11, 1997; Richard Layard, *Tackling unemployment*, Londres, Macmillan, 1999; Jean-Paul Fitoussi, Francesco Giavezzi, Assar Lindbeck, Franco Modigliani, Beniamino Moro, Dennis J. Snower, Robert Solow e Klaus Zimmerman, "A manifesto on unemployment in the European Union", mimeografado, 1998.

25. Dados de M. W. Owen, S. M. Teutsch, D. F. Williamson e J. S. Marks, "The effects of known risk factors on the excess mortality of black adults in the United States", *Journal of the American Medical Association*, 263, n. 6, 9 de fevereiro de 1990.

26. Sobre essa visão, ver meu livro *Commodities and capabilities* (1985). Os *Human Development Reports* do UNDP forneceram importantes informações e avaliação sobre esse modo de considerar a pobreza, especialmente no *Human Development Report 1997*. Ver também Sudhir Anand e Amartya Sen, "Concepts of human development and poverty: a multidimensional perspective" (1997).

27. Drèze e Sen, *India: economic development and social opportunity* (1995); Amartya Sen, "Hunger in the modern world", dr. Rajendra Prasad Memorial Lecture, Nova Delhi, junho de 1997; e "Entitlement perspectives on hunger", World Food Programme, 1997.

28. Para fontes dessa informação e de outras usadas nesta seção, ver Drèze e Sen, *India: economic development and social opportunity* (1995), cap. 3 e apêndice estatístico. O quadro aqui apresentado concentra-se em 1991, por razões de disponibilidade de dados. Contudo, tem havido um aumento considerável da alfabetização, informado há pouco tempo pelo mais recente levantamento nacional por amostragem da Índia, o Indian National Sample Survey. Também se verificam afastamentos importantes no campo das políticas, anunciados por alguns governos estaduais, como os de Bengala ocidental e Madhya Pradesh.

29. Ver C. J. L. Murray *et al.*, *U. S. patterns of mortality by county and race: 1965-1994*, Cambridge, Mass., Harvard Center for Population and Developmental Studies, 1998, tabela 6d, p. 56.

30. A gravidade do malogro indiano na alocação de recursos e esforços para o desenvolvimento social é discutida de modo convincente e comovente por S. Guhan in "An unfulfilled vision", *IASSI Quarterly*, 12, 1993. Ver também a seguinte coletânea de ensaios em honra a esse autor: Barbara Harriss-White e S. Subramanian (eds.), *Illfare in India: essays on India's social sector in honour of S. Guhan*, Delhi, Sage, 1999.

31. Os dados foram extraídos da tabela 3.1, em Drèze e Sen, *India: economic development and social opportunity* (1995). Ver também Saraswati Raju, Peter J.

Atkins, Naresh Kumas e Janet G. Towsend, *Atlas of women and men in India*, Nova Delhi, Kali for Women, 1999.

32. Ver também A. K. Shiva Kumar, "UNDP's Human Development Index: a computation for Indian states", *Economic and Political Weekly*, 12 de outubro de 1991; Rajah J. Chelliah e R. Sudarshan (eds.), *Indian poverty and beyond: human development in India*, Nova Delhi, Social Science Press, 1999.

33. Ver World Bank, *World Development Report 1994*, Oxford, Oxford University Press, 1994, tabela 1, p. 163.

34. Sobre essa afirmação, ver a vasta comparação feita por Peter Svedberg (*Poverty and undernutrition: theory and measurement*, Oxford, Clarendon Press, 1997), que também examina abordagens alternativas para medir a subnutrição e os quadros conflitantes gerados por estatísticas diferentes, mas chega decisivamente a uma conclusão que situa a Índia abaixo da África subsaariana em relação à subnutrição.

35. Ver World Bank, *World Development Report 1993*, Oxford, Oxford University Press, 1993, tabela A.3 (as taxas de mortalidade agravaram-se com o alastramento da epidemia de AIDS).

36. Ver Svedberg, *Poverty and undernutrition* (1997). Ver também C. Gopalan (ed.), *Combating undernutrition*, Nova Delhi, Nutrition Foundation of India, 1995.

37. Ver Nevin Scrimshaw, "The lasting damage of early malnutrition", in R. W. Fogel *et al.*, *Ending the inheritance of hunger*, Roma, World Food Programme, 1997. Ver também os trabalhos de Robert W. Fogel, Cutberto Garza e Amartya Sen, no mesmo volume.

38. Isso não equivale a negar que cada um dos critérios tradicionais de subnutrição admite alguma margem de dúvida, mas os indicadores baseados na saúde e no físico realmente têm algumas vantagens sobre medidas que consideram simplesmente a ingestão de alimentos. Também é possível utilizar os conhecimentos médicos e funcionais disponíveis para melhorar os critérios a serem empregados. Sobre essas questões e outras afins, ver Dasgupta, *An inquiry into well-being and destitution* (1993); Osmani (ed.), *Nutrition and poverty* (1993); Scrimshaw, "The lasting damage of early malnutrition", e Robert W. Fogel, "The global struggle to escape from chronic malnutrition since 1700", in Fogel *et al.*, *Ending the inheritance of hunger* (1997).

39. Ver Svedberg, *Poverty and undernutrition* e a literatura citada nessa obra. Ver também United Nations Development Programme, *Human Development Report 1995*, Nova York, Oxford University Press, 1995.

40. A África também sofre com um ônus muito maior da dívida externa, que hoje é colossal. Há ainda a diferença advinda do fato de que os países africanos têm sido muito mais sujeitos a governos ditatoriais — em parte como resultado de se verem enredados na Guerra Fria, com o Ocidente e a União Soviética desejosos de apoiar golpes militares e outras tomadas de poder por seus aliados não democráticos. O ônus imposto pelos regimes ditatoriais em

relação à perda de voz ativa dos desfavorecidos vulneráveis e à falta de transparência e obrigatoriedade de prestação de contas será discutido nos capítulos 6 e 7. Até mesmo a propensão ao endividamento vultoso para custear, entre outras, as prioridades militares é encorajada pelos governos ditatoriais.

41. O UNDP tem publicado anualmente, desde 1990 — em seus *Human Development Reports*, iniciados pelo dr. Mahbub ul Haq —, dados pormenorizados que são importantes e interessantes sobre a natureza da privação nas diferentes partes do mundo. O programa também tem proposto e apresentado algumas medidas agregadas, em particular o Índice de Desenvolvimento Humano (IDH) e o Índice de Pobreza Humana (IPH). Esses índices agregados têm despertado mais a atenção pública do que os minuciosos e diversificados quadros empíricos que emergem das tabelas e de outras apresentações empíricas. Com efeito, conseguir a atenção do público tem sido claramente parte do objetivo do UNDP, especialmente em sua tentativa de combater a concentração excessiva na medida simples do PNB per capita, que frequentemente é o único indicador no qual o público presta alguma atenção. Para competir com o PNB, há a necessidade de outra medida, mais abrangente, com o mesmo nível de aproximação do PNB. Essa necessidade é parcialmente suprida pelo uso do IDH, assim como o IPH tem sido apresentado pelo UNDP como um rival para as medidas tradicionais de pobreza de renda. Não é minha intenção questionar os méritos desses usos concorrentes no contexto de conseguir a atenção do público (na verdade, prestei assessoria técnica ao UNDP na concepção desses dois índices). Não obstante, permanece o fato de que os *Human Development Reports* são muito mais ricos de informações relevantes do que aquilo que se pode obter com uma concentração exclusiva nos indicadores agregados como o IDH e IPH.

42. Amartya Sen, "Missing women" (1992).

43. Ver também meu livro *Resources, values and development* (1984); Barbara Harriss e E. Watson, "The sex ratio in South Asia", in J. H. Momson e J. Towsend (eds.), *Geography of gender in the Third World*, Londres, Butler & Tanner, 1987; Jocelyn Kynch, "How many women are enough? Sex ratios and the right to life", *Third World Affairs 1985*, Londres, Third World Foundation, 1985; Amartya Sen, "Women's survival as a development problem", *Bulletin of the American Academy of Arts and Sciences*, 43, n. 2, 1989, pp. 14-29; Ansley Coale, "Excess female mortality and the balances of the sexes in the population: an estimate of the number of 'missing females'", *Population and Development Review*, 17, n. 3, 1991, pp. 517-23; Stephan Klasen, "Missing women reconsidered", *World Development*, 22, 1994.

44. Ver I. Waldron, "The role of genetic and biological factors in sex differences in mortality", in A. D. Lopez e L. T. Ruzicka (eds.), *Sex differences in mortality*, Canberra, Department of Demography, Australian National University, 1983.

45. Sobre essa afirmação, ver meu artigo "Women's survival as a develop-

ment problem", *Bulletin of the American Academy of Arts and Sciences*, novembro de 1989; versão revista, "More than a hundred million women are missing", *The New York Review of Books*, edição de Natal, 20 de dezembro de 1990.

46. Ver Drèze e Sen, *Hunger and public action* (1989), tabela 4.1, p. 52. Ver também meu artigo "Missing women" (1992).

47. Coale, "Excess female mortality".

48. Stephan Klasen, "Missing women reconsidered", *World Development*, 22, 1994.

49. Chen, Huq e D'Souza, "Sex bias in the family allocation of food and health care in rural Bangladesh", 1981, p. 7; Sen, *Commodities and capabilities*, 1985, apêndice B, e a literatura empírica ali citada (também em Coale, "Excess female mortality", 1991).

50. Ver particularmente Atkinson, *Social justice and public policy* (1983), e seu livro *Poverty and social security*, Nova York, Wheatsheaf, 1989.

51. Harry Frankfurt, "Equality as a moral ideal", *Ethics*, 98, 1987, p. 21.

52. Examinei diferentes aspectos dessa distinção em "From income inequality to economic inequality", *Southern Economic Journal*, 64, 1997.

53. Sobre essa afirmação, ver meu artigo "The welfare basis of real income comparisons", *Journal of Economic Literature*, 17, 1979 (reproduzido em *Resources, values, and development*, 1984).

5. MERCADOS, ESTADO E
OPORTUNIDADE SOCIAL [pp. 150-92]

1. Procurei apresentar algumas tentativas de exame crítico em meu livro *Sobre ética e economia*, São Paulo, Companhia das Letras, 1999, e também em "Markets and freedoms", *Oxford Economic Papers*, 45, 1993; "Markets and the freedom to choose", in Horst Siebert (ed.), *The ethical foundations of the market economy*, Tübingen, J. C. B. Mohr, 1994; e "Social justice and economic efficiency", apresentado em um seminário sobre filosofia e política em Berlim, novembro de 1997.

2. Sobre a distinção entre "resultados de culminância" e "resultados abrangentes", ver meu artigo "Maximization and the act of choice", *Econometrica*, 65, julho de 1997. O resultado abrangente considera não meramente os estados de coisas consequentes, mas também o *processo* da própria escolha.

3. Existe uma questão distinta mas importante quanto a que tipos de relações podem ser apropriadamente consideradas adequadas para ser comercializadas e tratadas como mercadoria; ver Margaret Jane Radin, *Contested commodities*, Cambridge, Mass., Harvard University Press, 1996.

4. Ver Robert W. Fogel e Stanley L. Engerman, *Time on the cross*: *the economics of American Negro slavery*, Boston, Little, Brown, 1974. Ver também o capítulo 1 deste livro.

5. Ver G. A. Cornia em coautoria com R. Paniccià, *The demographic impact of sudden impoverishment: Eastern Europe during the 1986-1996 transition*, Florença, International Child Development Centre, UNICEF, 1995; ver também Michael Ellman, "The increase in death and disease under *Katastroiska*", *Cambridge Journal of Economics*, 18, 1994.

6. Friedrich Hayek, *the road to serfdom*, Londres, Routledge, 1944. Ver também Janos Kornai, *The road to a free economy: shifting from a socialist system*, Nova York, Norton, 1990, e *Visions and reality, market and state: contradictions and dilemmas revisited*, Nova York, Harvester Press, 1990.

7. Sobre esse aspecto, ver meu artigo "Gender and cooperative conflict", in Irene Tinker (ed.), *Persistent inequalitites: women and world development*, Nova York, Oxford University Press, 1990; ver também as vastas referências citadas nesse trabalho para as literaturas empírica e teórica sobre o assunto.

8. Sobre esse aspecto, ver Ester Boserup, *Women's role in economic development*, Londres, Allen & Unwin, 1970; Martha Loutfi, *Rural women: unequal partners in development*, Genebra, ILO, 1980; Luisella Goldschmidt-Clermont, *Unpaid work in the household*, Genebra, ILO, 1982; Amartya Sen, "Economics and the family", *Asian Development Review*, 1, 1983, *Resources, values and development*, Cambridge, Mass., Harvard University Press, 1984, e *Commodities and capabilities*, Amsterdam, North-Holland, 1985; Irene Tinker (ed.), *Persistent inequalities*, 1990; Nancy Folbre, "The unproductive housewife: her evolution in nineteenth century economic thought", *Signs: Journal of Women in Culture and Society*, 16, 1991; Naila Kabeer, "Gender, production and well-being", *Discussion Paper*, 288, Institute of Development Studies, University of Sussex, 1991; Lourdes Urdaneta-Ferrán, "Measuring women's and men's economic contributions", *Proceedings of the ISI 49th Session*, Florença, International Statistical Institute, 1993; Naila Kabeer, *Reversed realities: gender hierarchies in development thought*, Londres, Verso, 1994; United Nations Development Programme, *Human Development Report 1995*, Nova York, Oxford University Press, 1995, entre outras contribuições.

9. A necessidade de ver o funcionamento do mecanismo de mercado em combinação com os papéis de outras instituições econômicas, sociais e políticas foi salientada por Douglass North (*Structure and change in economic history*, Nova York, Norton, 1981), e também — com uma ênfase diferente — por Judith R. Blau (*Social contracts and economic markets*, Nova York, Plenum, 1993). Ver também o estudo recente de David S. Landes, *The wealth and poverty of nations*, Nova York, Norton, 1998.

10. Agora já existe uma literatura substancial sobre essa questão e outras relacionadas; ver Joseph Stiglitz e F. Mathewson (eds.), *New development in the analysis of market structure*, Londres, Macmillan, 1986, e Nicholas Stern, "The economics of development: a survey", *Economic Journal*, 99, 1989.

11. Ver Kenneth J. Arrow, "An extension of the basic theorems of classical welfare economics", in J. Neyman (ed.), *Proceedings of the second Berkeley sympo-*

sium of mathematical statistics, Berkeley, Calif., University of California Press, 1951, e Gerard Debreu, *A theory of value*, Nova York, Wiley, 1959.

12. A formulação de modelos da economia de mercado na literatura recente sobre desenvolvimento ampliou substancialmente as limitadíssimas suposições feitas na formulação de Arrow-Debreu. Nessa nova formulação explorou-se particularmente a importância de economias de grande escala, o papel do conhecimento, do aprendizado pela experiência, da prevalência da concorrência monopolista, das dificuldades de coordenação entre diferentes agentes econômicos e das demandas do crescimento de longo prazo em contraposição à eficiência estática. Sobre diferentes aspectos dessas mudanças, ver Avinash Dixit e Joseph E. Stiglitz, "Monopolistic competition and optimum product diversity", *American Economic Review*, 67, 1977; Paul R. Krugman, "Increasing returns, monopolistic competition and international trade", *Journal of International Economics*, 9, 1979; Paul R. Krugman, "Scale economies, product differentiation and the patterns of trade", *American Economic Review*, 70, 1981; Paul R. Krugman, *Strategic trade policy and new international economics*, Cambridge, Mass., MIT Press, 1986; Paul M. Romer, "Increasing returns and long-run growth, *Journal of Political Economy*, 94, 1986; Paul M. Romer, "Growth based on increasing returns due to specialization", *American Economic Review*, 77, 1987; Robert E. Lucas, "On the mechanics of economic development", *Journal of Monetary Economics*, 22, 1988; Kevin Murphy, A. Schleifer e R. Vishny, "Industrialization and the big push", *Quarterly Journal of Economics*, 104, 1989; Elhanan Helpman e Paul R. Krugman, *Market structure and foreign trade*, Cambridge, Mass., MIT Press, 1990; Gene M. Grossman e Elhanan Helpman, *Innovation and growth in the global economy*, Cambridge, Mass., MIT Press, 1991; Elhanan Helpman e Assad Razin (eds.), *International trade and trade policy*, Cambridge, Mass., MIT Press, 1991; Paul R. Krugman, "History *versus* expectations", *Quarterly Journal of Economics*, 106, 1991; K. Matsuyama, "Increasing returns, industrialization and the indeterminacy of equilibrium", *Quarterly Journal of Economics*, 106, 1991; Robert E. Lucas, "Making miracle", *Econometrica*, 61, 1993, entre outras obras.

Esses desenvolvimentos enriqueceram substancialmente a compreensão do processo de desenvolvimento, e sobretudo do papel e do funcionamento da economia de mercado nesse processo. Também elucidaram os *insights* de economistas anteriores sobre o desenvolvimento, incluindo Adam Smith (especialmente sobre economias de escala, divisão do trabalho e aprendizado pela experiência), mas também Allyn Young, "Increasing returns and economic progress", *Economic Journal*, 38, 1928; Paul Rosenstein-Rodan, "Problems of industrialization of Eastern and South-Eastern Europe", *Economic Journal*, 53, 1943; Albert O. Hirschman, *The strategy of economic development*, New Haven, CT, Yale University Press, 1958; Robert Solow, "A contribution to the theory of economic growth", *Quarterly Journal of Economics*, 70, 1956; Nicholas Kaldor, "A model of economic growth", *Economic Journal*, 67, 1957; Kenneth J. Arrow,

"Economic implications of learning by doing", *Review of Economic Studies*, 29, 1962; e Nicholas Kaldor e James A. Mirrlees, "A new model of economic growth", *Review of Economic Studies*, 29, 1962. Ótimas exposições sobre as principais questões e resultados podem ser encontradas em Robert J. Barro e X. Sala-i-Martin, *Economic growth*, Nova York, Mc-Graw-Hill, 1995; Kaushik Basu, *Analytical development economics: the less developed economy revisited*, Cambridge, Mass., MIT Press, 1997; Debraj Ray, *Development economics*, Princeton, Princeton University Press, 1998. Ver também Luigi Pasinetti e Robert Solow (eds.), *Economic growth and the structure of long-run development*, Londres, Macmillan, 1994.

13. Para uma discussão expositiva elementar sobre os resultados e suas implicações éticas, ver meu livro *Sobre ética e economia*, 1999, cap. 2. Os resultados também incluem o "teorema inverso", que garante a possibilidade de alcançar, pelo mecanismo de mercado, *qualquer um* dos possíveis ótimos de Pareto, a partir de uma distribuição inicial adequada de recursos (e de um conjunto correspondente de preços gerados). A necessidade de estabelecer a distribuição inicial de recursos identificada (para perceber o resultado desejado) requer, entretanto, enorme poder político e um radicalismo administrativo sustentado para concretizar a necessária redistribuição de ativos, a qual pode ser muito drástica (se a equidade figurar com destaque na escolha entre diferentes ótimos de Pareto). Nesse sentido, o uso do "teorema inverso" como uma justificação do mecanismo de mercado pertence ao "manual revolucionário" (sobre essa afirmação, ver meu livro *Sobre ética e economia*). O teorema direto, contudo, não faz essa exigência; mostra que qualquer equilíbrio competitivo é um ótimo de Pareto, dadas as condições requeridas (como ausência de tipos específicos de externalidades), para *qualquer* distribuição inicial de recursos.

14. Ver meu texto "Markets and freedoms", *Oxford Economic Papers*, 45, 1993.

15. Existem também outros modos de ver a liberdade efetiva, os quais são discutidos e examinados atentamente em meu livro *Freedom, rationality and social choice: Arrow lectures and other essays*, Oxford, Clarendon Press, no prelo; ver também a literatura ali citada.

16. Sobre esse assunto, ver também Kenneth Arrow e Frank Hahn, *General competitive analysis*, San Francisco, Holden-Day, 1971; reedição, Amsterdam: North-Holland, 1979.

17. Embora a forma das preferências realmente imponha restrição ao que supostamente os indivíduos estão buscando, não existe nenhuma outra restrição sobre a *razão* de eles estarem buscando isso ou aquilo. Para um exame minucioso dos requisitos exatos e de sua relevância, ver meu trabalho "Markets and freedoms" (1993). O essencial aqui é que o resultado de eficiência — ampliado para aplicar-se às liberdades substantivas — tem relação direta com as *preferências*, independentemente das razões de existir dessas preferências.

18. Sobre esse assunto, ver meu artigo "Poverty, relatively speaking", *Oxford Economic Papers*, 35, 1983, reproduzido em minhas obras *Resources, values and development* e "Markets and freedoms" (1993).

19. Ver, por exemplo, A. B. Atkinson, *Poverty in Britain and the reform of social security*, Cambridge, Cambridge University Press, 1970. Ver também Dorothy Wedderburn, *The aged in the welfare state*, Londres, Bell, 1961; Peter Towsend, *Poverty in the United Kingdom: a survey of household resources and standards of living*, Harmondsworth, Penguin, 1979.

20. Ver Emma Rothschild, "Social security and *laissez faire* in eighteenth-century political economy", *Population and Development Review*, 21, dezembro, 1995. Com respeito às Leis dos Pobres, Smith percebeu a necessidade de redes de segurança social, mas criticou as restrições impostas por essas leis às movimentações e a outras liberdades dos pobres assim sustentados; ver Adam Smith, *An inquiry into the nature and causes of the wealth of nations* (1776); republicado por R. H. Campbell e A. S. Skinner (eds.), Oxford, Clarendon Press, 1976, pp. 152-4. Contraste a crítica severa de Thomas Robert Malthus às Leis dos Pobres em geral.

21. Vilfredo Pareto, *Manual of political economy*, Nova York, Kelley, 1927, p. 379. Ver também Jagdish N. Bhagwati, *Protectionism*, Cambridge, Mass., MIT Press, 1990 (em que se cita e desenvolve convincentemente esse argumento). Sobre temas afins, ver ainda Anne O. Krueger, "The political economy of the rent-seeking society", *American Economic Review*, 64, 1974; Jagdish N. Bhagwati, "Lobbying and welfare", *Journal of Public Economics*, 14, 1980; Ronald Findlay e Stan Wellisz, "Protection and rent-seeking in developing countries", in David C. Colander, *Neoclassical political economy: the analysis of rent-seeking and DUP activities*, Nova York, Harper and Row, 1984; Gene Grossman e Elhanan Helpman, *Innovation and growth in the global economy*, Cambridge, Mass., MIT Press, 1991; Debraj Ray, *Development Economics* (1998), cap. 18.

22. Dani Rodrik salientou uma importante assimetria que pode, em certa medida, ajudar a defender as tarifas: elas dão dinheiro para o governo gastar ("Political economy of trade policy", in G. M. Grossman e K. Rogoff [eds.], *Handbook of International Economics*, Amsterdam, Elsevier, 1995, vol. 3) Rodrik ressalta que nos Estados Unidos, no período entre 1870 e 1914, as tarifas contribuíram para mais da metade do total de receitas recebidas pelo governo americano (a proporção foi até maior — mais de 90% — antes da Guerra Civil). Na medida em que favorece um viés "restricionista", isso deve ser levado em consideração, mas reconhecer a fonte de um viés é em si mesmo uma contribuição para encontrá-lo. Ver também R. Fernandez e D. Rodrik, "Resistance to reform: *status quo* bias in the presence of individual-specific uncertainty", *American Economic Review*, 81, 1991.

23. Smith, *Wealth of nations* (1976) (Campbell & Skinner (eds.), vol. 1, livro II, pp. 266-7). Em interpretações modernas da oposição de Adam Smith à

intervenção reguladora do Estado, pode haver um reconhecimento inadequado do fato de que a hostilidade de Smith contra essas regulamentações se relacionava estreitamente a seu ponto de vista — de que elas na maioria das vezes visavam favorecer os interesses dos ricos. Smith, na realidade, expressou-se inequivocamente sobre esse assunto (Smith, *Wealth of nations*, cit., pp.157-8):

> Quando a legislatura tenta regulamentar as diferenças entre os patrões e seus empregados, seus conselheiros são sempre os patrões. Quando essa regulamentação, portanto, é favorável aos empregados, é sempre justa e equitativa; porém às vezes não o é quando favorece os patrões.

24. Sobre esse assunto, ver Emma Rothschild, "Adam Smith and conservative economics", *The Economic History Review*, 45, fevereiro, 1992.

25. Sobre esse tema, ver meu trabalho "Money and value: on the ethics and economics of finance", Primeira Conferência Paolo Baffi do Banco da Itália, Roma, Banco da Itália, 1991; republicado em *Economics and Philosophy*, 9, 1993.

26. Adam Smith não só considerava a proibição dos juros uma política errônea, como também salientava que tal proibição elevaria o custo dos empréstimos para o tomador necessitado:

> Em alguns países os juros sobre o dinheiro foram proibidos por lei. Mas como em toda parte alguma coisa pode ser feita pelo uso do dinheiro, em toda parte alguma coisa tem de ser paga por seu uso. A experiência revela que essa regulamentação, em vez de impedir, aumenta o mal da usura, sendo o devedor obrigado a pagar não apenas pelo uso do dinheiro, mas também pelo risco que o credor corre ao aceitar uma compensação por esse uso. (Smith, *Wealth of nations*, op. cit., vol. 1, livro 2, cap. 4, p. 356.)

27. Smith, *Wealth of nations*, op. cit., vol. 1, livro 2, cap. 4, pp. 356-7. O termo inglês *projectors* [traduzido aqui como "empresários imprudentes"] é usado por Smith não no sentido neutro de "aquele que faz um projeto", mas no sentido pejorativo, mais antigo [ver nota 19, capítulo 1].

28. Carta, de 1787, de Jeremy Bentham "Ao dr. Smith" (in Bentham, *Defence of usury*, Londres, Payne, 1790).

29. Smith não deixou nenhuma prova de ter se convencido com o argumento de Jeremy Bentham, embora este estivesse convicto de ter provas indiretas de que persuadira Smith a abandonar sua posição anterior. (Bentham afirmou que os sentimentos "de Smith com respeito aos pontos de divergência de opiniões são presentemente iguais aos meus".) Mas, na verdade, as edições subsequentes de *A riqueza das nações* não incluíram revisão alguma sobre a passagem criticada por Bentham. Sobre esse debate singular, ver Smith, *Wealth of nations*, op. cit., pp. 357-8, nota de rodapé 19. Ver também H. W. Spiegel,

"Usury", in J. Eatwell, M. Milgate e P. Newmann (eds.), *The new Palgrave: a dictionary of economics*, Londres, Macmillan, 1987, vol. 4.

30. Smith, *Wealth of nations*, op. cit., vol. 1, livro 2, cap. 3, pp. 340-1.

31. Em Smith, *Wealth of nations*, op. cit., pp. 26-7.

32. Existem várias preocupações distintas com respeito às limitações da economia de mercado. Para análises esclarecedoras acerca delas, ver Robert E. Lane, *The market experience*, Cambridge, Cambridge University Press, 1991; Joseph Stiglitz, *Wither socialism?*, Cambridge, Mass., MIT Press, 1994; Robert Heilbroner, *Visions of the future: the distant past, yesterday, today and tomorrow*, Nova York, Oxford University Press, 1995; Will Hutton, *The state we are in*, Londres, Jonathan Cape, 1995; Robert Kuttner, *Global competitiveness and human development: allies or adversaries?*, Nova York, UNDO, 1996; e *Everything for sale: the visions and the limits of the market*, Nova York, Knopf, 1998; Cass Sunstein, *Free markets and social justice*, Nova York, Oxford University Press, 1997.

33. Ver particularmente Alice H. Amsden, *Asia's next giant: South Korea and late industrialization*, Nova York, Oxford University Press, 1989; Robert Wade, *Governing the market: economic theory and the role of government in East Asian industrialization*, Princeton, Princeton University Press, 1990; Lance Taylor (ed.), *The rocky road to reform: adjustment, income distribution and growth in the developing world*, Cambridge, Mass., MIT Press, 1993; Jong Il You e Há-Joon Chang, "The myth of free labor market in Korea", *Contributions to Political Economy*, 12, 1993; Gerry K. Helleiner (ed.), *Manufacturing for export in the developing world: problems and possibilities*, Londres, Routledge, 1995; Kotaro Suzumura, *Competition, commitment and welfare*, Oxford, Clarendon Press, 1995; Dani Rodrik, "Understanding economic policy reform", *Journal of Economic Literature*, 24, março de 1996; Jomo K. S., Chen Yun Chung, Brian C. Folk, Irfan ul-Haque, Pasuk Phongpaichit, Batara Simatupang e Mayury Tateishi, *Southeast Asia's misunderstood miracle: industrial policy and economic development in Thailand, Malaysia and Indonesia*, Boulder, CO, Westview Press, 1997; Vinay Bharat-Ram, *The theory of the global firm*, Delhi, Oxford University Press, 1997; Jeffrey Sachs e Andrew Warner, "Sources of slow growth in African economies", Harvard Institute for International Development, março de 1997; Jong-Il You, "Globalization, labor market flexibility and the Korean labor reform", *Seoul Journal of Economics*, 10, 1997; Jomo K. S. (ed.), *Tigers in trouble: financial governance, liberalisation and crises in East Asia*, Londres, Zed Books, 1998, entre outros trabalhos. Dani Rodrik apresentou uma exposição geral muito útil sobre a necessidade de uma combinação apropriada de intervenção pública, mercados e troca global; as combinações escolhidas podem variar de país para país; ver seu livro *The new global economy and developing countries* (1999). Ver também Edmond Malinvaud, Jean-Claude Milleron, Mustaphak Nabli, Amartya Sen, Arjun Sengupta, Nicholas Stern, Joseph E. Stiglitz e Kotaro Suzumura, *Development strategy and the management of market economy*, Oxford, Clarendon Press, 1997.

34. James D. Wolfensohn, "A proposal for comprehensive development framework", mimeografado, World Bank, 1999. Ver também Joseph E. Stiglitz, "An agenda for development in the twenty-first century", in B. Pleskovi e J. E. Stiglitz (eds.), *Annual World Bank Conference in Development Economics 1997*, Washington, D. C., The World Bank, 1998.

35. Sobre esse tema, ver capítulos 1 a 4 deste livro; ver ainda Amartya Sen e James D. Wolfensohn, "Let's respect both sides of the development coin", *International Herald Tribune*, 5 de maio de 1999.

36. Sobre esse assunto, ver Jean Drèze e Amartya Sen, *India: economic development and social opportunity*, Delhi, Oxford University Press, 1995. Ver também meu artigo "How is India doing?", *New York Review of Books*, 21, edição de Natal, 1982, reproduzido in D. K. Basu e R. Sissons (eds.), *Social and economic development in India: a reassessment*, Londres, Sage, 1986.

37. Nesse contexto, ver Isher Judge Ahluwalia e I. M. D. Little (eds.), *India's economic reforms and development: essays for Manmohan Singh*, Delhi, Oxford University Press, 1998. Ver também Vijay Joshi e I. M. D. Little, *India's economic reforms, 1991-2001*, Delhi, Oxford University Press, 1996.

38. Ver a análise clássica da "falha de mercado" na presença de bens públicos em Paul A. Samuelson, "The pure theory of public expenditure", *Review of Economics and Statistics*, 36, 1954, e "Diagrammatic exposition of a pure theory of public expenditure", *Review of Economics and Statistics*, 37, 1955. Ver ainda Kenneth J. Arrow, "The organization of economic activity: issues pertinent to the choice of market *versus* non-market allocation", in *Collected papers of K. J. Arrow*, Cambridge, Mass., Harvard University Press, 1983, vol. 2.

39. A natureza da incerteza na área da saúde é uma questão adicional que torna problemática a alocação de mercado no campo da medicina e dos serviços de saúde; sobre esse tema, ver Kenneth J. Arrow, "Uncertainty and the welfare economics of health care", *American Economic Review*, 53, 1963. Os méritos comparativos da ação pública na área da saúde estão estreitamente relacionados com as questões identificadas por Arrow e também por Samuelson (ver a nota anterior); sobre esse assunto, ver Jean Drèze e Amartya Sen, *Hunger and public action*, Oxford, Clarendon Press, 1989. Ver também Judith Tendler, *Good government in the tropics*, Baltimore, Johns Hopkins University Press, 1997.

40. A literatura sobre esse tema é muito extensa, e enquanto algumas contribuições se concentraram nas diversidades institucionais necessárias para lidar com o problema dos bens públicos e questões afins, outras concentraram-se em redefinir "eficiência" depois de considerar os custos de transações e conluios. A necessidade de melhora institucional, reduzindo a dependência com relação a mercados tradicionais, não pode, porém, por definição, ser evitada se o objetivo for ir além do que os mercados tradicionais podem realmente realizar. Para uma exposição esclarecedora sobre as várias questões discutidas nessa vasta literatura, ver Andreas Papandreou, *Externality and Institutions*, Oxford, Clarendon Press, 1994.

41. Smith, *Wealth of nations*, op. cit., vol. 1, livro 2, p. 27, e vol. 5, livro 1, *f*, p. 785.

42. Ver meu texto "Social commitments and democracy: the demands of equity and financial conservatism" in Paul Barker (ed.), *Living as equals*, Oxford, Oxford University Press, 1996, e também "Human development and financial conservatism", discurso programático da International Conference on Financing Human Resource Development, organizada pelo Asian Development Bank, em 17 de novembro de 1995, publicada posteriormente em *World Development*, 1998. A discussão a seguir tem por base esses trabalhos.

43. Obviamente, a subnutrição tem muitos aspectos complexos — sobre eles, ver o texto incluído em S. R. Osmani (ed.), *Nutrition and poverty*, Oxford, Clarendon Press, 1992 —, e alguns aspectos da privação nutricional são mais facilmente observados do que outros.

44. Ver a discussão sobre essa questão em Jean Drèze e Amartya Sen, *Hunger and public action*, Oxford, Clarendon Press, 1989, cap. 7, particularmente pp. 109-13. As observações empíricas provêm de T. Nash, "Report on activities of the Child Feeding Centre in Korem", mimeografado, Londres, Save the Children Fund, 1986, e J. Borton e J. Shoham, "Experiences of non-governmental organisations in targeting of emergency food aid", mimeografado (relatório sobre um seminário realizado na London School of Hygiene and Tropical Medicine em 1989).

45. Sobre esse assunto, ver Drèze e Sen, *Hunger and public action* (1989). Ver também Timothy Besley e Stephen Coate, "Workfare *versus* welfare: incentive arguments for work requirements in poverty-alleviation programs", *American Economic Review*, 82, março, 1992; Joachim von Braun, Tesfaye Teklu e Patrick Webb, "The targeting aspects of public works schemes: experiences in Africa", e Martin Ravallion e Gaurav Datt, "Is targeting through a work requirement efficient? Some evidence from rural India", ambos publicados em Dominique van de Walle e Kimberly Nead (eds.), *Public spending and the poor: theory and evidence*, Baltimore, Johns Hopkins University Press, 1995. Ver ainda Joachim von Braun, Tesfaye Teklu e Patrik Webb, *Famine in Africa: causes, responses and prevention*, Baltimore, Johns Hopkins University Press, 1998.

46. Trabalhar desse modo não ajudará os que forem muito velhos, doentes ou incapacitados, mas, como já mencionado, essas pessoas podem ser facilmente identificadas a partir dessas deficiências de capacidade e auxiliadas por meio de outros esquemas complementares. A possibilidade e as experiências reais desses programas complementares foram discutidas em Drèze e Sen, *Hunger and public action* (1989).

47. Sobre esse assunto, ver Sudhir Anand e Martin Ravallion, "Human development in poor countries: do incomes matter?", *Journal of Economic Perspectives*, 7, 1993. Ver também Keith Griffin e John Knight (eds.), *Human development and the international development strategy for the 1990s*, Londres,

Macmillan, 1990. Especificamente sobre as fomes coletivas, ver também Alex de Waal, *Famines that kill: Darfur 1984-1985*, Oxford, Clarendon Press, 1989.

48. Ver meu livro *On economic inequality* (1973), pp. 78-9.

49. Essas questões são discutidas mais integralmente em "The political economy of targeting", meu discurso programático para a 1992 Annual World Bank Conference on Development Economics, publicado em Van de Walle e Nead, *Public spending and the poor* (1995). Ver também os outros ensaios nessa obra esclarecedora.

50. Sobre os problemas gerais subjacentes às informações assimétricas, ver George A. Akerlof, *An economic theorist's book of Tales*, Cambridge, Cambridge Unviersity Press, 1984.

51. Ver John Rawls, *A theory of justice*, Cambridge, Mass., Harvard University Press, 1971, pp. 440-6. Rawls discute como as disposições institucionais e as políticas públicas podem influenciar "as bases sociais do respeito próprio".

52. Ver particularmente William J. Wilson, *The truly disadvantaged*, Chicago, University of Chicago Press, 1987; Christopher Jencks e Paul E. Peterson (eds.), *The urban underclass*, Washington, D. C., Brookings Institution, 1991; Theda Skocpol, *Protecting soldiers and mothers: the politics of social provision in the United States, 1870-1920*, Cambridge, Mass., Harvard University Press, 1991. Deparei pela primeira vez com esse argumento (como muitos outros) em 1971, conversando com Terence (W. M.) Gorman na London School of Economics, embora eu não acredite que ele alguma vez tenha escrito sobre isso.

53. Michael Bruno, "Inflation, growth and monetary control: non-linear lessons from crisis and recovery", Paolo Baffi Lecture, Roma, Banco da Itália, 1996. Ver também seu livro *Crisis, stabilization, and economic reform*, Oxford, Clarendon Press, 1993.

54. Bruno, "Inflation, growth and monetary control", pp. 7-8.

55. Bruno, op. cit., pp. 8 e 56.

56. Bruno, op. cit., p. 9.

57. Embora o Banco Mundial tenha demorado muito a reconhecer o papel do Estado no êxito econômico do Leste Asiático, por fim se deu conta da importância dos papéis específicos dos Estados na promoção da expansão da educação e dos recursos humanos; ver World Bank, *The East Asian miracle: economic growth and public policy*, Nova York, Oxford University Press, 1993. Ver também The Asian Development Bank, *Emerging Asia: changes and challenges*, Manila, Asian Development Bank, 1997, e Nancy Birdsall, Carol Graham e Richard H. Sabot, *Beyond trade-offs: market reforms and equitable growth in Latin America*, Washington, D. C., Inter-American Development Bank, 1998.

58. Ver Hiromitsu Ishi, "Trends in the allocation of public expenditure in light of human resource development — overview in Japan", Asian Development Bank, 1995.

59. A natureza dessa relação foi discutida in Drèze e Sen, *Hunger and public action* (1989). Ver também a análise apresentada em World Bank, *The East Asian miracle* (1993) e a vasta lista de referências empíricas ali citada. Ver ainda os trabalhos apresentados na International Conference on Financing Human Resource Development, organizada pelo Asian Development Bank, em 17 de novembro de 1995; muitos dos trabalhos foram publicados em *World Development* (1998). Ótimas análises de experiências contrastantes podem ser encontradas em Nancy Birdsall e Richard H. Sabot, *Opportunity forgone: education, growth and inequality in Brazil*, Washington, D. C., World Bank, 1993; James W. McGuire, "Development policy and its determinants in East Asia and Latin America", *Journal of Public Policy* (1994).

60. Sobre esse assunto, ver Jere R. Behrman e Anil B. Deolalikar, "Health and nutrition", in H. B. Chenery e T. N. Srinivasan (eds.), *Handbook of development economics*, Amsterdam, North-Holland, 1988.

61. Contudo, devido ao ônus impossível da dívida externa, alguns países, especialmente da África, podem não ter escolha nenhuma na determinação de suas prioridades fiscais. Em relação a esse problema, a necessidade de uma política internacional "visionária", como parte de possibilidades econômicas "realistas", é veementemente defendida por Jeffrey Sachs ("Release the poorest countries from debt bondage", *International Herald Tribune*, 12-13 de junho de 1999).

62. Sobre essa questão, ver UNDP, *Human Development Report 1994*.

6. A IMPORTÂNCIA DA DEMOCRACIA [pp. 193-209]

1. A primeira parte deste capítulo fundamenta-se acentuadamente em meu artigo "Freedoms and needs", *The New Republic*, 10 e 17 de janeiro de 1994.

2. Citado in John F. Cooper, "Peking's post-Tiananmen foreing policy: the human rights factor", *Issues and Studies*, 30, outubro, 1994, p. 69; ver também Joanne Bauer e Daniel A. Bell (eds.), *The East Asian challenge for human rights*, Cambridge, Cambridge University Press, 1999.

3. A análise aqui apresentada e as discussões decorrentes fundamentam-se em meus seguintes trabalhos: "Freedoms and needs" (1994); "Legal rights and moral rights: old questions and new problems", *Ratio Juris*, 9, junho de 1996; "Human rights and Asian values", Morgenthau Memorial Lecture, Nova York, Carnegie Council on Ethics and International Affairs, 1997, publicado em forma abreviada em *The New Republic*, 14 e 21 de julho de 1997.

4. Ver, entre outros estudos, Adam Przeworski *et al.*, *Sustainable democracy*, Cambridge, Cambridge University Press, 1995; Robert J. Barro, *Getting it right: markets and choice in a free society*, Cambridge, Mass., MIT Press, 1996. Ver também Robert J. Barro e Jong-Wha Lee, "Losers and winners

in economic growth", Working Paper 4341, National Bureau of Economic Research 1993; Partha Dasgupta, *An inquiry into well-being and destitution*, Oxford, Clarendon Press, 1993; John Helliwell, "Empirical linkages betweeen democracy and economic growth", Working Paper 4066, National Bureau of Economic Research, 1994; Surjit Bhalla, "Freedom and economic growth: a vicious circle?", apresentado no Nobel Symposium in Uppsala, "Democracy's victory and crisis", agosto de 1994; Adam Przeworski e Fernando Limongi, "Democracy and development", apresentado no Nobel Symposium em Uppsala, já citado.

5. Sobre essa questão, ver também meu estudo, em coautoria com Jean Drèze, *Hunger and public action*, Oxford, Clarendon Press, 1989, parte 3.

6. Sobre essa afirmação, ver meus trabalhos "Development: which way now?", *Economic Journal*, 93, dezembro de 1983, e *Resources, values and development*, Cambridge, Mass., Harvard University Press, 1984; 1997.

7. Seria possível argumentar que, na época das fomes coletivas na Irlanda, na década de 1840, a Irlanda era parte do Reino Unido, e não uma colônia. Contudo, não só existia um grande abismo cultural entre a população irlandesa e os governantes britânicos, com um profundo ceticismo dos ingleses com relação aos irlandeses (que remonta no mínimo ao século XVI — bem refletido no ferino poema *The Faerie Queene*, de Edmund Spenser), como também a divisão dos poderes políticos era extremamente desigual. Sobre o assunto em pauta, convém mencionar que a Irlanda era governada como todas as colônias governadas por dirigentes estrangeiros. Ver, sobre essa questão, Cecil Woodham-Smith, *The great hunger: Ireland 1845-1849*, Londres, Hamish Hamilton, 1962. De fato, como observou Joel Mokyr, "A Irlanda era considerada pela Grã-Bretanha uma nação estrangeira e até mesmo hostil" (*Why Ireland starved: a quantitative and analytical history of the Irish economy, 1800-1850*, Londres, Allen & Unwin, 1983, p. 291).

8. Fidel Valdez Ramos, "Democracy and the East Asian crisis", discurso inaugural no Centre for Democratic Institutions, Australian National University, Canberra, 26 de novembro de 1998, p. 2.

9. Um fator importante é o alcance da política deliberativa e do uso de argumentos morais em debates públicos. Sobre essas questões, ver Jürgen Haberman, "Three normative models of democracy", *Constellations*, 1, 1994; Seyla Benhabib, "Deliberative rationality and models of democratic legitimacy", *Constellations*, 1, 1994; James Bonham e William Rehg (eds.), *Deliberative democracy*, Cambridge, Mass., MIT Press, 1997. Ver também James Fishkin, *Democracy and deliberation*, New Haven, CT, Yale University Press, 1971; Ralf Dahrendorf, *The modern social contract*, Nova York, Weidenfeld, 1988; Alan Hamlin e Phillip Pettit (eds.), *The good polity*, Oxford, Blackwell, 1989; Cass Sunstein, *The partial constitution*, Cambridge, Mass., Harvard University Press, 1993; Amy Gutman e Dennis Thompson, *Democracy and disagreement*, Cambridge, Mass., Harvard University Press, 1996.

10. Isso é discutido em Drèze e Sen, *Hunger and public action* (1989), pp. 193-7 e 229-39.

11. Também vale a pena observar que os desafios ambientais, quando compreendidos adequadamente, suscitam algumas das questões centrais de escolha social e política deliberativa; ver meu artigo "Environmental evaluation and social choice: contingent valuation and the market analogy", *Japanese Economic Review*, 46, 1995.

7. FOMES COLETIVAS E OUTRAS CRISES [pp. 210-45]

1. A primeira parte deste capítulo fundamenta-se em meu discurso programático à União Interparlamentar no Senado italiano, por ocasião da Conferência Mundial sobre Alimentos, em Roma, Itália, em 15 de novembro de 1996. A análise deriva de meu livro *Poverty and famines: an essay on entitlement and deprivation*, Oxford, Clarendon Press, 1981, e de meu trabalho em coautoria com Jean Drèze, *Hunger and public action*, Oxford, Clarendon Press, 1989.

2. Para uma exposição sobre "análise dos intitulamentos", ver meu livro *Poverty and famines* e também Drèze e Sen, *Hunger and public action*; ver, ainda, Drèze e Sen (eds.), *The political economy of hunger*, Oxford, Clarendon Press, 1990, e sua versão abreviada, Drèze, Sen e Athar Hussain, *The political economy of hunger: selected essays*, Oxford, Clarendon Press, 1995.

3. Para exemplos de fomes coletivas com origens em causas diferentes, com pouca ou nenhuma redução da produção e da disponibilidade de alimentos, ver meu livro *Poverty and famines* (1981), caps. 6-9.

4. Sobre essa questão, ver meu livro *Poverty and famines* (1981). Ver também Meghnad Desai, "A general theory of poverty", *Indian Economic Review*, 19, 1984, e "The economics of famine", in G. A. Harrison (ed.), *Famines*, Oxford, Clarendon Press, 1988. Ver também Lucile F. Newman (ed.), *Hunger in history: food shortage, poverty, and deprivation*, Oxford, Blackwell, 1990, e, sobre um tempo mais remoto, Peter Garnsey, *Famine and food supply in the Greco-Roma world*, Cambridge, Cambridge University Press, 1988.

5. Um importante levantamento crítico da literatura sobre fomes coletivas pode ser encontrado in Martin Ravallion, "Famines and economics", *Journal of Economic Literature*, 35, 1997.

6. Sobre essas observações, ver meu livro *Poverty and famines* (1981), capítulos 7 e 8.

7. A fome coletiva de 1974 em Bangladesh é analisada em meu livro *Poverty and famines* (1981), no capítulo 9, e também em Mohiuddin Alamgir, *Famine in South Asia*, Boston, Oelgeschlager, Gunn & Hain, 1980, e Martin Ravallion, *Markets and famines* (1987).

8. Sobre essas ocorrências, ver Ravallion, *Markets and famines* (1987).

9. O fato de a Irlanda ter exportado alimentos para a Inglaterra durante as fomes coletivas é citado às vezes como prova de que a produção de gêneros alimentícios não declinara na Irlanda. Mas essa é uma conclusão errônea, pois temos evidências diretas de um declínio na produção irlandesa de alimentos (associado à praga da batata) e porque o movimento dos gêneros alimentícios é determinado pelos preços relativos, e não apenas pela magnitude da produção de alimentos no país exportador. De fato, a "contramovimentação de gêneros alimentícios" é um fenômeno comum em uma "fome coletiva de depressão", na qual ocorre um declínio econômico geral, que pode provocar uma queda na demanda por alimentos maior do que a redução da oferta (sobre essa questão e outras afins, ver meu livro *Poverty and famines*). Também nas fomes coletivas chinesas uma proporção muito maior da produção reduzida de alimentos na China rural foi levada para as áreas urbanas em consequência da política oficial (sobre esse assunto, ver Carl Riskin, "Feeding China: the experience since 1949", in *The political economy of hunger*, op. cit.).

10. Houve ainda outros fatores por trás da mortalidade diferencial na fome coletiva de 1943 em Bengala, incluindo a decisão governamental de abrigar a população urbana em Calcutá mediante racionamento dos alimentos e controle de preços, mas com estabelecimentos que vendiam a preços justos, deixando a população rural totalmente desprotegida. Sobre esses e outros aspectos da fome coletiva de Bengala, ver meu livro *Poverty and famine* (1981), cap. 6.

11. Em geral, não é incomum a população rural sofrer mais com as fomes coletivas do que a população urbana — econômica e politicamente mais poderosa. Michael Lipton analisou a natureza do "viés urbano" em um estudo clássico: *Why poor people stay poor: a study of urban bias in world development*, Londres, Temple Smith, 1977.

12. Sobre esses fatos, ver Alamgir, *Famine in South Asia* (1980), e meu livro *Poverty and famines* (1981), cap. 9. As análises de preços de alimentos (e outros fatores causais) são amplamente exploradas por Martin Ravallion em *Markets and famines* (1987). Ravallion também mostra como o mercado do arroz exagerou a magnitude do futuro declínio da oferta de alimentos em Bangladesh, fazendo com que o preço determinado por essa expectativa se elevasse muito mais do que teria sido necessário.

13. *Encyclopaedia Britannica*, 11. ed. Cambridge, 1910-1911, vol. 10, p. 167.

14. Ver A. Loveday, *The history and economics of Indian famines*, Londres, G. Bell, 1916, e também meu livro *Poverty and famines* (1981), cap. 4.

15. Sobre essa questão, ver Alex de Waal, *Famines that kill*, Oxford, Clarendon Press, 1989. Ver ainda meu livro *Poverty and famines*, apêndice D, sobre o padrão da mortalidade causada pela fome coletiva de 1943 em Bengala.

16. Essa análise utiliza meus ensaios anteriores "Famine as alienation" (em Abu Abdullah e Azizur Rahman Khan (eds.), *State, market and develop-*

ment: essays in honour of Rehman Sobhan, Dhaka, University Press, 1996) e "Nobody need starve" (*Granta*, 52, 1995).

17. Sobre esses fatos, ver Robert James Scally, *The end of hidden Ireland*, Nova York, Oxford University Press, 1995.

18. Ver Cormac O'Grada, *Ireland before and after the famine: explorations in economic history, 1800-1925*, Manchester, Manchester University Press, 1988, e *The great Irish famine*, Basingstoke, Macmillan, 1989.

19. Terry Eagleton, *Heathcliff and the great hunger: studies in Irish culture*, Londres, Verso, 1995, pp. 25-6.

20. Para análise das fomes coletivas irlandesas, ver Joel Mokyr, *Why Ireland starved: a quantitative and analytical history of the Irish economy, 1800-1850*, Londres, Allen & Unwin, 1983; Cormac O'Grada, *Ireland before and after the famine* (1988) e *The great Irish famine* (1989); e Pat McGregor, "A model of crisis in a peasant economy", *Oxford Economic Papers*, 42, 1990. A questão da população não proprietária de terras é particularmente grave no caso das fomes coletivas no sul da Ásia e, em certa medida, na África subsaariana; ver Keith Griffin e Aziz Khan (eds.), *Poverty and landlessness in rural Asia*, Genebra, ILO, 1977; Alamgir, *Famine in South Asia* (1980).

21. Sobre essa questão, ver Alamgir, *Famine in South Asia* (1980); Ravallion, *Markets and famines* (1987). Ver também Nurul Islam, *Development planning in Bangladesh: a study in political economy*, Londres/Nova York, Hurst/St. Martin's Press, 1977.

22. Sobre a "contramovimentação" de alimentos, ver Sen, *Poverty and famines* (1981); Graciela Chichilnisky, "North-South trade with export enclaves: food consumption and food exports", mimeografado, Columbia University, 1983; Drèze e Sen, *Hunger and public action* (1989).

23. Mokyr, *Why Ireland starved* (1983), p. 291. Sobre diferentes aspectos dessa relação complexa, ver R. Fitzroy Foster, *Modern Ireland 1600-1972*, Londres, Penguin, 1988.

24. Ver a equilibrada avaliação dessa linha de diagnose em Mokyr, *Why Ireland starved* (1983), pp. 291-2.

25. Sobre essa afirmação, ver Cecil Woodham-Smith, *The great hunger: Ireland 1845-1849*, Londres, Hamish Hamilton, 1962; ver também O'Grada, *The great Irish famine* (1989); Eagleton, *Heathcliff and the great hunger* (1995). A história subsequente da Irlanda também foi profundamente influenciada pela fome coletiva e, portanto, pelo tratamento que recebeu de Londres; ver Scally, *The end of hidden Ireland* (1995).

26. Ver Andrew Roberts, *Eminent Churchillians*, Londres, Weidenfeld & Nicolson, 1994, p. 213.

27. Citado em Woodham-Smith, *The great hunger* (1962), p. 76.

28. A relevância do raciocínio moral na prevenção da fome aguda e das fomes coletivas foi mostrada em uma análise esclarecedora de Onora O'Neil (*Faces of hunger: an essay on poverty, justice and development*, Londres, Allen and

Unwin, 1986). Ver também P. Sainath, *Everybody loves a good drought*, Nova Delhi, Penguin, 1996; Helen O'Neil e John Toye (eds.), *A world without famine? New approaches to aid and development*, Londres, Macmillan, 1998; Joachim von Braun, Tesfaye Teklu e Patricia Webb, *Famine in Africa: causes, responses, prevention*, Baltimore, Johns Hopkins University Press, 1999.

29. Existe uma vasta literatura sobre esse tema, que é discutida e avaliada criticamente em Drèze e Sen, *Hunger and public action* (1989), cap. 9. Ver também C. K. Eicher, *Transforming African agriculture*, San Francisco, The Hunger Project, 1986; M. S. Swaminathan, *Sustainable nutritional security for Africa*, San Francisco, The Hunger Project, 1986; M. Glantz (ed.), *Drought and hunger in Africa*, Cambridge, Cambridge University Press, 1987; J. Mellor, C. Delgado e C. Blackie (eds.), *Accelerating food production in Sub-Saharan Africa*, Baltimore, Johns Hopkins University Press, 1987. Ver também os ensaios de Judith Heyer, Francis Idachaba, Jean-Philippe Platteau, Peter Svedberg e Sam Wangwe in Drèze e Sen (eds.), *The political economy of hunger* (1990).

30. Ver Drèze e Sen, *Hunger and public action* (1989), tabela 2.4, p. 33.

31. Sobre esse assunto, ver Drèze e Sen, *Hunger and public action* (1989), cap. 8, e os ensaios de Drèze e Sen, *The political economy of hunger* (1990).

32. Sobre a mecânica desses procedimentos, ver Drèze e Sen, *Hunger and public action*, cap. 8, e os ensaios de Jean Drèze e Sen, *The political economy of hunger* (1990).

33. Sobre essa comparação, ver Drèze e Sen, *Hunger and public action* (1989), cap. 8.

34. Sobre essa questão e outras relacionadas, ver meu livro *Poverty and famines* (1981), e Drèze e Sen, *Hunger and public action* (1989).

35. O quadro comparativo é apresentado em *Hunger and public action* (1989), cap. 8.

36. Ver Basil Ashtron, Kenneth Hill, Alan Piazza e Robin Zeitz, "Famine in China, 1958-61", *Population and Development Review*, 10, 1984.

37. Ver T. P. Bernstein, "Stalinism, famine, and Chinese peasants", *Theory and Society*, 13, 1984, p. 13. Ver também Carl Riskin, *China's political economy*, Oxford, Clarendon Press, 1987.

38. Citado em Mao Tsé-tung, *Mao Tse-tung unrehearsed, talks and letters: 1956-1971*, Stuart R. Schram (ed.), Harmondsworth, Penguin Books, 1976, pp. 277-8. Ver também a discussão dessa declaração em Ralph Miliband, *Marxism and politics*, Londres, Oxford University Press, 1977, pp. 149-50.

39. Sobre esse assunto, ver também Ralph Miliband, *Marxism and politics* (1977), p. 151.

40. Sobre essa observação, ver também Drèze e Sen, *Hunger and public action* (1989).

41. Um relato "interno" sobre a estratégia geral do FMI para a prevenção de crises e a reforma no longo prazo do Leste e Sudeste Asiático pode ser encontrado em Timothy Lane, Atish R. Ghosh, Javier Hamann, Steven

Phillips, Marianne Schultz-Ghattas e Tsidi Tsikata, *IMF-supported programs in Indonesia, Korea and Thailand: a preliminary assessment*, Washington, D. C., International Monetary Fund, 1999.

42. Ver James D. Wolfensohn, *The other crisis: address to the board of governors of the World Bank*, Washington, D. C., World Bank, 1998.

43. A destituição pode resultar não só de catástrofes naturais ou depressões econômicas, mas também de guerras e conflitos militares; sobre esse assunto, ver meu ensaio "Economic regress: concepts and features", in *Proceedings of the World Bank Annual Conference on Development Economics 1993*, Washington, D. C., World Bank, 1994. Sobre o papel geral do militarismo como um flagelo moderno, ver também John Kenneth Galbraith, "The unfinished business of the century", mimeografado, conferência na London School of Economics, 28 de junho, 1999.

44. Ver Torsten Persson e Guido Tabellini, "Is inequality harmul to growth? Theory and evidence", *American Economic Review*, 84, 1994; Alberto Alesina e Dani Rodrik, "Distributive politics and economic growth", *Quarterly Journal of Economics*, 108, 1994; Albert Fishlow, C. Gwin, S. Haggard, D. Rodrik e S. Wade, *Miracle or design? Lessons from the East Asian experience*, Washington, D. C., Overseas Development Council, 1994. Ver também o contraste com a Índia (e o sul da Ásia em geral) em Jean Drèze e Amartya Sen, *India: economic development and social opportunity*, Delhi, Oxford University Press, 1995. O nível inferior de desigualdade desse tipo, porém, não garante a equidade que os regimes democráticos podem produzir em tempos de crise e privação aguda. De fato, como observa Jong-Il, nesses países (como a Coreia do Sul), "a baixa desigualdade e a elevada participação nos lucros coexistiram primordialmente devido à distribuição singularmente equitativa da riqueza" ("Income distribution and growth in East Asia", *Journal of Development Studies*, 34, 1998). Nesse contexto, a história passada da Coreia — incluindo reformas agrárias, desenvolvimento disseminado do capital humano por meio da expansão da educação etc. — parece ter desempenhado um papel positivo.

8. A CONDIÇÃO DE AGENTE DAS MULHERES E A MUDANÇA SOCIAL [pp. 246-63]

1. Discuti essa questão em alguns trabalhos anteriores como: "Economics and the family", *Asian Development Review*, 1, 1983; "Women, technology and sexual divisions", *Trade and Development*, 6, 1985; "Missing women", *British Medical Journal*, 304, março de 1992; "Gender and cooperative conflict", in Irene Tinker (ed.), *Persistent inequalities: women and world development*, Nova York, Oxford University Press, 1990; "Gender inequalities and theories of justice", in Martha Nussbaum e Jonathan Glover (eds.), *Women, culture and development: a study of human capabilities*, Oxford, Clarendon Press, 1995; (em

coautoria com Jean Drèze) *India: economic development and social opportunity*, Delhi, Oxford University Press, 1995; "Agency and well-being: the development agenda", in Noeleen Heyzer (ed.), *A commitment to the women*, Nova York, UNIFEM, 1996.

2. Meu ensaio "Well-being, agency and freedom: the Dewey lectures 1984", *Journal of Philosophy*, 82, abril de 1985, investiga a distinção filosófica entre o "aspecto da condição de agente" e o "aspecto do bem-estar" do indivíduo, e procura identificar as implicações práticas abrangentes dessa distinção, aplicadas em muitos campos distintos.

3. Estimativas estatísticas alternativas da magnitude da "mortalidade extra" das mulheres em muitos países da Ásia e da África setentrional também são discutidas em meus trabalhos *Resources, values and development*, Cambridge, Mass., Harvard University Press, 1984; (em coautoria com Jean Drèze), *Hunger and public action*, Oxford, Clarendon Press, 1989. Ver também Stephan Klasen, "'Missing women' reconsidered", *World Development*, 22, 1994.

4. Existe uma vasta literatura sobre esse assunto; minhas tentativas de analisar e utilizar as evidências disponíveis podem ser encontradas em "Gender and cooperative conflict" (1990) e "More than a hundred million women are missing", *New York Review of Books*, edição de Natal, 20 de dezembro de 1990.

5. Essas questões foram discutidas em meus trabalhos *Resources, values and development* (1984), "Gender and cooperative conflict" (1990) e "More than a hundred million women are missing" (1990). Um estudo pioneiro sobre essa área geral foi apresentado na obra clássica de Ester Boserup, *Women's role in economic development* (Londres, Allen & Unwin, 1971). A literatura recente sobre desigualdade entre os sexos em países em desenvolvimento inclui diversos estudos interessantes e importantes sobre tipos distintos de variáveis determinantes. Ver, por exemplo, Hanna Papanek, "Family status and production: the 'work' and 'non-work' of women", *Signs*, 4, 1979; Martha Loufti (ed.), *Rural work: unequal partners in development*, Genebra, ILO, 1980; Mark R. Rosenzweig e T. Paul Schultz, "Market opportunities, genetic endowment and intrafamily resource distribution", *American Economic Review*, 72, 1982; Myra Buvinic, M. Lycette e W. P. McGreevy (eds.), *Women and poverty in the third world*, Baltimore, Johns Hopkins University Press, 1983; Pranab Bardhan, *Land, labor and rural poverty*, Nova York, Columbia University Press, 1984; Devaki Jain e Nirmala Banerjee (eds.), *Tyranny of the household: investigative essays in women's work*, Nova Delhi, Vikas, 1985; Gita Sen e C. Sen, "Women's domestic work and economic activity", *Economic and Political Weekly*, 20, 1985; Martha Alter Chen, *A quiet revolution: women in transition in rural Bangladesh*, Dhaka, BRAC, 1986; Jere Behrman e B. L. Wolfe, "How does mother's schooling affect family health, nutrition, medical care usage and household sanitation?", *Journal of Econometrics*, 36, 1987; Monica Das Gupta, "Selective discrimination against female children in India", *Population and Development Review*, 13, 1987; Gita Sen

e Caren Grown, *Development, crises and alternative visions: Third World women's perspectives*, Londres, Earthscan, 1987; Alaka Basu, *Culture, the status of women and demographic behaviour*, Oxford, Clarendon Press, 1992; Nancy Folbre, Barbara Bergmann, Bina Agarwal e Maria Flore (eds.), *Women's work in the world economy*, Londres, Macmillan, 1992; United Nations, ESCAP, *Integration of women's concerns into development planning in Asia and the Pacific*, Nova York, United Nations, 1992; Bina Agarwal, *A field of one's own*, Cambridge, Cambridge University Press, 1995; Edith Kuiper e Jolande Sap, Susan Feiner, Notburga Ott e Zafiris Tzannattos, *Out of the margin: faminist perspectives on economics*, Nova York, Routledge, 1995; entre outras contribuições.

6. As divisões entre os sexos na família às vezes são estudadas como "problemas de negociação" [*bargaining problems*]; a literatura inclui, entre muitas outras contribuições, as seguintes publicações: Marilyn Manser e Murray Brown, "Marriage and household decision making: a bargaining analysis", *International Economic Review*, 21, 1980; M. B. McElroy e M. J. Horney, "Nash bargained household decisions: toward a generalization of theory of demand", *International Economic Review*, 22, 1981; Shelley Lundberg e Robert Pollak, "Noncooperative bargaining models of marriage", *American Economic Review*, 84, 1994. Para abordagens diferentes das baseadas em "modelos de negociação", ver Sen, "Women, technology and sexual divisions" (1985); Nancy Folbre, "Hearts and spades: paradigms of household economics", *World Development*, 14, 1986; J. Brannen e G. Wilson (eds.), *Give and take in families*, Londres, Allen & Unwin, 1987; Susan Moller Okin, *Justice, gender, and the family*, Nova York, Basic Books, 1989; Sen, "Gender and cooperative conflict" (1990); Marianne A. Ferber e Julie A. Nelson (eds.), *Beyond economic man: feminist theory and economics*, Chicago, Chicago University Press, 1993; entre outras contribuições. Coletâneas úteis de artigos sobre essas questões também podem ser encontradas em Jane Humphries (ed.), *Gender and economics*, Cheltenham, Reino Unido, Edward Elgar, 1995; Nancy Folbre (ed.), *The economics of the family*, Cheltenham, Reino Unido, Edward Elgar, 1996.

7. Sobre esse assunto, ver Okin, *Justice, gender, and the family* (1989); Drèze e Sen, *Hunger and public action* (1989); Sen, "Gender and cooperative conflict" (1990); Nussbaum e Glover, *Woman, culture and development* (1995). Ver também os artigos de Julie Nelson, Shelley Lundberg, Robert Pollak, Diana Strassman, Myra Strober e Viviana Zelizer in *American Economic Review*, 84, 1994, Papers and Proceedings.

8. Essa questão começa a receber considerável atenção na Índia. Ver Asoke Mitra, *Implications of declining sex ratios in India's population*, Bombaim, Allied Publishers, 1980; Jocelyn Kynch e Amartya Sen, "Indian women: well-being and survival", *Cambridge Journal of Economics*, 7, 1983; Bardhan, *Land, labor and rural poverty* (1984); Jain e Banerjee (eds.), *Tyranny of the household* (1985). O "problema da sobrevivência" relaciona-se à questão mais ampla da negligência; sobre isso, ver também os estudos apresentados em Swapna

Mukhopadhyay (ed.), *Women's health, public policy and community action*, Delhi, Manohar, 1998, e Swapna Mukhopadhyay e R. Savithri, *Poverty, gender and reproductive choice*, Delhi, Manohar, 1998.

9. Sobre esse assunto, ver Tinker, *Persistent inequalities* (1990). Meu artigo nessa coletânea ("Gender and cooperative conflict") trata das influências econômicas e sociais que afetam as divisões na família e discute as razões por que essas divisões variam tanto entre as regiões (por exemplo, o viés antifeminino é muito mais pronunciado no sul e no oeste da Ásia, no norte da África e na China do que na África subsaariana ou no Sudeste Asiático) como dentro de áreas distintas do mesmo país (o viés contra o sexo feminino, por exemplo, é muito acentuado em alguns Estados indianos como Punjab e Uttar Pradesh e efetivamente ausente em Kerala). Há também encadeamentos próximos entre diferentes influências sobre a posição relativa das mulheres, como os que relacionam direitos legais e educação básica (uma vez que o *uso* de dispositivos legais relaciona-se à habilidade de ler e escrever); ver Salma Sobhan, *Legal status of women in Bangladesh*, Dhaka, Bangladesh Institute of Legal and International Affairs, 1978.

10. O papel das divisões entre os sexos no compartilhamento da fome foi descrito em estudos esclarecedores: Megan Vaughan, *The story of an African famine: hunger, gender and politics in Malawi*, Cambridge, Cambridge University Press, 1987; Barbara Harriss, "The intrafamily distribution of hunger in South Asia", in Jean Drèze e Amartya Sen (eds.), *The political economy of hunger*, Oxford, Clarendon Press, 1990, entre outros.

11. Algumas dessas questões foram discutidas no contexto específico da Índia, com comparações entre fatos de *dentro* e de *fora* desse país (ver Drèze e Sen, *India: economic development and social opportunity*); ver também Alaka Basu, *Culture, the status of women and demographic behaviour* (1992), e Agarwal, *A field of one's own* (1995). É particularmente importante estudar as diferentes causas de desvantagem ao se analisar a privação específica de grupos com pouca influência econômica ou social — como, por exemplo, as viúvas, especialmente de famílias mais pobres. Sobre essa questão, ver Martha Alter Chen (ed.), *Widows in India*, Nova Delhi, Sage, 1998, e seu livro *Perpetual mourning: widowhood in rural India*, Delhi, Oxford University Press, 1999; Philadelphia, PA, University of Pennsylvania Press, 1999.

12. Sobre as questões envolvidas, ver meu ensaio "Gender and cooperative conflict" em Tinker, *Persistent inequalities* (1990), e a literatura ali citada.

13. Ver L. Beneria (ed.), *Women and development: the sexual division of labor in rural societies*, Nova York, Praeger, 1982. Ver também Jain e Banerjee, *Tyranny of the household* (1985), e Gita Sen e Grown, *Development, crises and alternative visions* (1987); Haleh Afshar (ed.), *Women and empowerment: illustrations from the Third World*, Londres, Macmillan, 1998.

14. Ver Mamta Marthy, Anne-Catherine Guio e Jean Drèze, "Mortality, fertility and gender bias in India: a district level analysis", *Population and*

Development Review, 21, dezembro de 1995. Ver ainda Jean Drèze e Amartya Sen (eds.), *Indian development: selected regional perspectives*, Delhi, Oxford University Press, 1996. Por certo pode-se indagar sobre as direções tomadas pelos processos geradores das relações identificadas — por exemplo, se a alfabetização das mulheres influencia seu *status* e prestígio na família *ou* se o elevado prestígio das mulheres inclina uma família a mandar as meninas para a escola. Estatisticamente, poderia haver ainda um terceiro fator correlacionado a ambas as direções. Entretanto, estudos empíricos recentes indicam que a maioria das famílias — mesmo em áreas socialmente atrasadas da Índia — parece ter uma acentuada preferência por educar as crianças, incluindo as meninas. Um amplo levantamento indica que, mesmo nos Estados com *os menores* níveis de alfabetização feminina, é notavelmente grande a proporção de pais que julgam "importante" mandar as meninas para a escola: 85% no Rajastão, 88% em Bihar, 92% em Uttar Pradesh e 93% em Madhya Pradesh. A principal barreira à educação das meninas parece ser a ausência de escolas nas proximidades — uma diferença fundamental entre os Estados com altos índices de alfabetização e os com baixos índices. Ver Probe Team, *Public report on basic education in India*, Delhi, Oxford University Press, 1999. Portanto, a política pública tem um papel central a desempenhar. Houve iniciativas, nos últimos tempos, que produziram bons efeitos sobre a alfabetização, especialmente em Himachal Pradesh e, mais recentemente, em Bengala ocidental, Madhya Pradesh e alguns outros Estados.

15. O censo indiano de 1991 indica que a taxa de mortalidade no grupo de zero a quatro anos foi de 25,6 para os meninos e 27,5 para as meninas em toda a Índia. Em Andhra Pradesh, Assam, Himachal Pradesh, Kerala e Tamil Nadu, a taxa de mortalidade das meninas nessa faixa etária foi menor do que a dos meninos nessa mesma faixa, mas foi mais elevada em todos os outros Estados indianos importantes. A desvantagem das meninas foi mais pronunciada em Bihar, Haryana, Madhya Pradesh, Punjab, Rajastão e Uttar Pradesh.

16. Murthi, Guio e Drèze, "Mortality, fertility and gender bias in India" (1995).

17. Ver Jean Drèze e Mamta Murthi, "Female literacy and fertility: recent census evidence from India", mimeografado, Centre for History and Economics, King's College, Cambridge, Reino Unido, 1999.

18. Aparentemente não houve dados suficientes com variações interdistritais adequadas para examinar o impacto de diferentes formas de direitos de propriedade, que são relativamente mais uniformes por toda a Índia. Isoladamente, existe o destacado e muito discutido exemplo dos Nairs em Kerala, que têm herança matrilinear há muito tempo (uma associação que confirma, e não contradiz, dentro de suas limitações, a influência positiva dos direitos femininos de propriedade sobre a sobrevivência das crianças, em geral, e a das meninas em particular).

19. Ao que parece, existe uma associação positiva — embora não estatisti-

camente significativa — entre a participação feminina na força de trabalho e a mortalidade das crianças menores de cinco anos nesses ajustamentos.

20. Ver, entre outras contribuições importantes, J. C. Caldwell, "Routes to low mortality in poor countries", *Population and Development Review*, 12, 1986; e Behrman e Wolfe, "How does mother's schooling affect family health, nutrition, medical care usage and household sanitation?" (1987).

21. Essas questões foram amplamente discutidas em meu livro escrito em coautoria com Jean Drèze, *India: economic development and social opportunity* (1995).

22. As várias fontes de evidências sobre essa questão foram submetidas a exame crítico, e, sem surpreender, os diferentes estudos empíricos emergem com intensidades bem diversas nesses exames críticos. Ver particularmente as "perspectivas críticas" sobre essa questão apresentadas em Caroline H. Bledsoe, John B. Casterline, Jenniffer A. Johnson-Kuhn e John G. Haaga (eds.), *Critical perspectives on schooling and fertility in the developing world*, Washington, D. C., National Academy Press, 1999. Ver também Susan Greenhalgh, *Situtating fertility: anthropology and demographic inquiry*, Cambridge, Cambridge University Press, 1995; Robert J. Barro e Jong-Wha Lee, "International comparisons of educational attainment", World Bank, Washington, D. C., 1993 (trabalho apresentado em uma conferência com o tema "Como as políticas nacionais afetam o crescimento de longo prazo?"); Robert Cassen, com colaboradores, *Population and development: old debates, new conclusions*, Washington, D. C., Transaction Books for Overseas Development Council, 1994.

23. Sobre essa questão e outras afins, ver meus trabalhos "Population: delusion and reality", *New York Review of Books*, 22 de setembro de 1994; *Population policy: authoritarianism* versus *cooperation*, Chicago, MacArthur Foundation, 1995; e "Fertility and coercion", *University of Chicago Law Review*, 63, verão de 1996.

24. Ver United Nations, ESCAP, *Integration of women's concerns into development planning in Asia and the Pacific*, Nova York, United Nations, 1992 (especialmente o ensaio de Rehman Sobhan e as referências ali citadas). As questões práticas relacionam-se estreitamente à concepção social do papel feminino na sociedade; estão associadas portanto ao enfoque central dos estudos feministas. Uma abrangente coletânea de artigos (incluindo muitos textos considerados clássicos) pode ser encontrada em Susan Moller Okin e Jane Mansbridge (eds.), *Feminism*, Cheltenham, Reino Unido, Edward Elgar, 1994. Ver também Catherine A. Mackinnon, *Feminism unmodified*, Cambridge, Mass., Harvard University Press, 1987, e Barbara Johnson, *The feminist difference: literature, psychology, race and gender*, Cambridge, Mass., Harvard University Press, 1998.

25. Ver Philip Oldenberg, "Sex ratio, son preference and violence in India: a research note", *Economic and political weekly*, 5-12 de dezembro de 1998; Jean Drèze e Reetika Khera, "Crime, society and gender in India: some clues for

homicidal data", mimeografado, Centre for Development Economics, Delhi School of Economics, 1999. As explicações dessa descoberta interessante podem invocar fatores culturais, bem como econômicos e sociais. Embora a breve discussão aqui apresentada se concentre nestes últimos, existem relações óbvias com questões psicológicas e valorativas, levantadas pelos que veem um contraste básico entre os sexos nos costumes e nas atitudes — notavelmente por Carol Gilligan (ver *In a different voice*, Cambridge, Mass., Harvard University Press, 1982). É importante mencionar o fato de que o caso mais bem sucedido de reforma de uma prisão na Índia se deve a um tipo raro: uma *diretora* de presídio, Kiran Bedi. Seu próprio relato sobre a mudança radical empreendida e a oposição por ela enfrentada pode ser encontrado em seu livro *It's always possible*: *transforming one of the largest prisons in the world* (Nova Delhi, Sterling, 1998). Não me alongarei mais sobre a importante questão de distinguir explicações alternativas da natureza da liderança feminina na mudança social desse tipo, pois a análise apresentada neste livro não requer que tentemos resolver esse problema complexo.

26. Oldenberg defende a primeira hipótese; mas ver também Arup Mitra, "Sex ratio and violence: spurious results", *Economic and Political Weekly*, 2-9 de janeiro de 1993. Drèze e Khera defendem uma explicação que considera uma direção oposta da causação. Ver também a literatura ali citada, incluindo estudos mais antigos, como Baldev Raj Nayar, *Violence and crime in India*: *a quantitative study*, Delhi, Macmillan, 1975; S. M. Edwards, *Crime in India*, Jaipur, Printwell Publishers, 1988; e S. Venugopal Rao (ed.), *Perspectives in criminology*, Delhi, Vikas, 1988.

27. Outro fator tem sido o uso da responsabilidade de grupo na busca de uma taxa de restituição elevada. Sobre essa questão, ver Muhammad Yunus e Alan Jolis, *Banker to the poor*: *micro-lending and the battle against world poverty*, Londres, Aurum Press, 1998. Ver também Lutfun N. Khan Osmani, "Credit and women's relative well-being: a case study of the Grameen Bank, Bangladesh", tese de Ph. D., Queen's University of Belfast, 1998. Ver também Kaushik Basu, *Analytical development economics*, Cambridge, Mass., MIT Press, 1997, capítulos 13 e 14; Debraj Ray, *Development Economics*, Princeton, Princeton University Press, 1998, cap. 14.

28. Ver Catherine H. Lovell, *Breaking the cycle of poverty*: *the BRAC strategy*, Hartford, CI., Kumarian Press, 1992.

29. Ver John C. Caldwell, Barkat e-Khuda, Bruce Caldwell, Indrani Pieries e Pat Caldwell, "The Bangladesh fertility decline: an interpretation", *Population and Development Review*, 25, 1999. Ver também John Cleland, James F. Phillips, Sajeda Amin e G. M. Kamal, *The determinants of reproductive change in Bangladesh*: *success in a challenging environment*, Washington, D. C., World Bank, 1996, e John Bongaarts, "The role of family planning programmes in contemporary fertility transitions" in G. W. Jones *et al.*, *The continuing demographic transition*, Nova York, Oxford University Press, 1997.

30. Ver Agarwal, *A field of one's own* (1995).

31. Ver Henrietta Moore e Megan Vaughan, *Cutting down trees: gender, nutrition and agricultural change in the Northern province of Zambia, 1890-1990*, Portsmouth, N. H., Heinemann, 1994.

32. As dificuldades a serem vencidas pelas mulheres no mercado de trabalho e nas relações econômicas na sociedade têm sido muito numerosas mesmo em economias de mercado avançadas. Ver Barbara Bergmann, *The economic emergence of women*, Nova York, Basic Books, 1986; Francine D. Blau e Marianne A. Ferber, *The economics of women, men and work*, Englewood Cliffs, N. J., Prentice-Hall, 1986; Victor R. Fuchs, *Women's quest for economic equality*, Cambridge, Mass., Harvard University Press, 1988; Claudia Goldin, *Understanding the gender gap: an economic history of American women*, Nova York, Oxford University Press, 1990. Ver também a coletânea de artigos em Marianne A. Ferber, *Women in the labor market*, Cheltenham, Reino Unido, Edward Elgar, 1998.

33. Corre-se o risco de simplificação excessiva ao se considerar a questão da "condição de agente" ou "autonomia" das mulheres de modo demasiadamente formulista, concentrando-se em relações estatísticas simples com variáveis como a alfabetização ou o emprego das mulheres. Sobre essa questão, ver a perceptiva análise antropológica de Alaka M. Basu, *Culture, status of women, and demographic behavior*, Oxford, Clarendon Press, 1992. Ver também os estudos apresentados em Roger Jeffery e Alaka M. Basu (eds.), *Girl's schooling, women's autonomy and fertility change in South Asia*, Londres, Sage, 1996.

34. Ver Naila Kabeer, "The power to choose: Bangladeshi women and labour market decisions in Londres and Dhaka", mimeografado, Institute of Development Studies, University of Sussex, 1998.

35. A mudança do papel feminino na Índia (e seus efeitos abrangentes) desde a independência é discutida em uma interessante coletânea de artigos editada por Bharati Ray e Aparna Basu (*From independence towards freedom*, Delhi, Oxford University Press, 1999).

36. UNDP, *Human Development Report 1995*, Nova York, Oxford University Press, 1995, apresenta uma investigação de vários países sobre as diferenças entre os sexos na liderança social, política e empresarial, além de registrar a desigualdade entre os sexos por meio de indicadores mais convencionais. Ver também a literatura ali citada.

9. POPULACÃO, ALIMENTO E LIBERDADE [pp. 264-91]

1. Thomas Robert Malthus, *Essay on the principle of population, as it affects the future improvement of society, with remarks on the speculation of Mr. Godwin, M. Condorcet, and other writers*, Londres, J. Johnson, 1798, cap. 8; na edição da Penguin Classics, *An essay on the principle of population; and, a summary view of the principle of population*, Anthony Flew (ed.), Harmondsworth, Penguin

Books, 1982, p. 123. Ver também E. A. Wrigley e David Souden (eds.), *The works of Thomas Robert Malthus*, Londres, William Pickering, 1986, incluindo uma esclarecedora introdução do editor.

2. Ver *Commodity market review 1998-1999*, Roma, Organização de Agricultura e Alimentação (FAO), 1999, p. xii. Ver também a análise minuciosa apresentada nesse relatório, e também *Global commodity markets: a comprehensive review and price forecast*, Washington, D. C., World Bank, 1999. Em um notável estudo técnico do Instituto Internacional de Pesquisas sobre Políticas de Alimentação [International Food Policy Research Institute — IFPRI], revela-se que pode haver um declínio adicional e muito significativo nos preços reais mundiais dos alimentos entre 1990 e 2020. O estudo prevê *declínios* adicionais nos preços de alimentos em torno de 15% para o trigo, 22% para o arroz, 23% para o milho e 25% para outros grãos brutos. Ver Mark W. Rosengrant, Mercedita Agcaoili-Sombilla e Nicostrato D. Perez, "Global food projections to 2020: implications for investment", International Food Policy Research Institute, Washington, D. C., 1995.

3. Ver Tim Dyson, *Population and food: global trends and future prospects*, Londres e Nova York, Routledge, 1996, tabela 4.6.

4. Dyson, *Population and food*, tabela 4.5.

5. Sobre esse caso, ver meu livro *Poverty and famines: an essay on entitlement and deprivation*, Oxford/Nova York, Oxford University Press, 1981, cap. 6.

6. "Note by the Secretary General of the United States to the Preparatory Comitee for the International Conference on Population and Development, third session, A/Conf. 171/PC/5, February 18 1994", p. 30. Ver também Massimo Livi Bacci, *A concise history of world population*, tradução de Carl Ipsen, Cambridge, Cambridge University Press, 1992; 2ª ed., 1997.

7. Os argumentos a seguir têm por base meus trabalhos anteriores sobre o problema da população, em particular "Fertility and coercion", *University of Chicago Law Review*, 63, verão de 1996.

8. Ver meus trabalhos "Rights and agency", *Philosophy and Public Affairs*, 11, 1982, reproduzido em S. Scheffler (ed.), *Consequentialism and its critics*, Oxford, Oxford University Press, 1988; "Rights as goals", in S. Guest e A. Milne (eds.), *Equality and discrimination: essays in freedom and justice*, Stuttgart, Franz Steiner, 1985.

9. Ver meus trabalhos "Rights and agency" (1982); "Rights as goals" (1985); *Sobre ética e economia*, São Paulo, Companhia das Letras, 1999.

10. John Suart Mill, *On liberty*, in J. S. Mill, *Utilitarianism, On liberty; Considerations on representative government; Remarks on Bentham's philosophy*, Londres, Dent, Rutland, VT., Everyman Library, 1993, p. 140.

11. Procurei mostrar em outros trabalhos que esse conflito é tão disseminado que até mesmo um reconhecimento mínimo da prioridade da liberdade pode conflitar com o mínimo princípio social baseado na utilidade, ou seja, a otimalidade de Pareto. Sobre essa questão, ver meu artigo "The impossi-

bility of a Paretian liberal", *Journal of Political Economy*, 78, janeiro/fevereiro de 1971, reproduzido em meu livro *Choice, welfare, and measurement*, Oxford/ Cambridge, Mass., Blackwell/MIT Press, 1982; reedição, Cambridge, Mass., Harvard University Press, 1997, e também, entre outras coletâneas, Frank Hahn e Martin Hollis (eds.), *Philosophy and economic theory*, Oxford, Oxford University Press, 1979. Ver também meu livro *Collective choice and social welfare*, San Francisco, Holden-Day, 1970; reedição, Amsterdam, North-Holland, 1979; "Liberty and social choice", *Journal of Philosophy*, 80, janeiro de 1983; e "Minimal liberty", *Economica*, 57, 1992. Ver o simpósio sobre esse tema no número especial a ele dedicado em *Analyse & Kritik*, 18, 1996, entre uma vastíssima literatura que abordou essa questão.

12. Ver Massimo Livi Bacci e Gustavo de Santis (eds.), *Population and poverty in the developing world*, Oxford, Clarendon Press, 1999. Ver também Partha Dasgupta, *An inquiry into well-being and destitution*, Oxford, Clarendon Press, 1993; Robert Cassen et. al., *Population and development: old debates, new conclusions*, Washington, D. C., Transaction Books in Overseas Development Council, 1994; Kerstin Lindahl-Kiessling e Hans Landberg (eds.), *Population, economic development, and the environment*, Oxford, Oxford University Press, 1994, entre outras contribuições.

13. Tradução inglesa do próprio Malthus, de seu *Essay* sobre a população, capítulo 8 (Penguin Classics, p. 123). Malthus usa a versão original de 1795 de autoria de Marie-Jean-Antoine-Nicolas de Caritat, marquês de Condorcet, *Esquisse d'un tableau historique des progrès de l'esprit humain*. Para reimpressões posteriores desse volume, ver *Œuvres de Condorcet*, Paris, Firmin Didot Frères, 1847, vol. 6; republicado recentemente (Stuttgart, Friedrich Frommann Verlag, 1968). A passagem aqui citada encontra-se nas pp. 256-7 da reimpressão de 1968.

14. Condorcet, *Esquisse*, na tradução de June Barraclough, *Sketch for a historical picture of the progress of the human mind*, Londres, Weidenfeld & Nicolson, 1955, pp. 188-9.

15. Malthus, *A summary view of the principle of population*, Londres, John Murray, 1830; Penguin Classics, 1982, p. 243. Embora Malthus permanecesse acentuadamente insensível ao papel da razão (em contraste com o da coerção econômica) na redução das taxas de fecundidade, apresentou uma análise notavelmente esclarecedora do papel dos mercados de alimentos na determinação do consumo de gêneros alimentícios para diferentes classes e grupos ocupacionais. Ver seu livro *An investigation of the cause of the present high price of provisions*, Londres, 1800, e as discussões das lições a ser aprendidas com a análise de Malthus em meu livro *Poverty and famines* (1981), apêndice B, e em E. A. Wrigley, "Corn and crisis: Malthus on the high price of provisions", *Population and Development Review*, 25, 1999.

16. Malthus, *A summary view of the principle of population* (edição de 1982), p. 243; grifo meu. O ceticismo quanto à capacidade da família para tomar

decisões sensatas levou Malthus a opor-se ao auxílio público para os pobres, incluindo as Leis dos Pobres inglesas.

17. Sobre esse assunto, ver J. C. Caldwell, *Theory of fertility decline*, Nova York, Academic Press, 1982; R. A. Easterling (ed.), *Population and economic change in developing countries*, Chicago, Chicago University Press, 1980; T. P. Schultz, *Economics of population*, Nova York, Addison-Wesley, 1981; Cassen *et al.*, *Population and development* (1994). Ver também Anrudh K. Jain e Moni Nag, "The importance of female primary education in India", *Economic and Political Weekly*, 21, 1986.

18. Gary S. Becker, *The economic approach to human behavior*, Chicago, University of Chicago Press, 1976, e *A treatise on the family*, Cambridge, Mass., Harvard University Press, 1981. Ver também o artigo de Robert Willis, "Economic analysis of fertility: micro foundations and aggregate implications", in Lindahl-Kiessling e Landberg, *Population, economic development, and the environment* (1994).

19. Sobre esse aspecto, ver Nancy Birdsall, "Government, population, and poverty: a 'win-win' tale", in Lindahl-Kiessling e Landberg, *Population, economic development and the environment* (1994). Ver também seu ensaio "Economic approaches to population growth", in H. B. Chenery e T. N. Srinivasan (eds.), *The handbook of development economics*, Amsterdam, North-Holland, 1988, vol. 1.

20. Sobre essa questão, ver John Bongaarts, "The role of family planning programmes in contemporary fertility transitions", in Gavin W. Jones *et al.* (eds.), *The continuing demographic transition*, Nova York, Oxford University Press, 1997; "Trends in unwanted childbearing in the developing world", *Studies in family planning*, 28, dezembro de 1997, e também a literatura ali citada. Ver também Geoffrey McNicoll e Mead Cain (eds.), *Rural development and population: institutions and policy*, Nova York, Oxford University Press, 1990.

21. Ver World Bank, *World Development Report 1998-1999*, Washington, D. C., World Bank, 1998, tabela 7, p. 202. Ver também World Bank and Population Reference Bureau, *Success in a challenging environment: fertility decline in Bangladesh*, Washington, D. C., World Bank, 1993.

22. Ver, por exemplo, R. A. Easterlin (ed.), *Population and economic change in developing countries*, Chicago, University of Chicago Press, 1980; T. P. Schultz, *Economics of population*, Nova York, Addison-Wesley, 1981; J. C. Caldwell, *Theory of fertility decline* (1982); Nancy Birdsall, "Economic approaches to population growth", in H. B. Chenery e T. N. Srinivasan (eds.), *The handbook of development economics*, Amsterdam, North-Holland, 1988, vol. 1; Robert J. Barro e Jong-Wha Lee, "International comparisons of educational attainment", trabalho apresentado na conferência "How do national policies affect long-run growth?", World Bank, Washington, D. C., 1993; Partha Dasgupta, *An inquiry into well-being and destitution* (1993); Robert Cassen *et al.*, *Population and development* (1994); Gita Sen, Adrienne Germaine e Lincoln

Chen (eds.), *Population policies reconsidered: health, empowerment, and rights*, Harvard Center for Population and Development/ International Women's Health Coalition, 1994. Ver também os ensaios de Nancy Bridsall e Robert Willis, in Lindahl-Kiessling e Landberg, *Population, economic development and the environment* (1994).

23. Mamta Murthi, Anne-Catherine Guio e Jean Drèze, "Mortality, fertility, and gender bias in India: a district level analysis", *Population and Development Review*, 21, dezembro de 1995, e Jean Drèze e Mamta Murthi, "Female literacy and fertility: recent census evidence from India", mimeografado, Centre for History and Economics, King's College, Cambridge, 1999.

24. Ver particularmente uma importante coletânea de artigos editada por Roger Jeffery e Alaka Malwade Basu (*Girl's schooling, women's autonomy and fertility change in South Asia*, Nova Delhi, Sage, 1997).

25. Uma comunidade instruída pode vivenciar mudanças de valores que uma família instruída cercada por outras famílias (analfabetas) talvez não tenha condições de alcançar. A questão da escolha da "unidade" para a análise estatística é de extrema importância e, nesse caso, pode favorecer grupos maiores (como regiões ou distritos) em vez de menores (como famílias).

26. Ver World Bank, *World Development Report 1997* e *World Development Report 1998-1999*.

27. Patrick E. Tyler, "Birth control in China: coercion and evasion", *The New York Times*, 25 de junho de 1995.

28. Sobre o tema geral da liberdade de reprodução e sua relação com o problema populacional, ver Gita Sen, Adrienne Germain e Lincoln Chen, *Population policies reconsidered* (1994); ver também Gita Sen e Carmen Barroso, "After Cairo: challenges to women's organizations", in Noeleen Heyzer (ed.), *A commitment to the world's women: perspectives for development for Beijing and beyond*, Nova York, UNIFEM, 1995.

29. *International Herald Tribune*, 15 de fevereiro de 1995, p. 4.

30. Kerala obviamente não é um país, mas um Estado de um país. Porém, com sua população de 29 milhões de pessoas, como já mencionei, se fosse um país seria um dos maiores do mundo em população — bem maior do que o Canadá. Portanto, sua experiência não é de se desprezar.

31. Sobre essas questões e outras relacionadas, ver meu artigo "Population: delusion and reality", *New York Review of Books*, 22 de setembro de 1994. Ver também Robin Jeffrey, *Politics, women, and well-being: how Kerala became a "model"*, Cambridge, Cambridge University Press, 1992; V. K. Ramachandran, "Kerala's development achievements", in Jean Drèze e Amartya Sen (eds.), *Indian development: selected regional perspectives*, Delhi, Oxford University Press, 1996.

32. Kerala apresenta uma taxa de alfabetização de mulheres adultas mais alta (86%) do que a China (68%) — de fato, a taxa de alfabetização para o sexo feminino é mais elevada em Kerala do que em qualquer província da

China isoladamente. Os dados de 1991 a respeito das expectativas de vida ao nascer para homens e mulheres em Kerala são 69 e 74, respectivamente; os da China, em comparação, são de 68 e 71 anos. Para análises das influências causais responsáveis pela redução das taxas de fecundidade de Kerala, ver T. N. Krishnan, "Demographic transition in Kerala: facts and factors", *Economic and Political Weekly*, 11, 1976; P. N. Mari Bhatt e S. L. Rajan, "Demographic transition in Kerala revisited", *Economic and Political Weekly*, 25, 1990.

33. Para as fontes desses dados e uma análise adicional, ver Drèze e Sen, *India: economic development and social opportunity* (1995).

34. O declínio da fecundidade pode ser observado, em certa medida, também nesses Estados setentrionais, embora seja muito menor do que nos meridionais. Em seu ensaio "Intensified gender bias in India: a consequence of fertility decline" (Working Paper 95.02, Harvard Center for Population and Development, 1995), Monica das Gupta e P. N. Mari Bhat recentemente chamaram a atenção para outro aspecto do problema da redução da fecundidade: sua tendência a acentuar o viés contra o sexo feminino na seleção do sexo, em relação a aborto e mortalidade infantil específicos de um sexo em razão de negligência (ambos os fenômenos são amplamente verificados na China). Na Índia, isso parece ser muito mais pronunciado nos estados do norte do que nos do sul, e realmente é plausível afirmar que uma redução da fecundidade por meios coercitivos aumenta a probabilidade dessas ocorrências (como discutido quando contrastamos a situação da China com a de Kerala).

35. Sobre esse assunto, ver Drèze e Sen, *India: economic development and social opportunity* (1995), e a literatura ali citada.

36. Além da necessidade imperativa de rejeitar métodos coercitivos, é importante aumentar a *qualidade* e a diversidade dos meios não coercitivos de planejamento familiar. Na presente situação, o planejamento familiar na Índia é esmagadoramente dominado pela esterilização feminina, mesmo nos estados do Sul. Para ilustrar, enquanto quase 40% das mulheres casadas atualmente com idade entre 13 e 49 anos no sul da Índia foram esterilizadas, apenas 14% dessas mulheres já usaram algum método anticoncepcional moderno e não definitivo. Até mesmo o *conhecimento* sobre métodos modernos de planejamento familiar além da esterilização é extraordinariamente limitado na Índia. Apenas metade das mulheres casadas da zona rural com idades entre 13 e 49 anos, por exemplo, parecem saber o que é um preservativo ou um DIU. Sobre esse assunto, ver Drèze e Sen, *India: economic development and social opportunity* (1995).

37. Sobre esse assunto, ver as referências citadas em Drèze e Sen, *India: economic development and social opportunity* (1995). Ver também Gita Sen e Carmen Barroso, "After Cairo: challenges to women's organizations".

38. Sobre esse assunto, ver Drèze e Sen, *India: economic development and social opportunity* (1995), pp. 168-71.

39. Sobre esse assunto, ver a literatura demográfica e sociológica citada in Drèze e Sen, *India: economic development and social opportunity* (1995).

40. Sobre essa questão, ver meus artigos "Population and reasoned agency: food, fertility and economic development", in Lindahl-Kiessling e Landberg, *Population, economic development and the environment* (1994); "Population, delusion, and reality", *New York Review of Books*, 22 de setembro de 1994; "Fertility and coercion" (1996).

10. CULTURA E DIREITOS HUMANOS [pp. 292-317]

1. Immanuel Kant, *Critique of practical reason* (1778), tradução de L. W. Beck, Nova York, Bobbs-Merril, 1956.

2. "Culture is destiny: a conversation with Lee Kuan Yew", de Fareed Zakaria, *Foreign Affairs*, 73, março/abril de 1994, p. 113. Ver também a refutação dessa posição por Kim Dae Jung — líder asiático pró-democracia morto em 2009, presidiu a Coreia entre 1997 e 2003 —, "Is culture destiny? The myth of Asia's anti-democratic values — a response to Lee Kuan Yew", *Foreign Affairs*, 73, 1994.

3. *Information Please Almanac 1993*, Boston, Houghton Mifflin, 1993, p. 213.

4. Sobre essa questão, ver Isaiah Berlin, *Four essays on liberty*, Oxford, Oxford University Press, 1969, p. xl. Esse diagnóstico foi contestado por Orlando Patterson in *Freedom: freedom in the making of Western culture*, Nova York, Basic Books, 1991, vol. 1. Seus argumentos realmente salientam a liberdade política no pensamento clássico ocidental (especialmente na Grécia e Roma antigas), mas também podem ser encontrados componentes semelhantes em clássicos asiáticos, aos quais Patterson não dá grande atenção. Sobre essa questão, ver minha Morgentau Memorial Lecture, "Human rights and Asian values", Nova York, Carnegie Council on Ethics and International Affairs, 1997, publicada em forma resumida in *The New Republic*, 14 e 21 de julho de 1997.

5. Ver *The Analects of Confucius*, tradução de Simon Leys, Nova York, Norton, 1997, e E. Bruce Brooks e A. Taeko Brooks, *The original Analects: sayings of Confucius and his successors*, Nova York, Columbia University Press, 1998.

6. Ver os comentários de Brooks e Brooks, *The original Analects* (1998). Ver também Wm. Theodore de Bary, *Asian values and human rights: a Confucian communitarian perspective*, Cambridge, Mass., Harvard University Press, 1998.

7. Leys, *The Analects of Confucius*, 14.22, p. 70.

8. Leys, 14.3, p. 66.

9. Leys, op. cit., 13.18, p. 63.

10. Tradução em Vincent A. Smith, *Asoka*, Delhi, S. Chand, 1964, pp. 170-1.

11. Sobre essa questão, ver Jean Drèze e Amartya Sen, *Hunger and public action*, Oxford, Clarendon Press, 1989, pp. 3-4 e 123.

12. *Kautilya's Arthasastra*, trad. R. Shama Sastry Mysore, Mysore Printing and Publishing House, 8. ed., 1967, p. 47.

13. Ver R. P. Kangle, *The Kautilya Arthasastra*, Bombaim, University of Bombay, 1972, parte 2, cap. 13, seção 65, pp. 235-9.

14. Tradução de Vincent A. Smith, *Akbar: the great Mogul*, Oxford, Clarendon Press, 1917, p. 257.

15. Na análise aqui apresentada tomo por base um ensaio que preparei para a UNESCO, "Culture and development: global perspectives and constructive scepticism", mimeografado, 1997.

16. Um exame do conceito darwiniano de progresso é apresentado em meu artigo "On the Darwinian view of progress", *London Review of Books*, 14, 5 de novembro de 1992; reproduzido em *Population and development review* (1993).

17. Se a velha-guarda ranzinza se indigna com a popularidade da MTV ou da Kentucky Fried Chicken, mesmo depois de as pessoas terem tido a chance de considerar as escolhas, não podemos oferecer grande consolo aos ressentidos, mas a oportunidade de exame e escolha é um direito essencial que todo cidadão deve ter.

18. De Rabindranath Tagore, *Letters to a friend*, Londres, Allen & Unwin, 1928.

19. Sobre esse assunto, ver meu artigo "Our culture, their culture", *The New Republic*, 1º de abril de 1996.

20. Howard Eves, *An introduction to the history of mathematics*, Nova York, Saunders College Publishing House, 6. ed., 1990, p. 237.

21. John Stuart Mill, *On liberty*, 1859; reedição, Harmondsworth, Penguin Books, 1974.

22. Ver a carta de Edward Jayne in *The New Republic*, 8 e 15 de setembro de 1997; minha réplica foi publicada em 13 de outubro de 1997.

23. Uma rápida introdução a essa literatura pode ser encontrada em S. Radhakrishnan e C. A. Moore (eds.), *A sourcebook in Indian philosophy*, Princeton, Princeton University Press, 1973, na seção "The heterodox systems", pp. 227-346.

24. Tradução inglesa de H. P. Shastri, *The Ramayana of Valmiky*, Londres, Shanti Sadan, 1952, p. 389.

25. *Brihadaranyaka Upanishad*, 2.4, 12.

26. Ver também Chris Patten, *East and West*, Londres, Macmillan, 1998.

27. Ver Stephen Shute e Susan Hurley (eds.), *On human rights: the Oxford Amnesty Lectures 1993*, Nova York, Basic Books, 1993; Henry Steiner e Philip Alston, *International human rights in context: law, politics and morals*, Oxford, Clarendon Press, 1996; Peter Van Ness (ed.), *Debating human rights*, Londres, Routledge, 1999.

28. Ver Irene Bloom, J. Paul Martin e Wayne L. Proudfoot (eds.), *Religious diversity and human rights*, Nova York, Columbia University Press, 1996.

29. Ver Martha Nussbaum e Amartya Sen, "Internal criticism and Indian 'rationalist tradition'", in *Relativism: interpretation and confrontation*, South

Bend, Ind., University of Notre Dame Press, 1989, e Martha Nussbaum, *Cultivating humanity*, Cambridge, Mass., Harvard University Press, 1997.

30. Joanne R. Bauer e Daniel A. Bell (eds.), *The East Asian challenge for human rights*, Cambridge, Cambridge University Press, 1999.

11. ESCOLHA SOCIAL E COMPORTAMENTO INDIVIDUAL [pp. 318-58]

1. Tanto *Ética a Nicômaco* como a *Política* de Aristóteles dedicam-se à tarefa de examinar os tipos de raciocínio que podem ser usados com discernimento.

2. Kenneth Arrow, *Individual values and social choice*, Nova York, Wiley, 1951; 2ª ed., 1963.

3. Ver particularmente Friedrich Hayek, *Studies in philosophy, politics, and economics*, Chicago, University of Chicago Press, 1967, pp. 96-105, e também as referências ali citadas.

4. Essa linha de raciocínio é apresentada mais integralmente em meus livros *Collective choice and social welfare*, San Francisco, Holden-Day, 1970; reedição, Amsterdam, North-Holland, 1979, e *Choice, welfare and measurement*, Oxford, Blackwell, 1982; Cambridge, Mass., MIT Press, 1982; reedição, Cambridge, Mass., Harvard University Press, 1997, que examinam as questões interpessoais, bem como as possibilidades construtivas existentes. Ver também o levantamento crítico da literatura em meu ensaio "Social choice theory", em K. J. Arrow e M. Intriligator, *Handbook of mathematical economics*, Amsterdam, North-Holland, 1986, e as referências ali citadas.

5. Desenvolvi esse argumento com mais detalhes em minha Conferência Nobel, "The possibility of social choice", *American Economic Review*, 89, 1999.

6. Essas relações são examinadas em meu discurso presidencial à American Economic Association ("Rationality and social choice", *American Economic Review*, 85, 1995). Os trabalhos que primeiro se concentraram nessa área foram os de James Buchanan ("Social choice, democracy and free markets", *Journal of Political Economy*, 62, 1954, e "Individual choice in voting and the market", *Journal of Political Economy*, 62, 1954). Ver também Cass Sunstein, *Legal reasoning and political conflict*, Oxford, Clarendon Press, 1996.

7. De fato, tecnicamente falando, nem mesmo a "maximização" requer uma ordenação *completa*, pois uma ordenação parcial nos permite separar um conjunto "máximo" de alternativas que não são piores do que qualquer uma das opções disponíveis. Sobre a análise matemática da maximização, ver meu artigo "Maximization and the act of choice", *Econometrica*, 65, julho de 1997.

8. Adam Smith, *The theory of moral sentiments*, 1759; ed. rev., 1790, reedição, D. D. Raphael e A. L. Macfie (eds.), Oxford, Clarendon Press, 1976, p. 184.

9. Adam Smith, *An inquiry into the nature and causes of the wealth of nations*

(1776), reedição, R. H. Campbell e A. S. Skinner (eds.), Oxford, Clarendon Press, 1976, pp. 26-7.

10. Smith, *Wealth of nations* (na edição de 1976), pp. 453-71. Sobre a interpretação e o papel da "mão invisível" no raciocínio de Smith, ver Emma Rothschild, "Adam Smith and the invisible hand", *American Economic Review*, 84, Papers and Proceedings, maio de 1994.

11. Ver Hayek, *Studies in philosophy, politics, and economics* (1967), pp. 96-105.

12. Procurei mostrar em outro trabalho que talvez exista mais *insight* nos argumentos de Albert Hirschman sobre a importância das consequências *premeditadas* que *não* são realizadas. Ver meu prefácio para a edição do vigésimo aniversário de seu livro *The passions and the interests: political arguments for capitalism before its triumph* (Princeton, Princeton University Press, 1977; edição do vigésimo aniversário, 1997). Ver também Judith Tendler, *Good government in the tropics*, Baltimore, Johns Hopkins University Press, 1997.

13. Sobre essa questão, ver meu livro em coautoria com Jean Drèze, *India: economic development and social opportunity*, Delhi, Oxford University Press, 1995.

14. Sobre essa afirmação, ver Drèze e Sen, *India: economic development and social opportunity*, cap. 4.

15. Discuti amplamente as questões envolvidas em *Choice, welfare and measurement* (1982, 1997); *Sobre ética e economia*, São Paulo, Companhia das Letras, 1999; e "Maximization and the act of choice" (1977).

16. A caracterização clássica do mercado competitivo por Kenneth Arrow, Gerard Debreu e Lionel McKenzie permitiu muitos *insights* apesar da natureza parcimoniosa de suas suposições estruturais. Ver Kenneth J. Arrow, "An extension of the basic theorems of classical welfare economics", in J. Neyman (ed.), *Proceedings of the second Berkeley symposium of mathematical statistics*, Berkeley, University of California Press, 1951; Gerard Debreu, *Theory of value*, Nova York, Wiley, 1959; Lionel McKenzie, "On the existence of general equilibrium for a competitive market", *Econometrica*, 27, 1959.

17. Ver Hirschman, *The passions and the interests* (1977); edição do vigésimo aniversário, 1997. Ver também Samuel Brittan, *Capitalism with a human face*, Aldershot, Elgar, 1995.

18. Essas relações são examinadas em meu ensaio "Economic wealth and moral sentiments" (Zurique, Bank Hoffman, 1994). Ver também Samuel Brittan e Alan Hamlin (eds.), *Market capitalism and moral values*, Cheltenham, Reino Unido, Edward Elgar, 1995, e Georges Enderle (ed.), *International business ethics*, South Bend, Ind., University of Notre Dame Press, 1998.

19. Karl Marx (e Friedrich Engels), *The German ideology*, 1846 (tradução em inglês, Nova York, International Publishers, 1947); Richard Henry Tawney, *Religion and the rise of capitalism*, Londres, Murray, 1926; Max Weber, *The Protestant ethics and the spirit of capitalism*, Londres, Allen & Unwin, 1930.

20. Uma questão central é a importância do que Bruno Frey denominou "motivação intrínseca": *tertium dater*. Ver seu artigo "Tertium dater: princing, regulating and intrinsic motivation", *Kyklos*, 45, 1992.

21. Adam Smith, "History of astronomy", em seu livro *Essays on philosophical subjects*, Londres, Cadell & Davies, 1795; reedição, W. P. D. Wightman e J. C. Bryce (eds.), Oxford, Clarendon Press, 1980, p. 34.

22. Michio Morishima, *Why has Japan "suceeded"? Western technology and the Japanese ethos*, Cambridge, Cambridge University Press, 1982.

23. Ronald Dore, "Goodwill and the spirit of market capitalism", *British Journal of Sociology*, 36, 1983, e *Taking Japan seriously: a Confucian perspective on leading economic issues*, Stanford, Stanford University Press, 1987. Ver também Robert Wade, *Governing the market*, Princeton, Princeton University Press, 1990.

24. Massahiko Aoki, *Information, incentives, and bargaining in the Japanese economy*, Cambridge, Cambridge University Press, 1989.

25. Kotaro Suzumura, *Competition, commitment, and welfare*, Oxford/ Nova York, Clarendon Press, 1995.

26. Eiko Ikegami, *The taming of the samurai: honorific individualism and the making of modern Japan*, Cambridge, Mass., Harvard University Press, 1995.

27. *Wall Street Journal*, 30 de janeiro de 1989, p. 1.

28. Ver a ata da conferência "Economics and Criminality", realizada em maio de 1993, em Roma, organizada pela Comissão Antimáfia do Parlamento Italiano, dirigida por Luciano Violante (*Economica e criminalità*, Roma, Camera dei Deputati, 1993). O texto de minha contribuição ("On corruption and organized crime") analisa, com referência particular à situação italiana, algumas das questões brevemente mencionadas aqui.

29. Ver Stefano Zamagni (ed.), *Mercati illegali e Mafie*, Bologna, Il Mulino, 1993. Ver também Stefano Zamagni (ed.), *The economics of altruism*, Aldershot, Elgar, 1995, especialmente sua introdução ao livro; Daniel Hausman e Michael S. McPherson, *Economic analysis and moral philosophy*, Cambridge, Cambridge University Press, 1996; Avner Ben-Ner e Louis Putterman (eds.), *Economics, values and organization*, Cambridge, Cambridge University Press, 1998.

30. Para análises gerais sobre o papel da confiança, ver os ensaios incluídos em Diego Gambetta (ed.), *Trust and agency*, Oxford, Blackwell, 1987.

31. Sobre essa questão, ver meus trabalhos "Isolation, assurance and the social rate of discount", *Quarterly Journal of Economics*, 81, 1967, reimpresso em *Resources, values and development*, Cambridge, Mass., Harvard University Press, 1984; reimpressão, 1997; *Sobre ética e economia*, São Paulo, Companhia das Letras, 1999.

32. Sobre a natureza e a importância dessa inter-relação em geral, ver Alan Hamlin, *Ethics, economics and the state*, Brighton, Wheatsheaf Books, 1986.

33. *Wealth of nations*, vol. 1, livro 2, cap. 4.

34. Jeremy Bentham, *Defense of usury. To which is added a letter to Adam Smith, Esq., LL.D.*, Londres, Payne, 1790.

35. Discuti essa distinção mais detalhadamente em "Rational fools: a critique of the behavioural foundations of economic theory", *Philosophy and Public Affairs*, 6, verão, 1977; reimpresso em Frank Hahn e Martin Hollis (eds.), *Philosophy and economic theory*, Oxford, Oxford University Press, 1979; em meu livro *Choice, welfare and measurement* (1982) e em Jane Mansbridge (ed.), *Beyond self-interest*, Chicago, Chicago University Press, 1990. Ver também meu artigo "Goals, commitment and identity", *Journal of Law, Economics and Organization*, 1, outono 1985; e em *Sobre ética e economia* (1999).

36. Na importante e influente "abordagem econômica do comportamento humano", de Gary Becker, dá-se uma atenção adequada à simpatia, em vez de ao comprometimento (*The economic approach to human behaviour*, Chicago, Chicago University Press, 1976). O maximando almejado pela pessoa racional pode incluir a preocupação com outros; essa é uma ampliação muito significativa e notável da suposição neoclássica tradicional dos indivíduos movidos pelo autointeresse. (Pode-se encontrar algum desenvolvimento adicional da estrutura da análise de comportamento no mais recente livro de Becker, *Accounting for tastes*, Cambridge, Mass., Harvard University Press, 1996.) Mas essa estrutura beckeriana também vê o maximando como um reflexo do autointeresse de uma pessoa; essa é uma característica da simpatia — e não do comprometimento. Contudo, é possível conservar a estrutura maximizadora e ainda assim dar lugar, inteiramente dentro do exercício da maximização, a valores outros que não a busca do autointeresse (ampliando a função objeto além da noção de autointeresse); sobre essa questão e outras relacionadas, ver meu artigo "Maximization and the act of choice" (1997).

37. Smith, *The theory of moral sentiments* (ed. revista, 1790; reedição, 1975), p. 191.

38. Idem, ibidem, p. 191.

39. Idem, ibidem, p. 190.

40. George J. Stigler, "Smith's travel on the ship of the state", in A. S. Skinner e T. Wilson (eds.), *Essays on Adam Smith*, Oxford, Clarendon Press, 1975.

41. Smith, *Wealth of nations* (1776; reedição 1976), pp. 26-7.

42. Idem, *The theory of moral sentiments*, p. 189.

43. Ver meu artigo "Adam Smith's prudence", in Sanjay Lal e Francis Stewart (eds.), *Theory and reality in development*, Londres, Macmillan, 1986. Sobre a história das interpretações equivocadas de Adam Smith, ver Emma Rothschild, "Adam Smith and conservative economics", *Economic History Review*, 45, fevereiro de 1992.

44. John Rawls, *Political liberalism*, Nova York, Columbia University Press, 1993, pp. 18-9.

45. Para exemplos de diferentes tipos de conexões baseadas na razão, ver

Drew Fudenberg e Jean Tirole, *Game theory*, Cambridge, Mass., MIT Press, 1992; Ken Binmore, *Playing fair*, Cambridge, Mass., MIT Press, 1994; Jörgen Weibull, *Evolutionary game theory*, Cambridge, Mass., MIT Press, 1995. Ver também Becker, *Accounting for tastes* (1996); Avner Ben-Ner e Louis Putterman (eds.), *Economics, values, and organization*, Cambridge, Cambridge University Press, 1998.

46. Immanuel Kant, *Critique of practical reason* (1788), trad. L. W. Beck, Nova York, Bobbs-Merrill, 1956; Smith, *The theory of moral sentiments* e *Wealth of nations* (1776, reedição 1976).

47. Ver Thomas Nagel, *The possibility of altruism*, Oxford, Clarendon Press, 1970; John Rawls, *A theory of justice*, Cambridge, Mass., Harvard University Press, 1971; John C. Harsanyi, *Essays in ethics, social behaviour, and scientific explanation*, Dordrecht, Reidel, 1976; Mark Granovetter, "Economic action and social structure: the problem of embeddedness", *American Journal of Sociology*, 91, 1985; Amartya Sen, *Sobre ética e economia* (1999); Robert Frank, *passions within reason*, Nova York, Norton, 1988; Vivian Walsh, *Rationality, allocation, and reproduction*, Oxford, Clarendon Press, 1996, entre outras contribuições. Ver também a coletânea de ensaios em Hahn e Hollis, *Philosophy and economic theory* (1979); Jon Elster, *Rational choice*, Oxford, Blackwell, 1986; Mansbridge, *Beyond self-interest* (1990); Mark Granovetter e Richard Swedberg (eds.), *The sociology of economic life*, Boulder, CO, Westview Press, 1992; Zamagni, *The economics of altruism* (1995). Para a rica história da literatura psicológica sobre esse tema, ver particularmente Shira Lewin, "Economics and psychology: lessons for our own day from the early twentieth century", *Journal of Economic Literature*, 34, 1996.

48. Sobre essa questão, ver meu livro *Sobre ética e economia* (1999) e meu prefácio para Benner e Putterman (eds.), *Economics, values and organization* (1998).

49. Sobre essa questão, ver Smith, *The theory of moral sentiments*, p. 162.

50. Mas também podemos ser desviados pelo "comportamento de rebanho"; sobre esse aspecto, ver Abhijit Banerjee, "A simple model of herd behaviour", *Quarterly Journal of Economics*, 107, 1992.

51. Frank H. Knight, *Freedom and reform: essays in economic and social philosophy*, Nova York, Harper & Brothers, 1947; reedição, 1982, Indianapolis, Liberty, p. 280.

52. Buchanan, "Social choice, democracy and free markets" (1954), p. 120. Ver também seu livro *Liberty, market, and the state*, Brighton, Wheatsheaf Books, 1986.

53. Kautilya, *Arthashastra*, parte 2, cap. 8; tradução para o inglês de R. P Kangle, *The Kautilya Arthashastra*, Bombaim, University of Bombay, 1972, parte 2, pp. 86-8.

54. Ver Syed Hussein Alatas, *The sociology of corruption*, Cingapura, Times Books, 1980; ver também Robert Klitgaard, *Controlling corruption*, Berkeley, University of California Press, 1988, p. 7. Um sistema de pagamento desse tipo pode contribuir para reduzir a corrupção graças a seu "efeito renda": o fun-

cionário pode ter menos necessidade de ganhar dinheiro rápido. Mas também haverá um "efeito substituição": o funcionário saberia que o comportamento corrupto pode implicar a grave perda de um emprego bem remunerado se as coisas "dessem errado" (ou seja, se dessem certo).

55. Ver *Economica e criminalità*, o relatório da Comissão Antimáfia do Parlamento Italiano, dirigida por Luciano Violante.

56. Smith, *The theory of moral sentiments*, p. 162; grifo meu. O uso hábil de normas sociais pode ser um grande aliado de empreendimentos sem fins lucrativos que requerem o comportamento baseado no comprometimento. Isso é bem ilustrado por ONGs ativas em Bangladesh, como o Grameen Bank, de Muhammed Yunus, o BRAC (Comitê para o Progresso Rural de Bangladesh), de Fazle Hasan Abed, e o Gonoshashthaya Kendra (Centro de Saúde do Povo), de Zafurullah Chowdhury. Ver também a análise da eficiência governamental na América Latina in Judith Tendler, *Good government in the tropics* (1997).

57. Tradução para o inglês de Alatas, *The sociology of corruption* (1980); ver também Klitgaard, *Controlling corruption* (1988).

58. Procurei discutir essas diversas questões em alguns artigos incluídos na coletânea *Resources, values and development* (1984; 1997).

12. LIBERDADE INDIVIDUAL COMO UM COMPROMETIMENTO SOCIAL [pp. 359-78]

1. Ouvi essa história ser contada por Isaiah Berlin. Quando essas conferências foram proferidas, já havíamos perdido Berlin, e aproveito a oportunidade para prestar uma homenagem à sua memória e recordar o quanto me beneficiei ao longo dos anos com suas críticas delicadas às minhas ideias rudimentares sobre a liberdade e suas implicações.

2. Sobre esse assunto, ver também meus trabalhos "The right not to be hungry", em G. Floistad (ed.), *Contemporary Philosophy*, 2, Haia, Martinus Nijhoff, 1982; "Well-being, agency and freedom: the Dewey Lectures 1984", *Journal of Philosophy*, 82, abril de 1985; "Individual freedom as a social commitment", *New York Review of Books*, 16 de junho de 1990.

3. Ver meus trabalhos "Equality of what?", in S. McMurrin (ed.), *Tanner lectures on human values*, Cambridge, Cambridge University Press, 1980, vol. 1, reproduzido em meu livro *Choice, welfare and measurement*, Oxford/Cambridge, Mass., Blackwell/MIT Press, 1982; reedição, Cambridge, Mass., Harvard University Press, 1997; "Well-being, agency and freedom" (1985); "Justice: means versus freedoms", *Philosophy and Public Affairs*, 19, 1990; *Inequality reexamined*, Oxford/Cambridge, Mass., Clarendon Press/Harvard University Press, 1992.

4. As principais questões na caracterização e avaliação da liberdade — incluindo alguns problemas técnicos — são examinadas em minhas Kenneth

Arrow lectures, incluídas em *Freedom, social choice and responsibility*: *Arrow lectures and other essays*, Oxford, Clarendon Press, no prelo.

5. O desenvolvimento é visto aqui como a eliminação de deficiências de liberdades substantivas em comparação com o que elas potencialmente podem realizar. Embora essa abordagem forneça uma perspectiva geral — suficiente para caracterizar a natureza do desenvolvimento de maneira ampla —, há várias questões controversas que geram uma classe um tanto diferente de especificações exatas dos critérios de julgamento. Sobre essa questão, ver meus trabalhos *Commodities and capabilities*, Amsterdam, North-Holland, 1985; *Inequality reexamined* (1992) e também *Freedom, rationality and social choice* (no prelo). A concentração na eliminação de deficiências em algumas dimensões específicas também tem sido usada nos relatórios anuais da UNDP, *Human Development Reports*, cujo pioneiro foi Mahbub ul Haq. Ver também algumas questões de grande alcance levantadas por Ian Hacking em seu artigo crítico sobre *Inequality reexamined* ("In pursuit of fairness", *New York Review of Books*, 19 de setembro de 1996. Ver também Charles Tilly, *Durable inequality*, Berkeley, Calif., University of California Press, 1998.

6. Sobre essa questão, ver meus trabalhos *Commodities and capabilities* (1985), *Inequality reexamined* (1992) e "Capability and well-being", in Martha Nussbaum e Amartya Sen (eds.), *The quality of life*, Oxford, Clarendon Press, 1993.

7. Ver John Rawls, *A theory of justice*, Cambridge, Mass., Harvard University Press, 1971; John Harsanyi, *Essays in ethics, social behaviour and scientific explanation*, Dordrecht, Reidel, 1976; e Ronald Dworkin, "What is equality? Part 2: Equality of resources", *Philosophy and Public Affairs*, 10, 1981. Ver também John Roemer, *Theories of distributive justice*, Cambridge, Mass., Harvard University Press, 1996.

8. Esse assunto é discutido em meu livro *Inequality reexamined*, Oxford, Clarendon Press, 1992; Cambridge, Mass., Harvard University Press, 1992, e mais integralmente em meu ensaio "Justice and assertive incompleteness", mimeografado, Harvard University, 1997, que é parte de minhas Rosenthal lectures na Northwestern University Law School, proferidas em setembro de 1998.

9. Há uma questão semelhante, relacionada a modos concorrentes de julgar a vantagem individual quando nossas preferências e prioridades divergem, e ocorre um inevitável "problema de escolha social" aqui também, problema que requer uma resolução conjunta (discutido no capítulo 2).

10. Sobre esse assunto, ver meu ensaio "Gender inequality and theories of justice", in Martha Nussbaum e Jonathan Glover (eds.), *Women, culture and development: a study of human capabilities*, Oxford, Clarendon Press, 1995. Vários outros ensaios nessa coletânea de Nussbaum-Glover relacionam-se com essa questão.

11. Aristóteles, *The Nicomachean ethics*, trad. D. Ross Oxford, Oxford University Press, ed. rev., 1980, livro 1, seção 6, p. 7.

12. Sobre a relevância da liberdade nos escritos de economistas políticos pioneiros, ver meu livro *The standard of living*, Geoffrey Hawthorn (ed.), Cambridge, Cambridge University Press, 1987.

13. Isso se aplica a *Wealth of nations* (1776) e também a *Theory of moral sentiments* (ed. rev. 1790).

14. Essa declaração específica encontra-se em *The German ideology*, escrito em coautoria com Friedrich Engels (1846); trad. inglesa em D. McLellan, *Karl Marx: selected writings*, Oxford, Oxford University Press, 1977, p. 190. Ver também Karl Marx, *The economic and philosophical manuscript of 1844* (1844) e *Critique of the Gotha Programme* (1875).

15. John Stuart Mill, *On liberty* (1859; reedição: Harmondsworth, Penguin Books, 1974); *The subjection of women* (1869).

16. Friedrich Hayek, *The constitution of liberty*, Londres, Routledge and Kegan Paul, 1960, p. 35.

17. Peter Bauer, *Economic analysis and policy in underdeveloped countries*, Durham, NC, Duke University Press, 1957, pp. 113-4. Ver também *Dissent on development*, Londres, Weidenfeld & Nicolson, 1971.

18. W. Arthur Lewis, *The theory of economic growth*, Londres, Allen & Unwin, 1955, pp. 9-10 e 420-1.

19. Hayek, *The constitution of liberty* (1960), p. 31.

20. Essas questões e outras relacionadas na "avaliação da liberdade" são discutidas em minhas Kenneth Arrow lectures incluídas em *Freedom, rationality and social choice* (no prelo). Nas questões ali abordadas está a relação entre, de um lado, a liberdade e, de outro, preferências e escolhas.

21. Sobre essa questão e outras relacionadas, ver Robert J. Barro e Jong-Wha Lee, "Losers and winners in economic growth", Working Paper 4341, National Bureau of Economic Research (1993); Xavier Sala-i-Martin, "Regional cohesion: evidence and theories of regional growth and convergence", Discussion Paper 1075, CEPR, Londres, 1994; Robert J. Barro e Xavier Sala-i-Martin, *Economic growth*, Nova York, McGraw-Hill, 1995; Robert J. Barro, *Getting it right: markets and choices in a free society*, Cambridge, Mass., MIT Press, 1996.

22. Adam Smith, *An inquiry into the nature and causes of the wealth of nations* (1776), reedição, R. H. Campbell e A. Skinner (eds.), Oxford, Clarendon Press, 1976, pp. 28-9.

23. Ver Emma Rothschild, "Condorcet and Adam Smith on education and instruction", in *Philosophers on education*, Amélie O. Rorty (ed.), Londres, Routledge, 1998.

24. Ver, por exemplo, Felton Earls e Maya Carlson, "Toward sustainable development for the American family", *Daedalus*, 122, 1993, e "Promoting human capability as an alternative to early crime", Harvard School of Public Health e Harvard Medical School, 1996.

25. Procurei discutir essa questão em "Development: which way now?", *Economic Journal*, 93, 1983, reproduzido em *Resources, values and development*,

Cambridge, Mass., Harvard University Press, 1984; 1997; e também em *Commodities and capabilities* (1985).

26. Em grande medida, os relatórios anuais *Human Development Reports*, do Programa das Nações Unidas para o Desenvolvimento, publicados desde 1990, têm sido motivados pela necessidade de se adotar uma visão mais ampla desse tipo. Meu amigo Mahbub ul Haq, falecido em 1998, teve um papel de liderança nessa tarefa, pelo qual eu e seus outros amigos nos orgulhamos imensamente.

27. Smith, *The theory of moral sentiments* (1759; ed. rev. 1790), reedição, D. D. Raphael e A. L. Macfie (eds.), Oxford, Clarendon Press, 1976, livro 4, cap. 24, p. 188.

LISTA DE ILUSTRAÇÕES

Gráfico 1.1 Variação por região nas taxas de sobrevivência para o sexo masculino, 37
Gráfico 1.2 Variação por região nas taxas de sobrevivência para o sexo feminino, 39
Gráfico 2.1 PNB per capita (em dólares) e expectativa de vida ao nascer, 1994, 69
Gráfico 2.2 Crescimento da expectativa de vida na Inglaterra e País de Gales, 1901-1960, 74
Gráfico 2.3 Crescimento do PIB (Reino Unido) e progressos decenais na expectativa de vida ao nascer (Inglaterra e País de Gales), 1901-1960, 75
Gráfico 4.1 Proporção entre taxas de mortalidade de negros e brancos (de 35 a 54 anos), real e ajustada para o nível de renda, 133
Tabela 4.1 Índia e África subsaariana — comparações selecionadas (1991), 138-9
Gráfico 4.2 Proporção entre mulheres e homens na população total em comunidades selecionadas, 142
Gráfico 7.1 Disponibilidade de grãos em Bangladesh, 1971-1975, 218
Tabela 9.1 Índices de produção de alimentos per capita segundo regiões, 266
Tabela 9.2 Preços de alimentos em dólares de 1950-2 a 1995-7, 268
Gráfico 9.1 Preços de alimentos em dólares de 1990, 269

ÍNDICE ONOMÁSTICO

A. Akerlof, George, 412
Abadian, Sousan, 393
Abdullah, Abu, 416
Abed, Fazle Hasan, 261, 439
Aberg, R., 387
Acarya, Madhava, 315
Ackerman, 391
Ackerman, Frank, 391, 393
Adelman, Irma, 389
Afshar, Haleh, 422
Agarwal, Bina, 262, 421
Agcaoili-Sombilla, Mercedita, 427
Akbar, 306-7
Alamgir, Mohiuddin, 415
Alatas, Syed Hussein, 438-9
Alesina, Alberto, 419
Alkire, Sabina, 391
Alston, Philip, 433
Aoki, Masahiko, 338
Aonick, B. C., 388
Aristóteles, 28-9, 41, 299-300, 304-5, 318, 368, 379, 388-90, 434, 440
Arneson, Richard, 394
Arrow, Kenneth J., 394-6, 404-6, 410, 434
Ashoka, 302-5
Ashtron, Basil, 418
Atkinson, A. B., 115, 127, 130, 145, 391, 396-9, 403, 407
Atkins, Peter J., 400-1

Bacci, Massimo Livi, 427-8
Balestrino, Alessandro, 390
Banerjee, Abhijit, 438
Banerjee, Nirmala, 420

Bardhan, Pranab, 389, 397, 420
Barkat e-Khuda, 425
Barker, Paul, 411
Barro, Robert J., 406, 413, 424, 429, 441
Barroso, Carmen, 430-1
Bary, Theodore de, 432
Basevi, Giorgio, 381
Basmann, R., 399
Basu, Aparna, 426
Basu, D. K., 410
Basu, Kaushik, 386, 391-2, 395, 406
Bauer, Joanne R., 413, 434
Bauer, Peter, 368, 441
Becker, Gary S., 278, 429, 437
Beck, L. W., 432, 438
Bedi, Kiran, 425
Behrman, Jere R., 413
Bell, Daniel A., 413, 434
Beneria, L., 422
Benhabib, Seyla, 414
Ben-Ner e, Avner, 436-7
Bentham, Jeremy, 81, 84, 95, 166, 273, 294, 342, 384, 408, 427
Bergmann, Barbara, 421, 426
Berlin, Isaiah, 432
Bernetti, I., 392-3, 395
Bernstein, T. P., 418
Besley, Timothy, 411
Bhagwati, Jagdish N., 407
Bhalla, Surjit, 414
Bharat-Ram, Vinay, 409
Bhargava, Alok, 389
Binmore, Ken, 438
Birdsall, Nancy, 412, 429

Blackburn, Robin, 381
Blackie, C., 418
Blackorby, Charles, 395, 399
Blair, Douglas H., 394
Blau, Francine D., 426
Blau, Judith R., 404
Blaxter, K., 392
Bledsoe, Caroline H., 424
Bloom, Irene, 433
Bobak, Martin, 388
Bongaarts, John, 425, 429
Bonham, James, 414
Borton, J., 411
Boserup, Ester, 404, 420
Boskin, Michael, 386
Brannen, J., 421
Brass, Tom, 381
Brekke, Kjell Arne, 385
Brittan, Samuel, 435
Brock, Dan W., 390
Brooks, A. Taeko, 432
Brooks, E. Bruce, 432
Brown, Murray, 421
Bruno, Michael, 184-5, 412
Bryce, J. C., 436
Buchanan, James, 348, 434
Burki, S. Javed, 389
Buvinic, Myra, 420, 429

Caldwell, Bruce, 425
Caldwell, J. C., 424, 429
Caldwell, Pat, 425
Campbell, R. H., 380, 390, 407, 435, 441
Cardoso, Fernando Henrique, 381
Carlson, Maya, 393, 441
Casini, L., 392
Cassen, Robert, 424, 428-9
Casterline, John B., 424
Cerioli, A., 393
Chelliah, Rajah J., 401
Chenery, H. B., 413, 429
Chen, Lincoln, 383, 430

Chen, Martha Alter, 420, 422
Chiappero Martinetti, Enrica, 391-2
Chichilnisky, Graciela, 389, 417
Chowdhury, Zafurullah, 439
Chu, Ke-young, 382
Chung, Chen Yun, 409
Churchill, Winston, 228
Cleland, John, 425
Coale, Ansley, 143, 402
Coate, Stephen, 411
Cohen, G. A., 392-3
Cohen, Jonathan R., 393
Colander, David C., 407
Coleman, James S., 387
Coles, Jeffrey L., 385
Condorcet, marquês de (Marie-Jean-
    -Antoine-Nicolas Caritat), 428
Confúcio, 51, 301-2
Connors, Margaret, 389
Cooper, John F., 413
Cornia, Giovanni Andrea, 392
Costa, D. H., 389
Cowper, William, 378
Crafts, Nicholas F. R., 389
Crocker, David, 391-3
Culyer, A. J., 388

Dagum, C., 393
Dahrendorf, Ralf, 414
Dalton, Hugh, 115, 145, 396
Daniels, Norman, 385, 392
Darity, W. Jr, 399
Darwall, Stephen, 390
Das Gupta, Monica, 420
Dasgupta, Partha, 392, 397, 414, 428-9
Das, Veena, 382
Datt, G., 398
Datt, Gaurav, 411
Davidson, Donald, 386
Deaton, Angus, 396
Debreu, Gerard, 405, 435
Delbono, Flavio, 393

445

Delgado, C., 418
Deolalikar, Anil B., 413
Desai 415
Desai, Meghnad, 415
De Santis, Gustavo, 428
de Waal, Alex, 412, 416
Dickens, Charles, 184
Dixit, Avinash, 405
Donaldson, David, 399
Dore, Ronald, 338, 436
Doyal, L., 390
Drèze, Jean, 68, 124, 135, 143, 254, 280, 380, 382-5, 390, 392, 396-8, 400, 403, 410-1, 413-5, 417-25, 418, 430-2, 435; "Crime, society and gender in India: some clues for homicidal data", 424-5; "Female literacy and fertility: recent census evidence from India" 430; *Hunger and public action*, 67, 380, 382, 382-5, 390, 396-8, 403, 410-1, 413, 415, 417, 420-1, 432; *India: economic development and social opportunity*, 435; *political economy of hunger, The*, 392, 397-8, 415-6, 418, 422
D'Souza, S., 398, 403
Dworkin, Ronald, 385, 388, 398, 440
Dyson, Tim, 427

Eagleton, Terry, 224, 417
Earls, Felton, 393, 441
Easterling, Richard A., 383, 429
Eatwell, J., 409
Eicher, C. K., 418
Elgar, Edward, 385, 391, 393, 421, 424, 426, 435
Ellman, Michael, 404
Elster, Jon, 438
Engels, Friedrich, 227, 435, 441
Engerman, Stanley L., 46, 381, 403
Erikson, Robert, 387
Eriksson, Ralf, 391

Eves, Howard, 312, 433

Farmer, Paul, 388
Feiner, Susan, 421
Feiwell, G. R., 394
Ferber, Marianne A., 421, 426
Fernandez, R., 407
Figueiredo, J. B., 399
Findlay, Ronald, 407
Fishkin, James, 414
Fishlow, Albert, 419
Fitoussi, Jean-Paul, 399-400
Fleurbaey, M., 391
Flew, Anthony, 426
Floistad, G., 439
Flore, Maria, 421
Floud, R. C., 389
Fogel, Robert W., 381, 383, 401, 403
Folbre, Nancy, 393, 404, 421
Folk, Brian C., 409
Foster, James, 393-6, 399
Foster, R. Fitzroy, 417
Frankfurt, Harry, 146, 403
Frank, Robert, 438
Freeman, Harold P., 380
Frey, Bruno, 436
Fuchs, Victor R., 426
Fudenberg, Drew, 438

Galbraith, John Kenneth, 419
Gallagher, Kevin, 391
Gambetta, Diego, 436
Gandhi, Mohandas, 371
Garnsey, Peter, 415
Garza, Cutberto, 401
Gasper, Des, 392
Germaine, Adrienne, 429
Ghosh, Atish R., 418
Giavezzi, Francesco, 400
Gibbard, Allan, 386
Gilligan, Carol, 425
Gintis, Herb, 387
Glantz, M., 418

Glover, Jonathan, 391, 419, 440
Goldin, Claudia, 426
Goldschmidt-Clermont, Luisella, 404
Goldsmith, A., 399
Goodwin, Neva R., 391
Gopalan, C., 401
Gopalan, J. E., 391
Gore, Charles, 392
Gorman, Terence (W. M.), 412
Gosling, J. C. B., 384
Gottinger, H. W., 394
Gough, I., 390
Graham, Carol, 412
Granaglia, Elena, 392
Granovetter, Mark, 438
Greenhalgh, Susan, 424
Griffin, James, 385
Griffin, Keith, 389, 391, 411, 417
Grossman, Gene M., 405
Grown, Caren, 421
Guest, S., 427
Guhan, S., 400
Guio, Anne-Catherine, 254, 280, 422, 430
Guitton, H., 399
Gupta, Sanjeev, 382
Gutman, Amy, 414
Gwin, C., 419

Haaga, John G., 424
Haan, Arjan de, 399
Haberman, Jürgen, 414
Hacking, Ian, 440
Haddad, L., 398
Haggard, S., 419
Hahn, Frank, 406, 428, 437
Hamann, Javier, 418
Hamlin, Alan, 414, 435-6
Hammond, Peter J., 385-6
Hammond, R. J., 383
Haq, Mahbub ul, 102, 389, 402, 440, 442
Hare, R. M., 385

Harris, B., 389
Harris, Jonathan, 391
Harrison, G. A., 415
Harrison, Ross, 384
Harriss (Harriss-White), Barbara, 398, 400, 402, 422
Harsanyi, John C., 384, 438
Hart, Herbert L. A., 91
Hart, Keith, 392
Hausman, Daniel, 436
Hawthorn, Geoffrey, 380, 392, 441
Hayek, Friedrich, 154, 319, 325-6, 330, 368, 404, 434
Heilbroner, Robert, 409
Helleiner, Gerry K., 409
Helliwell, John, 414
Helpman, Elhanan, 405, 407
Herrera, A. O., 389
Herrero, Carmen, 391, 394
Heyer, Judith, 418
Heyzer, Noeleen, 420, 430
Hicks, Douglas, 393
Hicks, John R., 45
Hicks, N., 389
Hill, Kenneth, 418
Hirschman, Albert O., 335, 435
Hollis, Martin, 428, 437
Horney, M. J., 421
Hume, David, 376
Humphries, Jane, 421
Huq, E., 398
Hurley, Susan, 433
Hussain, Athar, 415
Hutton, John, 388
Hutton, Will, 409
Huxley, T. H., 150
Hylland, A., 386

Idachaba, Francis, 418
Ikegami, Eiko, 436
Intriligator, M., 434
Ipsen, Carl, 427
Ishi, Hiromitsu, 62, 382, 412

447

Islam, Nurul, 417

Jain, Anrudh K., 429
Jain, Devaki, 420
Jantti, Markus, 391
Jayne, Edward, 433
Jeffery, Roger, 426, 430
Jencks, Christopher, 412
Jevons, William Stanley, 84, 384
Johnson, Barbara, 424
Johnson-Kuhn, Jenniffer A., 424
Jolis, Alan, 425
Jolly, Richard, 389, 391
Jomo, K. S, 409
Jones, Gavin W., 425
Jones, Peter, 394
Jorgenson, Dale W., 396
Joshi, Vijay, 398, 410
Judge Ahluwalia, Isher, 398, 410
Jung, Kim Dae, 432

Kabeer, Naila, 262, 404, 426
Kaldor, Nicholas, 405-6
Kalecki, Michal, 154, 163
Kamal, G. M., 425
Kanbur, Ravi, 392, 398
Kangle, R. P., 433
Kant, Immanuel, 296, 347, 432, 438
Kautilya, 302-5, 351, 432, 438
Khan, Azizur Rahman, 416
Khan, Haidar A., 393
Khera, Reetika, 424
King, Gregory, 103
Kiron, David, 391
Klasen, Stephan J., 144, 393, 402, 420
Kleinman, Arthur, 383
Klitgaard, Robert, 438
Knaul, Felicia Marie, 393
Knight, Frank H., 438
Knight, John, 391, 411
Kolm, S. Ch., 399
Koopmans, Tjalling C., 394

Kornai, Janos, 404
Kreps, David, 394
Krishnan, T. N., 431
Krueger, Anne O., 407
Krugman, Paul R., 400
Kuiper, Edith, 421
Kumar, A. K. Shiva, 393, 401
Kumas, Naresh, 401
Kuttner, Robert, 409
Kynch, Jocelyn, 398, 402, 421

Laden, Anthony Simon, 393
Lagrange, Joseph-Louis, 41, 103
Lal, Sanjay, 437
Lamond, A., 387
Lancaster, Kevin J., 380
Landberg, Hans, 428
Landes, David S., 404
Lane, Robert E., 409
Lane, Timothy, 418
Laslier, J.-Fr., 391
Lauterbach, Karl W., 393
Lavoisier, Antoine-Laurent, 41, 103
Layard, Richard, 400
Lebow, Richard Ned, 227
Lee, Jong-Wha, 413, 424, 429, 441
Leinfellner, W., 394
Lenti, Renata Targetti, 392
Levine, S., 388
Lewin, Shira, 438
Lewis, W. Arthur, 441
Leys, Simon, 432
Limongi, Fernando, 414
Lindahl-Kiessling, Kerstin, 428
Lindbeck, Assar, 400
Linden, Toby, 393
Lipton, Michael, 416
Little, I. M. D., 386, 398, 410
Lopez, A. D., 402
Loury, Glen, 387
Loutfi, Martha, 404
Loveday, A., 416
Lovell, Catherine H., 425

Lucas, Robert E., 405
Lundberg, Shelley, 421
Lycette, M., 420

Macfie, A. L., 398, 434, 442
Mackinnon, Catherine A., 424
Malinvaud, Edmond, 409
Malthus, Thomas Robert, 24, 275-8, 407, 426
Mansbridge, Jane, 424, 437
Manser, Marilyn, 421
Mao Tse-tung, 418
Marglin, Frederique Appfel, 382
Marglin, Stephan M., 382
Margolis, J., 399
Marks, J. S., 380, 400
Marmot, Michael, 388
Marshall, Alfred, 84, 95, 384
Martin, J. Paul, 433
Marx, Karl, 21, 46, 145, 152, 163, 294, 325, 336, 368, 381, 435
Mathewson, F., 404
Matsuyama, K., 405
Maxwell, Simon, 399
McCord, Colin, 380
McElroy, M. B., 421
McGreevy, W. P., 420
McGregor, Pat, 417
McGuire, James W., 413
McKenna, M. T., 380
McKenzie, Lionel, 435
McLellan, D., 441
McMurrin, S., 379, 388, 439
McNicoll, Geoffrey, 429
McPherson, Michael S., 436
Mehrotra, Santosh, 389, 391
Mellor, J., 418
Menger, Carl, 319, 325-6, 330
Michaud, C. M., 380
Milgate, M., 409
Miliband, Ralph, 418
Milleron, Jean-Claude, 409

Mill, John Stuart, 84, 145, 274, 314, 368, 384, 427, 433, 441
Milne, A., 427
Mirrlees, James A., 398
Mitra, Arup, 425
Mitra, Asoke, 421
Modigliani, Franco, 400
Mokyr, Joel, 227, 414, 417
Momson, J. H., 402
Moore, C. A., 433
Moore, Henrietta, 426
Morishima, Michio, 338, 436
Moro, Beniamino, 400
Morris, Cynthia T., 389
Morris, Morris D., 389
Muellbauer, John, 392, 396
Mukhopadhyay, Swapna, 422
Mundle, Sudipto, 381
Murphy, Kevin, 405
Murray, C. J. L., 380, 400
Murthi, Mamta, 254, 280, 423, 430

Nabli, Mustaphak, 409
Nagel, Thomas, 438
Nag, Moni, 429
Nanetti, R. Y., 387
Nash, T., 411
Nayar, Baldev Raj, 425
Nead, Kimberly, 379, 411
Nelson, Julie A., 421
Newman, Lucile F., 415
Newmann, P., 409
Neyman, J., 404, 435
Nickell, Stephen, 400
Nolan, B., 391
North, Douglass, 404
Nozick, Robert, 90, 93, 380, 385
Nussbaum, Martha, 41, 102, 379-80, 385, 390-1, 419, 433, 440

O'Grada, Cormac, 224
Okin, Susan Moller, 421
Oldenberg, Philip, 424

449

O'Neil, Helen, 418
O'Neil, Onora, 417
Oosterdorp, Remigius Henricus, 393
Osmani, Lutfun N. Khan, 425
Ott, Notburga, 421
Owen, M. W., 380

Palmer, J., 397
Paniccià, R., 404
Pant, Pitambar, 389
Papandreou, Andreas, 410
Papanek, Hanna, 420
Pareto, Vilfredo, 163, 407
Pasinetti, Luigi, 406
Pattanaik, Prasanta K., 386
Patten, Chris, 433
Patterson, Orlando, 432
Perez, Nicostrato D., 427
Persson, Torsten, 419
Perutz, M. F., 380
Peterson, Paul E., 412
Pettit, Phillip, 414
Petty, William, 41, 103, 368
Phelps, Edmund S., 400
Phillips, James F., 425
Phillips, Steven, 419
Phongpaichit, Pasuk, 409
Piazza, Alan, 418
Pieries, Indrani, 425
Pigou, A. C., 84, 95, 102, 384, 389
Platão, 301, 352
Platteau, Jean-Philippe, 418
Pleskovi, B., 410
Plott, Charles, 394
Pollak, Robert, 421
Preston, Samuel H., 72, 383
Proudfoot, Wayne L., 433
Przeworski, Adam, 413
Puppe, Clemmens, 394
Putnam, Robert, 387
Putterman, Louis, 436, 438

Qizilbash, Mozaffar, 392
Quesnay, François, 41, 103

Radhakrishnan, S., 433
Radin, Margaret Jane, 403
Rainwater, Lee, 130, 399
Rajan, S. L., 431
Raju, Saraswati, 400
Ramachandran, V. K., 47, 381, 430
Ramos, Fidel Valdez, 204, 414
Rao, S. Venugopal, 425
Raphael, D. D., 434, 442
Ravallion, Martin, 65, 382, 411, 415
Rawls, John, 80, 83, 90-1, 101-2, 108, 126, 181, 346, 385, 388, 394, 412, 437-8, 440; *Liberty, equality and law*, 390; *Political liberalism*, 385, 388, 437; *theory of justice, A*, 385, 388, 398, 412, 438, 440
Ray, Bharati, 426
Ray, Debraj, 392, 397, 406-7, 425
Razavi, S., 392
Raz, Joseph, 385
Rehg, William, 414
Rhodes, G., 399
Ricardo, David, 163
Riskin, Carl, 416, 418
Robbins, Lionel, 95, 384
Roberts, Andrew, 417
Roberts, K. W. S., 387
Robertson, Dennis, 95
Rodgers, Gerry, 399
Rodrik, Dani, 407, 409, 419
Roemer, John, 386, 440
Rogoff, K., 407
Rohen, G. A., 398
Romer, Paul M., 405
Rorty, Amélie O., 441
Rosanvallon, R., 399
Rosengrant, Mark W., 427
Rosenstein-Rodan, Paul, 405
Rosenzweig, Mark R., 420
Ross, D., 440

Rothschild, Emma, 407-8, 435, 437, 441
Rowntree, B. S., 145
Ruger, Jennifer Prah, 393
Runciman, W. G., 123, 387, 398
Russell, Bertrand, 359
Ruzicka, L. T., 402

Sabot, Richard H., 412
Sachs, Jeffrey D., 409, 413
Sagoff, Mark, 385
Sainath, P., 418
Sala-i-Martin, Xavier, 441
Samuelson, Paul, 111
Sap, Jolande, 421
Sastry, R. Shama, 432
Savithri, R., 422
Scally, Robert James, 417
Scanlon, Thomas M., 127, 398
Scheffler, Samuel, 379, 386
Schleifer, A., 405
Schokkaert, Eric, 399
Schram, Stuart R., 418
Schultz-Ghattas, Marianne, 419
Schultz, T. Paul, 420
Scrimshaw, Nevin, 391, 401
Sen, Gita, 420, 422, 429-31
Sengupta, Arjun, 409
Shastri, H. P., 433
Shaw, George Bernard, 223
Shelley, M. W., 394
Shell, Karl, 387
Shoham, J., 411
Shorrocks, A. F., 391
Shute, Stephen, 433
Sidgwick, Henry, 84, 384
Simatupang, Batara, 409
Simmons, Janie, 389
Singh, Manmohan, 169, 398, 410
Sissons, R., 410
Skinner, A. S., 380, 390, 407, 435, 437, 441
Skinner, Quentin, 398
Skocpol, Theda, 412
Smart, J. J. C., 385
Smeeding, Timothy, 397
Smith, Adam, 20, 41, 43, 55, 100, 103, 123, 126, 145, 162-8, 308, 319, 325-7, 330, 332, 337-9, 342-3, 345-7, 352, 368, 374, 376, 380-1, 390, 393, 398, 405, 407-9, 434, 436-9, 442; consequências impremeditadas, 319, 324-8, 330-2; "História da astronomia", 336; *inquiry into the nature and causes of the wealth of nations, An*, 380, 387, 407, 434, 441; liberdade de transação, 20; observador imparcial, 126, 333; sobre capital 374-7; sobre definição de necessidade, 103; sobre inato versus adquirido, 374; sobre interesses adquiridos, 162-5; sobre liberdades, 103, 162-4, 368; sobre perdulários e empresários imprudentes, 165-8, 342, 381; sobre regras de comportamento, 338, 345-7, 353; sobre regulamentação legislativa, 162-5; sobre usura, 166, 381, 408; *theory of moral sentiments, The*, 398, 434, 437-9, 441, 442
Smith, George Davey, 388
Smith, James, 388, 397
Smith, Vincent A., 432
Snower, Dennis J., 400
Sobhan, Rehman, 417, 424
Sobhan, Salma, 422
Solow, Robert, 399-400, 405-6
Somavia, Juan, 382
Souden, David, 427
Spenser, Edmund, 228, 414
Spiegel, H. W., 408
Srinivasan, T. N., 392, 395, 413, 429

Starret, D. A., 399
Steckel, R. H., 389
Steiner, Henry, 433
Stern, Nicholas, 399, 404, 409
Stewart, Frances, 389
Stigler, George J., 437
Stiglitz, Joseph E., 399, 404
Strassman, Diana, 421
Streeten, Paul, 14
Strober, Myra, 421
Stuart, James, 335
Subramanian, S., 400
Sudarshan, R., 401
Sugden, Robert, 394-5
Sunstein, Cass, 409, 414, 434
Suppes, Patrick, 394
Suzumura, Kotaro, 338, 386, 391, 394, 409, 436
Svedberg, Peter, 401, 418
Swaminathan, M. S., 418
Swedberg, Richard, 438
Swift, Jonathan, 381

Tabellini, Guido, 419
Tagore, Rabindranath, 311, 433
Tanzi, Vito, 382
Tarlov, A. R., 388
Tateishi, Mayury, 409
Tawney, Richard Henry, 435
Taylor, C. E., 391
Taylor, Lance, 409
Teklu, Tesfaye, 411, 418
Tendler, Judith, 410, 435, 439
Teutsch, S. M., 380, 400
Thatcher, Margareth, 184
Thirwall, A. P., 389
Thompson, Dennis, 414
Tilly, Charles, 440
Tinker, Irene, 387, 404, 419
Tirole, Jean, 438
Titmuss, R. M., 383
Torrey, B., 397

Towsend, J., 402
Towsend, Janet G., 401
Towsend, Peter, 123, 387, 397, 407
Toye, John, 418
Trevelyan, Charles Edward, 228
Tsikata, Tsidi, 419
Tughlak, Mohammad Bin, 220
Tyler, Patrick E., 430
Tzannattos, Zafiris, 421

ul-Haque, Irfan, 409

van der Linden, Marcel, 381
van de Walle, Dominique, 379, 411
Van Ness, Peter, 433
Van Ootegem, L., 399
Van Praag, B. M. S., 386
Vaughan, Megan, 422, 426
Veum, J. R., 399
Vishny, R., 405
von Braun, Joachim, 411, 418

Wade, Robert, 338, 409, 436
Wade, S., 419
Wagstaff, Adam, 388
Waldron, I., 402
Wallace, P. A., 387
Walsh, Vivian, 438
Wangwe, Sam, 418
Ware, Norma C., 383
Warner, Andrew, 409
Waterlow, J. C., 392
Watson, E., 402
Webb, Patricia, 418
Webb, Patrick, 411
Weber, Max, 435
Wedderburn, Dorothy, 397, 407
Weibull, Jörgen, 438
Wellisz, Stan, 407
Whelan, C. T., 391
Wightman, W. P. D., 436
Wilkinson, Richard G., 383, 388

Williams, Alan, 388
Williams, Bernard, 385, 392, 398
Williamson, D. F., 380, 400
Willis, Robert, 429-30
Wilson, G., 421
Wilson, T., 437
Wilson, William J., 412
Winter, J. M., 383
Wolfe, B. L., 420
Wolfensohn, James D., 410, 419
Wollstonecraft, Mary, 246
Woodham-Smith, Cecil, 414, 417
Wrigley, E. A., 427, 428

Xu, Y., 394

Yew, Lee Kuan, 196, 298, 432
You, Jong-Il, 409
Young, Allyn, 405
Yunus, Muhammad, 261, 425

Zakaria, Fareed, 432
Zamagni, Stefano, 341, 391, 436
Zani, S., 393
Zeitz, Robin, 418
Zelizer, Viviana, 421
Zimmerman, Klaus, 400

ÍNDICE REMISSIVO

Acordo de Maastricht para a União Monetária Europeia, 187
adaptação mental, 89, 95, 107
África, 19, 36, 68-9, 122, 135-43, 152, 197, 200, 219, 229-31, 234-5, 238-9, 248, 254, 266-7, 277, 284, 299, 309, 401, 413, 417, 420, 422
afro-americanos, 19, 38, 40, 131-2, 147, 152, 204
AIDS, epidemia de, 99, 389, 401
Alemanha, 130, 134
alfabetização, 61, 64, 71, 124, 136-7, 140, 172, 176, 188, 198, 202, 249, 253-9, 280-2, 286, 291, 331, 357
América Latina, 19, 67-9, 137, 277, 381, 439
Arrow-Debreu, teorema de, 157-9, 405
Arthashastra, 304, 438
asiáticas, economias, 62, 64, 66-7, 124, 190, 198, 241-2, 338
autointeresse, 158-9, 168, 319, 332, 339, 344-6, 355, 437

Bangladesh, 22, 40, 135, 141, 154, 193, 200, 217, 220, 254, 259, 261-2, 279, 398, 403, 415-7, 420, 422, 425, 429, 439
bases informacionais da ética, 79-80, 82-3, 118, 176, 320, 349, 355
bem-estar, 84, 86-9, 91, 96-8, 100-2, 104, 108, 111-2, 118, 127-8, 131, 134, 148-9, 157, 161-2, 171, 192, 246-9, 251-2, 254, 257, 263, 290, 321, 326, 344-5, 361, 366, 377, 384, 386-7, 420

Bengala, fome coletiva de 1943 em, 214-5, 219, 228, 235, 270, 416
bens primários e recursos, 101-2, 104, 108, 363, 388, 394
bens públicos, 170-2, 333, 340, 343, 410
Birmânia (Mianmá), 200, 259, 316
Botsuana, 31, 135-6, 197, 230, 232-4, 240
Brasil, 19, 67-9, 137, 381
budismo, 301, 303, 314-5
Burkina Faso, 139, 230
burocracia, 150, 153, 181, 351

Cabo Verde, 239
Camboja, 31, 135, 245
capacidades, 33-6, 61, 63, 80, 101-49, 158, 174-83, 187, 191, 195, 366, 374-7, 392, 395; avaliação, 36, 117, 119, 175, 392; conjunto capacitário, 105-7, 392-3; usos alternativos de, 117
capital humano, 331, 372-3, 375-7, 419
capital social, 99, 340, 387
capitalismo, 21, 46-7, 152, 154, 163, 334-40, 356, 435-6; papel dos valores no, 334, 349, 356
Chile, 205
China, 19, 31, 36-40, 63-4, 67-9, 76, 124, 141-5, 153, 170, 194, 197-8, 202, 217, 236, 237-9, 243, 245, 254, 258, 266, 268, 271, 282-8, 298, 301, 329-2, 351, 354-5, 357-8, 416, 418, 422, 430-1

454

China e Índia, contraste entre, 62-5, 76, 170, 202, 236-7, 283-6, 331-2
Cingapura, 30, 124, 194, 196-8, 230, 299, 301, 438
coerção, 24, 202, 271-3, 276, 282-90, 358, 428
Comitê para o Progresso Rural de Bangladesh (BRAC), 156, 261, 439
comparações interpessoais, 84, 86, 337, 386, 388
complementaridade das liberdades instrumentais, 25, 58, 61, 64, 170, 240-1, 245
comportamento de escolha, 81, 96-7, 106-12, 332-55, 386
comunicação entre culturas, 282, 311-3
condição de agente, 26, 33-4, 182-3, 223, 232, 247, 263, 366
condição de agente das mulheres; bem-estar, relação com o, 247--53, 257, 263, 281, 290; papéis ambientais, 262; papéis econômicos, 155, 259, 263, 422-3, 426; papéis políticos, 259; papéis sociais, 257, 259, 426; papel da, 156, 263, 282, 366, 404, 426; políticos, 424; taxas de fecundidade, 257-9, 282, 422-3, 430-1; taxas de mortalidade infantil, 257
conferência de Viena sobre direitos humanos, 194, 197
confiança, 60, 337, 339-1, 356
conflito cooperativo, 250, 254, 421
conflitos militares, 140, 419
consequencialismo, 32, 84-7, 94, 273-5, 386
consequências impremeditadas, 319, 324-8, 330-2, 355
cooperação, 77, 156, 170
Coreia do Norte, 31, 234, 245
Coreia do Sul, 63, 66-7, 124, 197-8, 200, 205, 230, 242, 244-5, 419

corrupção, 181, 354, 356, 436, 438
Costa Rica, 38, 68, 132, 197
crescimento econômico, 73-4, 125, 198, 231
crianças, 36, 48, 137, 154, 176, 205, 248, 251, 253-7, 263, 282, 305, 324, 359, 390, 423
crime, 260, 340, 354, 436
Cuba, 153
custos administrativos, em políticas visando a um público-alvo, 181

democracia, 31, 49-53, 64, 76, 109, 149, 165, 193-4, 196-200, 203-9, 233-40, 242-5, 299, 308, 348, 366, 413, 432; atitudes dos pobres com relação à, 199-200, 288; fomes coletivas, prevenção das e, 30, 76, 205; funcionamento da, 208; incentivos políticos, 30, 61, 76, 201; liberdade política na, 76, 149, 194-5, 201; papel construtivo da, 195, 203; segurança, relações com a, 30-1, 55--60, 76, 206
desemprego, 36-7, 67, 114, 129-31, 134, 146, 173-4, 187, 211, 217, 222, 236, 244, 399
desenvolvimento humano, 62, 71, 102, 110, 125, 190-2, 402
desigualdade, 29, 36, 67, 69, 85, 88, 113-6, 121-2, 126-31, 133-4, 141, 145-7, 159-60, 190, 203, 206, 243-5, 252, 254, 289-90, 307, 319, 323-4, 335, 340, 363-5, 376, 397, 419-20, 426
desigualdade entre os sexos, 29, 36, 122, 141, 147, 203, 206, 252, 254, 290, 376, 397, 420, 426
direitos: civis, 16, 30,-1, 56, 58, 76, 92, 149, 193-6, 200-1, 207-9, 287, 297, 310, 333, 365; de propriedade, 87, 93-4, 290; de re-

455

produção, 272-5, 290-1; e deveres, 85, 296; políticos, 30, 32, 34, 54, 59, 91-3, 194-5, 197-200, 297, 366

direitos humanos, 31, 197, 283, 292-7, 306, 317, 366, 432; comunicação entre culturas, 311-3; crítica cultural, 294, 297-9; crítica da coerência dos, 293, 295-7; crítica da legitimidade dos, 294-5; globalização e, 310

discussão pública: papel da, 109, 149, 165, 173, 202, 208, 212, 251, 291, 323, 345, 348-9, 357-8, 365, 371

disponibilidade de crédito, 59, 261, 263

distanciamento como fator em fomes coletivas, 222-9, 414, 416

distorção de incentivo, em políticas visando a um público-alvo, 180

distorção de informação, em políticas direcionadas a um público-alvo, 180

diversidade entre indivíduos, 98, 102, 111, 123, 148, 397

dívida, ônus da, 401, 413

economia feminista, 247-53, 257-63

economias do Leste Asiático, 172, 190

eficiência e equidade, 156-61, 170, 172, 174, 178-82, 357, 363, 386

emprego, 29, 46, 48, 67-8, 90, 114, 129, 133, 152-6, 160-1, 173, 177, 211, 213-4, 216, 220, 222, 232-4, 239, 249, 251-3, 255, 262, 281, 284, 289-90, 309, 331, 357-8, 367, 370, 426, 439

equidade, modelos de, 86, 90-2, 126-7

escolha social, 18, 106, 109-10, 112, 149, 318-20, 322, 355, 364, 370, 388, 395, 415, 434, 440

escolha social refletida, 24, 109, 253-7, 275-8, 319, 323-32, 344-5, 410

escravidão, 21, 46, 48, 152, 154-5, 305, 361, 381, 457

estado do bem-estar social, 102, 127, 248, 263, 344, 384, 386-7, 420

Estados Unidos, 19, 37-40, 45-6, 72, 104, 123, 130-5, 141, 143, 152, 161, 181, 186-8, 204, 209, 239, 266, 299, 407

estrutura de desenvolvimento ampla, 169

ética, 34, 79-81, 84, 88, 95, 118, 127, 131, 152, 293-5, 297, 302, 334-5, 337-41, 343, 347, 349, 356, 378, 386

ética empresarial, 152, 334-42, 347, 350-8

Etiópia, 31, 136, 216, 219, 225, 229, 234, 239, 245

Europa, 31, 36, 46, 61, 72, 103-4, 122, 129-31, 134, 141-3, 153, 161, 172-3, 187, 254, 266, 277, 291, 299, 306-7, 325, 337, 353, 372, 399

evolução, papel da, 347-9

exclusão social, 36, 123, 130, 146, 399

expectativa de vida, 46, 65-9, 71-5, 135-7, 140, 143, 153, 236, 243, 277, 380

facilidades econômicas, 25, 58-9, 71, 77, 150-92

família, 100, 121-2, 176, 249-53, 255, 272, 276

fecundidade, redução da taxa de, 202, 257-9, 278-81; papel no desenvolvimento, 16, 24, 61-2, 67-72, 125, 170, 172, 190-2, 206, 251-9, 278-81, 284, 372-3; para as mulheres, 251, 253-9, 276, 278, 358; teste de meios na, 178-82

Filipinas, 204

fomes coletivas, 245; causas das, 215-20; disponibilidade de alimen-

tos, 215-20, 224, 239-40, 244, 415; distanciamento entre governantes e governados, 222-9, 414, 417; em Bengala, 214-5, 219, 228, 235, 270; emprego e renda, 101, 220, 234-5; exportação de alimentos durante, 219, 223-6; intitulamentos, 212-5, 221-2, 225, 240; irlandesas, 222-9, 415-7; libertarismo e, 93-4; na África, 216, 219, 229-35, 240; na China, 64, 236-8, 416, 418; na Etiópia, 219, 225, 245; na Ucrânia, 31; prevenção das, 221-43
fomes coletivas de depressão, 225
França, 46, 130, 134, 141, 202
funcionamentos, 100, 104-9, 175-7
Fundo Monetário Internacional (FMI), 241-2, 418

garantias de transparência, 25, 58, 60, 77, 170
globalização, 60, 161-72, 265-70, 308-9
Grameen Bank, 425, 439
grupos de interesse e atividades visando à renda, 161-5

Himachal Pradesh (Índia), 423

ilhas Maurício, 135
incentivos, 44, 71, 76, 81, 173-4, 176-8, 183, 195, 198, 201, 208, 229, 233-8, 240-1, 267-8, 316, 342, 350, 352
incompletude da justiça, 364
Índia, 19, 22, 31, 37, 39, 47, 63-4, 67-8, 76, 124-5, 135-44, 153-4, 156, 169-70, 188, 193-4, 197, 199, 203, 205-7, 219-20, 222, 228-9, 232-7, 240, 243, 253-4, 256-60, 266, 268, 280, 282-9, 306-7, 311-2, 314-5, 331, 351, 400-1, 419, 421-3, 425-6, 431;
Akbar (imperador), 306, 433;
Ashoka (imperador), 302; ateísmo e tradições céticas, 314-5; democracia na, 199, 206-7, 222, 233-4; expansão da educação superior, 64; Kautilya, 302-5, 351, 432-3, 438; negligência da educação básica, 64, 125, 171, 188, 206, 423; negligência de oportunidades de mercado, 67, 170, 331, 410
Indonésia, 242, 244, 259
inflação, 173, 183-7
instituições, 17, 23, 25, 77, 84, 88, 156, 165, 169, 188-9, 208, 212, 222, 232-4, 243, 294, 318, 333-40, 362, 377-8, 404
intitulamentos, 57, 59, 77, 93-4, 170, 212-3, 215-6, 218, 221-2, 225, 229-30, 234, 240, 246, 249, 251, 415
Irlanda, 31, 137, 205, 217, 223-9, 414, 416-7
Itália, 122, 130, 134, 187, 336, 353, 396-7, 408, 412, 415

Japão, 61-2, 124, 172, 190-1, 230, 298, 325, 338-9, 372
justiça, 33, 49, 78, 80, 82-4, 88, 90-1, 94, 118, 120, 123, 126-7, 161, 181, 190, 192, 209, 248, 286, 291, 301, 310, 317, 321, 323-4, 333, 343-50, 353-4, 356-8, 362-6, 384; base informacional, 84-119, 123, 126-9, 133; enfoque das capacidades, 101-7, 110, 112-9, 123-6; prioridade da liberdade, 90-3; rawlsiana, 80, 90-1, 118

Kerala (Índia), 19, 37-40, 67-9, 71, 125, 132, 142, 147, 202, 243, 258-9, 285-7, 383, 422-3, 430-1

Lee, tese de, 30, 196-7, 199-200
Leis dos Pobres, 162, 227, 277, 407, 429
Leste Asiático, progresso econômico no, 62-6, 172, 190, 197, 382
liberdade, 50-1; papel constitutivo, 20-1, 31, 51-2, 55-7, 65-75, 82, 90-4, 157-8, 193-4, 196, 200-1, 203, 365-7, 370-1; papel construtivo, 48-51, 195, 201-3, 209, 371-2; papel instrumental, 23-4, 31, 55-68, 76, 80, 196, 241-2, 253-7; política e civil, 16-20, 25, 48, 76, 193-4, 289; processos e oportunidades, 31-2, 361-2, 370-2
liberdade, perspectiva centrada na, 16-20, 23, 25-2, 32, 34-5, 40, 42-3, 50-2, 55-71, 77, 83, 363-4
liberdades políticas, 17-8, 48, 58, 194-7
liberdades substantivas, 16-7, 19, 23, 25, 28, 30, 33-5, 40-1, 43, 51, 55, 80, 82-3, 93-4, 104, 118-20, 147-8, 158-60, 190, 196, 361-2, 366, 368, 377, 406, 440
libertarismo, 48, 80, 82, 93-4, 118; teoria nozickiana do, 93
license Raj, 124, 351

macroeconomia, 173, 184, 187
Madhya Pradesh (Índia), 125, 138, 287, 400, 423
máfia, 337, 340-2, 350, 353, 436, 439
malthusiana, análise, 24, 265, 271, 275-8, 278, 407, 426-9
mão de obra, 47, 70, 156, 213, 381
mão de obra, baixo custo da, e oportunidade social, 70, 191
mental, adaptação: *ver* adaptação mental
mercado, 20-22, 150-92, 324-8, 377-8; abordagem múltipla, 168-70; cultura de, 20-2, 150-1, 334-42; eficiência no, 42, 156-9, 189-90; e liberdades, 42-8, 157-61; grupos de interesse, 161-5; imperfeições e retornos crescentes, 405-6; importância intrínseca da liberdade de transação, 20-3, 42-8; limitações do, 165-6
mercadorias controvertidas, 45-7, 152, 154-5; papel do Estado, 62-5, 129-34, 168-72, 190, 232-3, 279--81, 308-10
mercadorias e capacidades, 27, 41-2, 95-104, 123-6
mídia, 23, 77, 153, 189, 362, 377
mortalidade, 36, 38, 61, 67-8, 72-3, 93, 112, 122, 130-3, 136-9, 141-5, 147, 172, 204, 221-2, 243, 248, 251, 253-7, 259, 261, 276-8, 283, 285-6, 290, 329-30, 358, 376, 380, 383, 401, 416, 420, 422-4, 431; infantil, redução da, 251, 253-7; na Grã-Bretanha, redução da, 72-5
mortalidade infantil, 38, 136-8, 145, 251, 254, 256-7, 283, 285-6, 290, 329-30, 358, 376, 431
"mulheres faltantes", 36, 141, 143-4, 147, 248

natalidade, controle coercitivo da, 271-6, 282-9; efeitos colaterais do, 285-7; ineficácia do, 282-5
necessidade econômica, 194-5, 201-3
necessidades, conceito de, 194-5, 201-3
normas, 338-42, 349-50, 352, 356-7

observador imparcial, 126-7, 333, 345
OCDE (Organização para a Cooperação e Desenvolvimento Econômico), 130
ônus fiscal, 129, 173, 178
oportunidades econômicas, 16, 18, 42-3, 63, 124, 177, 231, 262

oportunidades sociais, 25-6, 58, 61-2, 64, 67, 69, 77, 169-70, 190-1
oposição, papel da, 76, 206
ordenação parcial, 109, 113, 323, 395, 434, 460
origem da economia, 41
otimalidade de Pareto, 157-8

Paquistão, 22, 67, 135, 141-2, 153-4, 200, 254, 259
perdulários e empresários imprudentes, 166-8, 342-3, 381
planejamento familiar, 258, 262, 276, 278-9, 283, 286-7, 289-90, 329, 431
pobreza, 36-7, 120-49; como privação de capacidades, 120-49, 160, 174-8, 182-3; de renda, 120-6, 130-1, 160; mortalidade, 131-4; na Índia, 135-41
políticas visando a um público-alvo, 178-82, 379
população, problemas de, 24, 253, 264-7; análise malthusiana, 24, 265, 270, 275-8; produção de alimentos, relação com, 264--70
população sem-terra e reforma agrária, 189, 331, 417, 419
preços dos alimentos, 267
prioridade da liberdade formal, 90-4
privação persistente, 95, 211, 243, 245
privação relativa, 38, 122, 131, 147, 250, 253
privações de liberdade, 16-7, 21-3, 28--30, 32, 42, 47, 52, 119, 381
processos conduzidos pelo custeio público, 68, 70-2
processos e oportunidades da liberdade, 32, 363, 369-71
processos mediados pelo crescimento, 68, 70, 125

produção de alimentos, 212, 215, 217-9, 222, 224, 229-31, 234-5, 240, 264-8, 270-1, 276, 416
Produto Nacional Bruto (PNB), 16, 18-9, 55-6, 65-9, 198, 221, 244, 363, 368-9, 402
Programa das Nações Unidas para o Desenvolvimento (UNDP), 102, 110, 397, 400-2, 413, 426, 440, 442
propriedade privada, avaliação consequencial, 87, 94
protecionismo e grupos de interesse, 161-5
provisão de serviços públicos, 65-6, 68-72, 162, 173-4, 178, 183-8

qualidade de vida, 18, 28, 40-1, 67-8, 70-2, 79, 81, 97-9, 101, 108, 111-2, 124, 128, 160, 177, 191-2
questões ambientais, 23, 87, 99, 102, 121, 208, 219, 238, 251, 262, 265--71, 275, 278-82, 289-91, 342-3, 357
questões culturais, 49-51, 188-92, 222-9, 292-318, 334-5

ranking incompleto, uso de, 109, 113-4, 364-5
Reino Unido, 75, 141, 224, 226, 383, 414
relações entre os sexos e conflito cooperativo, 250, 419-22
renda: como recurso, 101-4; desigualdade, 36-7, 38-40, 126-31; distribuição de, 100, 115, 122, 127; equivalente, 115-6, 127; importância da, 41, 212-22; mortalidade e, relação entre, 38-40; potencial para auferir e usar, relação entre, 121, 160, 190; riqueza, papel da, 35

459

renda real, 33, 68, 95, 98, 101, 103, 110-2, 148, 230, 281, 370, 387
rendas ajustadas, 115
responsabilidade e liberdade, 278-82, 289, 359-67
resultados abrangentes, 44-8, 151-9, 381, 403
riqueza, 27-9, 34-5
Rússia, 137, 153

Sahel, países do, 216, 239
San Francisco, expectativa de vida em, 40, 136
segurança, 30, 170, 240, 244-5
Self-Employed Women's Association (SEWA), 156
serviços de saúde, 29, 39, 61-6, 68-74, 114, 124-6, 140, 147, 161, 172, 174, 178-9, 189-91, 204, 277, 284-5, 288-9, 329, 331, 367, 410
Somália, 31, 216, 229, 239, 245
Sri Lanka, 19, 38, 67-9, 132, 135, 259
St. Louis, expectativa de vida em, 40, 136
subnutrição, 29, 35-6, 55, 73, 94, 122, 137-8, 140, 147, 176, 203, 205, 210-1, 252, 264, 397, 401, 411
Sudão, 31, 229-30, 234, 239, 245
sustentabilidade política e qualidade, em políticas visando a um público-alvo, 181

Tailândia, 124, 191, 200, 244, 298
Taiwan, 63, 66-7, 124
Tamil Nadu (Índia), 202, 286-7, 423
Tanzânia, 239
taxas de fecundidade, 24, 61, 143, 192, 202, 251, 253-4, 257-60, 263, 275-82, 284, 286-7, 289, 358, 367, 376, 428, 431; ganho de poder das mulheres, 257-9, 279-81
teorema da impossibilidade de Arrow, 318-22, 355, 394
teste de meios, 178-82
tolerância, 63, 300-8, 313-5, 381
tolerância islâmica, 306-8
trabalho adscritício, 21, 45, 153, 361, 366
trabalho feminino não remunerado, 122, 155
trabalho infantil, 48, 154-5
transação, liberdade de, 20-3, 151-6

utilidade, 34, 81, 84-6, 88-98, 110-1, 156-7
utilitarismo, 48, 80-6, 88, 95, 107, 118, 273-4, 384-5
Uttar Pradesh (Índia), 125, 137-9, 287, 422-3

valorações, 46, 48, 106, 108, 365
valores, 22-4, 34, 48, 50-1, 93, 111, 115-6, 128, 149, 152, 156, 163, 183, 196, 199, 201-2, 205, 207-8, 251-2, 257, 266, 281-2, 291, 294, 297-9, 301-2, 304, 308, 313, 316-9, 323, 332-5, 339-40, 342-5, 347-9, 352, 354, 356-8, 365, 371, 377, 430, 437; no capitalismo, 334-5
"valores asiáticos", 51, 196, 294, 297-8, 301-2, 308, 313, 316-7
"valores ocidentais", 299-301, 311-6
viés urbano, 416

Washington, D. C., expectativa de vida em, 40, 136

Zimbábue, 31, 135, 232-4, 240

Amartya Sen nasceu em Santiniketan, atual Bangladesh, em 1933. Após a Partição de 1947, emigrou com a família para a Índia, onde estudou antes de se doutorar em economia pelo Trinity College, em Cambridge, Reino Unido. Sen recebeu em 1998 o prêmio Nobel de economia, por seu trabalho sobre a economia do bem-estar social. É professor da Universidade Harvard. Dele, a Companhia das Letras publicou *Sobre ética e economia*, *As pessoas em primeiro lugar*, *A ideia de justiça* e *Glória incerta*.

1ª edição Companhia das Letras [2000] 7 reimpressões
1ª edição Companhia de Bolso [2010] 12 reimpressões

Esta obra foi composta pela Verba Editorial em Janson Text
e impressa em ofsete pela Gráfica Bartira sobre papel Pólen
da Suzano S.A. para a Editora Schwarcz em junho de 2024

A marca FSC® é a garantia de que a madeira utilizada na fabricação do papel deste livro provém de florestas que foram gerenciadas de maneira ambientalmente correta, socialmente justa e economicamente viável, além de outras fontes de origem controlada.